지구 · 지방화와 다문화 공간

이 도서의 저술 내용은 정부 재원(교육인적자원부 학술연구조성 사업비)으로 학술진흥재단의 지원을 받아 연구되었음.(KRF-2007-322-B00024)

지구·지방화와 다문화 공간

초판 1쇄 발행 | 2011년 3월 28일

지은이 | 최병두 · 임석회 · 안영진 · 박배균

펴낸이 | 김선기
펴낸곳 | (주)푸른길
출판등록 | 1996년 4월 12일 제16-1292호
주소 | 137-060 서울시 서초구 방배동 1001-9 우진빌딩 3층
전화 | 02-523-2907 팩스 | 02-523-2951
이메일 | pur456@kornet.net
블로그 | blog.naver.com/purungilbook
홈페이지 | www.purungil.com, www.푸른길.kr

ISBN 978-89-6291-153-4   93330

이 도서의 국립중앙도서관 출판시도서목록(CIP)은 e-CIP홈페이지(Illp://nl.go.kr/ecip)에서 이봉하실 수 있습니다.(CIP 제어번호: CIP2011001035)

푸른길학술 005

지구·지방화와 다문화 공간

| 최병두 · 임석회 · 안영진 · 박배균 공저 |

다문화 사회로의 원활한 전환을 위한 '공간적' 접근

푸른길

책을 펴내면서

　최근 경제의 지구 · 지방화와 국가 간 불균등 발전의 심화에 따른 격차의 확대 그리고 교통통신 기술의 발달에 따른 시공간적 압축은 상품과 자본뿐만 아니라 노동력의 국제적 이동을 촉진시키고 있다. 국경을 가로지르는 노동력의 국제적 이주는 물론 세계적 차원의 거시적 요인들 및 이주자 개인의 미시적 요인들과 더불어 송출국과 유입국이 가지는 개별 국가의 특성들과도 관련된다. 우리나라는 급속한 경제 성장에 따른 노동력의 부족과 저출산 · 고령화로 인한 결혼 대상자의 부족 등과 같은 사회경제적 요인들로 인해, 1990년대 이후 외국인 이주자들의 대규모 국내 유입을 경험하게 되었다. 국내 거주 외국인 이주자들 가운데 단순 이주 노동자와 결혼 이주자가 중요한 부분을 차지하고 있지만, 또한 초국적 기업에 의한 생산 체계의 확대와 해외 직접 투자의 증대, 그리고 국가 간 사회문화적 교류의 증가 등에 따라 점차 그 수가 늘어나고 있는 전문직 이주자와 외국인 유학생도 포함된다. 앞으로 이러한 외국인 이주자들의 국내 유입은 더욱 증가할 것으로 추정된다.

　이와 같이 외국인 이주자들의 유입이 크게 늘어나고 그 유형도 다양해짐에 따라, 일상생활 속에서 이들과 접할 수 있는 기회도 증대하고 있다. 공장 밀집 지역이나 도시의 저소득층 지역 또는 농촌 지역에서 이주 노동자나 결혼 이주자들의 출현은 더 이상 놀라운 일이 아닐 뿐만 아니라 대학교의 교정이나 중 · 고등학교 회화 시간에 외국인 유학생이나 외국인 회화 교사와의 만남, 그리고 거리나 지하철 안에서 외국인들과 마주침은 이제 일상생활의 일부가 되었다. 물론 이들은 아직 우리와 다른 '타자'로 인식되지만, 이제 더 이상 낯선 외국인으로서 배제의 대상이 아니라 공장이나 회사, 가정과 학교의 한 구성원 또는 지역사회 주민의 일원으로 점차 인식되게 되었다. 뿐만 아니라 이들의 지역사회 정착을 지원하는 다양한 프로그램들이 정부 기관이나 지역사회 지원 단체들에 의해 시행되고 있으며, 이들에 대한 인식을 제고시키기 위한 교육도 활발하게 전개되고 있다.

외국인 이주자들의 대규모 유입과 지역사회 정착, 일상생활 속에서 이들과 만남의 증대, 그리고 지역사회 구성원으로서 이들에 대한 인식과 지원 활동의 촉진 등은 우리 사회도 이제 다양한 인종과 문화로 구성된 '다문화 사회'로 점차 전환하고 있음을 보여주고 있다. 또한 다문화 사회로의 전환이라는 새로운 현상과 이에 따른 기존 사회 구성과 질서의 변화는 이에 대한 이론적, 정책적 연구의 증대를 가져오고 있다. 이에 대한 연구는 지리학뿐만 아니라 사회학, 인류학, 정치학, 행정학, 경제학, 철학 등 다양한 학문 분야들에서 개별적 또는 학제적으로 이루어지고 있으며, 특히 정부(중앙 및 지방) 지원이 확대되면서 대학뿐만 아니라 관련 정책 연구 기관들에서도 활발하게 전개되고 있다. 이에 관한 연구는 대체로 외국인 이주자들의 국제적 이주 과정이나 지역사회 정착 과정에서 나타나는 경험적 현상들에 대한 분석, 이에 내재된 규범적 성격에 대한 이론적 고찰, 또는 이 과정에서 드러나는 여러 문제들에 관한 정책적 논의 등으로 이루어지고 있으며, 공통적으로 다문화 사회로의 원활한 전환을 위한 방안들을 모색한다는 점에서 유의성을 가진다.

다문화 사회로의 전환에 관한 기존의 연구들 대부분은 그러나 기본적으로 '사회적' 차원을 전제로 하면서 '공간적' 차원을 간과하는 경향이 있다는 점에서 한계를 가진다. 외국인 이주자들의 국제적 이주 과정이나 이들의 지역사회 정착 과정은 분명 사회적일 뿐만 아니라 공간적 현상이다. 그러나 외국인 이주자들의 이주 및 정착 과정을 단지 '사회적' 차원에서만 접근할 경우, 국제 이주의 배경이 되는 국가 간 지리적 불균등 발전이나 거리마찰효과를 완화시키는 시공간 압축의 문제 등이 간과될 수 있으며, 국내 정착 과정에서도 외국인 이주자들의 선별적 입지나 지역사회 정착 생활에서 작동하는 환경적 조건들과 공간적 과정이 무시되게 된다. 이로 인해 다문화 사회로의 전환에 관한 단순한 사회적 접근은 마치 비공간적 차원에서 초국적 이주가 결정되고, 마치 비지역적 차원에서 이주자들의 정착이 이루어지는 것처럼 이해하게 된다.

이 책에서 제시된 연구는 이러한 '사회적' 접근의 한계를 벗어나서 '공간적' 차원을 부각시키기 위하여, 책의 제목에서 제시된 바와 같이 '다문화 공간'(multicultural space)이라는 개념을 기본적으로 전제하고 있다. 다문화 공간이라는 용어는 다문화 사회라는 용어와 마찬가지로 연구 배경에 따라 다양한 의미를 가질 수 있지만, 일단 예비적 개념 규정으로 "지구·지방적 차원에서 가속적으로 전개되고 있는 문화적 교류 및 혼재와 관련된 사회공간적 현상들"을 구체적으로 담고 있는 것으로 이해될 수 있다. 또한 다문화 공간이라는 용어는 지구·지방적으로 전개되는 문화적 교류와 혼합에 관한 정책이나 계획에도 적용될 수 있으며, 문화적 다양성에 관한 규범적 윤리와 민주적 정치의 이상을 지향하는 것으로 개념화될 수 있다. 요컨대 다문화 공간이란 지구·지방화 과정에서 이루어지고 있는 인종적, 문화적 교류와 혼재에 관한 경험적 현상들을 지리적으로 설명하고 이와 관련된 구체적 정책이나 계획을 지역적 특성에 맞게 입안·시행할 수 있도록 하며, 나아가 이러한 현상이나 정책이 지향하는 규범적 윤리의 구체적 공간을 설정할 수 있는 개념적 기반을 제공하기 위해 사용될 수 있다.

이와 같이 이 책은 다문화 공간의 개념에 기반을 두고, 지구·지방화 과정에서 결혼 이주자, 이주 노동자, 전문직 이주자, 외국인 유학생 등 다양한 유형의 외국인 이주자들이 보여주고 있는 국제 이주와 지역사회 정착 과정에 관한 이론 및 방법론의 재검토(제1부), 이에 관한 통계 자료 분석에 근거한 경험적 고찰(제2부), 그리고 설문 조사에 근거한 이주 및 정착 과정에 대한 인식의 해석(제3부) 등의 연구 성과물을 편집하였다. 이론 및 방법론의 재검토와 통계 자료 분석은 2007년 후반에서 2008년 전반, 설문 조사와 이의 분석은 2008년 후반에서 2009년 전반부에 시행되었다. 이 연구는 한국학술진흥재단(현 한국연구재단)의 기초 연구(토대 연구)지원 과제로 선정되어 공동 연구로 진행되었으며, 이 책에 편집된 각 장들은 개별 논문으로 발표된 바 있다.

제1부는 다문화 공간에 관한 이론화와 접근 방법론을 다루고 있다. 제1장에서는 지구·지방화 과정에서 국제 이주 및 이주자들의 지역사회 정착 과정이 기본적으로 공간성을 전제로 한다는 점에서 다문화 공간의 개념과 이에 대한 다규모적 접근의 중요성을 제시하고자 한다. 또한 이 장은 다문화 공간의 형성 배경으로 노동력의 국제적 이동의 원인을 고찰하면서 다문화주의가 이를 통제하기 위한 이데올로기로 기능하고 있음을 비판하는 한편, 다문화주의에 내재된 규범적 함의를 부각시킴으로써 다문화 공간이 다양성과 차이의 인정을 위한 투쟁의 장이될 수 있음을 강조한다. 제2장은 초국가적 이주와 정착을 설명하는 기존의 논의들이 공간적 관점을 결여하고 있음을 지적하고, 대안적으로 초국가적 이주자들의 공간적 이주 및 정착 과정에 작동하는 장소, 영역, 스케일, 네트워크 등 네 가지 차원의 사회공간적 차원에서 다문화 공간을 개념화할 것을 제안하고 있다.

제2부는 각 유형별 외국인 이주자들의 국제 이주 및 국내 정착 과정에 관한 통계 자료 분석에 바탕을 둔 경험적 연구들로 구성되었다. 제3장은 결혼 이주 여성에 초점을 두고, 이들의 유입이 가지는 특성과 변화 과정, 다른 국가들의 경험과 차이점, 이들의 지역적 분포와 출신 국가별 차이 등을 다루고 있다. 제4장은 이주 노동자의 유입이 지역의 노동 시장, 생산성, 산업 구성 및 생산 체계의 변화에 어떤 영향을 미치는가를 경험적 자료와 기존 연구들에 기초하여 추론하고 있다. 제5장은 전문직 이주자들의 초국적 이주와 정착 과정을 다루면서, 이들의 세부 유형별 특성과 지역적 분포 유형들을 고찰하고 있다. 제6장은 외국인 유학생의 국

제적 이동의 성격과 배경을 이론적으로 검토한 후 통계 자료에 근거하여 이들의 이동 추이와 지리적 분포 패턴을 설명하였다.

제3부는 각 유형별 외국인 이주자들의 국제 이주와 지역사회 정착 과정에서 경험한 외적 조건들, 즉 국제 이주의 거시적 배경에서부터 지역사회 정착을 위한 미시적 환경에 대한 다양한 요소들의 인식에 관한 설문 조사 자료를 분석한 연구들로 구성되었다. 제7장은 결혼 이주 여성에 관한 설문 조사에 바탕을 두고 지역사회 적응에 미치는 유효한 요인들을 단계적 다중회귀모형으로 분석하고 있다. 제8장은 이주 노동자의 일터와 생활 공간에 초점을 두고 설문 조사와 심층 면접 자료에 기초하여 이들이 겪는 다양한 유형의 (시)공간적 제약과 이를 극복하기 위한 방안들의 모색에 관해 고찰하고 있다. 제9장은 설문 조사 자료 분석에 근거하여 전문직 이주자들의 한국 사회 적응이 어떻게 지역적으로 차별화되어 이루어지는가를 밝히고자 한다. 제10장은 외국인 유학생을 대상으로 이들의 이주 과정을 유학 전(입국 전), 유학 중(정착 및 적응), 유학 후(귀국 또는 국내 체류)라는 3단계로 나누어 각 단계의 이동 특성을 주요 배경 요인과 관련시켜 분석하고자 한다.

이 책에 편집된 이러한 연구들은 앞서 언급한 바와 같이 공간적 측면에 초점을 두고 외국인 이주자들의 이주 및 정착 과정에 관한 이론 및 방법론 제시, 통계 자료 분석, 설문 조사 해석 등을 추구했다는 점에서 의의를 가진다. 각 장의 연구들이 가지는 세부적인 연구 목적과 구체적 연구 성과들은 이 책의 내용을 직접 참고하기 바란다. 그러나 이 책이 가지는 한계도 몇 가지 지적할 필요가 있다고 하겠다. 첫째, 이 책의 제1부에서 제시된 다문화 공간 이론이나 대안적 방법론이 제2부 및 제3부의 경험적 연구에 어느 정도 반영되었는가에 대해 의문이 제기될 수 있다. 즉 이론적 분석과 경험적 고찰 간 괴리가 있음을 인정하고, 앞으로 다문화 공간에 관한 이론을 더욱 심화시키는 한편, 이들이 어떻게 경험적 연구에 반영될 수 있는가에 대해 보다 철저한 작업이 필요하다고 하겠다. 둘째, 이 책의 연구는 여러 공동 연구자들과 연구 보조원들의 참여로 이루어졌지만, 이들 간에 어떤 통합된 관점이나 연구 수준의 통일이 부족했다는 점도 한계로 지적되어야 할 것이다.

이 책은 이러한 한계를 가지고 있지만, 외국인 이주자들의 국제 이주와 지역 사회 정착 과정을 공간적 관점에서 연구하기 위해 고심했다는 점에서 의의를 가진다고 할 수 있다. 공동 연구자들은 이 연구를 지원해 준 한국학술진흥재단에 감사하며, 앞으로 이 책의 문제점을 보완하면서 다문화 공간의 이론화와 이에 관한 경험적 연구를 위해 더욱 노력하고자 한다. 이 연구 과정에 전임 연구원 및 연구 보조원으로 참여한 이경자, 김영경 박사, (연구 당시) 전남대 박사 과정생 박성철, 서울대 석사 과정생 고민경, 대구대 박사 과정생 송주연, 석사 과정생 권혁민, 윤미령, 김민일, 이혜경, 이의미, 이소영, 류다혜, 그리고 임용고시에 합격하여 교사가 되었기 때문에 연구 보조원에서 제외되었지만 연구 과정에 열심히 참여해 준 박은경 등에게 감사한다. 그리고 많은 어려움에도 불구하고 이 연구의 성과를 기꺼이 책으로 출판해 준 푸른길 출판사 김선기 사장과 편집부 여러분들에게도 감사드린다.

미흡한 책이지만, 이 책을 통해 외국인 이주자들이 지역사회에서 원활하게 정착할 수 있고, 앞으로 우리 사회가 이들의 정체성과 인권을 보장하면서 문화적으로 인정하는 민주적이고 규범적인 다문화 사회 공간으로 발전해 나갈 수 있기를 기원한다.

연구자를 대표하여 최병두 씀.

제1부

이론적 배경 : 사회공간적 접근

지구·지방화와 다문화 공간·제1부

제1장

다문화 공간과 지구 · 지방적 윤리 :
초국적 자본주의의 문화 공간에서 인정을 위한 투쟁의 공간으로

최 병 두

1. 서론

    1990년대 이후 외국인 이주자들의 국내 유입이 급증하고 있다. 외국인 이주자에는 단순 이주 노동자뿐만 아니라 결혼 이주자, 전문직 종사자, 외국인 유학생, 그리고 이들의 가족도 포함된다. 외국인 이주자의 유입 증대는 비단 우리나라에 국한된 양상이 아니라 동아시아의 일부 국가들, 나아가 세계적으로 선진국에서 나타나는 공통된 양상이다. 이와 같이 상대적으로 선진국을 향한 제3세계 국가 국민들의 초국가적 공간 이주와 이들의 지역사회 적응 과정에서 인종적 및 문화적 혼합에 따라 형성된 사회 공간은 학문적으로나 정책적으로 새로운 이슈로 부각되면서 주요한 주제가 되고 있다.

    이러한 외국인의 국제 이주와 지역사회의 정착 과정에 관한 연구는 흔히 '다문화 사회' 또는 '다문화주의'라는 개념이나 이념들을 바탕으로 전개되고 있다.■1 이 글에서는 우선 다문화주의 및 이와 관련된 현상과 개념들 그리고 이를 유발하는 배경으로서 지구·지방화(glocalization) 과정은 기본적으로 경제·정치적, 사회문화적일 뿐만 아니라 공간적이라는 점에서 '다문화 공간(multicultural space)'이라는 용어를 제안하고 이를 개념화하고자 한다. 특히 다문화 공간의 형성 과정, 나아가 최근 사회 이론 및 철학에

■1   최근 이루어지고 있는 국제 이주와 지역사회의 적응 과정(관련 정책을 포함하여)에 관한 연구와 개념화는 다문화 사회(multicultural society) 또는 '다문화주의(multiculturalism)'라는 용어 외에도 세계시민주의(cosmopolitanism), 초국가주의(transnationalism), 탈식민주의(postcolonialism) 등 다양한 용어들이 직간접적으로 관련된다.

서 강조되고 있는 '공간적 전환(spatial turn)'의 의의와 이에 함의된 주요한 인식론 또는 방법론으로서 다규모적 접근(multi-scalar approach)의 유의성이 강조될 수 있다.

그러나 다문화 공간의 형성에서 중요한 점은 이러한 공간이 그 자체로서 구조화된 어떤 메커니즘에 의해 형성된다기보다는 이른바 후기 자본주의의 자본 축적 과정에서 요구되는 지구·지방화, 특히 지구적 차원의 지역 불균등 발전을 배경으로 형성된다는 점이다. 즉 이윤 추구의 기회를 확대시키기 위한 지구적 차원에서의 경제 재구조화로서 지구화 과정과 이를 지원하는 교통통신의 급속한 발달은 불균등하게 발전한 지구 공간에서 자본의 이동과 더불어 노동의 이동을 촉진하게 되었다. 특히 자본의 이동이 '공간적 조정(spatial fix)'의 한계에 봉착하면서 노동의 초국가적 이주가 급증하게 되었고, 이에 따라서 다양한 인종과 이들에 체현된 상이한 문화들이 혼합된 다문화 공간이 형성되고, 앞으로 더욱 확산될 것으로 추정된다. 이러한 점에서 다문화 공간이 후기(또는 초국적) 자본주의의 문화 공간으로서 가지는 특성들을 파악하고 그 문제점을 고찰하는 것이 중요한 과제가 되었다.

그러나 다른 한편으로 이러한 후기 자본주의의 문화 공간으로서 다문화 공간이 불가피하게 형성된 상황에서, 이를 위한 다문화 공간의 대안적 윤리에 관한 연구도 중요성을 가진다. 사실 다문화 공간 또는 이에 전제된 다문화주의는 기본적으로 다양성에 대한 인정을 전제로 한다는 점에서 본연적으로 어떤 규범성을 함의한다. 물론 현실에서 외국인 이주자들의 거주지에서의 정착 과정은 두 가지 측면, 즉 소득 재분배 및 노동의 재생산과 관련된 경제적 측면(또는 계급적 측면) 그리고 정당한 대우를 위한 권리 및 문화적 정체성에 대한 인정과 관련된 문화적 측면(또는 인종적 측면)을 가진다. 이 두 가지 측면은 분리된 것이라기보다 서로 연계되어 일정한 연속성상에 있는 것으로 이해될 수 있다. 그러나 물질적 측면에서의 재분배도 중요하지만 이주자의 인권이나 정체성이 인정되지 않으면 물질적 재분배도 이루어지기 어렵다는 점에서 '인정의 정의(justice for recognition)' 또는 '인정을 위한 투쟁(struggle for recognition)'이 우선적으로 강조될 수 있다. 즉 지구화 과정 속에서 형성된 다문화 공간은 계급적 측면을 본연적으로 내재하지만, 또한 동시에 그 공간적 윤리로서 인정의 공간을 지향한다고 할 수 있다.

이러한 점들에서 제1장에서는 지구화 과정의 성숙에 따라 형성되고 있는 다문화 공간의 개념화와 더불어 그 정치경제적 배경 및 사회문화적 의미를 고찰하고자 한다. 좀 더 구체적으로 이 장은 우선 최근 급속히 증가하고 있는 외국인 이주자들의 유입과 이에 따라 형성되는 다문화 사회의 개념을 공간적으로 재구성하면서 다규모적 접근의 중요성을 강조한 후, 이러한 외국인 이주자들의 초국적 이주 배경을 경제·정치적으로 분석하고 이른바 다문화주의의 이데올로기적 속성을 비판하는 한편, 이들에 의해 지구·지방적으로 형성된 다문화 공간을 위해 필요한 새로운 윤리로서 '인정의 공간'을 위한 투쟁을 강조하고자 한다.

2. 다문화 공간의 개념화와 다규모적 접근

1) 공간적 전환과 다규모적 접근

최근 철학 및 사회과학에서 공간에 관한 관심이 증대하고 있다. 이러한 관심의 증대는 공간을 자신의 핵심적 연구 주제로 다루는 하비(Harvey)와 같은 지리학자들뿐만 아니라 르페브르(Lefebvre)나 푸코(Foucault), 기든스(Giddens), 카스텔(Castells)과 같은 철학자나 사회 이론가들의 영향에 따른 것이라고 할 수 있다. 그러나 이러한 공간적 관심의 증대는 단순히 이들의 학문적 영향력만이 아니라 기존의 사회 이론들로는 제대로 이해될 수 없는 현상들이 발생하고 있기 때문이라고 할 수 있다. 즉 최근 사회 이론 및 철학에서 공간에 관한 관심이 증대한 이유는 첫째, 새로운 공간적 현상들의 발생(즉 새로운 공간적 주제의 등장), 둘째, 현상들을 설명(또는 비판)하는 데 기존 이론들의 한계에 기인한다고 할 수 있다.

예를 들면 르페브르, 푸코, 기든스 등은 공통적으로 근대성(modernity)에 대해 관심을 가지고 있었고, 이에 관한 연구에서 공간의 중요성을 강조하고 있다. 근대성과 일상생활에 관한 비판적 연구에서 르페브르(Lefebvre, 1990)는 서구의 근대성에 내재된 이원론(주체/객체, 정신/물질, 이성/신체 등)을 지적하고, 이러한 이원론에 의한 공간의 개념화, 특히 선험적(또는 절대적, 추상적) 공간으로의 개념화는 공간이 사물들의 관련적 관계로 규정되며 사회적 생산의 산물이라는 사실을 은폐했다고 주장한다. 르페브르는 이러한 근대적 공간성에 대한 대안으로 공간의 사회적 생산을 강조한다. 푸코는 이러한 근대성에 내재된 지식/권력이 항상 공간을 매개로 이루어진다는 점을 지적하고, 인간의 역사가 공간의 역사로 다시 서술되어야 한다고 주장한다. 기든스 역시 서구 근대성을 시간과 공간의 분리, 장소 귀속성의 상실, 시공간적 거리화 등의 개념으로 설명하고자 한다.

공간이 강조되는 또 다른 거시적 주제는 자본주의의 발달과 관련된다. 이에 관한 논의에서 르페브르는 자본주의가 오늘날까지 발달할 수 있었던 것은 공간을 점유하고 생산할 수 있었기 때문이라고 주장한다. 사실 자본의 축적 과정은 단순히 이윤 추구를 위한 경제 활동이나 노동 착취를 위한 사회적 통제에 국한되는 것이 아니다. 자본 축적을 위한 이러한 활동 자체도 공간적으로 발생하며 이에 따라 공간들이 새롭게 확장·재편되고 있다. 뿐만 아니라 새로운 공간들이 자본주의 시장에 편입되고, 공간 환경 자체가 상품화되면서 자본 축적 과정의 주요 요소로 편입되고 있다. 이러한 점에서 하비(Harvey, 1996)는 마르크스주의를 포함한 서구 이론들이 이성(마르크스주의의 경우 계급)의 승리를 전제로 한 시간적 목적론에 빠져 있음을 지적하고, 이러한 사회 발전 과정에서 파편적으로 드러나는 공간적 현상들은 무시되어 왔다고 주장하면서 이러한 공간에 대한 시간의 특권화의 반작용으로 '공간적 전환(spatial turn)'을 제시한다. 크랭과 스리프트(Crang and Thrift, 2000, p.i)에 의하면, 최근 철학 및 사회 이론에서 부각되고 있는 이러한 '공간적 전환'은 "현재의 복잡하고 분화된 세계에 관해 사유하기 위하여 지리적 개념과 은유를 사용하기"로 정의된다.

특히 이러한 공간적 전환을 불가피하게 만드는 주요한 주제로 지구화/지방화 및 이와 관련된 제반 현상들을 들 수 있다. 즉 지구화는 "공간적 전환, 좀 더 정확히 말해 시간적인 것에 대한 공간적인 것의 주도성"을 가능하게 한다고 주장된다(Dirlik, 2001, 6; Jessop, 2002에서 재인용). 이러한 인식은 제숍(Jessop)에 의해 "지구화는 사회과학에서의 '공간적 전환'을 유도하는 힘들 가운데 하나"라는 주장으로 이어진다. 즉 "지구화가 근본적으로 공간적 현상이라는 점에서 이는 공간, 장소, 규모의 이슈들에 민감한 접근법을 불가피하게 요구한다. 게다가 우리가 지구화를 이러한 용어들로 접근하면, 이는 다른 이슈들이 이해될 수 있는 방법을 변화시키게 된다. 공간적 전환은 따라서 주제적(thematic)이고 방법론적이거나, 양자 모두이다"(Jessop, 2002, 97). 이러한 지구화의 공간적 개념화는 이와 관련되는 여러 개념이나 사고들, 예를 들어 다문화주의 또는 다문화 사회 등에도 적용될 수 있을 것이다.

이러한 점에서 공간적 개념화는 기존의 사회 이론들이 간과하거나 은폐해 온 몇 가지 주요한 사항을 드러내 준다. 첫째, 공간적 개념화는 사물들의 위치성 또는 사물들 간의 공간적 관련성에 기초하여 사물의 본질을 존재론적으로 이해할 수 있도록 한다. 공간은 모든 사물을 위치 지우며, 그들

간 관계를 규정한다. 물론 공간은 이러한 사물들 이전에 존재하는 것이 아니라 사물들의 위치와 그들 간 관계로 형성되고 변화하고 소멸된다. 사물들의 위치성과 그들 간 관계로 형성되는 공간은 차이를 만들어내며, 이러한 차이는 사물들의 속성을 규정한다. 이 점은 사람들 간에도 적용된다. 공간은 사람들 간의 관계로 형성되며, 이러한 점에서 공간은 간 공간(in-between space)으로 형성·소멸된다. 일상생활에서 이루어지는 상호 행동은 사회적으로 공간을 구성하는 과정이며, 이 과정을 통해 우리는 공간을 생산할 뿐만 아니라 우리 자신도 재생산하게 된다.

둘째, 공간적 개념화는 사회적 상호 행위가 사회적 제도의 '장기-지속'을 통해 사회공간적으로 구조화되며, 이러한 구조가 다시 상호 행위를 조건 짓는 것을 방법론적으로 이해할 수 있도록 한다. 일상생활의 생활 공간에서 발생하는 사회적 상호 행위는 지역적·국가적·세계적 차원의 사회적 제도화를 통해 사회공간적으로 구조화된다. 이렇게 해서 구조화된 사회공간적 체계는 가변적이고 역동적으로 기능할 뿐만 아니라 분절적이며 장소특정적으로 작동한다. 따라서 일상생활의 행동들은 분절적·장소특정적 다지방화 과정에서 다양한 소재와 의미를 생산하게 되며, 또한 이렇게 형성된 물질적·담론적 구조에 의해 조건 지어진다. 이러한 점에서 지구화는 '다지방화 과정'이라는 주장이 이해될 수 있다. 즉 제솝(Jessop, 2002, 98)의 주장에 의하면, 지구화는 "많은 규모들에서의 행동들—이러한 행동들은 체계화된 계층에 포섭된 것이 아니라 서로 얽히고 융합된 방식으로 상호 공존적이고 침투적인 것으로 이해될 수 있다—에 의해 이루어지며, 이는 노동의 공간적 분업과 더불어 규모적(scalar) 힘을 발전·강화"시킨다.

셋째, 공간적 개념화는 현상들에 관한 메타포로서 동원되며, 때로 공간에서 이루어지는 힘 관계를 반영 또는 은폐하고, 심지어 헤게모니적 개념화로 이용되기도 한다. 세계 체계에 관한 이론이나 특히 초국적 이주에 관한 연구에서 흔히 사용되는 중심/주변, 남/북, 제1세계/제3세계 간의 관계는 발전한 자본주의 국가와 저발전한 후진국 간의 관계를 표현하는 공간적 메타포이다. 이러한 공간적 메타포는 실제 이들 간에 존재하는 관련성, 즉 지구적 공간에서 전개되고 있는 지역 불균등 발전을 은폐하고 있다. 이러한 공간에 관한 근대적·헤게모니적 개념화는 '타자'의 공간성을 주변화시키고 정치적 힘을 억압 또는 제한한다. 정치적 힘 관계란 공간을 점유하고 상호 관계를 맺으며 이를 통해 자아/타자의 정체성을 구성하는 방식, 그리고 이러한 상호 관계의 공간성에 관하여 말하는 방식을 둘러싼 투쟁이라고 할 수 있다.

넷째, 공간적 개념화는 대안적인 사회공간적 윤리를 발전시킬 수 있도록 한다. 사람들 간의 관계를 통해 형성되는 공간은 자신이 누구인가를 이해할 수 있도록, 즉 자신의 정체성을 가지도록 한다. 즉 공간은 사람들 간 차이를 만들어내고, 이 차이로 공간적 질서가 형성된다. 사물들의 내재적 관련성(예로 책과 책상 간의 관계)을 통해 형성된 공간적 질서는 안정적이며, 사람들에게 편안함 또는 존재론적 안전감을 가져다준다. 이러한 사물들 간에 내재된 공간적 질서는 외적으로(예로 자본에 의해 구성된 현대 도시 공간의 질서) 또는 인위적으로(예로 권력의 장악과 유지를 위해 구성된 원형 감옥의 공간 질서) 부여된 관계가 아니라, 사물의 본질적 관계(예로 사람들 간 관계에 내재된 인간성, 나아가 사람과 자연 간에 내재된 생태성을 반영한 공간 질서)에 기초한다. 이러한 본연적인 사회공간적 관계는 존재론적으로 상호 인정(mutual recognition)을 전제로 한다.

이러한 공간적 개념화에서 다문화 공간의 개념화 및 분석과 관련된 방법론으로 '다규모적 접근'에 대한 관심과 재검토가 필요하다. 다규모적 접근은 앞서 언급한 공간적 개념화의 기본 특성을 함의할 뿐만 아니라 전통적으로 경계된 영토를 초월하는 공간적 과정을 설명하기 위해 유용한 방법론이다. 즉 다규모적 접근은 개인의 행동이 다중적 규모들에서 이루어지고, 지역적 · 국가적 · 지구적 제도들은 개인들의 물리적 행동이나 정체성 형성에 영향을 미치며, 이에 의해 재구성된다는 사실에 초점을 둔다. 물론 여기서 국지적, 지역적, 또는 국가적이거나 지구적이라고 할 때에도 그 규모는 주어진 것이 아니라 정치적 및 사회적으로 구성된다.

규모의 구성 또는 생산에서 개인(특히 예로 외국인 이주자)은 다중적 규모들 내에 위치 지어지고, 이에 따라 개인 행동의 의미나 정체성은 다중적으로 구성될 수 있다. 또한 개인의 행동은 이러한 규모들 간을 이동하면서 자신의 목적과 능력을 고양/약화시킬 수 있다. 즉 규모들 간 관련성 속에서 정치적 · 사회적 경쟁은 규모들 간 이동을 만들어내고, 다른 규모들(특히 더 높은 규모)에 대한 개인의 관심과 '규모를 뛰어넘을 수 있는(jumping scales)' 개인의 능력이 강조될 수 있다(Smith, 1992). 예를 들면 초국가적 자본가들은 이러한 '규모 뛰어넘기'에서 탁월한 능력을 가지며, 상대적으로 낮은 규모 내에 위치 지어져 있거나 이동성이 낮은 노동 계급을 지배하게 된다. 다른 예로 님비 현상에서처럼 개인적 · 국지적 차원에서는 부정되지만 지역적 · 국가적 차원에서는 강제되는 활동들은 다규모적 갈등으로 설명될 수 있다(Cidell, 2006). 또 다른 예로 외국인 이주자들이 새롭게 정착한 지역사회에서 적응하지 못할 때 이는 규모적 부조응으로 이해될 수 있다.

규모의 구성 과정은 제도적 차원에서 정치권력의 영역과 긴밀하게 관련된다. 지구화 과정은 국민국가의 권력을 약화시킨 것으로 흔히 이해되지만, 실제 국민국가의 권력은 약화된 것이 아니라 기능적으로 규모를 가로질러 위로 그리고 아래로 '재규모화'를 추진해 온 것으로 설명된다. 스윈거도우(Swyngedouw, 1997)에 따르면, 지구적 차원에서의 경제 재구조화와 이에 따라 국지적 장소에 미치는 영향은 영토적 권력의 재규모화로 간주되며, 이러한 경제적 · 영토적 재구조화와 관련된 국민국가의 재규모화는

'지구 · 지방화(glocalization)' 라고 개념화된다. 또한 규모의 생산은 현상들이 이해 가능한 것으로 간주되는 해법의 수준을 창출하며, 이러한 점에서 브레너(Brenner, 1998)는 자본주의의 '규모적 조정(scalar fix)'은 자본의 이동성과 고정성 간 모순을 매개하는 방식이라고 주장한다.

이러한 (다)규모적 접근은 공간적 개념화에 주요한 방법론으로 강조될 수 있지만, 이를 적용하고자 할 때 몇 가지 유의할 사항이 있다. 첫째, 공간의 개념이 그러한 것처럼 규모라는 개념도 어떤 실체를 가지는가에 대한 의문이 제기될 수 있다. 예로 규모에 관한 스미스(Smith, 1992)의 유형 분류에 의하면 규모의 중층성은 신체 공간에서 시작하여 지구 공간으로까지 확대된다. 신체는 개인적 정체성의 우선된 물리적 장소이며, 이 규모에서 젠더(gender)의 중요성이 강조된다. 이러한 규모의 개념화는 규모 그 자체가 어떤 실체를 가지는 것처럼 인식되도록 한다. 물론 성의 상품화나 에이즈와 같은 경우 신체 공간은 개인의 규모를 넘어서는 중층적 규모들에서 신체를 정치화하기 위한 투쟁을 유발한다. 따라서 중요한 점은 특정 실체들이 특정 규모의 공간에서 가지는 관련적 의미를 고찰하는 것이다.

둘째, 앞서 언급한 문제와 관련하여 이러한 다규모적 방법론은 규모 또는 행위(실천) 가운데 어디에 우선 연구의 초점을 두어야 하는지의 의문이 제기될 수 있다. 펙(Peck, 2002)은 개인들이 다른 규모들에서 어떻게 행동하는가의 문제가 아니라 가정, 근린 사회, 지역, 국가, 지구 차원의 규모들에서 행위들이 어떻게 개인들에게 영향을 미치는가를 고찰하고자 한다. 그러나 이와 다소 다르게 맨스필드(Mansfield, 2005, 469)는 상이한 규모들에서 발생하는 행위들이 아니라 어떤 한 행위의 규모적 차원들에 관한 고찰이 중요함을 강조한다. 이와 같이 상반된 주장들은 구조와 행위 간 관계에서 어디에 우선된 관심을 두어야 하는가의 문제와 관련된다고 할 수 있다. 예를 들어 이주자 가정에서 발생하는 갈등적 행동은 우선적으로 그 가정

공간의 규모에서 조건 지어질 것이지만, 이러한 행동은 이주자의 이주 전 경험한 규모들에서의 문화와 접합된 결과라고 할 수 있다. 이러한 점에서 연구의 초점은 규모 그 자체가 아니라 행위들의 다규모적 함의라고 할 수 있다.

셋째, 규모의 생산이나 규모의 정치 등 규모에 관한 주장들은 한 규모 내에서 동질성을 전제하는 것처럼 보인다. 심지어 규모의 다중성을 강조하면서 높은 차원의 규모는 낮은 차원의 규모들을 포섭하고 있는 것처럼 이해한다. 브레너나 스윈거도우는 규모의 갈등이나 정치를 논의할 때, 특정 규모에서 작동하는 힘 또는 정치는 그 규모 내에서 동질적으로 영향을 미치는 것처럼 가정한다. 그뿐만 아니라 실제 지리적으로 큰 규모들이 작은 규모들에 비해 더 큰 힘(규정력)을 가지는 것처럼 간주하는 경향이 있다. 그러나 실제 외국인 이주자의 경험은 높은 차원의 규모에서 작동하는 힘(예를 들어 지구 공간 차원의 불균등 발전)에 대해서는 매우 둔감한 반면, 자신의 개인적 삶의 질이나 물질적 만족 등에 더 민감한 것처럼 보인다. 따라서 규모는 비계층적이며 유동적이고 관련적이라는 주장을 재강조할 필요가 있다.

2) 다문화 공간의 개념과 의의

최근 들어 지구적 차원에서 상품과 자본, 기술이나 정보 등의 세계적인 교류의 증대와 더불어 사람들의 직접적인 이주가 증대하고, 이로 인해 문화적 교류와 혼합이 급증하면서 이른바 다문화적 현상들에 대한 관심이 높아졌다. 국제적 이주에 직접적 관심을 가지는 지리학이나 사회학, 인류학 등뿐만 아니라 이러한 현상들의 정책적 과제에 관한 연구도 활발하게 전개되고 있다. 뿐만 아니라 이러한 새로운 문화적 현상이나 그에 함의된 규범적 문제들을 다루기 위한 철학적·문학적 논의도 활발하게 진행되고 있다.

이러한 사회 이론적이고 철학적인 논의나 정책적 연구에서 가장 흔히 사용되는 용어는 다문화주의 또는 다문화 사회이다.

다문화주의 또는 다문화 사회라는 용어는 다양한 의미로 사용되며 때로 상호 갈등적/비판적 함의들을 가지는 것으로 주장되거나 고려되고 있지만, 기본적으로 문화적 교류 및 혼합과 관련된 현상과 정책 그리고 규범을 다루기 위한 것이라고 할 수 있다. 즉 다문화주의는 ① 다양한 인종이나 민족의 혼재에 따라 발생한 문화적으로 다원화된 사회인구적 현상, ② 인종, 민족, 국적에 따른 차별과 배제 없이 사회문화적 다양성을 보호하고 개인의 인권과 기회의 형평성을 보장하고자 하는 정부의 정책(이러한 정책은 기본적으로 배제주의 및 동화주의 정책과는 대조된다), ③ 사회문화적 다양성에 함의된 규범적 측면(인정의 정의, 민주주의 등)을 인식하고 그 가치를 정형화하고자 하는 철학 등으로 이해될 수 있다(Troper, 1999; 윤인진, 2008a에서 재인용).

이러한 다문화주의 또는 다문화 사회라는 개념은 물론 공간적 함의를 가지며, 이미 공간적 용어들로 해석되고 있다. 즉 오늘날 문화적 교류는 과거에는 볼 수 없었던 지구적 차원에서 이루어지고 있으며, 또한 개별 국지적 지역사회에서도 이러한 문화적 교류의 증대에 따른 문화적 혼합이 촉진되고 있기 때문이다. 이러한 문화적 교류와 혼합은 지구·지방적으로 새로운 다문화 공간을 형성하게 되었다. 다문화 공간의 개념은 기본적으로 다문화주의 또는 다문화 사회에서 논의되어 온 현상들을 공간적 차원에서 고찰할 수 있도록 함으로써, 그동안 간과된 주제들을 새롭게 드러내고 또한 기존의 논의들을 재서술함으로써 더욱 적실하게 이해할 수 있도록 한다. 사실 오늘날 급증하는 문화적 교류와 혼합의 현상, 정책, 규범 등을 논의하기 위하여 다문화 공간이라는 개념이 명시적 또는 암묵적으로 사용되고, 또한 다양한 의미를 가질 수 있다.

예를 들어 다문화 공간은 서로 다른 문화적 배경에서 성장한 사람들 간의 만남과 상호 행동 과정에서 형성될 수 있다. 서로 다른 문화를 가진 사람들 간의 일상적 상호 행동은 새로운 다문화 공간을 사회적으로 구성(또는 생산)하게 되고, 그 속에서 자신들이 누구인가에 대한 인식, 즉 자신의 정체성을 재형성하도록 한다. 또한 다문화 공간은 외국인 이주자가 본국의 가족이나 친척들과 의사소통을 하는 과정에서도 형성될 수 있다. 일상적 생활 공간을 뛰어넘는 초국지적 또는 초국가적 공간은 물리적 공간에서의 상호 부재 속에서 네트워크 연계로 형성된 일시적 공간이지만, 생활 공간 속에 간헐적으로 개입하면서 관련된 사람들의 생활과 의식에 지대한 영향을 미치게 된다. 이러한 외국인 이주자에 의해 형성된 다문화 공간은 또한 떠나온 과거의 공간도 아니고 새롭게 정착한 지역에서의 공간도 아닌 이른바 경계적 간 공간 또는 '제3의 공간'이라는 메타포를 만들어낸다. 이러한 다문화 공간은 기존의 권력 관계를 유지/변화시키기 위한 새로운 힘의 장이 되면서, 동시에 기존의 문화 공간에 대한 비판적 의식과 더불어 새로운 윤리를 위한 정치를 요구하게 된다.

　이와 같이 다문화 공간이라는 용어는 다양한 연구 배경에 따라 다양한 의미를 가지는 것으로 이해될 수 있으며, 따라서 다문화 공간의 개념화를 위한 과제는 앞으로 본격적으로 연구되어야 할 것이다. 그러나 일단 예비적 단계에서 다문화 공간은 기본적으로 다음과 같이 정의되고 사용될 수 있을 것이다. 첫째, 다문화 공간은 지구·지방적 차원에서 가속적으로 전개되고 있는 문화적 교류 및 혼재와 관련된 사회공간적 현상들을 담지한다. 즉 다원화된 사회인구적 현상으로서 다문화주의를 반영한 다문화 공간의 개념은 지구적 공간에서 상품과 자본의 이동성 증대와 더불어 다양한 매체를 통한 지식이나 정보의 교류 증대, 그리고 기업 활동이나 관광, 유학 등을 위한 사람들의 국제적 이동, 특히 좀 더 장기적인 정착을 목적으로 하는 외국인 이주자가 급증함으로써 발생하는 문화 교류 현상 및 그 배경을 고찰할 수 있도록 한다. 또한 이러한 과정의 결과로 개별 지역사회 내에서 문화적 다양성이 증대하며 이에 따라 기존의 문화가 새로운 문화와 접합하면서 변화해 나가는 현상들의 특성을 이해하는 데 기여한다. 예를 들어 다문화 공간은 아침 식탁에 올라온 다양한 외국산 식품들의 생산–유통–소비 과정과 관련된 공간적 관계를 설명하거나, 지구적 규모로 작동하는 TV나 인터넷 등의 대중매체를 통한 정보나 지식의 실시간대 이동과 이에 따라 형성되는 초공간적 사이버 공간의 다문화성도 이해할 수 있도록 한다.

물론 다문화 공간은 가장 직접적으로 외국인 이주자들의 국제적 이주와 새로운 지역사회에의 정착과 관련된 문화적 교류 및 혼합과 관련된다. 즉 오늘날 사람과 문화의 대규모 이동은 그 규모에서 지구적/지방적이며, 특히 지구적 도시화(glurbanization) 과정으로 복잡하게 연계되어 있다는 점에서 21세기 도시들은 전형적인 다문화 공간이며 다문화주의의 규범적 성격과 이데올로기적 성격이 혼합되어 갈등을 유발하고 있는 권력의 장으로 특징지어졌다. 이러한 점에서 키스(Keith, 2005)는 "문화 교류의 극장, 혼종적 정체성의 수행을 위한 무대로서 세계시민적(cosmopolitan) 도시는 만남의 공간, 사회적 · 문화적 · 경제적 재생의 공간으로 안정되게 되었다"고 주장하고, '다문화적 모자이크'에서 '세계시민적 용광로'로 이행해 가는 도시들에 관한 이해가 요청된다고 강조한다. 다문화 공간이라는 용어를 좀 더 명시적으로 사용한 우제르(Uzer, 2008)는 베를린에 있는 터키 출신 이주자들에 의한 상이한 공간 이용 방법들과 이에 의해 유도되어 실제 '혼종적 [공간] 편성(hybrid [spatial] configuration)'을 이루게 되는 '다문화 공간의 생산(production of multicultural space)'을 고찰하고자 하였다. [2]

둘째, 다문화 공간은 지구 · 지방적으로 전개되고 있는 인종적 · 문화적 교류와 혼합에 관한 정책이나 계획과 관련된다. 다문화주의 정책을 반영한 다문화 공간은 외국인 이주자의 국제 이주와 지역사회 정착 과정에서 발생할 수 있는 갈등과 마찰 또는 일방적인 통합(즉 동화)이 아니라 문화적 다양성과 차이를 인정하고 이를 제도화하여 실행하고자 하는 정책을 지지한다. 이러한 측면에서 연구는 흔히 다문화 도시에 대한 경험적 연구나 다문화 공동체에 관한 계획과 관련된다. 예를 들어 서구 도시들에 관한 한 연구는 "일상생활이 다규모적 실천과 경험의 형태 속에서 '다문화적 도시'의 초국적 관계들, 즉 상이한 문화와 상이한 상상력 간의 만남에 의해 점차 더 많은 영향을 받게" 되었음을 강조한다(Simonsen, 2008). 이러한 상황에서 최근 도시계획에 관한 연구는 '다문화적 도시'를 주요 주제 가운데 하나로 부각시키고, "세계의 여러 사회가 점차 다문화화되어 감에 따라 계획가들은 다양성에 좀 더 민감해질 필요"가 있으며, 통합과 분화, 포용과 배제, 조화와 갈등이 다문화적 도시에서 어떻게 발생하고 있는가를 고찰하고, 이와 관련된 문제를 해결하기 위해 다양한 문화가 인정되고 균형 잡힌 다문화 공동체(multicultural communities) 계획이 필요함을 부각시키고 있다(Uyesugi and Shipley, 2005).

그러나 다른 한편 다문화 공간의 경험적 현상이나 정책들에 관한 비판적 연구도 중요한 의미를 가진다. 예를 들면 다문화 공간의 관점에서 "많은 사람들은 이미 상이한 문화들의 상호작용에 관한 연구의 필요성을 공동으로 인지"하고 있지만 특히 "정치적 결과를 야기하는 공간적 실천들, 즉 게토화, 이주, 통합, 분화 등에 관심을 가지고" 비판적 다문화주의에 기초한 연

■2   베를린의 근린 사회 베딩(Wedding)과 이곳의 거리인 바드스트라(Badstra)에 관한 사례연구를 통해 우제르(Uzer, 2008)는 터키 이민자들이 당국에 의해 '고안된 공간 (conceived space)'을 그들의 '생활된 공간(lived space)'으로 전환하기 위하여 일상생활의 전략 가운데 하나로 다문화주의를 채택하며, 그 결과 터키 이민자들의 연령별·성별 집단들에 의한 공간 전유를 통해 새로운 공간적 배치들이 발생하고 있다고 제시하였다.

구가 필요하다는 점이 제안되었다(Allen, 1997, 5). 또한 다문화 공간과 관련된 지구적인 인적 · 문화적 교류가 여전히 국민국가의 통제 아래에서 어떻게 이루어지고 있는가에 대한 연구도 포함된다. 예를 들면 지구화 과정에 내재된 신자유주의적 정책들, 특히 자유무역, 자유시장의 개념에 함의된 자본과 인구의 자유로운 이동에 대한 강조에도 불구하고 최근 선진국들에서 이민 자격 조건을 강화한 이민 정책 또는 개별 이주자에 대한 통제를 강화한 비자 관리 정책들은 지구적/국가적 규모에서 다문화 공간의 형성을 특징짓는다. 뿐만 아니라 이러한 다문화주의와 정치권력 간의 관계는 규모의 다원성 또는 규모 뛰어넘기와 관련된 권력 유지의 담론에 적용될 수 있다. 예를 들면 필리핀 이주자들에 관한 타이너(Tyner, 2000)의 연구는 필리핀 정부가 그 권력을 유지하기 위하여 지구화의 담론과 신체의 담론 사이를 용의주도하게 이행하고 있다고 주장한다.

셋째, 다문화 공간은 문화적 다양성에 관한 인정을 전제로 한 규범적 윤리와 민주적 정치의 이상을 함의한다. 다문화주의 윤리를 반영한 다문화 공간은 타자성 또는 문화적 차이에 대한 상호 존중을 전제로 한다. 포스트모더니즘과 일정한 관계를 가지고 등장한 다문화주의는 일반적인 타자성과 차이에 대한 인정을 강조하지만, 특히 주변적 위치에 있는 소수자 문화에 동등한 권리를 부여하고자 한다. 이러한 점에서 다문화주의는 사회문화적 차이에 대한 동등한 대우뿐만 아니라 경제적(자원 이용도 포함하여) · 정치적 차이의 극복과도 관련될 수 있으며, 따라서 다문화 공간은 지역 간 및 지역 내 사회문화적 · 정치경제적 불평등을 극복하고 조화로운 지역사회를 지향한다고 할 수 있다. 즉 문화적 측면에서 다문화 공간은 이를 구성하는 사람들의 문화적 다원성을 긍정적으로 승인하는 '인정적 정의'의 공간을 지향하며, 정치적 측면에서 다문화 공간은 구성원들에 대한 이러한 상호 인정(권리와 자율성)을 전제로 (재)분배적 정의와 민주주의 발전을 촉진시킬 수 있다.

　이러한 점에서 다문화 공간은 다문화로 인한 갈등을 극복하고 정의롭고 민주적인 사회 공간의 형성을 지향한다고 할 수 있다. 그러나 이러한 다문화 공간의 이상이 현실에 그대로 투영되고 실현되는 것은 아니다. 다문화주의 또는 이를 반영한 다문화 공간에 관한 규범적 개념화는 현실의 경제적 · 정치적 불균등과 그 발생 배경을 모호하게 하거나 사회문화적 차이에 대한 인정을 통해 오히려 갈등을 은폐할 수도 있다. 그럼에도 불구하고 "다문화주의는 갈등을 유발할 수 있지만, 이는 또한 인간 조건을 특징짓는 갈등과 차이를 … 유예시키는 집단의 '보금자리(home)', 안전한 장소, 연대의 근원이 될 수 있다"(Entrikin, 2004, 20). 즉 다양한 문화와 정체성을 가진 개인이나 집단을 위하여 정의롭고 민주적인 다문화 공간은 제도적으로 주어진 공간이 아니라, 이러한 지구 · 지방적으로 다규모적인 장소 만들기를 위한 실천을 통해 생산되고 유지되는 공간이라고 할 수 있다.

3. 다문화 공간의 형성 배경과
　　이데올로기로서의 다문화주의

1) 자본 이동 대 노동 이동과 다문화 공간의 형성 배경

　지구화는 시장 관계의 지구적 팽창과 신자유주의 이데올로기의 지구적 관철을 의미한다(Dreher, 2007). 이 과정에서 근본 요소는 시장 메커니즘의 전제로서 상품화, 특히 자연과 인간 노동력의 상품화를 포함한다. 이에 따라 세계 인구의 점점 더 많은 부분은 자본주의 노동 시장에 직접 통합되고 지역적 · 국가적 노동 시장은 지구적 노동 시장으로 확장된다. 노동 시장의 지구적 통합은 노동력의 국제 이주를 촉진시키고 있다. 이렇게 초국적으로 이주하는 노동력에는 직접적인 노동력과 재생산을 위한 노동력, 즉 직접 상품 생산에 참여하는 단순 및 전문직 노동력과 결혼을 통한 가정의 형성과 가족의 재생산을 위한 결혼 이주자들, 그리고 노동력의 잠재적 능력을 강화시키기 위해 국제적으로 이주하는 외국인 유학생도 포함된다. 이러한 노동력의 초국적 이주는 이주자 개인의 입장에서 보면 자신의 의지, 특히 자신의 삶의 질 향상과 능력 배양을 위한 것이라고 할 수 있다. 그러나 이들의 이주와 관련된 지구적 배경과 이에 관한 통제 메커니즘의 측면에서 보면 노동력의 초국적 이주는 구조적으로 둔감하게 강제된 것이라고 할 수 있다.

노동력의 초국적 이주는 기본적으로 지구적 규모의 지역 불균등 발전을 배경으로 한다. 즉 자본 축적의 지리적 불균등은 특정 국가나 지역으로 부의 집중과 사회경제적 발전을 촉진하는 한편, 여타 국가나 지역의 부의 유출과 사회경제적 침체를 가져온다. 이러한 지리적 불균등 발전은 단순히 부의 유출/유입뿐만 아니라 상품화된 노동력의 유출/유입을 자극한다. 이와 같은 일반 재화나 자본, 정보의 세계적 이동뿐만 아니라 노동력의 초국적 이동을 통한 지구적 규모의 경제적 통합을 위한 과정에서 생산 요소들의 국가적 및 국제적 통제는 불평등하게 전개된다. 예를 들면 재화의 자유 이동은 세계무역기구(WTO)에 의해, 자본의 자유 이동은 국제통화기금(IMF)에 의해 보장되고 촉진되지만, 노동의 국제 이동은 대부분 정부와 국제기구들에 의해 엄격하게 통제된다. 즉 "지구화 프로젝트는 자유주의적 이상으로서 (삶의 질 향상을 위해 이주하고자 하는) 인간의 자유가 아니라 축적 잠재력을 최대화하고자 하는 자본의 자유와 관련된다"(Overbeek, 2002, 75). 물론 노동의 이동은 축적을 위한 자본의 자유에 조응하는 경우에 한하여 촉진된다.

자본주의 경제 체제에서 국경을 넘어서는 원료와 상품의 이동은 그 초기 단계에서부터 이루어져 왔지만, 자본의 국제적 이동은 대체로 최근의 현상이다. 특히 1970년대 중반 이후 서구 선진국들에서 포드주의적 축적 체제의 위기를 해소하기 위한 해외 직접 투자가 급증한 것은 이른바 노동의 신국제 분업을 촉진하였다. 그러나 이러한 신국제 분업은 노동의 초국적 이주에 의한 것이 아니라 생산 설비의 해외 이전에 따른 결과로 이루어졌다. 그 이후 1980년대 들어 급속히 팽창한 금융 자본은 이윤 추구를 위한 기회를 확보하기 위하여 지구적으로 이동하게 되었다. 새로운 정보통신 기술의 발달은 자본의 자유 이동을 뒷받침했고, 자본의 지구적 이동은 세계적 차원에서 지역 불균등 발전을 촉진함으로써 생산 요소들의 추가적 이동을 촉발하였다. 그러나 자본의 지구적 이동, 특히 생산 설비 자본의 이동은 하비(Harvey, 1982)가 제시한 '공간적 조정(spatial fix)'의 개념을 적용할 경우 일정한 한계를 가진다. 즉 해외 생산 설비 투자는 일시적으로 이윤 추구의 기회를 확대시키지만, 추가적인 지리적 이동을 어렵게 한다. 또한 이러한 생산 설비의 해외 유출은 국내 생산의 공동화를 초래함으로써 해당 국가의 경제적 침체와 일자리 감소를 가져온다. 그뿐만 아니라 순수한 금융 자본의 지구적 이동은 때로(특히 투기적) 자기 증식을 통한 이윤 추구를 가능하게 하지만, 생산 자본에 의해 뒷받침되지 않은 상태이거나 미래의 생산 자본과 관련된 수입을 전제로 한 금융 자본의 이득은 경기 변동에 극히 취약하고 불확실하고 불안정한 상황에 봉착하게 된다.

이와 같이 생산 설비 자본 및 순수한 금융 자본의 지구적 이동이 한계에 봉착하면 자본 일반은 노동력의 지구적 이동을 촉진하게 된다. 또한 경제 성장을 명분으로 자본의 입장을 반영한 국가는 한때 엄격히 통제하던 노동력의 유입을 제한적이긴 하지만 점차 완화 또는 해제하게 된다. 즉 경제 침체뿐만 아니라 경제 호황 상황에서도 노동력(단순 노동력뿐만 아니라 전문직

숙련 노동력을 포함)의 유입은 자본이 봉착한 한계를 넘어서기 위한 중요한 수단이 된다. 물론 이 점에 대한 지적은 노동력의 지구적 이동이 생산 설비나 금융 자본의 지구적 이동을 상쇄시켜 이들을 절대적으로 감소시켰음을 뜻하지 않는다. 오히려 이와 반대로 노동력의 지구적 이동은 재화, 생산 설비 및 자본의 지구적 이동을 상호 보완하면서 전체적으로 생산 요소들의 지구적 이동을 촉진시키고 있다.

노동력의 국제 이동은 어떤 형태로든 오랜 역사 속에서 존재했으며, 자본주의의 초기 단계에도 노예 노동의 강제 이주나 농업 노동력의 자발적 이주가 있었다. 또한 서구 선진 자본주의 국가들은 이미 포드주의 단계에도 경제의 안정적 성장을 위한 노동력의 국내 유입을 촉진하였다. 그러나 최근 노동력의 국제 이주는 양적으로 급증했을 뿐만 아니라, 자본의 공간적 이동에 내재된 한계에 기인한다는 점에서 질적으로 상이하다.■3 이러한 상황은 선진 자본주의 경제 내에서 노동 시장의 근본적 변화와도 관련된다. 탈규제와 자유화, 유연화의 신자유주의적 공세는 조직된 노동의 협상력을 저해하고 임금 인상 요구를 억압하면서 다양한 비숙련/반숙련 노동을 위한 수요를 창출하였고, 이에 따라 예로 의류 산업 등에서 외국인 노동자의 대규모 유입을 전제로 한 과잉 착취 공장(sweatshop)이 재등장하도록 했다(Louie, 2001). 이러한 상황은 우리나라에서도 영세 중소기업을 중심으로 단순 노동력의 부족과 이를 충족시키기 위하여 이주 노동자의 고용이 확대되고 있다는 점에서도 확인된다(제4장 참조).

■3　그 외에도 "IMF와 세계은행(IBRD)의 구조조정 프로그램과 함께 초강대국들에 의한 군사적 및 경제적 원조의 철회는 제3세계 국가들이 재분배를 위해 마련할 수 있었던 재원의 외적 근원을 상당히 축소시키는 결과를 초래"했으며, 이는 1970년대 중반 이후 국경을 넘어 지구적 차원으로 소득 기회의 확보와 생존(또는 삶의 질 향상)을 위한 사람들의 강제 이동의 단초를 제공했다는 지적도 있다(Overbeek, 2002, 77).

물론 노동력의 지구적 이동은 단순 노동력뿐만 아니라 전문 기술직, 외국인 유학생, 그리고 결혼 이주자들의 이동과 함께 이루어지고 있다. 즉 더 포괄적 의미에서 노동력의 지구적 이동은 국가적 및 지역적으로 제한된 노동 시장을 여러 형태의 초국적 이주를 통해 지구적 규모로 통합시키고 있다. 우선 포드주의적 생산 체계의 발달과 본사/분공장의 공간적 분화, 이에 따른 다국적 기업의 확산은 중간층 관리자 및 임원들의 국제 이주를 증가시키고 있다. 또한 포스트포드주의 이후 첨단 기술 산업의 발달과 서비스(특히 생산자 서비스업)의 국제화는 기술 및 전문 서비스직 종사자들의 국제적 이주를 증대시킨다. 둘째, 선진국에서 비숙련 노동력의 수요 증대는 제3세계 국가로부터 단순 노동자의 대규모 이주를 야기하고 있다. 이러한 상황은 포드주의의 발달 이후 해외 직접 투자의 증가로 생산 설비의 해외 이전에 따른 일부 국내 노동자의 해외 이주와 관련되지만, 동시에 해외 직접 투자의 증대가 봉착한 상대적 한계로 인해 노동자들의 국내 유입이 촉진되고 있기 때문이기도 하다. 그뿐만 아니라 경제의 지구화와 더불어 문화의 지구화에 따른 유흥 및 오락 분야 종사자들의 국제 이주도 목격되고 있다. 셋째, 선진국에서 출산력의 감소는 노동력의 재생산을 위한 잠재력을 저하시키고, 이에 따라 새로운 삶의 기회를 바라는 국제결혼 이주를 촉진하고 있다. 결혼 이주자들은 대체로 가정의 구성과 가족의 재생산을 위한 가사 노동에 종사하지만, 저소득층 가정에 편입된 일부 결혼 이주자들은 직접 생산 현장에 투입되기도 한다. 넷째, 한편으로 제3세계 국가에서 지식과 기술 습득을 위한 연구 및 교육 수준이 낮은 상황, 다른 한편으로 선진국에서 교육 재정의 확충을 위한 학생의 확보가 긴요한 상황이 조응하면서 외국인 유학생이 급증하고 있다.

　이와 같이 다양한 유형, 형태, 규모로 진행되고 있는 노동력의 지구적 이동은 사실 지구 · 지방화 과정 일반을 배경으로 하고 있다. 지구 · 지방화 과정 일반이 드러내는 다양성과 다규모성은 자본이 그 내적 모순을 지연시키거나 대체시킬 수 있는 역량을 강화시킨다. 제솝(Jessop, 2002, 99)에 따르면, 지구·지방화 과정을 통한 자본의 역량 강화는 "지구적 규모에서 그 작동의 범위를 증대시킴으로써, 국지적인 물질적·사회적·시공간적 제약들로부터 그 작동을 자유롭게 하기 위한 능력을 고양시킴으로써, 공간적 및 규모적 노동 분업을 심화시킬 수 있도록 함으로써, 규모들을 상향적 및 하향적으로 이동할 수 있는 기회들을 창출함으로써, 과거와 현재의 물질적 문제들을 미래로 지연시킴으로써, 장기적 기술 예측을 촉진시킴으로써, 학습과 신뢰를 구축함으로써, 상이한 시대적 지평을 재접합함으로써" 이루어진다. 여기서 제솝은 자본의 이동이 영토적으로 차별화되고 파편화된 다른 유형의 통제들을 벗어나지 못할 때 노동의 이동을 촉진시킬 수 있다는 점을 크게 강조하지는 않았지만, 이에 따른 노동력의 지구적 이동과 지방적 적응 과정 역시 이러한 자본 역량의 강화에 기여하는 것으로 이해될 수 있다.

이러한 노동력의 초국적 이주는 지구·지방화 과정을 배경으로 한 자본의 축적 전략과 결합되며, 그 효과를 증대시키기 위하여 국가가 흔히 개입하게 된다. 이를 통해 자본과 국가가 얻는 효과는 다음과 같은 점을 포함한다(Rosewarne, 2001 등 참조). 첫째, 노동력의 유입은 자본과 국가로 하여금 노동력의 사회적 재생산 비용을 절감하고 이에 대한 책임성을 단기적으로 줄여준다. 이를 위해 대부분의 국가들은 노동력(특히 단순 노동력)의 체류 기간을 2~3년 정도로 제한한다. 둘째, 노동력의 유입은 자본이 해외 유출 없이 특정한 노동 수요를 위하여 지구적 노동력의 풀(pool)에 접근할 수 있도록 한다. 국가는 특정 노동에 대한 자본의 요구를 충족시키기 위하여 자본의 유출 대신 노동력의 유입을 통해 지구적 노동 시장에 접근할 수 있도록 한다. 셋째, 노동력의 유입은 노동력의 가치를 결정하는 국가적 규범을 변화시키고, 궁극적으로 노동 일반의 평가절하를 초래한다. 즉 자본은 예로 임노동의 협상 지위를 약화시키기 위한 지렛대로서 이주 노동력을 이용할 수 있다. 넷째, 노동력의 유입은 자본으로 하여금 지구적으로 재입지하기 위해 필요한 비용을 줄일 수 있도록 하며, 재입지 여부에 관한 의사 결정에 도움을 준다. 노동력의 유입은 자본이 재입지하고자 하는 국가의 통제 없이 지구적 임금 격차를 이용하여 이윤을 극대화할 수 있도록 한다.■4

이와 같이 노동력의 국제 이주와 노동 시장의 지구적 통합은 자본의 지구적 이동성에서 도출될 수 있는 것보다 훨씬 더 큰 잠재적 이점을 자본에 제공할 수 있다. 이러한 노동 시장의 재구조화와 노동력의 평가절하 가능성 속에서, 자본 축적은 지구적 차원에서 불균등하게 지속된다. 그러나 자본이 노동 시장의 지구화를 통해 얻을 수 있는 이점은 노동이 완전히 상품화되거나 또는 상품 자체로 간주될 수 있을 때만 그렇다. 하지만 노동 시장의 지구화는 일방적 과정이 아니며, 이주 노동은 단순히 상품이 아니다. 이주를 위한 기회의 제공은 노동으로 하여금 국가의 제약과 자본의 규율로부터 벗어날 수 있는 기회를 제공한다. 반면 노동 시장의 지구화가 국가의 규제 권위에 종속되어 있다는 점에서, 노동의 자유에 대한 제한은 지구적 이동을 추구하는 자본에 대한 제약이 되기도 한다.

이러한 논의에 함의된 바와 같이 노동력의 국제 이주에 따른 문화의 국제적 흐름과 이에 따라 형성된 다문화 공간은 초국적 자본주의의 자본 축적 과정에서 요구되는 규정력에 의해 조건 지어진 것이라고 할 수 있다. 그러나 이주 노동력의 이용은 첫째, 공적 서비스(교육, 훈련, 사회복지 등)에 대한 국가의 투자를 면해 주지만, 이주자들에 대한 노동력의 재생산 및 인간

■4 특히 국가 간 환율이 개별 국가들 간 물가지수의 차이를 정확히 반영하지 못하고, 상대적으로 저발전 국가들의 통화가 평가절하됨에 따라 선진국에서 지불하는 임금이 자국의 통화로 환전될 때 훨씬 더 큰 가치를 가지게 된다.

자신의 재생산에 필요한 사회적 비용 지출을 장기적으로 유보하는 것에 불과하다. 둘째, 이주 노동자의 고용은 단기적으로 부족한 국내 노동력을 보완하는 효과를 가지지만, 장기적으로 노동력 부족을 극복할 수 있는 대안적 방법들, 예를 들어 생산 설비의 자동화나 신규 사업으로의 업종 전환을 지연시키는 결과를 가져올 수 있다. 셋째, 이주 노동력으로 촉진된 생산의 활성화는 고용된 노동력(단순 및 전문직 직접 노동자들뿐만 아니라 일부 결혼 이주자의 경우에도)에 대한 임금의 일정 부분이 이들의 국가로 송금된다는 점에서 국내 소비 시장의 형성과 확대에는 크게 기여하지 못한다. 넷째, 지역 사회에서 형성된 다문화 공간은 규범적 함의와는 달리 다양한 인종적·민족적 마찰과 갈등을 유발함으로써 정부의 물질적·이데올로기적 통제 정책이 없을 경우 심각한 사회공간적 위기를 초래할 수 있다.

이와 같이 노동의 지구적 이주와 정착 과정은 특정한 경제적·정치적·사회문화적 공간을 형성하고 이로써 초래되는 다양한 문제를 만들어낸다. 노동의 지구적 이동은 어떤 의미에서 자본의 지구화 과정과 이로 인해 초래된 지구적 불균등 발전에 대한 노동의 자발적 반응이라고 볼 수 있지만, 동시에 지구의 모든 부분에서 유용한 재화나 정보의 교류뿐만 아니라 유휴화되고 있는 자본과 노동의 지구적 이동을 극대화시키고자 하는 자본의 거시적 전략에 따른 결과라고 할 수도 있다. 그러나 지구적 규모에서 작동하는 이러한 요구와는 달리 국가적·지역적 차원에서 노동의 유입은 여러 가지 문제를 유발할 수 있다는 점에서 "자본주의 경제에는 한편으로 무역과 자본 흐름의 자유화 증대, 다른 한편으로 이주에 대한 엄격한 통제의 유지 간 모순이 존재"하며, 이러한 규제적 결함은 다규모적으로 논의될 수 있다고 주장된다(Williams et al., 2004).

2) 초국적 자본주의의 문화 공간을 통제하기 위한 다문화주의

초국적 자본주의의 자본 축적을 위한 새로운 전략으로 노동력의 국제 이주와 이에 따라 형성된 다문화 공간은 자본과 국가에 의한 일정한 통제를 전제로 한다. 다문화주의는 이와 같은 초국가적 공간에서 이루어지는 노동력의 국제적 이주와 이에 따라 형성된 다문화 공간을 통제하기 위한 이데올로기로 등장하게 되었다. 물론 다음 절에서 주장하려는 바와 같이 다문화주의는 인종적 평등을 주장하는 한편 다양한 문화적 배경에서 유래하는 개인들의 근본적 차이를 존중한다는 점에서 매우 규범적이다. 그러나 다문화주의는 다문화 사회 공간의 형성으로 초래된 문제들을 통제하기 위한 이데올로기적 담론의 교리 또는 다인종 간에 발생할 수 있는 사회공간적 갈등의 통제 전략으로서 사회적으로 동원되고 있다(Mitchell, 1993 등 참조). 지구적 규모의 이주가 일반화된 상황에서 다문화주의의 교리 또는 전략은 상이한 생활 양식과 문화 그리고 이해관계를 가지는 구성원 간 공동체적 또는 다원적 사회 공간의 형성을 위한 유일한 해법처럼 보인다는 점에서, 국가는 이러한 (신)자유주의적 교리를 동원하여 다문화 사회 공간에서 발생하는 문제들을 통제함으로써 사회공간적 결속력을 강화하고 자본의 축적 역량을 함양시키고자 한다.

다문화주의에 대한 이러한 비판적 고찰은 이미 1990년대 초반부터 제기되었다. 예를 들면 당시 캐나다 밴쿠버의 경우, 지구적 연계의 증대와 급속한 도시 개발은 부유한 '아시아' 이민들의 유입과 홍콩 투자가들에 의한 여러 가지 대규모 개발 프로젝트를 동반하였다. 이에 따라 유입되는 자본과 이민들이 밴쿠버 도시 사회에 원활하게 접합될 수 있도록 도시 정부는 다문화주의 정책들을 추진하고자 했다. 이러한 정책을 비판적 관점에서 보면, "다문화주의는 밴쿠버에서 인종적 마찰을 원만하게 해소하고 도시 환경과 일상생활의 경험에서 나타나는 최근의 변화에 대한 저항을 줄이기 위한 시도와 연계되었다. 이러한 의미에서 다문화주의를 형성하고자 하는 시도는 지구적 자본주의의 국제적 네트워크로 밴쿠버를 통합시키기 위하여 인종과 민족의 개념에 대한 헤게모니적 통제를 획득하고자 하는 시도로 이해될 수 있다"(Mitchell, 1993). 이러한 점에서 미첼은 다문화주의를 '자본주의의 통합된 색채들'로 규정한다.

이러한 비판적 고찰은 다문화주의를 '초국적 자본주의의 문화적 논리'로 간주하는 지젝(Zizek, 1997)의 비판으로 이어진다. 그는 오늘날 지구적 자본주의가 일종의 '부정의 부정', 즉 국가적 자본주의와 그 국제적/식민적 단계 이후의 단계에 처해 있다고 주장한다. 다시 말해 시작 단계에서 자본주의는 국민국가의 규정 내에 있었고, 국제적 무역을 통해 자본을 축적하였다. 그 다음 서구 선진 자본주의는 식민지 국가를 지배하고 착취하는 식민화를 통해 자본을 축적하였다. 그러나 이러한 과정의 최종 단계로 지구화 과정은 식민지들만 존재하고 식민 모국은 존재하지 않는 식민화의 역설적 단계에 진입하고 있다. "이러한 지구적 자본주의 이데올로기의 이상적 형태가 바로 다문화주의이다. 다문화주의란 텅 빈 지구적 위치(empty global position)에서 마치 식민자가 식민화된 사람들을 다루는 것처럼—원주민들의 관습은 주의 깊게 고찰되고 '존경되어야 한다'고 일컬어지는 것처럼—개별 국지적 문화를 다루는 태도"로 이해된다(Zizek, 1997, 43-44).

이와 같은 상황을 배경으로 다문화주의는 법 앞에 시민들의 평등을 주장하는 한편 다양한 문화적·인종적 배경에서 유래하는 개인들의 근본적 차이를 존중해야 한다는 교의를 확산시킴으로써 지구적 자본주의의 공간적 통합과 접합이 갈등 없이 원만하게 이루어질 수 있도록 한다. 다문화주의는 유럽 중심주의와 거리를 두는 척하지만 "다문화주의는 부정된, 역전된, 자기준거적 형태의 인종주의, 즉 어떤 거리를 둔 인종주의(racism with a distance)이다. … 다문화주의는 모든 적극적 내용을 가지는 자신의 위상을 비운 인종주의이다(다문화주의자는 직접적 인종주의자가 아니며, 그는 타자를 그 자신의 문화의 특정 가치와 대립시키지 않는다). 그럼에도 불구하고 다른 특정 문화들을 적절하게 전유(그리고 평가절하)할 수 있는 특권화된 보편성의 텅 빈 위치를 가진다. 타자의 특이성을 위한 다문화주의적 존중은 그 자신의 우월성을 단정하는 것이다"(Zizek, 1997, 44).

다문화주의가 '자본주의의 통합된 색채들' 또는 '초국적 자본주의의 문화적 논리'라는 이러한 비판은 단순히 인종적·문화적 측면만이 아니라 나아가 지구·지방화 시대의 새로운 계급 질서의 재편과 관련된다. 한편으로 초국적 기업과 금융 기관에 체현된 지구적 규모의 생산 수단 소유자들로서 세계적 부르주아들이 등장하여 초국적 자본가 계급을 형성하고 있다. 이들은 "초국적 기업의 확산, 해외 직접 투자의 급증, 국경을 가로지르는 기업 인수·합병의 증대, 지구적 금융 체계의 발달, 지구적 협력 구조 내 위상들의 상호 연계 등"을 통해 자본가들의 초국가적 통합을 촉진하고, 자본 축적의 국가적 순환이라기보다 지구적 순환을 관리한다. 이들은 "국지적 영토성과 정치를 능가하여 지구적 체계에서 공간적으로 정치적으로 형성된 객관적 계급의 존재와 계급 의식을 창출하고 있다"(Robinson and Harris, 2000). 반면 지구적 규모로 이동하는 노동자들은 자신의 개인적 이해관계를 전제로 하지만, 실제 아무런 생산 수단을 가지지 못한 채 지구적으로 이동하면서 자신의 삶을 영위하기 위해 분투하고 있다. 이들은 끊임없이 유동하면서 자신들의 계급적 기반과 계급 의식을 구축하기 어렵지만, 생산 수단의 고정성에 대한 노동력의 유동성 간 모순을 창출함으로써 경제 체제의 지구·지방적 작동 메커니즘을 매우 불안정하게 한다.

다문화주의에 대한 이러한 비판적 고찰은 현실 자본의 축적 전략을 이해하는 데 중요한 의미를 가진다. 왜냐하면 다문화주의란 초국적 이주자들의 유입으로 발생하는 인종적·문화적 다양성을 고취하고 사회공간적 결속력을 강화시킴으로써 규범적 이상을 촉진하기 위한 것으로 이해될 수 있지만, 다른 한편으로 자본주의 경제 사회 체제에서 초국적 자본의 역량 강화를 위한 이데올로기적 교리 또는 전략으로 작동할 수도 있기 때문이다. 후자의 입장에서 다문화주의에 대한 비판은 다문화주의 그 자체를 완전히 버리고자 하는 것은 물론 아니다. 즉 "다문화주의와 관련하여 누가 무엇을 왜 말하고자 하는가를 고찰함으로써 각각의 배경에서 발생하는 진유의 상이한 유형들을 확인할 수 있다. 이러한 전유들에 책임이 있는 개인과 기관들을 밝히는 것은 의미를 경쟁적으로 재주창하는 데 첫 단계이다. 의제들을 풀어내고 물질적 이득을 밝히기 어려움에도 불구하고, 이러한 과정을 통해서만이 다문화주의와 같이 '희망적이고 빛나는' 개념들의 보다 긍정적인 해석이 승리를 얻게 될 것이다"(Mitchell, 1993, 288). ▪5

다문화주의는 그 개념 속에 함의된 희망적이고 빛나는 윤리를 고양시키기 위해서뿐만 아니라 현실 사회에서 다문화주의 정책조차 거부되고 있는 상황을 극복하기 위해서도 부활될 필요가 있다고 주장된다. 즉 서구 선진국을 중심으로 1970년대에 시작되어 1990년대 초까지 지속된 국가 지원 다문화 프로그램과 정책들은 최근 쇠퇴하게 되었고, 대신 동화주의에 입각하여 외국인 이주자들을 자국의 문화와 제도에 편입되도록 요구하는 전략들이 광범위하게 드러나고 있다. 1970년대만 하더라도 차이에 대한 교리는 예로 미국 교육계에서 차별 철폐 행동 프로그램(affirmative action programs)을 통해 소수자에게 주어진 특정한 권리에 대한 인식에 응용되었

▪5 이러한 점에서 지젝(Zizek, 1997)도 유사한 주장, 즉 "민족주의(국가주의)라는 오물을 버리고자 할 때 '건전한' 민족적 정체성이라는 아이를 잃지 않도록 조심해야 한다"고 주장한다. 즉 다문화주의에 대한 비판은 '과잉' 민족 정체성과는 분리되는 필수적인 최소한의 민족적 정체성을 보장할 수 있도록 해야 한다는 규범을 전제로 한다.

으며, 프랑스에서는 1980년대 초 짧은 기간 동안이나마 번성했던 '차이에 대한 권리(right to difference)'라는 다문화주의적 담론이 시민 사회에서 폭넓은 이해와 호응을 얻었다. 그러나 1970년대에 (신)자유주의적 사고를 배경으로 도입되었던 다문화주의 교리와 전략들은 1990년대 초 신보수주의적 정책들이 강화되면서 점차 퇴조하기 시작하였다.■6

최근 초국적 이주가 20~30년 전에 비해 오히려 더 증대된 상황에서 다문화주의에 대한 담론과 정책의 쇠퇴, 그리고 이로 말미암은 국가 지원 다문화 프로그램의 축소는 외국인 이주자들의 국가적 · 지역적 통합에 심각한 문제를 유발하고 있다. 미국, 호주, 여러 유럽 국가를 포함한 대부분의 선진국들에서 인종적 · 문화적 다양성의 적극적인 성취를 위한 정책적 노력이 포기되고, 동화 촉진을 위한 전략이 광범위하게 드러나고 있다. 예를 들면 미국에서 이민자 통합은 1996년 복지개혁법으로 크게 충격을 받았으며, 이 법에 의해 시민은 합법적 이주자 또는 '외국인 거주자'와 분리되었고, 후자 집단은 연방 복지 혜택과 프로그램에서 배제되었다. 이와 같이 "국가가 지원하는 다문화주의는 점차 퇴조하고 있다. 동시에 동화가 그 녹슨 이미지를 벗어나서 주요 개념적 및 정치적 도구로 그 지위를 다시 얻고 있다. … 우리는 이러한 경향들을 어떻게 이해할 수 있으며, 인문지리학자들은 다문화주의에 반대되는 현대적 반격을 더 잘 파악하는 데 어떻게 기여할 수 있는가?"(Mitchell, 2004, 641).

■6   이러한 경향은 최근 우리나라를 포함하여 동아시아 국가들에서도 나타나고 있다. 예를 들어 일본의 보수화와 이에 대한 재일 한인의 대응 방식에 대해 전형권(2007) 참조.

4. 인정의 공간으로서 다문화 공간과 재분배와 인정의 정치

1) 인정의 공간으로서의 다문화 공간

다문화 공간은 구조적으로 자본 축적을 위한 초국적 자본주의의 문화 공간으로 형성되었다고 할지라도 그 속에는 공간적 규범과 윤리가 함의되어 있다. 즉 다문화 공간을 구성하는 인종적·문화적 차이에 대한 인정과 타자성에 대한 상호 존중은 비록 자본과 권력의 통제를 위한 이데올로기라고 할지라도, 그 속에 함의된 차별 철폐에 대한 요구와 다양한 정체성과 차이에 대한 인정을 위한 투쟁은 현대 정치의 공통된 양상이라고 할 수 있다. 다문화주의는 비록 법 앞에서의 평등과 개인적 자유라는 자유주의적 입장과 문화적 다양성과 차이에 관한 포스트모던 입장을 전제로 하고 있지만, 이는 또한 인종이나 여타 이유로 차별화된 소수 집단의 보편적 권리와 정체성에 대한 인정을 전제로 한다.

이러한 점에서 다문화주의는 예로 국가가 주도하면서 자본에 의해 암묵

표 1. 피동적 다문화주의와 능동적 다문화주의

	피동적 (정책적) 다문화주의	능동적 (실천적) 다문화주의
목표	인종적·문화적 다양성의 승인과 공적 영역에서 참여 권리를 부여받음	인종적·문화적 차이의 인정에서 나아가 이를 부정하는 자본과 권력에 대한 저항
행위 주체	중앙 정부나 지자체 또는 일부 시민·종교 단체가 시혜적으로 시행하며, 외국인 이주자는 피동적임	주류 집단의 지배에 저항하는 시민·종교 단체와 외국인 이주자가 능동적으로 공동 참여함
정책 사례	– 자본의 시혜를 전제로 한 외국인 근로자의 노동자 지위 인정 – 지자체가 시행하는 교육 프로그램이나 외국인 참여 축제 등	– 자본과 대등하게 협상할 수 있는 외국인 이주자의 노동 3권 보장(쟁취) – 원주민과 이주자가 공동으로 주최하는 문화 프로그램이나 축제 등

적으로 승인된 다문화주의, 시민 사회와 외국인 이주자들이 함께 추진해 가는 다문화주의와 같은 두 가지 유형으로 구분해 볼 수 있다. 이러한 시도로 윤인진(2008b)이 제시한 국가 주도 다문화주의와 시민 주도 다문화주의의 구분 사례를 살펴볼 수 있다. 이 구분에 의하면 국가 주도 다문화주의는 복수의 문화 집단 간의 공존을 통해서 국가 통합을 이루고자 하는 이념 또는 정책을 의미하며, 캐나다나 호주와 같이 국가 건국 과정에서 연방주의적이며 이중 문화적인 정책을 국가 차원에서 시행한 경우에 해당한다. 반면 시민 주도 다문화주의는 "원주민 및 이주민과 같은 소수 집단과 이들을 지원하는 시민 단체 및 학자들이 추구하는 다문화주의"(윤인진, 2008b, 87)로서, "국가에 의해 일방적으로 추진되는 다문화 정책으로 인해 주변화되고 불이익을 당하는 소수 집단의 고유한 문화와 정체성을 보호하고, 사회의 기회 구조에 평등하게 참여할 수 있도록 노력"하는 다문화주의를 의미한다. 이러한 구분은 다문화 정책의 기준을 시행 주체로 분류하고 그 성격을 규정한다는 점에서 유의성을 가진다. 그러나 문제는 이러한 구분이 필요한 배경을 제대로 설명하고 있지 않다는 점이다.

이 장에서는 이러한 구분의 연장선상에서 다문화주의를 '피동적'(또는 국가 주도적, 정책적, 순응적) 다문화주의와 '능동적'(또는 시민 주도적, 실천적, 비판적) 다문화주의로 구분하고자 한다(〈표 1〉 참조). 피동적 다문화주의란 자본과 권력에 의해 주어진 이데올로기적 다문화주의로, 노동의 지구적 이동을 거시적으로 정당화하면서 지역사회에서 다양한 인종과 문화의 혼합으로 발생할 수 있는 사회공간적 갈등을 무마하기 위한 교리로서 작동한다. 이러한 피동적 다문화주의는 물론 이주 외국인들에 대한 지역사회의 포용(inclusion)과 차이의 승인을 포함한다는 점에서 동화주의, 즉 다양성을 거부하며 차이를 무시하고 분리시켜 사적 영역으로 추방함으로써 공적/사적 괴리를 은폐하면서 실제 이를 더욱 확대시키고자 하는 동화주의 전략이나 담론과는 대조된다. 후자의 입장, 즉 동화주의에 따르면 문화적 차이는 단지 사적 생활의 공간에서만 승인되며, 공적 영역에의 참여는 기존 규범과 가치에의 동화를 통한 시민적 필요 능력의 확보를 전제로 한다. 피동적 다문화주의는 공적 영역에서 차이를 승인하고 참여의 권리를 부여하지만, 이들은 명시적 또는 암묵적으로 자본이나 권력에 의해 시혜적이고 일시적으로 주어진다.

능동적 · 실천적 다문화주의는 단순히 특정한 소수 집단이 가지는 인종적 또는 문화적 정체성에 대한 전략적이고 정책적인 보호에서 나아가 이를 능동적으로 확보하기 위한 주체적이고 실천적인 노력을 전제로 한다. 즉 능동적 다문화주의는 단순한 포용이나 차이의 승인을 뜻하는 것이 아니라 적극적으로 다양성을 달성하는 것, 한 지역사회나 국가에 주어진 보편적 가정이나 가치 또는 주류 집단의 체현된 문화적 질에 대해 도전하여 이 집단들이 체험하거나 상상하는 생활 경험의 범위를 확장시키는 것을 의미한다. 주류 집단의 생활 경험이나 상상의 확장을 통해, 소수 집단의 질적 특성과 차이가 비난받거나 무시되어 사적 · 개인적 영역으로 추방되지 않고 세계 속의 다양한 존재 양식으로 그 정당성이 인정되면서 공적 영역 내에서 시민적 역량을 강화시켜 나간다. 이러한 노력은 인종이나 문화적 차이에 따른 소수 집단의 구성원뿐만 아니라 주류 집단에 속해 있다고 할지라도 소수 집단의 인종적 · 문화적 다양성을 인정하고 공동체적 삶을 추구하는 사람들이 공동으로 실천한다. 이들 두 부류의 사람들은 자본과 권력에 의해 억압 또는 지배되고 있다는 점에서 공통점을 가지며, 따라서 이들은 단지 인종적 · 문화적 차이의 인정에서 나아가 이를 부정하는 (비록 가시적으로는 승인한다고 할지라도) 자본과 권력의 힘에 저항하고자 한다.

이러한 구분을 통해 능동적 다문화주의는 '인정의 정의' 및 '인정의 정치' 개념으로 나아갈 수 있게 된다. 다문화주의는 기본적으로 주류 집단의 정체성을 우선하고 이해관계를 실현하기 위하여 인종적 및 문화적으로 차이가 있는 소수 집단의 정체성을 억압하고 이해관계를 무시하는 것에 대한 반대에서 출발한다. 이러한 점에서 다문화주의는 사회문화적 부정의를 비판적으로 성찰하고, 나아가 인종적·문화적 다양성과 차이에 대한 상호 인정을 전제로 한 인정의 정의를 추구하며 이를 실현시키기 위한 인정의 정치를 실천하고자 한다. 정체성의 주장과 차이에 대한 인정의 요구는 단지 다문화주의뿐만 아니라 현대 사상과 정치의 공통된 이슈라고 할 수 있다. 그러나 다문화주의에 기초한 인정의 정의 또는 인정의 정치는 단순한 개인적 정체성의 인정 이상을 함의한다. 즉 다문화 공간에서 정체성의 표현과 차이의 인정은 차별 철폐에서 나아가 개인적인 가치와 경험, 성격의 자유로운 표현과 더불어 사회적 차원에서 민주주의와 시민권의 질과 이를 위한 참여 권리에 대한 주장들을 내포한다.

다문화주의에 함의된 이러한 인정의 정의 또는 인정의 정치는 테일러(Taylor, 1992)가 우선적으로 주창하였으며, 차이에 관한 일단의 포스트모던 사회 이론가와 철학자들의 주장들을 포함한다.■7 테일러에 의하면 개인이나 집단의 정체성은 독자적으로 형성되는 것이 아니라 타인과의 상호 주관적 관계에 의존하며, 따라서 타인과의 상호 인정을 전제로 한다. 이와 같이 테일러는 정체성의 사회적 인정을 중요한 도덕적 요청으로 내세우면서, 상호 인정을 토대로 모든 문화에 내재한 고유한 가치를 인정하도록 함으로써 다문화주의의 철학적 근거를 마련하고자 한다. 나아가 그는 각 개인이나 집단의 고유한 가치를 추구하는 '인정의 정치'를 강조한다. 그에 따르면, 인정의 정치란 각자의 정체성과 관련하여 서로의 차이가 무엇이든

■7 예를 들면 영(M. Young), 프레이저(N. Fraser), 벤하비브(Benhabib), 호니히(Honig), 무페(S. Mouffe) 등을 포함하며, 이들의 논문을 중심으로 편집한 단행본으로 Fraser and Honneth(2003) 참조.

지 간에 이런 차이들을 모두 다 인정하면서 각자가 자기의 정체성을 계발할 수 있는 균등한 기회를 요구하는 것으로 이해된다. 테일러의 이러한 인정의 정치에 관한 개념은 인정의 개념에 근거한 영(Young)의 사회정의론과 유사하다. 즉 차이의 인정을 핵심으로 하고 있는 영(Young, 1990)의 사회정의론에 의하면 사회는 다양한 정체성을 가지는 이질적인 사람들로 구성되며, 이러한 '이질적 공중'이 자율성을 가지고 공적 영역에 참여할 수 있어야 한다는 점이 강조된다. 이러한 정의를 실현시키기 위한 대안 운동의 형태로 '차이의 정치' 또는 '인정의 정치'가 추구된다.

하버마스(Habermas)와 호네트(Honneth)에 의하면 이러한 인정의 개념과 '인정의 정치'에 대한 강조는 단순히 테일러의 다문화주의나 포스트모던 정의론에서 나아가 마르크스와 헤겔에까지 소급된다. 즉 인정이란 타자와의 대상적 관계 속에서 자신의 정체성을 획득하는 상호 보완적 과정이며, 자기의식은 타자와의 상호 보완적 행동의 구조, 즉 헤겔이 명명한 '인정을 위한 투쟁(struggle for recognition)'의 결과로 이해된다(Habermas, 1974, 147). 만약 이러한 투쟁에서 상호 인정이 아니라 타자의 삶을 억누르고 거부하면 자아는 자기 삶의 불충분성, 즉 자신으로부터의 소외를 경험하게 된다. 이러한 사고는 마르크스의 노동 개념에 암묵적으로 내재되어 있었다. 즉 노동은 노동의 대상인 자연뿐만 아니라 노동에 참여하는 사람들 간의 상호 행위를 전제로 한 공동 주체들 간의 관계로 이해된다(Honneth, 1995, 147). 그러나 오늘날 물신화된 자본의 지배 아래에서 소외된 노동은 이러한 상호 인정을 상실했으며, 따라서 자본의 지배로부터 벗어나기 위해 자연과의 관계에서뿐만 아니라 타자와의 관계에서 상호 인정의 회복이 필요하다는 점이 강조되고 있다.■8

이러한 점에서 다문화주의에 함의된 인정의 정의 또는 인정의 정치는 단순히 인종적 · 문화적 차이의 승인에서 나아가 이러한 차이를 사회구조적으로 강제하는 자본에 대한 반대 운동도 포함한다. 이러한 다문화주의에 근거하여 형성된 다문화 공간은 인정의 정치를 전제로 한다는 점에서 '인정의 공간(spaces of recognition)'이라고 할 수 있다. 즉 인정의 공간으로서 다문화 공간은 이 공간에서 서로 다른 인종, 성, 또는 다른 여러 특성을 가지는 개인이나 집단의 활동과 이들의 사회공간적 정체성이 그 자체로서 의미 있는 것으로 인정됨을 의미한다. 이러한 인정의 공간은 서구 자본주의 발달과 근대성의 전개 과정에서 중요한 역할을 담당한 공적 영역(public sphere)과 관련된다(Ghosh, 2000). 즉 다문화 공간에서 표출되는 국가적 및 영토적 정체성과 시민적 권리들은 근대적인 공적 영역의 형성에서 중요한 요소로 간주된다. 달리 말해 인정의 공간 개념은 근대 정치의 발달 과정에서 누가 공적 영역에 들어갈 수 있는가, 공적 영역에 적합한 활동이나 행동은 어떤 것인가, 공적 영역에서의 주체는 누구인가 등의 의문과 이의 제도화와 관련된다.

인정의 공간은 나아가 이러한 공적 영역의 개념을 능가하여 탈근대성과 국민국가의 제약을 벗어나는 인정의 정치를 위한 공간적 특성을 규명할 수 있도록 한다(Staeheli, 2008). 첫째, 인정의 정치는 공적 및 사적 영역들 간의 역(閾)공간(liminal space)에서 등장하는 것으로 이해된다. 부분적으로 이는 인정을 위한 많은 투쟁이 이 두 가지 영역 사이의 경계에 초점을 두고 있기 때문이다. 둘째, 인정의 정치 운동은 국가와 제도 권력의 중심에서 떨어진 주변적 공간들에서 등장한다. 이 공간들은 국가와 자본주의적 힘이 느슨하게 조직된 곳으로, 노동자들이 밀집한 빈민 지역이나 외국인 이주자로 구성된 인종적 공동체에서 흔히 제기된다. 셋째, 인정의 정치는 지구화된 세계에서 인종, 계급, 성의 차이에 기초한 사회적 배제를 해소하고 사회적 평

■8   인정의 일반적 개념이나 이론적 주장들과 더불어 특히 자연과의 관계와 환경 정의의 관점에서 이에 관한 논의를 위해 최병두(2009b) 참조.

등과 정의를 실현할 수 있는 윤리를 제공한다(Morrison, 2003; Fraser, 2005).

2) 다문화 공간을 위한 재분배와 인정의 정치

인정의 공간으로서 다문화 공간은 단순히 서로 다른 문화를 가진 이주자들이나 행위 주체들이 혼재되어 있다고 구축되는 것은 아니다. 즉 다문화 공간은 공적 공간에 주체적으로 참여하여 문화적 차이에 따른 사회적 차별의 철폐를 주장하고 나아가 상호 주관적 관계를 통한 개인적 및 집단적 정체성의 상호 인정을 요구하는 실천을 통해서만 형성되고 유지될 수 있다. 달리 말해 다문화 공간이 아무리 규범성을 함의하고 있다고 할지라도 사회 공간적 기능으로 주어지는 것이 아니라 끊임없는 실천적 투쟁을 통해 생성되고 유지되는 공간이다. 그렇지 않을 경우 다문화 공간과 이에 함의된 다문화주의는 초국적 자본과 제국적 권력이 자신들의 이해관계를 실현시키기 위한 공간으로 전락하게 된다.

그뿐만 아니라 다문화 공간은 단지 인종적 차이에 대한 인정과 다양한 정체성의 존중만을 요구하는 것이 아니라 물질적 재분배에 대한 요구도 포함한다. 재분배와 인정은 다문화 공간의 구축, 나아가 사회적 정의의 실현

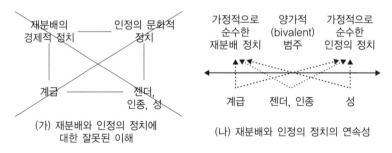

(가) 재분배와 인정의 정치에 대한 잘못된 이해

(나) 재분배와 인정의 정치의 연속성

자료 : Sayer, 2001, 694에서 인용. 그림 (나)는 일부 수정한 것임.

그림 1. 재분배와 인정의 정치 간 관련성

에서 두 가지 기본 축으로 작용한다. 앞서 논의한 바와 같이 인정의 정치는 문화적 차이와 정체성의 차별에 근거한 사회공간적 부정에 초점을 두고, 사회적 억압과 지배를 벗어나서 "자신의 능력을 개발하고 발휘하며" 또한 "자신의 행위와 그 조건을 결정하는 데 참여하고"자 한다(Young, 1990, 37). 이러한 의미에서 사회(공간)적 정의는 물질적 가치의 분배만으로는 해결될 수 없다. 그러나 이러한 영의 주장에 대한 반대로 프레이저(Fraser, 1995)는 무형의 가치들만을 강조하는 인정의 정치만으로 사회적 정의는 실현될 수 없다고 주장하고, 물질적 재분배의 중요성을 강조한다. 즉 재분배의 정치는 사회의 정치경제 구조에 뿌리를 둔 부정의에 초점을 맞추고 물질적 착취와 박탈, 빈곤과 주변화 등을 극복하고 경제적 평등을 달성하기 위하여 소득의 재분배, 노동 분업의 재편 등을 추구한다.

프레이저는 재분배와 인정의 정치가 분석적으로 다른 차원에 속하는 것으로 이해하고, 서로 환원될 수 없는 정의의 차원임을 강조한다.[9] 즉 세이어(Sayer, 2001)가 지적한 바와 같이 문화와 경제, 또는 이들과 각각 관련된 인정의 정치와 재분배의 정치는 흔히 이분법적으로 모형화된다(〈그림 1-가〉). 이러한 이분법적 모형화는 영의 인정 정의론에 대한 프레이저의 비판적 고찰에서 지적된 것으로, 프레이저는 재분배의 정치와 인정의 정치는 가정적으로 설정된 양 극단들 사이에서 서로 연속적으로 전개된다고 주장한다(〈그림 1-나〉). 예를 들면 계급, 젠더, 인종 그리고 성(섹슈얼리티)에 따른 사회적 차별의 네 가지 유형 가운데 계급은 재분배의 정치를 더 중요하게

---

[9] 프레이저(Fraser, 2005, 1)에 의하면, 이러한 재분배 및 인정의 정의를 지구·지방적 차원에 적용하는 데 고려해야 할 점이 있다. 즉 "재분배든 인정이든 계급적 차별이든 신분의 계층에 관한 문제이든 간에 정의가 적용되었던 단위는 근대 국가 영토"였다는 점이다. 이러한 점에서 지구·지방적 세계에 재분배 및 인정의 정의를 적용하는 데 다규모적 접근이 유의하다고 할 수 있다.

필요로 하는 반면, 성은 인정의 정치를 더 긴밀하게 요구하며, 젠더와 인종은 재분배와 인정의 차원 모두에 유사한 정도로 관련된다. 즉 인종과 젠더 등은 양가성을 가지는 사회적 차이, 즉 문화와 정치경제의 어느 한 쪽에만 관련되는 것이 아니라 양자 모두에 뿌리를 둔 혼종적 범주로 이해된다. 인종이나 민족 등에 기초한 다른 정치들도 한 극단에 좀 더 가깝긴 하겠지만 그 사이에 위치 지어질 수 있다. [10]

재분배의 정치와 인정의 정치는 이와 같이 여러 가지 유형의 사회적 이슈에서 서로 다른 중요성을 가지고 있는 것은 분명하다고 할지라도, 이들을 완전히 분리된 두 가지 차원으로 유형화하는 것은 현실의 분석에 부적절한 것처럼 보인다. 왜냐하면 앞서 '능동적' 다문화주의의 개념화에서 강조한 바와 같이, 단순히 인종적·문화적 다양성이나 차이의 인정만이 문제가 아니라 이러한 인정을 부정하는 자본과 권력의 사회적 작동 메커니즘이 더 큰 문제이기 때문이다. 즉 정체성이나 타자성에 대한 무시를 초래하는 사회적 억압과 지배는 단순히 무형적 가치와 관련된 것이 아니라 물질적 이해관계를 대변하는 자본과 권력에 의해 주도된 것이기 때문이다. 물론 그렇다고 인정의 정의 없이 재분배의 정의만 강조될 수 없다. 그 이유는 다문화적 가치와 이를 위한 공적 공간에의 참여가 인정되지 않는다면 재분배에 대한 요구 자체가 불가능해지기 때문이다. 이러한 점에서 재분배의 정의는 인정의 정의를 전제로 하며 또한 그 역도 성립한다. 즉 다문화 공간에서 실천은 인정의 정치와 재분배의 정치를 동시에 추진할 수 있어야 할 것이다.

---

[10] 그러나 세이어(Sayer, 2001)는, 구체적인 정치적 투쟁들은 어느 정도 항상 양가적이겠지만 이러한 개념화는 다양한 정치적 투쟁과 이들의 문제의 상이한 기원을 모호하게 한다는 점에서 비판하고, 하버마스의 체계와 생활 세계에 근거하여 대안적 틀을 제시하고자 했다.

이러한 인정의 정치는 어떤 의미에서 재분배의 정치가 어느 정도 제도화된 선진국을 중심으로 강조될 수 있는 것으로 추정되지만, 최근 우리나라에서도 다문화주의 또는 다문화 정책과 관련하여 '인정의 정치'를 강조하는 논의들이 제기되고 있다. 예를 들어 심보선(2007, 41-42)에 의하면 우리나라의 다문화주의는 이주 노동자 운동의 조직화 과정에서 표방되고 있지만, 실제 이주 노동자 정책에서는 인정의 정치가 배제된 온정주의적 정책으로 귀결되고 있는 것으로 고찰하고 있다. 비슷한 맥락에서 김영옥(2007, 129)은 이주 노동자와 결혼 이주자의 유입으로 다문화 사회로 급격하게 변화하고 있는 한국 사회 역시 "전 지구적 맥락 안에서 차이의 인식과 인정, 그리고 재분배를 둘러싼 힘겨운 투쟁을 하고 있다"고 서술하고, "한국 정부가 주도하고 있는 이주 정책으로서 다문화주의는 … 다문화주의의 요소를 가미한 동화주의의 면모를 띤다"고 주장한다. 정미라(2008)는 여성주의와 다문화주의를 비교 검토하면서 이들의 "공통적 지반인 '차이'의 인정에 대한 규범적 요구가 지닌, 억압과 해방이라는 이중성을 밝혀"낼 필요가 있음을 강조한다.

다문화주의에 관한 이러한 논의들은 정부 주도적으로 진행되고 있는 다문화 정책의 한계를 지적하며 인정의 정치를 강조하고 있다는 점에서 의의를 가진다. 그러나 이들 모두 인정의 정치와 재분배의 정치가 동시에 추진되어야 하며, 특히 인정의 정의를 위하여 재분배의 정의가 필요하며, 또한 역으로 재분배의 정의를 위해 인정의 정의가 필요함을 적절히 주장하지 못하고 있다. 다른 한편 인정의 정치에 대한 중요성은 심지어 1987년 '노동자 대투쟁'에 적용되기도 한다(문성훈, 2005). 그러나 노동 운동이 비록 인정의 정치를 함의하고 있다고 할지라도, 재분배를 요구하는 계급 운동임을 무시해서는 안 될 것이다. 그럼에도 불구하고 문화적 정체성과 타자성에 대한 인정을 위한 투쟁 운동뿐만 아니라 생산 영역에서 임금 인상이나 자주 경영에 대한 요구 또는 생활 영역에서 소득 및 공공 서비스의 재분배를 요구하는 운동 등 모든 운동은 인정을 위한 투쟁을 통한 인정의 쟁취 없이는 해당 영역에서의 요구를 관철시킬 수 없을 것이다. 즉 상호 인정 없이는 인종·젠더·성 차별을 불식시키기 위한 운동뿐만 아니라 소외된 노동의 극복과 평등한 재분배를 요구하는 노동 운동도 불가능하다는 점에서 인정을 위한 투쟁은 모든 유형의 운동에 계기적으로 전제된다고 할 수 있다.

5. 결론

탈지구화 시대는 자본주의의 지양과 서구화의 극복을 위하여 세계 경제 체제의 전환과 더불어 새로운 문화 공간의 편성을 요구한다. 지구·지방화 과정과 이로 인해 초래된 문화적 영향은 공간적 언어들에 의해 더욱 적절하고 새롭게 이해될 수 있다. 이러한 점에서 다문화 공간은 중요한 용어로 주창될 수 있으며, 이에 대한 개념적 이해와 경험적 분석이 추구되어야 할 것이다. 다문화 공간의 개념화는 다규모적 방법론으로 좀 더 체계화될 뿐만 아니라 탈식민주의, 세계시민주의, 초국가주의 등에서 제시된 공간적 개념들을 재검토하고 수용함으로써 더욱더 포괄적이고 종합적인 체계를 갖추게 될 것이다.

그러나 문제는 이러한 다문화 공간의 개념이 한편으로 윤리적·규범적 함의를 내재하고 있다고 할지라도, 그동안 지구화 과정에서 형성된 다문화 공간과 이에 전제된 국제 이주는 초국적 자본주의의 추동력에 의해 촉진되고 전유되고 있다는 점에서 다문화 공간의 형성 메커니즘과 자본 축적 간의 관계를 더 면밀하게 검토할 필요가 있다. 그러나 자본 축적 과정에 대한 비판은 다문화 공간에 대한 이데올로기적 함의와 이의 정치적 전용에 국한되며, 그 규범적 측면까지 포기하는 것은 아니라고 할 수 있다.

이러한 점에서 오늘날 다문화 공간의 형성이 자본주의적 지구화 과정에 불가피하게 조건 지어진 것이라고 할지라도, 탈지구화 시대의 새로운 다문화 공간과 그 윤리로서 '인정의 정의'를 재조명하고 이를 실현시키기 위해 실천할 필요가 있다. 물론 지구·지방적 윤리로서 다문화 공간의 규범성은 기능적으로 주어지는 것이 아니라 실천을 통해 지킬 수 있다. 다문화 공간의 윤리를 지속적으로 유지하기 위하여 문화적 측면에서 인정을 위한 투쟁만이 아니라 사회경제적 측면에서 재분배를 위한 투쟁도 요구되지만, 인정을 위한 투쟁은 모든 정치 사회 운동에서 전제되는 우선적 계기라고 할 수 있다.

:: 참고 문헌

김영옥, 2007, "새로운 시민들의 등장과 다문화주의 논의", 아시아여성연구 46(2), pp.129-159.

문성훈, 2005, "노동운동의 이념적 자기반성을 위하여 : 1987년 노동자 대투쟁은 '인정투쟁'이다", 시대와 철학 16(3), pp.181-212.

심보선, 2007, "온정주의 이주 노동자 정책의 형성과 변화 : 한국의 다문화 정책을 위한 시론적 분석", 담론 201 10(2), pp.41-76.

윤인진, 2008a, "코리안 디아스포라와 초국가주의", 문화역사지리 20(1), pp.1-18.

윤인진, 2008b, "한국적 다문화주의의 전개와 특성 : 국가와 시민사회의 관계를 중심으로", 한국사회학 42(2), pp.72-103.

전형권, 2007, "일본의 보수화와 재일 한인의 국적 문제 : 디아스포라 정체성의 동학", 한국 동북아논총 43, pp.101-130.

정미라, 2008, "여성주의와 다문화주의", 대한철학회논문집 107, pp.51-68.

최병두, 2009, 비판적 생태학과 환경정의, 서울 : 한울.

Allen, R., 1997, "What space makes of us : thirdspace, identity politics, and multiculturalism", Paper presented at the Annual Meeting of the American Educational Research Association, Chicago : IL, March, pp.4-28.

Brenner, N., 1998, "Between fixity and motion : accumulation, territorial organization and the historical geography of spatial scales", *Environment and Planning D* 16, pp.459-481.

Cidell, J., 2006, "The place of individuals in the politics of scale", *Area* 38(2), pp.196-203.

Crang, M. and Thrift, N. (eds.), 2000, *Thinking Space*, London and New York : Routledge.

Dirlik, A., 2001, "Place-based imagination : Globalism and the Politics of Place", *Place and Politics in an Age of Globalization*, MD : Rowman and Little field, pp.15-52.

Dreher, S., 2007, *Neoliberalism and Migration : An Inquiry into the Politics of Globalization*, Hamburg : Lit Verlag.

Entrikin, J. N., 2004, "Democratic place-making and multiculturalism", *Geograpfisak Annaler, Series B. Human Geography* 84(1), pp.19-25.

Fraser, N., 1995, "From redistribution to recognition?", *New Left Review* 212, pp.68-93.

Fraser, N., 2005, "Reframing justice in a globalizing world", *New Left Review* 36, pp.1-19.

Fraser, N., and Honneth, A. (eds.), 2003, *Redistribution or Recognition? A Political-Philosophical Exchange*, London and New York : Verso.

Ghosh, A., 2000, "Spaces of recognition : Puja and Power in Contemporary Calcutta", *Journal of Southern African Studies* 26(2), pp.289-299.

Habermas, J., 1971, *Theorie und Praxis*, Frankfurt : M. Schrkampf Verlag ; 1974, *Theory and Practice* (trans. by John Viertel), London : Heinemann; 홍윤기 · 이정원 역, 1982, 이론과 실천, 종로서적.

Harvey, D., 1982, *The Limits to Capital*, Oxford: Blackwell; 최병두 역, 자본의 한계, 서울 : 한울.

Harvey, D., 1996, *Justice, Nature, and the Geography of Difference*, Oxford : Blackwell.

Honneth, A., 1995, *The Struggle for Recognition : The Moral Grammar of Social Conflicts*, Cambridge, Massachusetts : The MIT press.

Jessop, B., 2002, "Time and space in the globalization of capital and their implications for state power", *Rethinking Marxism* 14(1), pp.97-117.

Keith, M., 2005, *After the Cosmopolitan? Multicultural Cities and the Future of Racism*, London : Routledge.

Lefebvre, H., 1990, *The Production of Space*, Oxford : Blackwell.

Louie, M. C. Y., 2001, *Sweatshop Warriors : Immigrant Women Workers Take on the Global Factory*, Cambridge, Massachusetts : South End Press.

Mansfield, B., 2005, "Beyond rescaling : reintegrating the 'national' as a dimension of scalar relations", *Progress in Human Geography* 29, pp.458-473.

Mitchell, K., 1993, "Multiculturalism, or the united colors of capitalism?", *Antipode* 25(4), pp.263-294.

Mitchell, K., 2004, "Geographies of identity : multiculturalism unplugged", *Progress in Human Geography* 28(5), pp.641-651.

Morrison, Z., 2003, "Recognizing 'recognition' : social justice and the place of the cultural in social exclusion policy and practices", *Environment and Planning A* 35, pp.1629-1649.

Overbeek, H., 2002, "Neoliberalism and the regulation of global labor mobility", *The Annals of The American Academy* 581, pp.74-90.

Peck, J., 2002, "Political economies of scale : fast policy, interscalar relations, and neoliberal workfare", *Economic Geography* 78, pp.331-360.

Robinson, W. I., and Harris, J., 2000, "Towards a global ruling class? globalization and the transnational capitalist class", *Science and Society* 64(1), pp.11-54.

Rogers, A., 1998, "The spaces of multiculturalism and citizenship", *International Social Science Journal* 50(156), pp.201-213.

Rosewarne, S., 2001, "Globalization, migration, and labor market formation-labor's challenge?", *Capitalism, Nature, Socialism* 12(3), pp.71-84.

Roudonetof, V., 2005, "Transnationalism, cosmopolitanism and glocalization", *Current Sociology* 53(1), pp.113-135.

Sayer, A., 2001, "For a critical cultural political economy", *Antipode* 33(4), pp.687-708.

Simonsen, K., 2008, "Practice, Narrative and the 'multicultural city' : A Copenhagen Case", *European Urban and Regional Studies* 15(2), pp.145-158.

Smith, N., 1992, "Geography, difference and the politics of scale", in Doherty J., Graham E., and Makeld M. (eds.), *Postmodernism and the Social Sciences*, New York : St Martin's Press. pp.57-79.

Staeheli, L. A., 2008, "Political geography : difference, recognition, and the contested terrains of political claims-making", *Progress in Human Geography* 32(4), pp.561-570.

Swyngedouw, E., 1997, "Neither global nor local : glocalization and the politics of scale", in Cox, K. (ed.), *Spaces of Globalization : Reasserting the Power of the Local*, New York : Guilford, pp.137-166.

Taylor, C., 1992, *Multiculturalism and 'The Politics of Recognition'*, Princeton : Princeton University Press.

Troper, H., 1999, "Multiculturalism", in P. R. Magocsci (ed.), *Encyclopedia of Canada's Peoples*, Toronto : University of Toronto Press.

Tyner, J. A., 2000, "Global cities and the circuits of Global Labor : The Case of Manila, Philippines", *The Professional Geographer* 52, pp.61-74.

Uyesugi, J. L. and Shipley, R., 2005, "Visioning diversity : planning Vancouver's multicultural communities", *International Planning Studies* 10(3-4), pp.305-322.

Uzer, F., 2008, *Production of Multicultural Space by Turkish Immigrants*, VDM Verlag.

Williams, A., Balaz, V., and Wallace, C., 2004, "International labour mobility and uneven regional development in Europe", *European Urban and Regional Studies*, 1(1), pp.27-46.

Young, I. M., 1990, *Justice and the Politics of Difference*, Princeton, New Jersey : Princeton University Press.

Zizek, S., 1997, "Multiculturalism, or, the cultural logic of multinational capitalism", *New Left Review* 225, pp.28-51.

한국지역지리학회지 제15권 5호(2009년 10월), pp.635-645에 게재된 글을 수정 · 보완한 것임.

제2장

초국가적 이주와 정착에 대한 공간적 접근 :
장소, 영역, 네트워크, 스케일의
네 가지 공간적 차원을 중심으로

박 배 균

1. 서론

흔히 우리는 지금 세계화의 시대에 살고 있다고 한다. 이는 여러 가지 복잡한 사회 · 정치 · 경제 · 문화적 이유들로 국민국가의 영역적 경계성이 약화되어 이를 바탕으로 국경을 뛰어넘어 이동하는 자본, 사람, 물자, 정보의 양이 점점 증가하고 있고, 또 이로 인해 인류의 정치 · 사회 · 경제 · 문화적 삶의 모습이 이전과는 질적으로 다른 모습을 띠고 있음을 의미한다. 그런데 흔히 세계화를 이야기할 때는 다국적 기업의 출현, 기업의 해외 진출, 외국인 투자의 증가, 경제적 공동체의 형성 등과 같은 경제적 측면의 세계화에 초점을 두는 경우가 많다. 하지만 이러한 경제적 차원의 세계화보다 우리가 일상의 삶에서 더욱 생생하게 경험하는 세계화의 모습은 사람들의 국제적 이동과 관련된 것이다.

사람들은 신문의 기사를 통해 외국인 투자액의 증가 소식을 듣거나 자기 집의 가전제품을 해체해 그 부품들이 전 세계 각국으로부터 온 것임을 확인하면서 우리가 세계화의 시대에 살고 있음을 깨닫기보다는, 자신이 예전에는 책이나 미디어 등을 통해서 간접적으로만 경험하던 다른 나라로 여행을 떠나거나, 그전에는 상상도 하지 않았던 외국으로의 이주를 실행하여 그곳에서 일정 기간을 체류하고, 또 길거리에서 쉽사리 외국인들의 모습을 보면서 우리의 삶이 점차 세계화되어 가고 있음을 경험적으로 확인하는 경우가 더 많다. 이처럼 세계화의 진전은 국경을 뛰어넘는 사람들의 이주가 점차 늘어나고, 그것이 우리 삶에 매우 중요한 영향을 미친다는 것을 의미한다. 지금 주변에서는 한 번쯤 외국에서의 경험을 한 사람들을 쉽게 만날 수 있고, 길거리에서도 다양한 종류의 외국인들을 이전과는 비교할 수 없을 정도로 자주 만날 수 있다. 다시 말해 우리는 국경을 뛰어넘는 초국가적 이주의 시대에 살고 있는 것이다.

이러한 초국가적 이주의 시대를 맞아 다문화주의 혹은 다문화 정책에 대한 논의와 담론이 급증하고 있다. 다문화주의는 이민자들을 기존 사회 및 정치 공동체에서 통합해 내고, 주류 사회에서 배제되었던 소수자 집단을 국가 사회에서 인정해 주고 보호해 주는 권리를 확대시키는 것을 지향하는 철학, 이념, 정책 및 사회적 운동들을 지칭하는 것으로 이해된다(Mitchell, 2004). 즉 한국에 장기 체류하는 외국인의 수가 100만을 넘어선 상황에서 외국인 이주자들의 국내 적응이 중요한 사회적 이슈가 되었다. 따라서 문화와 인종의 단일성을 너무나 당연시하던 한국인들이 다른 문화와 인종의 사람들과 어떻게 지내야 하는지가 중요한 사회적 관심이 되었고, 그에 대한 해답을 '다문화주의'에서 찾으려 하는 경향을 보이고 있는 것이다. 정부에서도 '다문화 사회 건설'을 중요한 정책적 슬로건으로 내세우고 '재한 외국인 처우 기본법', '다문화 가족 지원법', '이민자 사회 통합 프로그램 및 그 운영에 관한 규정' 등과 같은 이른바 '다문화 정책'들을 내놓고 있다.

그런데 이 글은 다문화주의와 다문화 사회에 대한 기존의 논의들이 공간적 관점이 결여됨으로써 이민자의 초국가적 이주와 정착의 과정을 이해하고 설명하는 데 한계를 지니고 있다는 문제의식에서 출발한다. 공간적 관점을 결여한 기존의 논의들은 대부분 초국가적 이주와 정착의 과정을 국제적인 노동력의 수요와 공급의 조건에서 행해진 개인들의 합리적인 의사 결정이나, 세계 자본주의 체제라는 구조적 조건에서 이루어진 노동력의 국제적 이동, 혹은 초국가적으로 형성된 사회적 연결망을 통해 이루어진 사람의 이동과 정착 등과 같은 관점을 바탕으로 바라보고 있다. 또한 다문화주의에 대한 기존의 연구들은 '방법론적 국가주의(methodological nationalism)'[1]의 함정에 빠져 국가 차원의 정치·사회·문화적 조건과 제도적 환경에만 초점을 두는 경향이 있다. 따라서 다문화주의나 다문화 사회를 논할 때 대부분 국가라는 지리적 스케일을 바탕으로 영역적 배타성을 줄인 다문화적 시민권의 형성 가능성에 대한 논의에 치중하고 있다. 이러한 경향들에 대해 초국가적 이주와 정착, 그리고 다문화적 사회의 형성 과정이 매우 뚜렷한 공간적 성격을 지닌다는 것을 간과하고 있다고 문제를 제기하고자 한다.

이 장은 이러한 문제의식을 바탕으로 초국가적 이주와 정착의 과정을 어떻게 공간적 관점에서 바라보고 해석할 수 있을지를 논하는 데 목적이 있다. 특히 장소, 영역, 네트워크, 스케일이라는 네 가지 차원의 공간성에 초점을 두어 초국가적 이주와 정착의 과정을, ① 초국가적 이주와 정착의 장소중심적 성격, ② 초국가적 이주 네트워크의 장소기반적 형성 및 발달과 이를 통해 나타나는 초국가적 행위와 실천의 장소의존적 성향, ③ 초국가적 이주자들이 적응 과정에서 경험하는 이주와 적응 과정의 영역성, ④ 초국가적 이주와 적응 과정의 다중 스케일적 특성이라는 네 가지 측면에 주목하여 설명하고자 한다.

■1 '방법론적 국가주의'란 국가라는 지리적 스케일을 존재론적으로 근대 국가 체계의 가장 기본적으로 중요한 수준으로 인식하면서, 국가를 사회 연구에 대한 기본적인 분석 단위로 상정하는 접근법을 의미한다(Brenner, 2004, 74).

2. 초국가적 이주와 정착의 기존 이론에 대한 비판적 검토

1) 구조주의적 접근

초국가적 이주와 정착에 대한 구조주의적 접근이란 초국가적 이주와 정착의 과정을 경제적 필요에 따른 노동력의 수요와 공급이라는 관점에서 설명하거나, 전 지구적 차원의 자본 축적과 자본주의 생산 동학의 결과물로 바라보는 입장을 말한다. 대표적인 논의로는 국제 이주에 대한 행위자 중심 이론, 구조 중심 이론, 그리고 구조 중심적 이론에 영향을 받아 거대 도시라는 구체적 공간에서 나타나는 국제적 이주의 문제를 설명하는 세계도시론이 있다.

(1) 행위자 중심 이론

행위자 중심 이론은 '방법론적 개인주의'를 바탕으로 개인과 가족을 분석 단위로 하고, 국제 이주를 개별 행위자의 합리적 선택의 결과로 파악하는 이론들을 지칭한다(설동훈, 2000; 전형권, 2008). 이 이론들은 국제 이주를 국내 이주와 같은 차원에서 파악하여 노동력의 수요와 공급의 지역 간 차이를 인구 이동의 근본적 원인으로 이해하고, 자본이 부족하고 노동력이 풍부한 가난한 나라로부터 자본은 풍부하나 노동력이 부족한 선진 산업국으로 국제 이동이 일어난다고 이해한다(전형권, 2008, 267).

행위자 중심 이론에는 여러 가지가 있으나 대표적인 것은 인적 자본론과 '이주의 신경제학(new economics of migration)'이다. 인적 자본론은 이주를 인적 자본 투자 현상의 하나로 개념화하여, 사람들은 교육, 경험, 훈련, 언어 능력과 같은 자신의 인적 자본을 투자하여 고용이 가능하고 비용—편익의 계산에 의해 가장 큰 수익이 기대되는 지역으로 이주한다고 가정하는 이론이다(전형권, 2008, 267). 이주의 신경제학은 인적 자본론과 달리 이주의 결정은 고립된 개인에 의해 이루어지는 것이 아니라 가족 또는 가계와 공동체 등의 좀 더 큰 단위의 행위자에 의해 결정된다고 바라보고, 행위자들은 시장의 실패에 의한 위험도를 최소화하기 위해 집단적으로 행동한다고 가정한다(김용찬, 2006, 85). 특히 저개발국에서의 송출이 개인이 아니라 가족 단위에서 결정되는 경우가 많음에 주목하면서, 국제적 이주를 개인적 차원의 결정이라기보다는 가족의 위기 분산 전략으로 파악한다(전형권, 2008, 268).

국제적 이주를 바라보는 행위자 중심 이론은 다음과 같은 문제점을 지니는 것으로 지적된다. 첫째, 국제 이주를 개인들의 합리적 의사 결정의 결과로 파악하기 때문에(김용찬, 2006, 86), 개인과 가족의 의사 결정 범위를 넘어서는 경제 구조적 요인과 이주자가 속한 국가와 이주 목적지 간의 역사적 특수성, 문화적 경로 등을 따라 이주 행위가 어떻게 영향을 받는지 충분히 고려하지 못한다. 둘째, 국제 이주에 영향을 미치는 국가의 역할을 간과하는 경향이 있다. 국제적 이주는 현실적으로 각국 정부의 출입국 제한과 같은 이동 장벽에 의해 많은 영향을 받는데, 이에 대한 충분한 고려가 부족하다(전형권, 2008, 268).

(2) 구조 중심 이론

국제적 이주에 대한 구조 중심 이론은 경제적 · 사회적 · 정치적 요인들이 하나의 구조화된 체계를 형성하여 국제적인 이주를 발생시킨다고 이해한다. 특히 중심부의 자본 투자에 의해 유발된 세계 자본주의의 불균등 발전 때문에 국제 노동력의 이동이 발생한다고 바라본다. 즉 국제 노동력의 이동을 세계 자본주의 발전 과정의 결과물로 이해하는 것이다(설동훈, 2000,

16). 대표적인 이론으로는 상대적 과잉인구론, 세계체제론, 노동시장분절론을 들 수 있다.

상대적 과잉인구론적 입장에서는 외국인 노동자들을 '잠재적인 잉여 인구'와 '산업 예비군'으로 존재하면서 노동력 부족과 임금 상승 등의 문제를 해결할 수 있는 자원으로서 기능하며, 자본주의 경제 체제의 위기 극복을 위한 중요한 원천으로서 역할을 담당한다고 바라본다(김용찬, 2006, 88). 산업의 기술적·조직적 변화에 의해 실업 상태에 있는 노동자 및 여성, 청소년, 자영농 등 임금 노동자로 아직 고용되지 않은 잠재적 상태의 상대적 과잉 인구는 자본에 의해 노동자의 임금 인상 요구에 대항하고 노동자를 통제하는 메커니즘으로 활용되는데, 이들 거대한 노동 예비군이 중심지로 흘러 들어가 값싼 노동력 제공자로 기능하고, 동시에 유입국 노동 시장에서 현지 노동의 힘을 약화시키는 역할을 한다고 설명한다(전형권, 2008, 269).

세계체제론적 관점에서는 자본주의 발전을 국제 노동력 이동의 원천으로 파악한다. 특히 세계 경제 내에서 경제적 권력을 가지고 있는 핵심 지역과 세력이 자본을 위하여 주변부 노동을 동원하는 방식에 주목하면서, 국제 노동력 이동은 저발전 사회의 지역 간 불균등 발전에 대한 반응이면서 자본주의 중심부와 주변부를 연결하는 중요한 지배 고리 중의 하나라고 설명한다(전형권, 2008, 270).

앞의 두 이론이 자본주의의 축적 메커니즘과 전 지구적 자본주의 체제와 같은 매우 거시적인 입장에서 국제 노동 이주를 바라본다면, 노동시장분절론은 이주 대상국의 경제 구조에 주목하여 국제 이주의 원인을 설명한다. 특히 국제 노동 이주를 단순히 후진국의 저임금이나 높은 실업률에 의해 진행되는 것으로 보지 않고, 이주 노동력이 필요한 선진국 경제의 구조적 요인들에 의해 형성되고 유지된다고 바라본다. 자본주의 노동 시장에서는 자본집약적인 1차 부문과 노동집약적인 2차 부문 사이에 분절이 존재한다는 사실에 주목하여 선진국 경제 구조 내의 저임금, 불안정한 환경과 유동성 전망의 부재 등은 본국 노동력이 부차적 부문보다는 자본 집중적인 주요 부문에 집중하게 하고, 이런 조건에서 부차적 부문의 노동력은 자연스럽게 이주민 노동력으로 충당된다고 설명한다(김용찬, 2006, 85). 즉 이 이론은 국제 이주를 선진국 노동자들이 기피함에 따라 생겨난 노동 시장의 공백을 채우기 위한 국가 간 노동력 충원 정책에 따라 일어나는 것으로 이해한다(전형권, 2008, 270).

구조 중심적 이론들은 국제적 이주가 일어나는 경제적 구조를 설명하는 데는 매우 유용하지만 다음과 같은 한계를 지닌다. 먼저 개별 외국인 노동자들의 이주 동기를 지극히 일반화시켜 행위자의 선택을 구조적 차원으로 환원시켜 설명하다 보니, 국제 이주자들의 구체적인 이동 과정을 간과하는 경향이 있다(전형권, 2008, 271). 또한 구조 중심적 이론들은 주로 대규모 이주 또는 노동력 이주를 분석하는 데 초점을 두기 때문에 최근 증가하고 있는 개인과 소규모 집단의 국제 이주를 포함한 국제 이주의 복잡성을 제대로 설명하는 데 한계를 지닌다(김용찬, 2006, 90). 그리고 국가를 자본의 대리자로 규정하고 국가의 역할을 자본주의 체제의 확산을 위해 자본과 상품의 흐름을 보호하거나 산업 예비군을 확보하기 위해 이주 노동자를 충원하는 등의 활동에 국한된다고 전제하여, 국제 이주의 시작과 지속 과정에서 중요한 영향을 미치는 국가와 이주민의 능동적 역할을 경시하는 경향이 있다(김용찬, 2006, 90).

(3) 세계도시론

국제 이주를 설명하는 행위자 중심 이론과 구조 중심 이론은 공히 구체적인 지리적 공간에서 이루어지는 이주의 과정과 양상에는 관심을 두지 않는다. 하지만 초국가적 이주 흐름의 구체적인 지리적 패턴을 보면 특정의 대도시를 향하는 이동의 양상을 보이는 경우가 많다. 따라서 행위자 중심 이론과 구조 중심 이론은 이러한 공간적 패턴을 설명하는 데 많은 한계를 지닌다. 세계적인 대도시를 중심으로 펼쳐지는 초국가적 이주를 설명하는 데 많이 이용되는 논리는 사센(Sassen, 1991)과 프리드먼(Friedmann, 1986)이 제시한 세계도시론이다.

세계도시론의 핵심적 주장은 경제적 세계화의 진전과 함께 도시의 기능과 형태는 세계적 규모에서 작동하는 경제적 메커니즘으로 결정된다는 것이다. 특히 프리드먼과 사센은 세계도시의 출현을 경제 활동의 세계화와 글로벌 자본주의의 발달에 따른 결과로 이해한다. 이와 관련하여 프리드먼(1986)은 자본이 국제화된 생산과 시장의 공간적 조직화를 위한 기지점으로 세계도시를 이용한다고 주장하고, 사센(1991)은 세계화의 결과로 경제 활동이 지리적으로 분산되면서 이 분산된 활동들을 조직화하는 통제 기능이 중요해짐에 따라 이들 통제 기능이 공간적으로 집중하여 형성되는 세계도시가 등장한다고 주장한다. 즉 경제적 세계화와 글로벌 자본주의가 발달하면서 국경을 넘는 자본, 물자, 사람의 이동과 흐름이 점차 중요시되고, 전 세계적인 차원에서 조직되고 운용되는 경제 활동을 관리하고 통제할 중추 관리 기능의 중요성도 점차 증가하면서 이러한 관리 · 통제 기능이 공간적으로 집중하여 세계 경제에 대한 통제 중심지로서 기능하는 '세계도시'가 등장한다는 것이다.

세계도시론은 세계적인 대도시를 중심으로 일어나는 초국가적 노동력 이동과 그에 따른 도시 공간 구조의 변화에 대해서도 언급한다. 사센과 프리드먼에 따르면 세계도시는 국제 자본과 엘리트들의 집중지이면서 국내외적인 이주 노동자들의 집합처이기도 하다. 그 이유는 금융과 기업 활동의 중심지에 집중된 전문 직종의 엘리트 집단들은 매우 고차의 서비스 기능을 수행하지만, 동시에 자신들의 소비와 생활에 필요한 여러 가지 저차의 서비스 기능(예를 들면 빌딩 청소, 세탁, 식당, 건설 등)에 대한 수요를 창출하면서 이러한 일에 종사할 많은 수의 이주 노동자들을 국내 또는 국제적으로 끌어들이기 때문이다. 이와 함께 세계도시론이 강조하는 것은 이 두 가지 상반된 유형의 초국가적 이주자들이 세계도시에 몰리면서 세계도시가 사회적·공간적으로 양극화된 모습을 보여주게 된다는 점이다.

세계도시론은 국제 노동 이동에 대한 다른 이론들과 달리 초국가적 이주와 정착의 과정을 구체적인 도시 공간의 맥락에서 설명하기 때문에 공간적이고 지리적인 차원을 초국가적 이주의 문제를 설명하는 데 좀 더 많이 고려하는 것은 사실이다. 하지만 세계적인 대도시로 초국가적 이주자들이 몰려드는 것은 지구적인 차원에서 작동하는 자본주의를 통제하는 기지점으로서의 세계도시가 제대로 기능하기 위한 필요에 의해서라는 논리로 설명한다는 점에서 세계체제론과 같은 구조 중심적 이론과 깊은 연관성을 지니고 있다고 볼 수 있다. 따라서 구조 중심적 이론이 지니는 비슷한 문제를 세계도시론도 지니고 있다. 즉 초국가적인 이주와 정착, 그리고 이러한 과정에서 나타나는 이주민 집적 거주지의 등장과 같은 도시 공간의 변화를 거시적 구조의 변화 혹은 경제적 동학과 필요의 결과물 정도로만 취급한다는 것이다. 따라서 이주와 정착이 일어나는 더욱 구체적인 장소적 맥락과 과정, 그리고 그 장소를 둘러싸고 형성된 사회적 관계와 과정을 충분히 고려하고 있지는 못하다. 특히 장소기반적인 사회적 관계와 과정이 초국가적 이주에 미치는 영향에 대해 간과하는 한계를 지닌다.

2) 정치사회적 접근

경제적 동인과 전 지구적 차원에서 작동하는 자본주의의 구조적 요인을 중심으로 국제적 노동력 이주를 설명하는 구조주의적 접근은 경제적 요인과 기능적 필요를 바탕으로 초국가적 이주와 정착의 과정을 설명하기 때문에 초국가적 이주에 영향을 미치는 사회정치적 요인에 대한 고려가 미흡하였다. 특히 많은 경우에서 초국가적 이주는 특정한 방향성을 보이며 특정 국가 혹은 도시들 사이에서 지속적으로 나타나는 경향을 보이는데, 이러한 모습을 설명하기 위해서는 초국가적 이주에 영향을 미치는 사회적 관계망이나 정치·역사·사회적 조건들을 좀 더 면밀하게 고려할 필요가 있다. 이러한 문제의식에서 나온 것이 정치사회적 접근이다. 여기에는 국제적 이주에 대한 관계 중심 이론과 체계 중심 이론이 대표적이다.

(1) 관계 중심 이론

전형권(2008)에 따르면 국제 노동력 이주에 대한 행위자 중심 이론과 구조 중심 이론은 국제 노동력 이주가 왜 발생하였는가를 설명하기에는 유용하지만, 이주의 흐름이 일단 확립되고 나서 형성되는 후속 이주의 사회적 조건들을 설명하기에는 한계가 있다. 특히 어떻게 후속 이주가 촉발되며 더 나아가 그러한 이주의 흐름이 영속화되는지에 대한 질문에는 유용한 설명을 제공하지 못한다. 관계 중심 이론은 이러한 문제를 해결하는 데 유용한 이론틀을 제시하는데, 대표적인 것으로 사회자본론이 있다.

사회자본론은 국제 노동력 이동을 구조와 행위자의 상호작용의 결과로 보면서 구조와 행위자를 매개하는 사회 집단, 조직과 단체, 사회적 연결망 등에 주목하여 국제 이주를 설명한다. 특히 국제적 이주에는 어떤 관계망이 필요한데 사회적 네트워크, 이주 조직, 인도주의적 비정부 기구 등이 일종의 사회적 연결망으로서 역할을 하면서 일종의 이주 네트워크를 구성한다고 주장한다(전형권, 2008, 272). 그리고 이주의 연결망이 형성되면 그것은 이주 비용과 위험을 감소시켜 이주에 따른 순이익을 증대시켜 주기 때문에 국제적 이주의 가능성을 더 높여주고, 그 결과로 연쇄 이주가 발생하게 된다(전형권, 2008, 273).

(2) 체계 중심 이론

체계 중심 이론은 국제 이주 현상을 포괄적으로 이해하기 위해서는 거시 구조적 접근과 미시 구조적 접근이 모두 필요하기 때문에 다차원적 접근이 필요하다는 인식에 기반하여 제시된 이론이다. 특히 크리츠와 즐로트닉(Kritz and Zlotnik, 1992)은 매년 상대적으로 많은 이주자들을 교환하는 국가들 사이의 체계화된 이주의 흐름에 주목하면서(김용찬, 2006, 92), 두 나라가 정치·경제·사회·인구학적 환경을 배경 요인으로 하여 노동력을 송출하고 받아들이는 관계를 맺음으로써 하나의 이주 체계를 형성함을 강조하였다(전형권, 2008, 275). 이 이론은 국제 이주의 형성과 지속 과정에서 경제적 요인 이외에 정치·사회와 인구 상황의 영향을 강조함으로써 국제 이주에 대한 포괄적이고 통합적인 분석을 위한 기초를 제공한다(김용찬, 2006, 81).

이주 체계 접근법이 지니는 장점은 기존 이론들과 달리 좀 더 포괄적이고 통합적인 분석의 틀을 제공하여, 국제 이주의 형성과 지속을 하나의 분석틀 안에서 설명 가능하도록 한다는 것이다(김용찬, 2006, 93). 또한 정치 상황과 관련하여 국가의 이주 정책과 국제 관계를 국제 이주에 영향을 미치는 원인들로 포함시킨 것은 기존 이론들에서 등한시해 온 국제 이주 과정에서의 국가의 역할과 기능을 강조한 것으로 이해된다. 그리고 기존 이론들이 주로 국제 이주의 한 축인 이주 수용 국가의 이주 요인을 분석하는 데 초점을 두어 국제 이주의 또 다른 축인 송출 국가에 대한 연구가 미비했던 반면, 이주 체계 접근법은 분석틀에서 이주 송출 국가를 국제 이주의 중요한 축으로 포함시켜 이주 수용 국가와 송출 국가가 동시에 분석 단위로 고려될 수 있는 기초를 제공한다(김용찬, 2006, 94).

초국가적 이주에 대한 정치사회적 접근은 국제적 이주와 정착의 과정을 구조적·경제적 요인뿐만 아니라 사회적 관계망, 국가의 정책, 역사적 조건 등과 같은 여러 다양한 요인을 통해 바라볼 수 있게 해주는 장점이 있다. 하지만 이러한 장점에도 불구하고 이들 이론들 역시 초국가적 이주를 공간적으로 바라보게 하는 데에는 많은 한계를 노출한다. 특히 국제적 이주와 정착을 바라보는 기본적인 분석의 단위를 국가로 상정하는 '국가중심적(state-centered)' 성향을 지니고 있기 때문에 초국가적 이주와 정착이 이루어지는 더욱 구체적인 도시, 지역, 장소적 상황과 조건에 대해 충분한 관심을 기울이고 있지 않다. 초국가적 이주는 단지 특정 국가들 사이에서만 일어나는 것이 아니다. 초국가적 이주의 상당수는 특정 국가가 아니라 그 국가의 특정 도시나 장소를 목적지로 하는 경우가 상당히 많다. 또한 국제적 이주자들이 특정 도시나 장소에 공간적으로 집적하여 자신들만의 이주자 커뮤니티를 형성하여 살아가고, 더 나아가 이러한 장소들을 중심으로 초국가적인 인구의 이동과 이주의 커뮤니티가 작동한다는 사실을 충분히 고려하고 있지 못하다.

3) 초국가주의적 접근

초국가적 이주와 정착을 설명하는 또 다른 관점은 초국가주의적 접근이다. 초국가주의는 '한 국가 이상에서 활동하는 초국적 행위자들의 일상생활 활동과 이들의 사회·경제·정치적 관계 등을 통해 형성되는 사회적 장'으로 정의된다(Basch et al., 1994). 초국가주의 개념은 오늘날의 국제 이주자들이 형성하는 초국가적인 사회경제적 네트워크와 유연한 문화적 정체성을 설명하는 데 매우 중요하게 사용된다(박경환, 2007). 여기서 강조되는 것은 초국가적 이주자들의 일상적 삶 속에서 수행되는 초국가적 실천과 그를 통해 형성·유지되는 초국가적 연결망, 그리고 그로 인해 나타나는 다중적이고 유연한 문화적 정체성의 중요성이다. 초국가주의적 관점은 모국과 이주국을 분리해서 보지 않고 수많은 이동에 의해 연결된 것으로 바라보며, 모국과 이주국의 연결이 어떤 방식으로 이루어지고 그 연결에 영향을 미치는 요소가 무엇인지, 연결의 결과로 모국과 이주국에서 어떠한 변화가 나타나는지에 더 많은 관심을 둔다. 즉 초국가주의적 접근에서는 모국과 이주국에서 동시에 발생하고 있는 이동과 연결 그 자체에 초점을 두면서 초국가적 이주와 정착의 문제를 바라보고 있다(고민경, 2009).

초국가주의적 관점을 토대로 한 최근의 연구들은 초국가적 이주자들이 대부분 모국을 떠나 다른 국가에서 생활을 하더라도 모국과의 관계를 단절하지 않고 지속적으로 유지한다는 점을 강조하면서, 이들의 활동을 새롭게 바라보아야 한다고 주장한다(Miera, 2008; Portes et al., 2002; Samers, 2002; Wong and Ng, 2002). 이와 같이 국제적 이주자들의 초국가적 연결에 주목한다는 측면에서 국제 이주에 대한 관계 중심적 이론과 비슷한 면이 있다. 하지만 차이점은 관계 중심적 이론이 이주자들의 사회적 연결망이 제공하는 이주 비용 감소와 같은 경제적 이점에 주목한다는 측면에서 여전히 초국가적 이주를 합리적 선택의 결과물로 바라보는 관점을 유지하고 있다면, 초국가주의적 접근은 다양한 이주 행위자들이 미시적 수준에서 행하는 문화·정치·사회적 실천과 행위들의 초국가성에 주목하면서 경제적 합리성보다는 문화와 담론적 실천이 초국가적 이주와 정착에 미치는 영향을 강조한다는 점이다. 예를 들어 아파두라이(Appadurai, 1996)는 사람, 미디어, 기술, 이데올로기, 금융으로 대표되는 현대의 문화적 흐름이 국민국가를 벗어나 초국가적으로 발생하고 있음에 주목하고, 이로 인해 기존의 전 지구적 질서가 해체 및 탈구되어 새로운 경관—즉 에스노스케이프

(ethnoscape), 미디어스케이프(mediascape), 테크노스케이프(technoscape), 이데오스케이프(ideoscape), 파이낸스스케이프(financescape)—들이 나타나며, 이러한 과정이 초국가적 이주와 정착의 과정에 중요한 영향을 미침을 강조한다. 요컨대 초국가주의적 관점은 전 지구적으로 나타나는 거시 경제의 구조적 조건이나 경제적 필요성보다는 다양한 행위자들이 일상에서 맺는 복잡한 사회 · 경제 · 정치 · 문화적 관계와 이것들의 초국가적 연결됨을 더 중시하면서, 이러한 미시적 수준에서 수행되는 문화와 담론적 실천들의 초국가적 성격, 그리고 이러한 과정을 통해 형성된 초국가적이고 다중적인 정체성이 국제적 이주와 정착을 이해하는 데 매우 중요함을 강조한다(고민경, 2009).

초국가주의적 접근은 국제 이주 현상뿐만 아니라 국제 이주자들의 적응과 정착에 대해서도 새로운 관점을 제시한다. 특히 이주민들이 주류 사회에 적응하면서 경험하는 각종 사회 · 정치 · 문화적 장벽, 배제, 소외의 문제를 근대 국가의 시민권 개념이 지닌 문제와 연결시키면서, 이주민과 소수자에게 보다 포용적이고 열려 있는 국가 공동체의 건설을 중요한 주제로 설정한다. 이러한 경향의 연구들은 초국가적 이주가 점차 중요해지고 있는 지구화 시대에 다문화 사회의 건설을 위해서는 이주민과 소수자에게 배타적인 근대적 시민권의 개념이 유연한 시민권, 지구적 시민권, 초국가적 시민권, 코즈모폴리턴 시민권, 후기 국가적 시민권 등과 같이 더욱 개방적이고 포용적인 시민권 개념으로 대체되고 있음을 강조한다(Leitner and Ehrkamp, 2006). 이러한 변화가 일어나고 있음을 주장하는 연구들은 특히 시민권 개념이 전 지구적으로 보편적인 인권의 개념으로 재규정되고 있음과 점차 많은 사람들이 초국가적인 연결망 속에서 정체성을 형성하고 있음을 지적하면서 시민권의 탈국가화 경향과 정체성의 탈영역화 경향을 강조한다. 그리고 이러한 주장을 바탕으로 초국가적 이주자들이 더욱 쉽게 적응하고 정착할 수 있도록 시민권의 구체적 내용을 규정하는 법과 정책을 좀 더 포용적으로 개혁하여 국가가 보다 다문화적으로 변할 필요가 있음을 강조한다.

초국가주의적 접근은 국제적 이주와 정착의 과정이 여러 국가와 지역에 걸쳐서 초국가적으로 형성되어 있는 이주자들의 연계망과 그들의 초국가적 실천과 활동, 그리고 그로부터 형성되는 다중적이고 유연한 문화적 정체성에 의해 깊이 영향받고 있음을 잘 보여준다. 하지만 초국가주의적 접근에 기반한 연구들은 주체의 공간적 이동성과 그들의 비공간적 네트워크에 대해 지나치게 강조하다 보니, 이들이 본국과 정주국에서의 장소기반적인 사회문화적 관계에 어떻게 복잡하게 얽혀 있고 뿌리내리고 있는가를 종종 간과한다(박경환, 2007). 특히 이 연구들은 초국가적 연결의 발달로 인해 특정의 장소에 기반하여 영역화된 사회 · 문화 · 정치적 관계와 과정을 점차 덜 중요하게 만드는 '탈영역화'가 일어날 것이라고 강조하면서, 초국가적 이주와 정착에 영향을 미치는 장소/공간적 측면을 간과하는 경향을 보인다.

또한 유연하고 초국가적인 시민권의 개념을 바탕으로 다문화 사회의 건설을 주장하는 논의들은 공간적 과정의 중요성을 간과하여 여러 개념적 문제를 드러낸다. 라이트너와 에어캠프(Leitner and Ehrkamp, 2006)는 시민권의 탈국가화 경향과 정체성의 탈영역화에 대한 주장이 많은 문제점을 지니고 있다고 지적한다. 먼저 시민권을 보편적 인권으로 만들고자 하는 실천과 정책적 제언들이 여전히 국민국가를 상대로 이루어지고 있어 시민권의 탈국가화를 필연적으로 지향하지 않는 모순을 보이고 있고, 또한 보편적 인권의 진전도 여전히 국민국가의 보증과 촉진으로 성취되고 있기 때문에 영역적 정치 공동체인 국가의 역할을 간과해서는 안 된다고 주장한다. 또한 이들은 정체성의 탈영역화에 대한 주장들이 지적하듯이 초국가적 이주민들의 실천과 정체성이 점차 더 다중적이고 영토적인 경계를 뛰어넘어 형성되는 것은 사실이지만, 이것이 국가나 지역적 차원에서 영역적으로 규정된 정치 · 사회 · 경제적 과정의 영향이 사라지고 있음을 의미하는 것은 아니라고 지적한다. 이와 관련하여 조우와 챙(Zhou and Tseng, 2001)은 초국가주의를 종종 '탈영역적' 실천과 조직화를 의미하는 것으로 이해하는 경우가 있는데 이는 잘못된 것이라고 지적하면서, 초국가주의는 사실상 이민자들을 보내고 받는 국가들 사이의 영역화된 분업과 국지적 공동체 네트워크에 뿌리내리고 있다고 주장한다. 특히 초국가적 이주나 초국가적으로 조직된 경제 활동 등에서 사회적 관계가 국지화되는 과정이 초국가적인 네트워크와 실천들을 효과적으로 조직하는 데 핵심적인 요소임을 강조한다.

킴리차(Kymlicha, 2003)는 다문화적 국가 제도를 만드는 것이 반드시 일상적인 개인 사이의 관계에서 다문화주의의 확장을 가져오지는 않음을 지적한다. 오히려 다문화적 국가 제도의 건설이 개인 간 관계에서의 다문화주의적 실천의 필요성을 약화시킴으로써 다문화주의의 일상화를 저해하기도 한다고 주장한다. 즉 다문화주의의 완성은 국가 제도의 변화를 통해서만 이루어지는 것이 아니라 일상적 실천의 영역에서도 이루어져야 하는 것으로 이해되어야 하며, 이 부분에서 공간적 차원에 대한 고려가 중요해진다. 일상적 실천의 영역에서의 다문화주의는 다분히 장소와 지역적 맥락 속에서 구체적으로 구성되는 것이기 때문이다.

4) 비판적 검토 : 요약

이제까지의 논의에서 지적하고자 하는 바는 초국가적 이주와 다문화주의에 대한 연구가 공간적 차원의 이해를 간과해서는 안 된다는 것이다. 즉 초국가적 이주의 과정은 단순히 지구적 차원에서 이루어지는 자본주의의 재구조화나 경제적 필요에 의한 결과로 나타나는 것도 아니고, 탈영역화된 국제적 사회 네트워크를 통해서만 일어나는 것도 아니며, 국가 단위의 정치 · 사회 · 역사적 조건에 의해 형성된 이주 체제로만 볼 수 있는 것도 아니다. 또한 다문화 사회의 건설이 정체성과 시민권의 탈영역적 재구성의 문제로 이해되어서도 안 된다. 조우(Zhou, 1998)가 지적하였듯이 초국가적 이주와 정착의 과정은 이민자 집단의 유인, 정착 등에 영향을 주는 연쇄 이주, 지리적 입지, 국지화된 경제적 조건, 사회적 하부 구조 등으로 인해 매우 높은 수준의 지리적 선택성을 가진다. 또한 지역의 사회경제적 구조는 이민자 집단에게 상이한 기회와 한계를 제공하며, 각 장소는 상이한 방식으로 외부 세계와 연결되는데 이로 인해 장소마다 이민자 공동체 형성의 방식이 매우 상이하다. 이처럼 초국가적 이주와 정착의 과정 그리고 다문화적 실천이 일상적으로 이루어지는 모습은 지역과 장소에 따라 상이하게 형성되며, 따라서 지역과 장소의 특성은 초국가적 이주와 다문화주의가 펼쳐지는 과정에 매우 중요한 영향을 미치는 것으로 이해할 필요가 있다.

3. 초국가적 이주와 정착을 바라보는 공간적 관점

그렇다면 초국가적 이주와 다문화주의를 어떻게 공간적으로 인식할 것인가? 이 질문에 대한 답을 얻기 위해 제솝 외(Jessop et al., 2008)가 제시한 TPSN틀을 이용하고자 한다. 여기서 TPSN이란 사회공간적 관계를 영역(Territory), 장소(Place), 스케일(Scale), 네트워크(Network)의 네 가지 차원을 중심으로 이해하는 인식론을 지칭한다. 이 관점에 따르면, ① 사회적 관계들은 필연적으로 공간적 차원과 결합되어 나타날 수밖에 없다는 측면에서

표 1. 사회공간적 관계의 네 가지 핵심적 차원들

사회공간적 관계의 차원	사회공간적 구조화의 원리	사회공간적 관계의 패턴
장소	접근성, 공간적 뿌리내림, 지역적 차별화	– 공간적 분업의 형성 – '중심(core)'과 '주변(periphery)' 사이에 형 성되는 수평적 사회 관계의 차별화
영역	경계 만들기, 울타리 치기, 구획화	– 내부/외부의 구분 – 영역 내부에 대한 외부의 구성적 역할
네트워크	상호 연결성, 상호 의존성, 횡단적이거나 '리좀적(rhizomatic)' 차별화	– 연결의 결절 지점들 사이에 형성된 네트워크 – 위상학적 네트워크 내의 결절점들 사이에 형성 된 사회적 관계의 차별화
스케일	위계화, 수직적 차별화	– 스케일 간 분업의 형성 – '지배적(dominant)', '결절적(nodal)', '주변 적(marginal)' 스케일들 사이에 형성된 수직적 인 사회적 관계의 차별화 – 다중 스케일적 과정

자료 : Jessop 외, 2008을 바탕으로 재구성함.

사회공간적 관계로 이해하는 것이 타당하고, ② 이러한 사회공간적 관계들은 (가) 어떤 경계를 중심으로 안과 밖을 구분하는 과정을 통해 만들어지는 영역, (나) 관계들의 국지화 및 지리적 뿌리내림의 과정을 통해 나타나는 장소, (다) 수직적으로 계층화된 차별화를 통해 나타나는 스케일, (라) 연결성과 결절점으로 구성되는 네트워크와 같은 네 가지 핵심적 차원으로 구성된다 (〈표 1〉 참조). 이 관점은 사회공간적 관계와 과정에 대한 특정의 인과론적 이론을 제시하는 것이 아니라, 사회적 과정을 공간과의 관계 속에서 바라보는 해석의 방식을 제공하는 인식론이다.

이러한 4차원의 사회공간적 관계가 초국가적 이주와 다문화주의를 둘러싼 사회정치적 과정을 구성하는 데도 핵심적인 요소라고 생각된다. 이 장에서는 초국가적 이주와 정착의 과정이 어떻게 이들 각각의 사회공간적 차원들과 결합되어 나타나는지를 살펴볼 것이다.

1) 장소

애그뉴(Agnew, 1987)는 장소를 구성하는 세 가지 요소로 위치(location), 현장(locale), 장소감(sense of place)을 들고 있다. 먼저 위치라는 것은 장소를 구성하는 데 가장 기본적인 것이다. 이는 모든 장소들이 지구상의 특정 지점에 위치 지어져야 하기 때문이다. 이 장소는 여기에 있고, 저 장소는 저기에 있다는 식의 위치적 표시가 가능해야 한다. 하지만 모든 장소가 특정 지점에만 정착되어 있는 것은 아니다. 배, 선박, 비행기 등도 여러 사람들이 일정 기간 동안 여행하면서 특정의 의미를 부여하고 그곳에 유대감을 느낀다는 측면에서 장소로 유형화될 수 있는데, 이 장소들은 지표상의 한 지점에 묶여 있지 않고 여러 곳을 떠다니는 장소이다. 그럼에도 불구하고 모든 장소는 항상 위치성을 전제로 하고 있다. 둘째, 현장은 사회 관계들이 일어나고 동시에 이를 일어나게 해주는 물질적 세팅을 의미한다. 추상화된 의미에서의 사회적 관계가 아니라 실제로 일어나는 사회적 관계들은 다양한 개인과 주체들의 구체적인 실천을 통해 만들어진다. 이러한 다양한 주체들의 구체화된 행위들은 도시, 건물, 길, 정원, 방, 책상, 창문, 벽 등으로 구성된 구체적인 환경 속에서 이루어진다. 그것이 현장이고, 그러한 현장에 기반한 물질적인 환경이 장소이다. 마지막으로 장소감은 사람들이 장소에 대해 가지는 주관적이고 정서적인 유대감을 말한다. 애그뉴에 따르면 이러한 세 가지 기본적 요소를 바탕으로 특정의 위치에 놓여 있는 공간적 세팅 위에서 인간들의 활동과 사회적 관계가 이루어지고, 이 과정에서 특정의 의미가 그 공간적 위치에 부여되며, 이를 바탕으로 장소가 만들어지는 것이다.

또한 장소는 인간의 경험이 체화된 곳으로, 인간들의 상호작용에 의해 형성된 사회적 구성물이다(Pred, 1984; Cresswell, 2004). 이러한 관점에서 장소는 내부의 행위자들에게 주어진 어떤 하나의 개체가 아니라, 장소를 둘러싼 내외부의 다양한 행위자들이 형성하는 하나의 과정적 결과물이다. 또한 장소에는 그 안에서 그리고 그것을 통해서 작동하는 여러 행위자들의 복잡한 상호작용의 결과로 창발되는(emerging) 독특한 사회적 구조와 그로 인한 맥락적 인과력이 존재한다. 따라서 장소는 그것의 구성 요소들로 환원할 수 없는 나름의 역동성과 의미를 갖고 있다(Zhou, 1998). 이러한 장소의 역동성과 인과력이 구체적으로 나타나는 중요한 계기는 특정의 장소에 '국지화된(localized)' 사건과 행위자들이 그들의 '지리적 근접성(proximity)'을 바탕으로 그들 간의 관계를 해당 장소에 '공간적으로 뿌리내리는 것(spatial embedding)'이다. 이러한 공간적 뿌리내림은 더 많은 사건과 행위자들이 그 장소를 중심으로 '국지화' 하도록 유도하며, 이러한 과정의 누적적 결과는 '지역적 차별화(areal differentiation)'이다(Jessop et al., 2008). 즉 '국지화' 와 '공간적 뿌리내림' 의 과정이 장소의 역동성과 인과력을 구성하는 핵심적 요소라 할 수 있다.

국제 이주자들은 초국가적 네트워크를 통해 이동하고 정착하지만, 이러한 네트워크와 이동의 과정은 공간 위에서 무작위적으로 나타나는 것이 아니라 특정 장소에 기반을 둔 결절지를 중심으로 형성된다. 인간은 누구나 특정한 물리적 공간을 기반으로 삶을 영위하기 때문에, 인간의 활동은 그들이 터를 두고 있는 장소와 서로 영향을 주고받는 관계를 형성한다. 이러한 과정을 통해 지리적 공간은 인간 행위자들의 경험이 반영된 장소가 되고, 인간은 이렇게 형성된 장소를 바탕으로 자신들의 사회적 관계를 구성하게 된다(Cresswell, 2004). 초국가적 네트워크와 이동의 결절지는 국제 이주자들의 활동과 그들 간의 그리고 그들과 토착민들 사이의 상호작용을 통해 장소화되고, 장소는 이를 통해 자신의 특성인 장소성을 드러내게 된다. 결국 초국가적 활동과 네트워크는 특정 장소에서 구성되고 배치되고 뿌리내리는 다양한 프로젝트로서, 구체적이고 현실적인 장소에서 '위치' 지어지는 것이라고 할 수 있다(Smith, 2001).

초국가적 이주와 정착의 과정이 장소에 뿌리내려서 이루어지는 것은 외국인 집중 거주 지역이나 '종족 집거지(ethnic enclave)' 의 등장과 같은 현상을 통해서 잘 나타난다. 국제적 이주자들이 특정한 장소에 집중하는 것은 다음 두 가지의 장소적 특성에 기인한다고 할 수 있다. 하나는 그 장소가 역사적이고 장소특수적인 조건으로 인해 외국인들에 대한 문화적 · 경제적인 진입 장벽이 낮기 때문이고, 다른 하나는 외국인들이 모이면서 그들의 사회경제적 네트워크가 그 장소에 뿌리내리며 그를 바탕으로 더 많은 외국인들을 끌어들이기 때문이다(고민경, 2009).

예를 들어 우리나라에서 대표적인 외국인 집중 거주 지역인 안산시의 원곡동은 원래 반월공단과 시화공단에서 일하는 한국인 노동자들의 거주지였던 곳이다. 그런데 3D 업종에 대한 한국인 노동자들의 기피 현상, 임금 상승에 대처하기 위한 기업들의 외국인 노동자 이용 전략, 외환 위기에 따른 경기 침체 등의 이유로 한국인 노동자들이 그 지역을 떠남에 따라 주택 시장의 침체를 겪으면서 상대적으로 저렴한 가격의 주거가 많이 공급되었다. 이에 반월공단과 시화공단에 고용된 외국인들이 원곡동 지역으로 진입하는 것에 대한 경제적 장벽이 낮아진 것이 외국인 노동자들의 집중을 유발한 시발점이었다. 이를 계기로 원곡동에 외국인 노동자들이 점차 늘어나고 지역 내의 인종적 · 문화적 다양성이 증가하면서 문화적 진입 장벽도 점차 낮아지게 되었다. 이와 더불어 외국인 거주자의 수가 증가하고 이들을 대상으로 하는 주택 시장, 구인과 구직의 네트워크, 서비스업 등이 발달하면서 외국인들의 원곡동 지역에 대한 사회문화적 배태성이 증가하였고, 이는 외국인 노동자들을 원곡동으로 더 끌어들이는 요인이 되었다(박배균 · 정건화, 2004).

원곡동과 더불어 우리나라에서 외국인이 많이 모여드는 대표적인 곳은 서울의 이태원이다. 이태원은 원곡동에 비해 인종적·문화적으로 훨씬 다양한 외국인들이 모여드는 곳으로, 이곳에서 외국인들은 매우 다양한 문화·소비 활동과 경제 활동을 하고 있다. 고민경(2009)의 연구에 따르면, 이태원은 특이하게도 나이지리아와 파키스탄 출신의 사업가가 운영하는 무역 회사나 식당들이 매우 많이 밀집해 있는 곳이다. 2008년에 지식경제부에서 나온 '외국인 투자 기업 데이터'를 살펴보면 서울로의 외국인 직접 투자를 건수를 기준으로 알아본 동별 분포에서 이태원동이 서울시 전체 동 가운데 4위를 차지하는데, 이태원동에 이루어진 외국인 직접 투자의 상위 2개 투자국이 나이지리아와 파키스탄이다. 이들은 이태원을 중심으로 자국과 무역을 하거나 자국 상품과 식품을 한국에 판매하는 초국가적 경제 활동을 수행하고 있는데, 이를 가능하게 한 것은 이태원이 지닌 장소특수적 조건 때문이다.

용산의 미군 기지 주변에서 미군을 대상으로 하는 유흥 지역으로 출발하여 1980년대를 통해 서울의 대표적인 외국 관광객 대상의 쇼핑 지역으로 성장한 이태원은 이러한 역사적 조건 때문에 한국의 다른 어떤 곳보다 문화적 개방성이 높은 곳이 되었다. 이는 이태원의 문화적 진입 장벽을 낮추어 미국인뿐 아니라 다양한 종류의 외국인들을 쉽게 이태원으로 오게 만들었다. 또한 이태원 일대의 상대적으로 저렴한 임대료는 나이지리아와 파키스탄 출신의 사업가들에 대한 이태원의 경제적 진입 장벽을 낮추는 중요한 요인이었다. 이러한 낮은 진입 장벽을 기회로 이태원에 들어온 나이지리아와 파키스탄 이주자들은 이태원을 중심으로 다양한 사회경제적 네트워크를 만들어 그 지역에 뿌리내리게 되었고, 이는 나이지리아와 파키스탄 이주자들의 초국가적 경제 활동과 네트워크가 이태원에 뿌리를 내리는 중요한 요인이 되었으며, 이를 통해 이태원은 국제 이주자들의 초국가적인 네트워크가 유지 · 작동되는 데 핵심적 역할을 하는 '초국가적 장소'로 기능하게 되었다(고민경, 2009).

이처럼 장소라는 사회공간적 차원은 국제 이주자들이 특정의 결절지들을 중심으로 이주하고 정착한다는 것을 보여주고 설명하는 데 매우 유용하다. 그런데 장소라는 사회공간적 차원의 중요성은 여기에 국한되지 않는다. 이와 더불어 정치 · 사회 · 경제적 상황의 장소적 특이성을 고려해야 할 필요가 있다. 사람들의 이주를 제약하거나 촉진하는 장소특수적인 조건들이 존재한다. 글로벌하거나 국가적 차원의 정치경제적 상황이 국제적인 인구의 이동을 자극하고 있다고 하더라도, 장소특수적 조건에 의해 사람들의 장소적 의존성이 높을 경우(예를 들어 국지화된 사회 자본이 고도로 형성되어 있어서 상호 호혜와 사회적 연대의 관계가 특정 장소를 중심으로 발달되어 있거나, 장소적 차원의 문화적 정체성이 매우 높게 형성되어 있는 경우) 이들의 이주 가능성은 낮아진다고 할 수 있다. 반면에 사람들의 장소적 의존성이 낮고 초국가적 이주 네트워크에 높은 정도로 연결되어 연쇄 이주의 가능성이 높은 장소에서는 사람들의 국제적 이주 가능성이 매우 높게 나타날 수 있다(Faist, 2000, 292-301).

장소적 특이성은 국제 이주자들의 적응 과정에도 중요한 영향을 미칠 수 있다. 도시, 지역, 동네마다 외국인 이주자들에 대한 개방성의 정도, 생활 및 주거 여건, 경제 활동의 조건 등이 차별적이다. 이러한 차이 때문에 국제 이주자들이 타국에서의 정착과 생활에 어려움을 느끼는 정도는 장소마다 다를 수 있다. 영어가 쉽사리 통용되고 외국인에 대한 배타성이 적은 이태원에서 국제 이주자들은 한국에서의 정착에 어려움을 덜 느낄 것이다. 반면에 외국인에 대한 경험이 적고 문화적 다양성도 결여되어 있으며 외국인들을 위한 생활과 주거 환경이 상대적으로 부족한 지역에서 국제 이주자들은 적응과 정착에 더 많은 어려움을 느낄 가능성이 크다.

2) 영역

영역은 특수한 형태의 장소라 할 수 있는데, 이는 개인이나 집단이 특정 지역을 경계 짓고, 그에 대한 통제권을 주장함으로써 사람, 사건, 그리고 그들 사이의 관계들에 영향과 통제를 행사하려는 시도에 의해 만들어진다 (Sack, 1986). 따라서 영역 개념에는 안과 밖을 나누는 경계 지음이 매우 중요한 요소이다. 그리고 영역은 선험적으로 주어진 것이 아니라 사회정치적 과정을 통해 만들어지는 것이다. 즉 어떤 사람, 사건, 그리고 관계를 영역 안의 것으로 포섭할 것인지, 어떤 것은 영역 밖의 것으로 배제할 것인지, 그리고 그 영역의 공간적 경계를 어떻게 설정하고 유지할 것인지가 영역을 구성하는 사회정치적 과정에서 매우 중요하다.

앞에서도 논한 바와 같이 장소는 장소의 안과 바깥에 존재하거나, 그것을 가로지르는 다양한 행위자들의 상호작용을 통해 만들어지고 끊임없이 재형성된다. 따라서 사회적 구성물로서의 장소는 여러 행위자의 상호작용과 그것의 창발적 인과력으로 인해 매우 다양한 특성을 지닐 수 있다. 하지만 장소의 형성에 영향을 미치는 여러 행위자 중에서 그 장소에 대한 의존성과 고착적 이해가 강한 행위자들이 그들의 이해를 지키고 보호하기 위해 장소의 영역성을 강화하는 전략을 사용할 수 있다. 특히 장소의 특정 성질을 그 장소의 고유하고 진정한 것이라 강조하면서 장소의 내부와 외부를 구분하고 그 장소의 내부라 불린 것에 대한 문화적 정체성을 강조함으로써 장소의 내부적 통일성과 대외적 배타성을 강화할 수 있는데, 이는 장소의 영역화를 초래한다(박배균, 2006; Cox, 2002; Harvey, 1989). 장소의 영역화는 외부자에 의해 구성되기도 한다. 특정 장소 외부의 행위자들이 그 장소에 대한 편견적 시선을 만들고, 그를 바탕으로 그 장소에 거주하는 사람들을 배제하고 소외시킴으로써 내부와 외부 혹은 우리와 타자를 만들어내는 행위도 장소를 영역화시키는 중요한 기제라고 할 수 있다.

그런데 영역은 매우 다양한 지리적 스케일에서 만들어질 수 있다. 민족주의(혹은 국민주의)와 영역적 주권에 기반을 둔 국민국가는 매우 중요한 영역적 공동체이자 단위이다. 하지만 영역은 그보다 크거나 작은 지리적 단위에서도 형성되는데, 예를 들어 유럽연합과 같이 국가보다 큰 차원에서 형성되는 경제적 공동체도 그 공동체 내부와 외부를 차별적으로 다룬다는 의미에서 하나의 큰 영역적 단위라고 말할 수 있다. 또한 국가의 하부 행정 구역도 하나의 영역적 단위이며, 개인들의 집과 사유지도 재산권과 프라이버시란 이름 아래 지켜지는 영역적 단위가 된다(Storey, 2001).

초국가적 이주와 정착에 관련된 영역의 문제는 일차적으로 국가의 시민권과 관련되어 국가적 수준에서 형성되는 영역성이다. 근대 국가 체제에서 시민권은 기본적으로 국가의 영역성에 기반하여 우리와 타자를 구분하는 것에서 시작되고, 이에 국가 영역 바깥에서 건너온 타자로 간주되는 이주민들은 이주국에서 정당한 법－제도적 권리와 보호를 받기 어려운 처지에 놓이는 경우가 많다. 따라서 다문화주의에 대한 논쟁은 본질적으로 이러한 국가 시민권의 영역성을 중심으로 이루어진다. 앞서 논하였듯이 초국가주의론자들이 근대 국가의 영역적 시민권 대신에 다문화적이고 개방적인 시민권의 개념을 주장하는 것은 이러한 국가 시민권의 영역적 배타성을 줄이려는 의도에서 비롯된 것이다. 다시 말해 초국가적 이주와 정착의 과정은 본질적으로 국가 차원에서 형성된 영역성과 관련된 것이다.

하지만 초국가적 이주와 정착의 과정과 관련된 영역적 차원은 국가보다 작은 공간적 스케일에서도 중요한 이슈가 된다. 외국인 이주자들이 밀집하여 거주하거나 그들의 사회경제적 활동이 집중되는 장소는 인종적 편견, 문화 간 충돌 등의 과정을 통해 공간적 경계 짓기가 이루어지는 영역적 장소로 변화할 수 있다. 예를 들면 미국 도시의 할렘이나 차이나타운처럼 특정 인종 집단이 밀집해 있는 종족 집거지가 주류 사회로부터의 문화적 편견을 바탕으로 한 영역적 배제를 받는 것을 들 수 있다. 이와 관련하여 앤더슨(Anderson, 1987)은 캐나다 밴쿠버의 차이나타운에 대한 연구에서, 서구 사회에서 차이나타운은 비위생적이고 문명화가 덜 된 중국인이 모여 있는 혐오스러운 곳으로 인식되는 경향이 있는데 이는 인종·문화적으로 구별되는 중국인들을 타자로 취급하면서 이들을 공간적으로 고립시키는 영역적 배제의 결과라고 주장하였다. 서구의 차이나타운과 같은 정도의 영역적 배제는 아직 나타나고 있지 않지만, 우리나라에서도 이와 비슷한 상황이 나타나고 있다. 우리나라에서 대표적인 국제 이주자 밀집 거주지인 안산시 원곡동은 그 지역 바깥의 사람들로부터 범죄의 위험이 높아 안전하지 않은 곳이라는 차별적인 인식을 받고 있다(박배균·정건화, 2004). 조선족 이주자들이 많이 거주하고 있는 서울 가리봉동의 옌볜거리도 한국인들에 의해 위험하고 지저분한 곳이라는 인식을 받고 있으며, 이를 통해 이 장소가 주변으로부터 점차 고립되는 영역화의 과정을 겪고 있다(한성미·임승빈, 2009).

초국가적 이주자들이 밀집하여 거주하는 장소의 영역화가 반드시 그 지역 바깥의 주류 사회의 편견과 배제로만 만들어지는 것은 아니다. 주류 사회로부터 받는 배척과 소외는 이주자들 스스로가 자기 거주지를 그들만의 배타적 공간으로 영역화하도록 만들기도 한다. 주류 사회에서 소외당하고 차별받는 그들의 정체성을 표현하기 위해 자신들의 거주 지역에 자신의 존재감을 나타내는 낙서, 벽화, 건물, 조형물 등과 같은 가시적 경관을 만들기도 하고, 외부자들에게 불신과 경계의 시선을 던짐으로써 거부감을 표출하여 영역적 경계성을 형성하기도 한다.

이처럼 주류 사회로부터의 편견과 배제에 대한 반작용으로 이주자 공간의 영역성이 만들어지기도 하지만, 다양한 인종 집단 간의 경쟁과 경합의 과정으로 영역화가 이루어지기도 한다. 여러 이민족이 같이 섞여 살던 장소가 특정한 인종 집단에 의해 점차 독점적으로 전유되고, 이들의 문화, 경관, 사회적 관계 등이 다른 인종 집단의 것을 문화 · 사회 · 정치적으로 배제하고 주변화하면서 초국가적 장소의 영역화가 발생할 수도 있다. 그런데 이러한 인종 집단 간의 경쟁과 경합에 의한 영역화의 과정은 종종 이국적 문화의 상품화 가능성, 주류 사회 소비자들의 기호, 그리고 그에 편승한 장소 마케팅의 과정에 의해 영향을 받기도 한다. 어떤 우연적 계기를 통해 특정 인종 집단의 문화와 경관이 주류 사회 소비자들의 이국적 문화 상품에 대한 소비 욕구를 자극하여 인기 있는 소비 대상이 되었을 때, 그 인종 집단의 문화, 경관, 음식 등은 다른 인종 집단의 것들보다 훨씬 자본에 의해 선호되는 투자의 대상이 될 수 있다. 이는 또다시 이주자 거주 지역을 상품화하려는 장소 마케팅의 욕망과도 결합되어 특정 인종 집단의 문화와 정체성을 중심으로 이주자 거주 지역을 재현하고 상품화하도록 만들어, 다른 인종 집단의 문화와 정체성은 배제되고 주변화되는 결과를 초래할 수 있다.

이러한 영역화의 과정이 심화되면 상이한 문화를 지닌 집단 간 혹은 상이한 인종 집단 간에 이루어지던 비공간적인 충돌과 갈등이 특정 장소의 영역적 점유를 둘러싼 공간적 충돌과 갈등으로 표출될 수도 있다. 예를 들어 특정의 이주 집단이 자신들의 문화적 정체성을 드러내는 건물이나 물리적 조형물, 그리고 낙서와 그림과 같은 상징적 표현물을 그들의 집단 거주지에 만들고, 이러한 경관이 이들의 집단적 정체성을 강화되고 재생산하는데 매우 중요한 역할을 하면서, 더 나아가 그러한 경관을 지키고 보호하는 것이 그들의 정체성을 유지하기 위해 중요한 것으로 인식될 경우에 이들의 문화적 혹은 인종적 정체성은 영역적 정체성으로 쉽게 전화되어 표출될 수 있다. 이러한 영역화의 과정은 상이한 문화 및 인종 집단 사이의 상호작용과 이해 증진을 방해하는 중요한 요인이 될 수 있기 때문에 다문화 사회의 건설에 장애가 되기도 한다. 하지만 동시에 영역화의 과정은 주류 사회로의 동화를 통해 사라지거나 약화될 운명에 처해 있던 소수 이주자들의 정체성을 보호·유지하는 데 기여하는 역할을 할 수도 있다. 이처럼 초국가주의자들의 주장과 달리, 초국가적 이주의 증가와 초국가적 네트워크의 형성이 탈영역화를 야기하고 강화하기보다는 이주자들의 장소적 뿌리내림과 지역적 차별화를 바탕으로 국지적 수준에서의 영역화의 과정을 더욱 강화시킬 수 있다.

3) 네트워크

네트워크는 공간의 연결성(connectivity)과 관계성(relationality)을 강조하는 개념이다. 모든 사회적 행위자와 사건들은 특정의 공간적 위치를 점하고 존재하면서, 동시에 다양한 방식으로 서로 연결되고 관계를 형성한다. 즉 행위자들과 사건들이 서로 연결되는 네트워크는 사회적이기도 하지만 동시에 공간적이다. 그런데 네트워크의 공간성에 대해 전통적인 지리학이나 공간과학에서는 장소나 도시와 같은 공간적 결절점 사이의 네트워크적 위상 관계에 주로 주목하였다면, 최근의 인문지리학에서는 행위자와 사건들 사이의 네트워크적 연결성이 어떻게 장소와 영역의 구성 방식에 영향을 주는지에 많은 관심을 기울이고 있다.

특히 최근의 인문지리학에서 네트워크에 대한 관심이 증가하고 있는데, 이는 이른바 '관계론적 전환(relational turn)'이라 불리는 학문적 경향의 등장과 관련이 깊다. '관계론적 전환'을 강조하는 학자들은 기존의 경제적 구조주의와 방법론적 개인주의를 비판하면서, 다양한 행위자들이 네트워크적 연결을 통해 관계를 형성하고 이 관계들이 행위자들의 인식의 방식,

담론, 행동 등에 중요한 영향을 미치고 있음을 강조한다(Dicken et al., 2001). 네트워크적 연결성을 중심으로 사회공간적 과정과 관계를 이해하려는 학자들은, 행위자들은 네트워크적 연결망을 통해 서로 영향을 주고받고, 또한 이러한 네트워크의 확장을 통해 무한하게 상호 연결될 수 있다고 주장한다. 따라서 영역적 경계나 장소적 뿌리내림은 별로 중요하게 고려할 필요가 없는 개념으로 취급되기도 한다(Latour, 1993). 마르스턴 외(Marston et al., 2005) 같은 경우는 네트워크적 접근을 바탕으로, 스케일적 담론이 상이한 크기의 영역적 단위들이 수직적 · 위계적으로 중첩되어 있다는 인식을 확대 재생산하는 데 기여한다고 비판하면서 네트워크적 연결성을 바탕으로 사회공간적 관계의 수평적 확장성을 인식할 필요가 있다고 주장한다.

　그런데 네트워크의 수평적 확장성을 이처럼 과도하게 강조하는 입장은 네트워크의 무한한 연결성과 수평적 확장성이라는 일면적 특성에만 주목하는 한계를 보인다. 특히 네트워크를 바탕으로 영역적 경계를 뛰어넘어 형성되는 사회적 관계를 과도하게 강조하면서 네트워크를 탈영역화를 야기하는 중요한 동인으로 이해하는 경향이 있다(Painter, 2006). 페인터는 네트워크에 대한 이러한 이해 방식을 비판하면서, 네트워크적 연결성이 반드시 탈영역화를 야기하는 것은 아니라고 주장한다. 그에 따르면 네트워크는 끊임없이 새로운 개체를 그 연결망에 참여시키면서 그 범위를 계속 확대할 수 있는 속성을 지니고 있지만, 실제로 나타나는 네트워크적 연결의 패턴을 보면 그 연결의 밀도와 빈도가 특정의 결절점들을 중심으로 강하게 나타나는 불균등한 연결성을 보여주는 경우가 많다. 즉 네트워크상의 연결이 모든 곳에서 균등하게 일어나는 것이 아니라 특정의 장소와 위치를 중심으로 강하게 국지화되는 경향을 보인다는 것이다. 이는 강하게 연계를 맺는 기업들이 특정의 도시를 중심으로 집적하면서 산업 클러스터를 만드는 예에서도 잘 나타난다. 즉 네트워크적 연결은 특정의 장소와 지역을 벗어나 전 세계로 뻗어 나가면서 탈영역화하는 특성을 보이기도 하지만, 동시에 특정 지역을 중심으로 강하게 국지화되면서 영역화 또는 재영역화하는 특성을 보이기도 한다는 것이다.

네트워크에 대한 이러한 관점을 바탕으로 초국가적 이주와 정착의 과정을 바라볼 때 네트워크의 두 가지 상반된 측면을 고려할 필요가 있다. 하나는 초국가적으로 형성된 사회적 네트워크를 통해 정보, 물자, 사람, 문화의 이동이 촉진되고 초국가적인 정체성이 형성되면서 국가나 지역적 스케일의 공동체적 영역성이 약화되어 탈영역화가 일어나는 측면이다. 국제적 이주를 사회적 연결망과 초국가적 흐름을 중심으로 바라보는 기존의 연구들은 대부분 네트워크의 이러한 속성에 주목하는 경향이 있다. 즉 초국가적 이주의 네트워크를 통해 연쇄 이주가 일어나고, 그 네트워크에 연결된 행위자들은 좀 더 탈영역화된 초국가적 정체성을 형성하며, 이러한 네트워크는 초국가적 이주자들에게 새로운 기회와 주체성을 형성할 계기를 마련해 준다는 점을 강조한다(박경태 외, 1999; 한건수, 2008; 김현미, 2006).

하지만 네트워크의 또 다른 측면은 네트워크가 특정 장소를 중심으로 국지화되는 경향도 보인다는 것이다. 즉 초국가적 이주와 정착이 초국가적 이주자 네트워크에 의해 탈영역적으로 연결되고 이동하는 이주자들의 특성으로 영향을 받기도 하지만, 동시에 특정의 장소와 도시를 중심으로 국지화되어 형성되는 이주자들의 사회경제적 네트워크에 의해 뿌리내리고 영역화/재영역화되는 과정에 의해서도 깊이 영향을 받음을 인식할 필요가 있다. 경기도 마석의 필리핀인 노동자 집단에 대한 연구에서 박경태 외 (1999)는 이들이 마석에 집단적으로 모이는 이유를 본국 출신 노동자들과 이들이 미사를 보는 종교 시설을 중심으로 그들 간의 호혜적인 사회적 관계망이 형성되었기 때문이라고 설명하였다. 서울 가리봉동의 옌벤거리에 조선족이 모이는 것도 그 장소를 중심으로 국지화된 사회적 연계망이 조선족들 사이에 형성되어 구인과 구직, 사업 등에 필요한 갖가지 도움을 쉽게 얻을 수 있기 때문이다(한성미·임승빈, 2009). 따라서 초국가적 이주와 정착의 과정을 네트워크적 측면에서 이해할 때 초국가적 차원의 연결만이 아니라 국지화된 연결도 동시에 고려할 필요가 있다. 또한 초국가적 이주의 과정이 기반을 두고 있는 사회적 연결망은 비공간적으로 형성되어 있는 것이 아니라 공간 위에서, 그리고 공간에 뿌리를 두고 형성되어 있으며, 많은 경우 이들 연결망은 특정 장소를 기반으로 형성되어 있음을 인식해야 한다.

4) 스케일

흔히 스케일은 두 가지 의미로 구분되어 사용된다. 하나는 전통적 의미의 지도학적 스케일로, 지표면의 거리를 지도 위의 거리로 환산하는 비율을 표시하는 방식을 의미한다. 다른 하나는 자연 혹은 인문적 사건, 과정, 관계 들이 일어나고 작동하는 지리적 범위를 뜻하는 작동의 스케일이다(McMaster and Sheppard, 2004). 이 연구에서 스케일은 후자를 의미한다. 즉 초국가적 이주와 정착의 과정에 영향을 미치는 다양한 사회적 관계, 사건, 과정, 행위자들의 실천 등이 이루어지는 공간적 범위를 말하는 것이다.

최근의 비판적 인문지리학에서 스케일에 대한 논의가 주는 중요한 함의는 스케일 간의 관계를 어떻게 인식할 것인지와 관련된다. 장소나 영역의 차원이 수평적인 측면에서의 공간적 차별화와 주로 관련된다면, 상이한 지리적 스케일에서 일어나는 사회적 과정들은 수직적인 측면에서 차별화되는 것으로 이해된다. 그런데 이러한 지리적 스케일에 따른 수직적 차별화에 대해 기존의 사회과학적 논의에서는 좀 더 큰 스케일의 과정이 좀 더 작은 스케일의 과정보다 큰 추동력과 영향력을 가지므로 하향적인 위계의 성질을 지닌 것으로 이해하는 경향이 있었다. 세계체제론이나 최근의 각종 세계화 논의에서 이야기되듯이, 글로벌 스케일에서 일어나는 과정이 국가나 로컬한 스케일의 과정을 추동하고 야기하는 것으로 이해하는 것이 한 예가 될 수 있다. 하지만 최근 이러한 인식론을 비판하면서, 스케일 간의 수직적 관계를 하향적인 위계의 관계로 보기보다는 서로 영향을 주고받는 '다중 스케일적(multi-scalar)' 과정으로 이해하자는 주장이 폭넓게 제기되고 있다(Park, 2005; 박배균, 2001).

다중 스케일적 관점에서 보면 국제적 이주와 정착에 대한 기존의 이론들이 글로벌 스케일(구조 중심 이론, 세계도시론, 초국가주의론 등)이나 국가 스케일(체제 중심 이론, 다문화 정책과 관련된 기존 논의들)에만 초점을 두어 초국가적 이주와 정착을 설명하려고 한 한계를 지니고 있다고 말할 수 있다. 앞서 국제적 이주와 정착에 대한 기존 접근의 비판적 논의에서 지적하였듯이 초국가적 이주와 정착의 과정을 글로벌 스케일에서 일어나는 자본주의 재구조화나 경제적 필요 혹은 초국가적으로 펼쳐진 사회 네트워크의 작동만으로는 설명할 수 없으며, 또한 국가 단위의 정치 · 사회 · 역사적 조건과 제도적 환경을 바탕으로 형성된 이주 체제에 대한 이해가 글로벌 스케일에 초점을 둔 기존의 이론들을 충분히 보완해 주지도 않는다. 글로벌이나 국가라는 지리적 스케일 이외의 다른 공간적 스케일에도 국제적 이주와 정착의 과정에 영향을 주는 중요한 과정과 행위자들이 존재하기 때문이다. 즉 초국가적 이주와 정착의 과정은 글로벌, 국가, 로컬 등 다양한 지리적 스케일에서 일어나고 작동하는 정치 · 사회 · 경제 · 문화적 과정과 힘들이 서로 복잡하게 상호작용하면서 만들어지는 것으로 이해될 필요가 있다.

더욱 구체적으로 보면, 점차 글로벌한 차원에서 작동하는 자본주의 경제의 시스템, 시공간 압축으로 인한 국제적인 차원의 이동성 향상, 점차 초국가적인 차원에서 이루어지는 정치적 협력과 조절의 활동, 초국가적인 차원에서 이루어지는 문화적 교류의 증가 등과 같은 글로벌 스케일의 과정뿐만 아니라 내국인의 국외 진출 혹은 외국인의 국내 유입과 정착에 영향을 주는 이민법, 노동 시장 상황, 시민권을 둘러싼 논쟁 등과 같은 국가적 스케일의 제도, 정치·사회·경제적 조건들, 그리고 초국가적 이주자들의 국지화와 공간적 뿌리내림, 이러한 초국가적 장소들을 둘러싸고 일어나는 영역화 과정 등에 영향을 주는 로컬한 스케일의 정치·사회·문화적 과정 등이 어떻게 복합적으로 상호작용하면서 초국가적 이주와 정착의 구체적인 패턴과 특징을 만들어내는지 이해하고 설명하는 것이 중요한 학문적 과제가 된다.

예를 들어 안산시 원곡동이 우리나라에서 최대의 국제 이주자 밀집 지역이 된 것은 국제 이주 노동자의 수요와 공급에 영향을 주는 글로벌한 스케일의 경제적 조건과 1990년대 이후부터 한국 경제가 겪어온 경제 재구조화의 과정, 그리고 그에 따른 이민 정책의 변화 등과 같은 요인으로도 설명되지만, 그와 더불어 안산시 원곡동이라는 지역의 장소적 특성도 중요한 역할을 하였다. 반월 및 시화 공업단지에 대한 지리적 근접성, 그리고 이들 공업단지의 발달과 함께 노동자 거주지로 성장하였던 지역적 특성으로 인해 상대적으로 저렴한 주거의 공급 등은 한국에 일자리를 찾아서 들어온 외국인들이 쉽사리 원곡동에 모여들게 만든 1차적 조건이 되었다. 이와 더불어 외국인들이 원곡동 지역에 모여들면서 2차적으로 발달하기 시작한 외국인 대상의 주택 시장, 구인과 구직의 네트워크, 서비스업 등은 원곡동을 단순히 외국인들의 거주 지역에서 생활과 소비의 중심지로 변모시켰고, 이는 외국인들을 원곡동으로 더 끌어들인 요인이 되었다(박배균·정건화, 2004). 이처럼 국제적 이주와 정착의 과정은 다양한 지리적 스케일에서 벌어지는 복잡한 과정들에 대한 종합적인 해석을 통해서 제대로 이해되고 설명될 수 있다.

표 2. 장소, 영역, 네트워크, 스케일과 이주와 정착의 과정

사회공간적 관계의 차원	이주와 정착의 과정
장소	– 이주 관련 정보 흐름과 연계망의 장소기반적 성격 – 이주자들의 장소적 뿌리내림 – '종족 집거지(ethnic enclave)'의 출현 – 종족 집단별 정착지의 지역적 차별화 – 이주자들의 이주와 정착 과정에 영향을 미치는 장소적 조건의 특이성
영역	– 이주의 흐름에 영향을 미치는 국가의 영역성(시민권, 이민 정책 등) – 이주민들과 그들 거주지에 대한 주류 사회의 편견과 배제, 그리고 그에 대한 반작용으로 이루어지는 장소의 영역화 – 이주민 거주 지역에서 다양한 이주 집단 간의 경쟁과 갈등으로 야기되는 장소의 영역화 – 이주민 문화의 상품화와 장소 마케팅에 기인한 장소의 영역화
네트워크	– 초국가적 이주 네트워크의 발달 – 연쇄 이주 – 특정 지역에 국지화된 이주자들의 네트워크 – 국지적 네트워크를 기반으로 한 이주자들의 장소적 뿌리내림
스케일	– 이주와 정착의 과정에 영향을 주는 글로벌, 국가, 지방, 도시, 개인 등 다양한 지리적 스케일에서의 힘과 과정들 사이의 복잡한 상호작용 – 국제적 이주와 정착을 바라보는 다중 스케일적 인식론

5) 장소, 영역, 네트워크, 스케일의 상호 결합과 중첩

앞의 논의에서 주장하였듯이 장소, 영역, 네트워크, 스케일이라는 사회공간적 관계의 네 가지 차원은 국제적 이주와 정착의 과정을 설명하고 이해하는 데 매우 중요한 요소들이다(〈표 2〉 참조). 그런데 이 네 차원의 사회공간적 관계들은 서로 배타적이거나 혹은 특정 차원의 사회공간적 관계가 다른 것에 비해 더 중요하고 더 우위에 있거나 하는 관계라기보다는 이들 각각의 차원이 서로 긴밀하게 중첩, 결합, 연계되면서 동시에 작동하는 것으로 이해될 필요가 있다.

예를 들어 초국가적 차원에서 형성된 사회적 네트워크를 바탕으로 국가의 영역적 경계를 넘어온 이주자들은 그들이 도착한 국가의 특정 장소를 중심으로 형성된 국지화된 이주자 네트워크를 의존하여 그곳에 뿌리를 내리고 정착하게 된다. 특정 장소에 정착한 국제 이주자들은 그들의 사회적 네트워크를 바탕으로 그 장소에 그들 나름의 경제·사회·문화적 활동과 관계들을 뿌리내리는데, 이러한 뿌리내림이 지속되면서 더 많은 이주자들이 그 장소로 들어오면 주류 사회와의 문화적이고 사회적인 충돌과 갈등을 경험하면서 주류 사회로부터 소외와 배제를 받는다. 그에 대해 이주자들이 반발하면서 그들이 거주하는 장소를 주류 사회와 외부인에게 배타적인 영역으로 만들어갈 수 있다. '종족 집거지'와 같이 국제 이주자들이 집중하여 모이는 장소에서 이주자들은 그들끼리의 국지화된 사회적 네트워크를 형성하여 이주국에서의 경제사회적 기회의 창을 확대해 간다. 그리고 이러한 장소들은 초국가적으로 펼쳐져 있는 이주자 네트워크에 연결되어 초국가적 연결망의 결절점으로서의 기능을 수행하면서 국제적 이주를 더욱더 촉진하는 역할을 한다. 이러한 과정을 통해 국제적 이주자들은 글로벌하거나 국가적인 스케일의 정치·사회·경제적 조건과 요인뿐만 아니라 지역적이거나 도시적 차원의 사회적 과정과 경제적 조건에 의해서도 이주와 정착에서 영향을 받게 된다. 이처럼 이 네 차원의 사회공간적 관계들은 서로를 끊임없이 규정하면서 동시에 작동한다.

4. 결론

이 장에서는 초국가적 이주와 정착의 과정을 설명하는 기존의 사회과학적 논의들이 공간적 관점이 결여되어 그 구체적 과정을 이해하고 설명하기에 한계를 지니고 있음을 지적하면서, 공간적 관점과 지리적 인식론이 초국가적 이주와 정착의 과정을 이해하는 데 매우 중요하다는 점을 강조한다. 특히 기존 논의에서 강조되는 것처럼 초국가적 이주의 과정을 단순히 지구적 차원에서 이루어지는 자본주의의 재구조화나 경제적 필요에 의한 결과로 나타나는 것이라고 이해해서도 안 되고, 탈영역화된 국제적 사회 네트워크를 통해서만 일어나는 것으로 볼 수도 없으며, 국가 단위의 정치·사회·역사적 조건에 의해 형성된 이주 체제를 통해 이루어지는 것으로 인식할 수도 없음을 강조한다. 이러한 측면에서 이 연구는 다문화 사회의 건설이 정체성과 시민권의 탈영역적 재구성의 문제로 이루어질 수 있는 것도 아님을 강조하면서, 다문화 사회에 대한 논의는 초국가적 이주자들의 공간적 정착과 이 과정에서 작동하는 장소, 영역, 네트워크, 스케일의 사회 공간적 차원의 작동을 이해함으로써 이를 바탕으로 하는 다문화 공간에 대한 개념화를 통해 더 진전될 수 있음을 주장한다.

좀 더 구체적으로는 초국가적 이주와 정착을 공간적 관점에서 이해하기 위해서 다음의 사항에 주목할 필요가 있음을 지적한다.

1. 초국가적 이주와 정착의 과정은 특정의 장소에 뿌리내린 사회경제적 관계와 과정에 의해 많은 영향을 받는다.
2. 국제 이주자들을 둘러싼 배제와 포섭의 과정과 그를 둘러싼 정치사회적 갈등은 종종 공간적으로 표출되어 영역화된 장소의 출현을 가져오기도 한다.
3. 초국가적 이주와 정착을 전 지구적인 정치·경제·사회·문화적 과정에 의한 것으로만 이해하기보다는 글로벌, 국가, 로컬 등 다양한 지리적 스케일에서 작동하고 활동하는 힘과 관계들의 복잡한 상호작용

의 결과로 인식하는 다중 스케일적 관점이 필요하다.
4. 네트워크를 초국가적 흐름과 연결의 강화를 통해 기존의 영역적 공동
체와 정체성을 해체하는 힘으로만 이해해서는 안 되고, 이주자들의
사회경제적 연결을 국지화하고 더 나아가 영역화/재영역화하는 힘으
로도 이해할 필요가 있다.

:: 참고 문헌

고민경, 2009, "초국가적 장소의 형성 : 이태원을 중심으로 바라본 서울의 세계화", 서울
　　대학교 지리교육과 석사학위 논문.
김용찬, 2006, "국제이주분석과 이주체계접근법의 적용에 관한 연구", 국제지역연구
　　10(3), pp.81-106.
김현미, 2006, "국제결혼의 전 지구적 젠더 정치학 : 한국 남성과 베트남 여성의 사례를
　　중심으로", 경제와 사회 70, pp.10-37.
박경태 · 설동훈 · 이상철, 1999, "국제 노동력 이동과 사회적 연결망 : 경기도 마석의 필
　　리핀인 노동자 집단을 중심으로", 한국사회학 33, pp.819-849.
박경환, 2007, "초국가주의 뿌리내리기", 한국도시지리학회지 10(1), pp.77-88.
박배균, 2001, "규모의 생산과 지구화의 정치", 공간과 사회 16, pp.200-224.
박배균, 2006, "도시와 정치", 김인 · 박수진 (편), 도시해석, 서울 : 푸른길.
박배균 · 정건화, 2004, "세계화와 '잊어버림'의 정치 : 안산시 원곡동의 외국인 노동자
　　거주지역에 대한 연구", 한국지역지리학회지 10(4), pp.800-823.
설동훈, 2000, 노동력의 국제이동, 서울 : 서울대학교 출판부, 16.
전형권, 2008, "국제이주에 대한 이론적 재검토 : 디아스포라 현상의 통합모형 접근", 한
　　국동북아논총 49, pp.259-284.
한건수, 2008, "본국으로 귀환한 아프리카 이주 노동자의 사회문화적 적응과 정체성에 관
　　한 연구 : 가나와 나이지리아 노동자를 중심으로", 한국아프리카학회지 27, pp.225-
　　268.
한성미 · 임승빈, 2009, "소수민족집단체류지역(Ethnic Enclave)으로서의 옌벤거리의 장
　　소성 형성 요인 분석", 한국조경학회지 36(6), pp.81-90.

Agnew, J., 1987, *Place and Politics : The Geographical Mediation of State and Society*, Boston : Allen & Unwin.

Anderson K. J., 1987, "The Idea of Chinatown : The Power of Place and Institutional Practice in the Making of a Racial Category", *Annals of the Association of American Geographers* 77(4), pp. 580-598.

Appadurai, A., 1996, *Modernity at large*, Minneapolis : University of Minnesota Press.

Basch, L., Schiller, N. G. and Blanc, C. S., 1994, *Nations Unbound : Transnational Project, Post-Colonial Predicaments and Deterritorialized Nation-States*, Amsterdam : Gordon & Breach Science Publishers.

Brenner, N., 2004, *New State Spaces : Urban Governance and the Rescaling of Statehood*, Oxford : Oxford University Press.

Cox, K., 2002, *Political Geography : Territory, State, and Society*, Oxford:Blackwell.

Cresswell, T., 2004, *In Place/Out of Place : Geography, Ideology and Transgression*, Minneapolis : University of Minnesota Press.

Dicken, P., Kelly, P. F., Olds, K. and Yeung, H. W., 2001, "Chains and networks, territories and scales : towards a relational framework for analysing the global economy", *Global Networks* 1(2), pp.89-112.

Faist, T., 2000, *The Volume and Dynamics of International Migration and Transnational Social Spaces*, Oxford : Clarendon Press.

Friedmann, J., 1986, "The World City Hypothesis", *Development and Change* 17(1), pp.69-84.

Harvey, D., 1989, *The Urban Experience*, Oxford : Blackwell.

Jessop, B., Brenner, N. and Jones, M., 2008, "Theorizing Socio-Spatial Relations", *Environment and Planning D : Society and Space* 26(3), pp.389-401.

Kritz, M. and Zlotnik, H., 1992, "Global Interactions: Migration Systems, Process and Policies", In Mary Kritz, Lin Lean Lim and Hania Zlotnik (eds.), *International Migration Systems : A Global Approach*, Oxford:Clarendon Press, pp.1-16.

Kymlicha, W., 2003, "Multicultural states and intercultural citizens, *Theory and Research in Education* 1(2), pp.147-169.

Latour, B., 1993, *We have never been modern*, Hamel Hempstead : Harvester Wheatsheaf.

Leitner, H. and Ehrkamp, P., 2006, "'Transnationalism and migrants' imaginings of citizenship", *Environment and Planning A* 38, pp.1615-1632.

Marston, S. A., Jones, J. P. and Woodward, K., 2005, "Human geography without scale", *Transactions of the Institute of British Geographers* 30, pp.416-432.

McMaster, R. B. and Sheppard, E., 2004, "Introduction : Scale and Geographic Inquiry", In E. Sheppard and R. B. McMaster (eds.), *Scale and Geographic Inquiry: Nature, Society, and Method*, Oxford : Blackwell, pp.1-22.

Miera, F., 2008, "Transnational Strategies of Polish Migrant Entrepreneurs in Trade and Small Business in Berlin", *Journal of Ethnic and Migration Studies* 34(5), pp.753-770.

Mitchell, K., 2004, "Geographies of identity : multiculturalism unplugged", *Progress in Human Geography* 28(5), pp.641-651.

Painter, J., 2006, *Territory-network*, Paper presented in the Annual Meeting of the Association of American Geographers.

Park, B-G., 2005, "Globalization and Local Political Economy : The Multi-scalar Approach", *Global Economic Review* 34(4), pp.397-414.

Portes, A., Guarnizo, L. and Haller, W., 2002, "Transnational Entrepreneurs : An Alternative Form of Immigrant Economic Adaptation", *American Sociological Review* 67(2), pp.278-298.

Pred, A. R., 1984, "Place as Historically Contingent Process : Structuration and the Time-Geography of Becoming Places", *Annals of the Association of American Geographers* 74(2), pp.279-297.

Sack, R., 1986, *Human Territoriality : Its Theory and History*, Cambridge : Cambridge University Press.

Samers, M., 2002, "Immigration and the Global City Hypothesis : Towards an Alternative Research Agenda", *International Journal of Urban and Regional Research* 26(2), pp.389-402.

Sassen, S., 1991, *The Global City : New York, London, Tokyo*, Princeton : Princeton University Press.

Smith, M. P., 2001, *Transnational Urbanism : Locating Globalization*, Oxford : Blackwell.

Storey, D., 2001, *Territory : the Claiming of Space*, Harlow : Pearson.

Wong, L. and Ng, M., 2002, "The Emergence of Small Transnational Enterprise in Vancouver : The Case of Chinese Entrepreneur Immigrants", *International Journal of Urban and Regional Research* 26(3), pp.503-530.

Zhou, Y., 1998, "How Do Places Matter? A Comparative Study of Chinese Ethnic

Economies in Los Angeles and New York City", *Urban Geography* 19(6), pp.531-553.

Zhou, Y. and Tseng, Y-F., 2001, "Regrounding the 'Ungrounded Empire' : localization as the geographical catalyst for transnationalism", *Global Networks* 1(2), pp.131-153.

한국지역지리학회지 제15권 5호(2009년 10월), pp.616-634에 게재된 글임.

제2부

다문화 공간 형성의 배경과 지리적 특성

지구·지방화와 다문화 공간·제2부

제3장

결혼 이주 여성 유입과 분포의 지리적 특성

임 석 회

1. 서론

1) 연구 배경과 목적

최근 우리 사회는 민족적 순수성에 대한 관념이 변화하고 있다. 일부는 민족을 혈연 공동체가 아닌 운명 공동체 또는 지역 공동체로 규정하기도 한다. 우리 사회의 이러한 변화를 유도하는 계기는 유례없이 급증하면서 결혼의 새로운 문화적 형태로 확산되고 있는 국제결혼이다(양순미, 2006). 종전에 한국은 국제적인 대규모 인구 이동(유입)을 경험하지 않고 산업화된 몇몇 국가 중 하나였다. 전 세계적 차원에서는 1965년 이후 줄곧 인구의 2% 이상이 국제 이주를 한 것으로 보고되고 있는 데 비해, 한국은 1980년대 말부터 1990년대 초까지 외국인 이주민이 전체 인구의 0.1%에 불과할 정도로 세계적인 이주 연결망에서 제외되어 있었다(김이선 외, 2007). 그러나 2010년 현재 한국에는 약 120만 명의 외국인이 거주하고 있으며, 이는 4,700만 한국인의 약 2.5%가 되는 비율이다. 더욱이 이러한 외국인 이주민의 증가는 한국 경제가 짧은 기간에 압축 성장한 만큼이나 압축적으로 이루어졌다. 국제 이주의 세계적 흐름과 비교해 다소 지연되었지만, 한국의 외국인 이주민 유입은 단시간에 빠르게 증가한 특수성을 보이고 있다. 이와 같이 전례 없는 외국인 수의 증가는 한국과 한국인의 현재와 미래에 큰 충격이 아닐 수 없다.

특히 결혼 이주 여성의 급격한 증가는 이러한 외국인 이주민 증가에 대해 사회적 관심을 촉발시킨 가장 중요한 요인이었다고 할 수 있다. 외국인 이주 노동자의 존재는 산업 현장이 주가 되지만, 결혼 이주 여성의 존재는 일상생활에서 경험하는 것이기 때문이다. 외모는 물론이요 언어와 문화가 다른 외국인을 일상에서 대하는 것만큼 외국인의 존재를 느낄 큰 계기는 없을 것이다. 게다가 이들은 가족의 일원으로 한국인과 일상을 공유하고 자녀를 양육한다. 따라서 이들은 이주 노동자와 같이 연수 기간이나 계약 기간이 끝났다고 돌아갈 존재가 아니라 언제까지나 가족으로 함께 할 존재들이다.

국제 이주는 21세기의 주요 이슈 중 하나이다. 오늘날 전 세계에서 일어나는 국제 이주의 규모는 어마어마하다. 이주는 인류 사회 자체만큼이나 오랜 역사를 지녔으며, 과거부터 사회 형성의 중요한 요소였다. 그러나 오늘날 국제 이주의 양상은 여러 가지 점에서 과거와는 다른 차이를 보이고 있다. 사실 이주는 그것이 국내 이주든 초국가적 이주든 방대하고 복잡한 사회경제적 변화의 중요한 요소이다. 특히 한국은 오랫동안 인종/민족적 동질성 개념을 바탕으로 정치, 경제, 사회, 문화를 발전시켜 온 나라이다. 외국인 이주민의 급증이 한국 사회에 미치는 영향은 이미 다민족/다인종의 복합 문화 또는 다문화 사회를 형성하고 있는 국가에 비해 훨씬 클 수밖에 없다. 특히 결혼 이주는 전통적으로 동질성이 문화적 특성인 이 나라에 심각한 사회적 변화의 가능성을 가져오고 있다는 점에서 한국 사회에 큰 충격으로 받아들여진다. 이미 시간의 흐름에 따라 결혼 이주 여성에게서 출생한 자녀가 늘어나고 학교를 비롯한 공적인 장에 본격적으로 등장하면서 한국 사회 구성원의 자격으로 당연시되던 '혈통'에 대한 전제에 관해서도 질문이 제기될 수밖에 없는 상황이다. 그러나 단지 '혈통의 문제'가 아니다. 지리적 시각에서 보면 이는 흔히 국토라는 공간에 과거에 전혀 없던 새로운 민족성(ethnicity)이 덧대어지는 것이다. 그것도 여러 민족성의 모자이크 형태로. 결혼 이주 여성의 문제는 우리 자신의 현재와 미래를 내다본다는 점에서 학문적·정책적으로 매우 중요한 과제이다.

이 장에서는 이러한 인식을 바탕으로 결혼 이주 여성에 대한 좀 더 구체적인 경험적 연구에 앞선 선행 연구로서 한국에 결혼 이주 여성이 유입되는 양상과 이들의 지리적 분포 특성에 대해 논의하고자 한다. 이 연구에서 밝히고자 하는 것은, 첫째, 한국의 결혼 이주 여성 유입은 어떤 특성을 가지고 전개되었으며 어떤 변화 과정을 거쳤는지, 둘째, 한국의 결혼 이주 여성 유입은 대만이나 일본의 경험과 어떻게 다른지, 셋째, 한국으로 유입된 결혼 이주 여성은 어느 지역에 정착하며, 정착 지역이 출신 국가별로는 어떤 차이를 나타내는지에 대해서이다. 아울러 이러한 질문에 답을 찾기에 앞서 먼저 여성의 국제결혼 이주에 관한 이론들을 고찰하고자 한다.

2) 연구 범위와 자료

이 연구의 대상은 한국인 남성과 결혼하여 다른 나라에서 한국으로 이주한 여성들이다. 따라서 한국인 여성과 외국인 남성의 국제결혼은 연구 대상에 포함되지 않는다. 연구의 시간적 범위는 1990년부터 2008년까지이다. 그러나 한국에서 국제결혼에 관한 통계는 거의 2000년대에 들어와서 더욱 상세히 정비된 상태이기 때문에 자료에 따라서 연구의 시간적 범위는 2000년 이후가 될 것이다.

국제결혼 또는 외국인 이주에 관한 통계는 주로 통계청과 법무부 출입국 관리사무소에서 작성, 발표하고 있다. 그러나 작성 시점, 작성 기준 등의 차이로 이 두 기관의 자료는 동일 연도에도 불구하고 약간의 차이가 있다. 따라서 이 연구는 통계의 일관성을 유지하기 위하여 통계청 자료를 기준으로 분석하였다. 통계청 자료가 법무부 자료보다 실제 결혼 이주 여성을 파악하는 데 적합하기 때문이다. 결혼 이주자로 볼 수 있는 비자 유형은 F-1-3과 F-2-1인데, 결혼 이주 여성은 국내 거주 2년이 지나면 국적이나 영주권을 취득할 수 있는 자격이 된다. 따라서 실제로는 결혼 이주 여성이지만 국적이나 영주권을 취득했다는 이유로 법무부 자료에서는 이런 여성들이 통계에서 제외된다. 이와 달리 통계청 자료는 국제결혼한 부부의 혼인 신고 건수를 기준으로 하기 때문에 외국인과 혼인이 얼마나 이루어지고 있는지를 파악하는 데 유용하고, 연도별 혼인 건수를 합치면 유입된 결혼 이주 여성의 누적치를 구할 수 있다. 그러나 여기에도 약간의 문제가 있어서 그 수치가 정확히 결혼 이주 여성의 총수와 일치하지 않을 수 있다. 통계청 자료에는 사망과 같이 변동 사항이 있었음에도 그것이 반영되지 않기 때문이다.

2. 여성의 국제결혼 이주에 관한 이론적 고찰

과거에는 이주에 관해 여성은 그다지 이동을 하지 않는다든가, 이동을 해도 주로 짧은 거리에 한정된다는 것이 전통적인 인식이었다. 이주에 관한 선구적 연구자인 라벤슈타인(Ravenstein)의 '이주의 법칙(Laws of Migration)'에 따르면 여성은 단거리 이동을 위주로 한다(Peters and Larkin, 2005; Silvey, 2006). 더욱이 국제 이주는 남성의 몫으로 여성의 국제 이주는 부가적인 현상 정도로만 이해되어 왔다. 그러나 오늘날 국제 이주의 주요한 특징의 하나는 여성의 국제 이주가 남성 못지않게 활발하게 이루어지고 있다는 것이다. 국제결혼은 이러한 여성의 국제 이주를 이루는 주요한 통로이다. 이러한 점에서 여성의 국제 이주에 관한 최근 연구의 초점은 왜 여성의 국제 이주가 구조적으로 증가하고 있는가라는 여성 국제 이주의 구조적 배경, 그리고 그러한 가운데 여성의 초국적 결혼 이주가 이주 사회에 유발하는 사회공간적 변형의 내용과 함의가 무엇인가에 있다. 이에 대하여 지금까지 많은 국내외 연구가 이루어지고 있으며 다양한 이론들이 제시되고 있다.

1) 배출—흡인 모형

국제결혼 이주에 관한 여러 이론이나 설명틀 가운데 배출—흡인 모형 (push-pull model)은 가장 전통적 이론이라고 할 수 있다. 배출—흡인 모형은 결혼 이주를 포함한 모든 유형의 이주를 설명하는 데 적용되며 가장 일반적인 이론이기도 하다. 배출—흡인 모형은 본래 이주를 설명하는 경제 이론의 하나로 시작되었지만, 경제학뿐만 아니라 지리학, 인구학, 사회학 등 사회과학 전 분야에서 국제 이주를 설명하기 위한 분석틀로서 폭넓게 활용되어 왔다.

배출—흡인 모형은 이주의 원인을 유출 지역에서의 배출 요인과 유입 지역에서의 흡인 요인의 결합으로 본다. 흔히 배출 요인은 높은 인구 성장, 낮은 생활 수준, 경제적 기회의 부족과 정치적 억압 등을 포함하고, 흡인 요인은 노동에 대한 수요, 토지의 이용 가능성, 양호한 경제적 기회와 정치적 자유 등이 된다. 이러한 관점에서 보면 여성의 국제결혼 이주도 송출국에서의 배출 요인과 수용국에서의 흡인 요인으로 발생한다. 흔히 국제결혼의 급격한 증가를 혼인 적령 인구의 성비 불균형으로 초래된 혼인력 (nuptiality) 변화의 한 단면으로 이해하고, 혼인력의 변화와 국제결혼의 증가를 인과관계로 보는 것이다(김두섭, 2006).

결혼 이주 여성의 수용국에서 이러한 혼인 적령 인구의 성비 불균형이 외국인 신부(新婦)의 수요 증대로 이어지면서 이것이 결혼 이주의 주요한 흡인 요인을 구성한다. 수용국에서 혼인력의 변화를 초래하는 혼인 적령 인구의 성비 불균형의 원인은 남아 선호 사상과 같은 사회문화적 요인에 의해 왜곡된 출생 성비와 도시화에 따른 농촌-도시 간 선택적 인구 이동과 농촌 지역의 젊은 여성 인구의 감소 때문이다. 결과적으로 혼인 적령 인구의 성비 불균형이 발생하고 국내 결혼 시장(marriage market)에서 상대적으로 열위에 있는 저소득층 남성 또는 농촌 남성들이 외국인 신부를 찾게 된다는 것이다.

물론 외국인 신부에 대한 수요와 같은 흡인 요인만으로 여성의 국제결혼 이주를 모두 설명할 수 있는 것은 아니다. 배출-흡인 모형에서는 더 잘사는 나라에 대한 결혼 이주 여성의 동경 등을 송출국의 배출 요인으로 든다. 이러한 맥락으로 데이빈(Davin, 2007)은 중국과 동아시아에서 여성의 결혼 이주를 고찰하면서, 과거와 다른 가장 두드러진 변화의 하나로 신부들(brides)의 장거리 이동을 들고 여기에서 다섯 가지의 배출 요인이 작동하는 것으로 설명하고 있다. 데이빈이 제시한 배출 요인은 무역과 노동 이주로 인한 지역 간 접촉의 확대, 더 나은 조건의 지역에 대한 지식의 증대와 그 지역과의 소통 개선, 빈곤 지역의 지속적 존재와 지역 간 불균형의 심화, 풍요로운 미래에 대한 젊은 여성의 욕구, 더 잘사는 지역에 딸을 둔 가족의 이점 등이다. 이는 최근의 국제결혼 이주의 증가 원인을 이주 여성 또는 그 가족의 결핍과 욕구, 지역 간 상호작용 증대로 요약해 볼 수 있다.

이와 같은 배출-흡인 모형에 따르면 빈곤 국가인 이주 송출국의 경제적인 문제가 배출 요인이며, 선진국의 상대적으로 높은 소득과 취업 기회가 국제결혼 이주의 흡인 요인이다. 이 요인들이 국제결혼 이주 흐름의 규모와 방향성을 결정하는 인과변수가 된다(김용찬, 2006). 이러한 설명틀은 이주 과정을 배출 요인(공급)과 흡인 요인(수요) 차원으로만 단순화함으로써 여성의 결혼 이주를 쉽게 이해할 수 있도록 도움을 주는 면이 있지만, 이주와 정착 과정에 내재되어 있는 복잡한 사회적·문화적·경제적 맥락과 여성의 국제 이주를 둘러싸고 역사-구조적으로 작동하는 지구적 시스템을 이해하는 데는 한계를 갖는다. 예를 들어 배출-흡인 모형은 특정 이주 집단이 특정 국가로 이주하는 것은 제대로 설명하지 못한다. 대다수 알제리인들이 왜 프랑스로 이주하고 독일로는 이주하지 않는지, 반대로 터키인들은 왜 독일로 이주하고 프랑스로는 잘 이주하지 않는지 하는 문제는 배출-흡인 모형으로는 충분히 설명되지 않는다.

또한 이러한 접근 방법의 연구들이 흔히 사람들의 이주 경향을 소득이 높은 곳에서 낮은 곳으로 향함을 강조하는 것에서 알 수 있듯이, 배출-흡인 모형은 다분히 신고전이론(neoclassical theory)의 성격을 갖는다고 할 수 있다(Castles and Miller, 2009). 신고전이론은 이주자를 자신의 선택에 대해 충분한 정보와 자유를 가지고 합리적 선택을 하는 개인적 시장 참여자로 간주하지만 실제 국제 이주의 사례는 그것이 터무니없을 수 있음을 보여준다. 오히려 이주자들은 제한되거나 종종 모순된 정보를 갖기도 하고 여러 제약에 놓이기도 한다(Castles and Miller, 2009). 한 여성의 결혼은 신고전이론이 전제하듯이 자신의 효용을 극대화하고 복리를 최대화하기 위한 거주지 탐색의 과정으로 지극히 개인적인 선택일 수 있다. 그러나 결혼을 위해 장거리 해외 이주를 해야 하는 국제결혼 이주의 의사 결정에는 본국과 이주 국가의 사회적 현실과 결혼 중개업소를 포함한 지구적 경제의 구조, 송출국과 수용국의 지리적 · 역사적 관계 등 다양한 영향력이 작용한다(Seol, 2006). 국제결혼 이주에는 송출국과 수용국 양측의 폭넓은 조건 아래 복잡하고 역설적인 양식으로 지구적 문제, 국지적 문제, 개인적 문제가 뒤엉켜 있다(Lauser, 2008). 그런데 배출-흡인 모형은 그것을 배출과 흡인 요인에 집중함으로써 문제를 단순화하고 오도한다(Castles and Miller, 2009).

2) 노동이주론

20세기 후반 이후 국제적인 인구 이동의 중요한 특징은 노동 이주가 큰 규모로 늘고 있으며 그 가운데 여성의 비율이 매우 높아졌다는 것이다. 양적인 측면에서 국가 간 노동 이주의 50% 이상이 여성 이주자에 의해 이루어지고 있으며, 질적으로도 단순히 남편을 따라가는 동반 이주가 아니라 여성의 주체적인 이동이 늘어나는 변화가 이루어지고 있다(이혜경 외, 2006). 일부 연구자들은 최근 국제결혼 이주가 증가하는 현상을 노동 이주에서 이러한 구조적 변화와 연관지어 국제결혼 이주를 송출국과 수용국 간에 수요와 공급을 통해 작동하는 노동 이주의 한 형태로 간주한다. 예를 들어 일본으로 결혼 이주한 필리핀 여성의 가정에서의 가부장적 관계를 연구한 파이퍼(Piper, 1997)는 노동 이주의 맥락에서 결혼 이주를 개념화할 것을 제시한다. 파이퍼에 따르면 송출국과 수용국 양측에서 성차별화된 노동 시장의 구조가 약소국 여성들로 하여금 결혼 이주를 선호하도록 하는 유인 배경이 된다는 것이다. 따라서 라우저(Lauser, 2008)는 결혼 이주자와 노동 이주자의 인위적·분석적 구분이 모호하다고 한다. 실제 아시아 국가의 국제결혼을 연구한 학자들은 여성의 이주, 노동, 결혼이 분리되어 있는 것이 아니라 다면적으로 연결되어 있는 것으로 본다.

사례로 김현미 외(2008)는 몽골 여성의 한국으로의 결혼 이주에 관한 연구에서 2000년 이후 몽골 여성의 결혼 이주가 늘어나는 것은 이주에 적극적인 입장을 갖지만 여성들이 공식적인 노동 이주를 통해 한국으로 오기 쉽지 않기 때문이라고 한다. 특히 재중 동포인 조선족 여성은 노동 이주의 한 방편으로 한국으로의 결혼 이주를 선택하는 예가 많다. 중국의 조선족 동포 여성의 경우 한국인 남성과의 결혼이 비용이 많이 들고 어려운 노동 이주보다 수월한 통로로 활용되기도 한다(한건수, 2006). 이러한 점에서 노동이주론은 국제결혼을 노동 이주로 간주하고 '재생산된 근로자(reproductive worker)'로서 그들의 역할을 주목하면서 결혼 이주 여성은 경제적 이주자로 분류한다. 이때 혼인 계약은 가내 노동의 형태로 재생산적 근로에 대한 수요를 충당하는 것이 된다(Lee, 2008). 이들 제3세계 여성들이 주로 담당하는 일은 선진국(유입국)의 가사 서비스, 즉 감정 노동이므로 이러한 현상을 '감정 노동의 상품화'나 재생산된 노동의 국제 분업이라고 부른다(이혜경 외, 2006).

이러한 노동이주론은 세계체제론과 연결된다. 세계체제론을 여성에게 적용한 대표적 학자는 사스키아 사센(Saskia Sassen, 1991)이다. 세계도시, 세계경제에 대한 사센의 연구 주제는 선진국 대도시로 유입되는 제3세계 이민자들에 관한 것으로, 그녀는 지구화로 인한 불균등 발전의 틀 속에서 국가—노동 시장 간의 관계로 이주의 여성화를 설명한다. 선진국 내 서비스 산업의 확대와 서비스 산업 내 직종의 양극화로 저기술, 저임금 일자리가 빠르게 창출되기 때문에 내국인 여성 노동력이 부족한 특정 서비스 부문에 제3세계 여성이 유입된다고 본다.

이처럼 노동이주론은 여성의 국제결혼 이주 요인을 수용국의 분할된 노동 시장의 구조에서 우선적으로 찾는다. 선진 경제의 노동 시장은 숙련, 비숙련의 이원적 분할뿐만 아니라 인종/민족, 성에 기초하여 복잡하게 파편화되어 있다고 주장한다. 제도적 요인뿐만 아니라 인종/민족, 성에 따라 노동 시장의 분리가 나타나고 경제적 양극화가 진행된다는 것이다. 이러한 이론은 국제적인 임금 격차가 줄어들었을 때조차 결혼 이주를 포함한 노동 이주가 발생하는 원인을 설명하는 데 유용하다(Castles and Miller, 2009). 이에 정리하자면, 결혼 이주를 노동 이주의 한 형태로 이해하는 노동이주론은 결혼 이주를 분할된 노동 시장(segmented labor market) 개념에 입각하여 자본주의 경제의 구조적 요인에 의해 추동되는 것으로 이해한다.

분할된 노동 시장 개념에 기반한 노동이주론은 전체적으로 수용국의 수요 측면을 강조한다고 할 수 있다(Castles and Miller, 2009). 바꾸어 말하면 국제결혼 이주에서 결혼 이주 여성 본국의 송출 요소가 상대적으로 부차적 요소로 취급되고 있다는 것이다. 송출국의 가부장적 사회 구조와 성차별적인 노동 시장 구조가 여성을 노동 이주의 한 형태로 국제결혼 시장으로 내모는 요소로 지목되고는 있지만, 이주 발생의 중심적 요소는 선진 경제의 분할된 노동 시장에 기초한 외국인 노동력에 대한 지속적 수요이다(김용찬, 2006). 송출국과 수용국의 상대적 중요성에 대한 이러한 문제보다 노동이주론이 갖는 더 큰 문제는 결혼 이주를 경제적 요소로만 설명하는 것이다. 노동이주론은 결국 개별 국가의 경제적 환경이 국제 이주의 형성에 영향을 미친다는 것인데, 이는 경제적으로 낙후한 대다수 후진국에서 국제 이주가 발생하지 않는 이유와 특정 국가 간에서 이주가 활발한 원인을 설명하지 못한다. 또한 결혼 이주가 일차적으로 여성 노동력의 이동이기 때문에 노동 이주와 필연적으로 연관된다고 하더라도 외국인 아내의 자격으로 이주하는 것은 노동자로서의 이주와는 다른 복합적인 문제들을 내포한다(황정미, 2009). 경제적 요소가 국제결혼 이주에서 중요한 것은 의심할 바 없지만 초국가적 관계가 경제적인 것만으로 환원될 수는 없다(Bulloch and Fabinyi, 2009). 노동이주론의 단점은 저개발국에서 선진국으로 여성 국제결혼 이주의 이중성을 드러내면서도 결혼 이주의 이러한 복합적 특성은 제대로 파악하기 어렵다는 것이다.

  어느 사회든 결혼은 상향적 사회 이동과 성취를 위한, 그리고 단기적·장기적으로 가족의 사회적 자본을 강화하는 중요한 무대이다. 다시 말하면 결혼은 더 나은 생활을 위한 여성과 남성 그리고 그들의 가족에게 무형 및 유형의 핵심적인 생존 전략이다. 지역 간 그리고 국제적인 경제 격차가 심화되고 이에 관한 담론이 지구적으로 확산되면서, 결혼이 갖는 이러한 사회경제적 본질과 함께 '세계'라는 캔버스 위에서 자신과 가족을 위한 기회를 찾고자 하는 결혼 이주자들의 흐름이 장소들 간의 지구적 차원의 계층 구조 아래에서 이루어진다고 볼 수 있다(Palriwala and Uberoi, 2005). 이런 점에서 결혼 이주는 노동 이주와 유사한 방향과 성격을 가지고 있다. 여기에 더하여 결혼 이주는 그것을 받아들이는 지역사회에 노동 이주와는 또 다른 변화를 초래한다.

3) 초국가주의론

인구의 국가 간 이동과 관련하여 최근 큰 관심을 받는 이론이 초국가주의(transnationalism)와 초국적 공동체에 관한 초국가이론이다. 지구화의 한 측면은 교통통신 기술의 급속한 발달에 따라 이주자들이 그들의 본국과 밀접한 연계를 더욱 쉽게, 그리고 강화할 수 있다는 것이다. 이것은 사람들이 두 장소 혹은 그 이상의 장소들 사이를 반복적으로 이동하는 순환적 혹은 일시적 이동을 촉진함으로써 경제적·사회적 혹은 문화적 연계를 가져온다. 초국가주의에 관한 논쟁은 탈영역화된 민족국가(deterritorialized nation-state)의 출현에 대한 논의에서 비롯되었다. 이 접근은 이민 네트워크 이론의 토대 위에 있지만 그것의 미시적 수준을 뛰어넘는다(Castles and Miller, 2009).

초국가주의는 지구화의 진전에 따라 국경을 초월한 이민이 발생함으로써 지리적으로 떨어져 있는 두 사회가 하나의 사회 네트워크로 연결되는 현상을 설명하는 개념이다(최재헌, 2007). 초국가주의가 국제결혼 이주를 설명틀로 유용한 것은 그 개념이 이민자들이 본국 및 이주 사회 양쪽과 지속적으로 갖는 관계의 복합성을 핵심적 구성 요소로 함으로써(Johnston et al., 2006) 최근 국제결혼 이주의 특성과 경향을 잘 반영하기 때문이다. 본국과 이주 사회의 가족이 상호 연결될 수밖에 없는, 나아가 지역사회와 얽히게 되는 결혼 이주는 상품이나 자본의 이동과 달리 그 본질에 쌍방향적 흐름의 잠재성이 존재한다. 포르테스(Portes, 1999)는 초국가적 활동을 정의하면서 국가 경계를 가로질러 반복되는 기초 위에 참여자들에 의해 규칙적이고 상당한 시간이 투입되는 것들이라고 설명한다. 그에 따르면 이러한 활동은 정부나 다국적 기업과 같이 상대적으로 강력한 행위자들에 의해 수행될 수도 있고, 이민자와 그들 고국의 친척 및 관계인과 같은 그리 대단치 않은 개인들에 의해 이루어질 수도 있다. 초국가적 활동은 경제적 사업에 한정되지 않으며 정치적 · 문화적 · 종교적 사업을 포함한다.

초국가주의는 국가를 벗어나는 초국경적 현상을 설명하는 점에서는 지구화 개념과 일면 연속선상에 있고 유사하지만, 스케일(scale)과 범위(scope) 및 민족국가에 대한 가정(assumption)의 측면에서 적지 않은 차이가 있다(Collins, 2008). 예를 들어 초국가주의는 지구화와 여러 측면에서 중복되면서도 전형적으로 보다 제한된 시계(視界)를 갖는다. 지구적 과정(global process)들이 주로 특정의 국가 영역으로부터 탈중심화되는 분산을 의미한다면, 초국가적 과정(transnational process)들은 하나 혹은 그 이상의 민족국가에 뿌리를 두고 그것들을 뛰어넘는 것이다. 일반적으로 지구화는 민족국가의 탈영역화에 더 무게를 두고, 초국가주의는 민족국가라는 지리적 스케일과 제도적 권력이 여전히 개별 주체들의 이동과 체류에 중대한 영향을 미치고 있음을 인정한다(박경환, 2009). 예를 들어 초국적 기업은 전 세계적으로 활동하지만 하나의 고국에 중심을 둔다(Kearney, 1995). 지구화 과정이 '하나의 국가'에서 발원하여 '다차원적 지구 공간'으로 분산되는 흐름이라면, 초국가적 이동은 '한 국가'의 경계를 넘어 '다른 국가'로 이동하되 일방향이 아닌 쌍방향으로 국경을 넘는 이동을 의미한다고 할 수 있다(이영민 · 유희연, 2008).

국제 이주에 관한 연구들은 이와 같은 초국가주의와 '초국가적 이동'의 개념이 최근 국제 이주자의 특성을 더욱 잘 반영하는 것으로 본다. 최근의 국제 이주는 본국과 정착국 사이의 간극을 지속적으로 좁혀가고 있으며, 양쪽의 공간을 동시에 향유하고자 하는 경향을 보이고 있다는 점에서 과거 후진국에서 선진국으로의 일방적 이동과는 사뭇 다르기 때문이다(이영민·유희연, 2008). 따라서 '국제 이주'란 개념보다 '초국가적 이주'가 더 적합한 것으로 이해된다. 이는 '국제 이주'란 용어가 오래전부터 쓰여 왔지만, 고정된 한 장소로부터 다른 장소로의 상대적인 영구 이동을 묘사함으로써 현대적인 국제 이주자의 장소 간 이동에 대해 일부만을 설명하기 때문이다(Boyle, 2002). 이와 같은 맥락에서 국제결혼 이주 역시 초국가적 결혼 이주로 전환될 수 있을 것이다.

포르테스와 그의 동료들은 초국가주의 논의에서 초국가적 비즈니스 공동체의 의미뿐만 아니라 정치적·문화적 공동체의 중요성을 강조한다. 이들은 다국적 기업이나 국가와 같은 강력한 제도적 행위자들에 의해 수행되는 '위로부터의 초국가주의(transnationalism from above)'와 이민자 및 그들의 출신 본국의 상대가 만들어내는 '아래로부터의 초국가주의(transnationalism from below)'를 구분한다(Portes et al., 1999). 아래로부터의 초국가주의는 지구화 과정에서 경제적 동기에 따른 이주 노동자나 결혼 이주자와 같은 민중 계층(grass roots)의 국제적 이동에 초점을 맞춘 것이라고 할 수 있다(최재헌, 2007).

이와 같은 맥락에서 국제결혼 이주에 의한 신민족 공간의 형성은 아래로부터의 지구화의 공간적 구현이라고 할 수 있다. 결혼 이주자들은 초국가주의의 산물인 동시에 지구적 맥락에서 그것을 실천하고 재현하기 때문에 그들 자신이 초국가주의를 심화시키는 요인이다. 이러한 점에서 결혼 이주 여성들은 '아래로부터의 세계화'를 가시화하는 주체이다. 지리적 시각에서 국제결혼 이주는 결혼 이주자의 송출국과 수용국 모두를 연결하며, 정치적·문화적 변화와 함께 새로운 사회 공간의 변형을 유발하는 요소로 해석된다(최재헌, 2007). 이와 같은 초국가주의 관점에서 보면 결혼 이주 여성의 지리적 분포는 '아래로부터의 세계화'의 공간적 서술이라는 해석이 가능하다.

이처럼 초국가주의 관점은 자본의 이동과 같은 '위로부터의 지구화' 과정뿐만 아니라 노동 이주와 결혼 이주와 같이 초국적 이주자를 포함하는 '아래로부터의 지구화'를 다룰 수 있는 이론적 틀을 제공한다. 따라서 초국가주의는 다양한 국제 이주의 유형과 유연적으로 국제 이민을 다룰 수 있는 포괄적 개념으로 평가된다. 초국가주의 관점에서 보았을 때, 특히 결혼 이주로 이루어지는 아래로부터의 지구화는 가정 내부 공간(domestic space)과 제도적 공간을 포함한 사회 공간에서 다민족적 주관성뿐만 아니라 초국가적인 사회 네트워크를 형성하는 공간적 변화를 수반한다(최재헌, 2007). 국제결혼 이주자들이 더욱 초국가적일 수 있는 이유는 이주 후에도 출신지 가족과 친지들과의 지속적인 관계를 유지한다는 측면 때문이다(김동엽, 2010).

그러나 일부 연구자들은 초국가적 공동체나 초국적 이주자와 같은 용어의 과도한 사용을 경계하거나 엄밀하게 정의된 분석적 개념이 되지 못한다고 지적한다. 이주민의 대다수는 초국가주의에서 주장하는 초국가적 패턴에 적합하지 않기 때문이다(Crang et al., 2003; Castles and Miller, 2009). 이와 관련하여 포르테스(Portes, 2001)는 초국적 이주자의 개념이 내포한 위험성을 다음과 같이 지적한다. "이 선구적 연구 집단에 의해 수행된 경험적 연구는 과거에 밝히지 못한 프로세스의 중요성을 충분히 인식하도록 하였다. 그러나 동시에 그것의 영역을 과장하였다."

4) 젠더와 여성주의 접근

오늘날 지구화가 전통적 의미에서의 국제 이주든 새로운 형태의 초국가적 이주든 국제적인 인구 이동의 주요한 원인임은 분명하다. 이러한 지구화의 추세 속에 국제적인 인구 이동은 두 가지의 변화 양상을 보이고 있다. 하나는 초국가주의에서 말하는 순환 이동(transmigration)의 증가이고, 다른 하나는 이주의 여성화(feminization of migration)이다. 전자가 공간적·시간적으로 영구적인 이주가 아닌 일시적 이주 또는 두 개 혹은 그 이상의 장소를 오가며 양쪽에 걸치는 사회적 네트워크의 형성을 의미한다면, 후자는 이주 주체의 변화를 의미한다. 취업과 결혼을 위해 국경을 넘는 여성 이주자의 수가 증가함에 따른 이주의 여성화는 오늘날 초국적 이주의 중요한 특징이다. 여성 이주가 인구 이동의 절대적인 수와 비율 모두에서 큰 비중을 차지하고 있다(UN ESCAP, 2009). 이주의 여성화란 양적으로 노동 이동의 50% 이상이 여성 이주자에 의해 이루어지는 현상이며, 질적으로는 여성이 남편을 따라 이동하는 자(tied mover)로서가 아니라 여성 스스로가 주체적인 노동자의 신분으로 이주하는 취업 이주자가 많아졌다는 것이다(이혜경 외, 2006). 이는 국제 이주에서 최근 일시적 이주가 증가하면서 여성의 해외 취업과 결혼 이주가 증가하였기 때문이다,

비단 국제 이주에 한정된 것은 아니지만, 최근 국제 이주에 관한 연구 동향의 한 흐름은 젠더와 여성주의 관점의 연구가 늘어나는 것이다. 이는 그동안 국제 이주에서 여성의 역할이나 행위 주체성(agency)을 간과해 온 기존의 몰성적(gender-blind) 연구를 극복하려는 새로운 연구들이 여성의 이주에 주목한 결과이기도 하지만, 앞서 말한 바와 같이 실질적으로 여성의 국가 간 이주 자체가 활발하게 증가하고 있기 때문이다(한건수, 2006). 그러나 결혼 이주를 포함한 여성의 국제 이주에 관한 여성주의 관점의 핵심이

여성 이동 인구의 양적 증대에 있는 것은 아니다. 여성주의 관점은 국제 이주에 관한 기존의 이론들이 남성 이주자와 여성 이주자를 구분하지 않고 성중립적인(gender-neutral) 것 같지만 그 근저에는 남성 중심적 시각이 내재되어 있다고 본다(김경미, 2009). 여성주의 이주 연구는 이주의 주체로서 여성을 배제하고 남성의 부수적 존재로 폄하한 전통적 이주 연구의 남성 중심성에 대한 비판으로 제기되었다. 사실 비교적 최근까지 이주에 관한 연구들은 여성의 이주를 남성 이주의 부가적인 것으로 다루는 경향이 있었다. 여성의 이주를 단순히 배우자나 아버지, 혹은 관련된 다른 남성의 이주에 수반된 과정으로 이해하는 것이다(Charsley and Shaw, 2006). 예를 들어 드라에(DeLaet, 1999)는 가족의 재결합을 위한 합법적 이주를 여성들의 초국적 이주의 주요한 통로로 본다. 초기 여성주의 이주 연구는 이와 같은 남성 중심의 이주 연구에 대해 이주의 주체로서 여성에 대한 관심을 환기시키는 데 초점을 두었다. 이후 여성주의 이주 연구는 사회적 관계로서 젠더가 이주 과정에 미치는 영향과 초국가적 이주가 젠더 관계에 변화를 초래한다는 성별화된 과정으로서의 이주로 연구 영역이 확대되고 있다(정현주, 2007).

여성주의 관점에 따르면 전 지구적인 경제 재구조화와 신자유주의로의 전환, 이에 따른 노동의 국제 분업 질서의 변동, 국제 역학 관계의 변화 등 거시적 차원에서 이주의 여성화가 촉진된다. 여기서 여성의 젠더와 섹슈얼리티가 여성의 이주를 촉진하는 매개체가 된다. 국제결혼은 전통적인 가족 내의 성별 역할 분리가 국제적인 차원에서 이루어진다는 점에서 국제 성별 분업에 섹슈얼리티가 직접적으로 작용하는 구체적 예가 된다(이수자, 2004). 경제적으로 발전한 국가의 남성과 후진 저개발국 여성의 국제결혼으로 이루어지는 여성의 국제 이주가 지구화와 국가 간 불균등한 경제 발전, 빈곤의 여성화와 성별화된 노동 시장, 가부장적 가족 제도라는 거시적 구조 아래 제3세계 여성들의 불평등을 새로운 방식으로 재생산해 낸다(윤형숙, 2005). 후진 저개발국 여성들은 빈곤과 가족 부양이라는 책임을 수행하기 위해 임금이 높은 선진국으로 노동 이주를 원한다. 그러나 성별화된 국제 노동 시장에서 이들이 할 수 있는 일은 전통적으로 여성의 일로 간주되어 온 가사와 자녀 양육, 노인 봉양 등의 돌봄 노동과 여성의 성적 서비스가 요구되는 유흥업이나 섹스 산업 등이다. 이러한 노동 이주마저 상당한 비용을 지불해야 하고 제도적으로 제약된 상황에서 가난한 후진 저개발국 여성들은 선진국 남성과의 국제결혼을 이주의 수단으로 선택한다는 것이다. 파이퍼(Piper, 1997)는 여성들이 서비스 부문의 일이나 연예인, 섹스 관련 일을 하게 되는 것은 선택의 부재를 표현한다고 주장한다. 더군다나 남성에 비해 더 강한 경제적 · 사회적 제약을 받기 때문에 결혼을 받아들이는 압박을 받게 된다는 것이다.

이러한 맥락에서 후진 저개발국 여성의 국제결혼 이주는 일종의 디아스포라이다. 젠더와 여성주의 시각은 이주 여성이 처한 상황을 디아스포라 현상에서 필연적으로 발생하는 문화의 혼성성(hybridity) 속에서 지속적인 타자로서의 적응과 교섭, 그리고 배제의 역할이라는 스펙트럼 위에 놓인 것으로 파악한다. 문화의 혼성성은 디아스포라 과정에서 나타나는 필연적 현상이지만 이주 여성에게 이주 사회 문화의 교섭 과정에서 타자성(otherness)을 지속하느냐, 적극적으로 수용되느냐를 결정하는 변수로 섹슈얼리티가 작용한다는 점이 남성 이주자와의 결정적인 차이이다. 왜냐하면 많은 수의 이주 여성들이 결혼과 성산업을 매개로 이주 사회와 연결되기 때문이다(이수자, 2004). 따라서 여성주의 이주 연구는 여성의 젠더적 관점을 바탕으로 여성의 국제 이주에서 성별화된 이주 방식과 그에 따른 이주 사회에서의 사회문화적 과정을 국제 이주에 관한 핵심적 논제로 한다. 나아가 성, 계급, 인종과 국가가 다중적으로 교차하는 지점에 선 이주 여성들이 어떻게 자신의 정체성을 재구성해 나가는지가 여성주의 국제 이주 연구의 중요한 과제이다.

3. 결혼 이주 여성의 유입 양상과 추이

1) 유입 규모와 출신 국가

1990년대 이전만 해도 한국에서 국제결혼은 예외적인 것이었다. 그리고 국제결혼이라는 것도 대부분 한국 여성과 외국인 남성 간에 이루어지는 것이었고, 국제결혼 이주 역시 한국은 송출국의 역할을 하였다. 이러한 종전의 패턴에 변화가 오기 시작한 것은 1990년대 초반이다. 이 변화를 처음 주도한 것은 흔히 '조선족'이라고 불리는 중국 교포 여성들의 유입이다. 1992년 한·중 국교 수립 이후 중국 교포의 고국 친척 방문과 교류의 문호가 확대되면서 중국 교포 여성들이 한국의 농촌 지역으로 대규모 결혼 이주하여 들어오기 시작하였다(김두섭, 2006). 특히 한국인 남성과 외국인 여성의 결혼은 1990년대 중반 이후로 현격히 증가하기 시작하였다.

〈표 1〉은 1990년 이후 한국인의 국제결혼에 대한 통계이다. 1990년대 초반만 해도 국제결혼은 신고된 전체 혼인 건수의 2% 미만을 나타낸다. 외국인 여성과 한국인 남성이 혼인한 비율도 1% 미만에 머물고 한국인 여성과 외국인 남성의 혼인 비율보다 낮거나 거의 비슷하다. 그러나 1995년 이후 국제결혼 비율이 3% 이상으로 급증하고 외국인 여성과의 혼인 비율이 외국인 남성과의 혼인 비율을 훨씬 상회하게 된다. 국제결혼의 현격한 증가가 결혼 대상자의 성격 변화와 함께 이루어진 것을 알 수 있다.

중국 교포 여성의 결혼 이주를 통한 한국 유입은 대체로 1980년대 말부

표 1. 한국인의 국제결혼(1990~2008년)

연도	총 혼인 건수	국제결혼		외국인 아내		외국인 남편	
		건수	%	건수	%	건수	%
1990	399,312	4,710	1.2	619	0.2	4,091	1.0
1991	416,872	5,012	1.2	663	0.2	4,349	1.0
1992	419,774	5,534	1.3	2,057	0.5	3,477	0.8
1993	402,593	6,545	1.6	3,109	0.8	3,436	0.9
1994	393,121	6,616	1.7	3,072	0.8	3,544	0.9
1995	398,484	13,494	3.4	10,356	2.6	3,129	0.8
1996	434,911	15,946	3.7	12,647	2.9	3,299	0.8
1997	388,591	12,448	3.2	9,266	2.4	3,182	0.8
1998	375,616	12,188	3.2	8,054	2.1	4,134	1.1
1999	362,673	10,570	2.9	5,775	1.6	4,795	1.3
2000	334,030	12,319	3.7	7,304	2.2	5,015	1.5
2001	320,063	15,234	4.8	10,006	3.1	5,228	1.6
2002	306,573	15,913	5.2	11,017	3.6	4,896	1.6
2003	304,932	25,658	8.4	19,214	6.3	6,444	2.1
2004	310,944	35,447	11.4	25,594	8.2	9,853	3.2
2005	316,375	43,121	13.6	31,180	9.9	11,941	3.7
2006	332,752	39,690	11.9	30,208	9.1	9,482	2.8
2007	343,559	37,560	10.9	28,580	8.3	8980	2.6
2008	327,715	36,204	11.0	28,163	8.6	8041	2.5
합계	6,888,890	354,209	5.1	246,893	3.6	107,316	1.6

자료 : 통계청(http://www.kostat.go.kr).

터 시작된 것으로 알려져 있다. 1980년대 말 농촌의 영농 후계자 단체와 여성 단체들이 중국의 농촌 시찰 명목으로 농촌 총각의 맞선을 주선하였다. 그리고 앞에서 말한 바와 같이 1992년 한·중 수교 이후 농촌의 지방 자치 단체가 농촌 문제의 해결 방안의 하나로 이 일에 적극적으로 나서면서 중국 교포 여성과 한국인 남성의 맞선이 본격화되고 혼인 건수도 크게 늘어났다. 그러나 중국 교포 여성의 결혼 이주는 1996년 이후 크게 감소하였다. 그 이유는 중국 교포 여성의 위장 결혼이 사회적 문제를 일으키면서 위장 결혼을 막기 위해 한국 정부와 중국 정부가 1996년 한·중 양해각서를 체결하였기 때문이다(이혜경, 2005). 이 양해각서에 따라 한국인과 중국인이 결혼하기 위해서는 당사자의 미혼/재혼 공증→중국 결혼 신고→한국 혼인 신고→중국 배우자 비자 신청 등 복잡한 절차를 거치도록 하였다.

또한 1997년 말에 일어난 외환 위기로 한국의 경제 사정이 어려워지면서 국제결혼, 특히 한국인 남성과 외국인 여성의 국제결혼이 상당히 위축되었다. 더욱이 한국인 남성과 결혼한 외국인 여성이 종전에는 즉시 국적을 취득할 수 있었으나 1997년 말부터 국내 체류 2년 이상의 요건을 갖추어야 국적을 취득할 수 있도록 국적법이 개정되면서 외국인 여성이 국제결혼을 통해 한국으로 이주하기가 쉽지 않게 되었다. 〈그림 1〉과 〈표 1〉을 보면 1997년부터 외국인 여성과의 국제결혼 건수가 크게 줄어들고 결과적으로는 외국인 여성의 한국으로의 결혼 이주가 크게 줄어든 것을 볼 수 있는

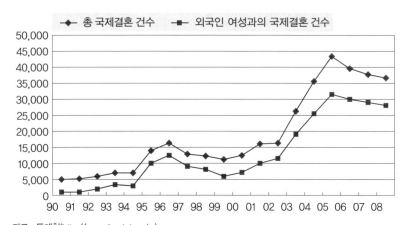

자료 : 통계청(http://www.kostat.go.kr).

그림 1. 한국인 남성의 외국인 여성과의 국제결혼 추이

데, 이는 IMF 경제 위기, 국적법 개정, 중국 교포 여성과의 국제결혼 규제가 복합적으로 작용한 결과라고 볼 수 있다.

그러나 〈그림 1〉에서 볼 수 있듯이 그와 같은 외국인 여성과의 국제결혼 감소 추세는 한국 경제가 IMF 경제 위기에서 벗어난 2000년 이후 다시 증가 추세로 전환하였다. 그러나 이 시기는 단순히 경제 위기에서 벗어남으로 결혼 이주 여성의 유입이 다시 증가세로 돌아섰다는 것 이상의 중요한 의미를 갖는다. 우선 외국인 여성과의 국제결혼 비율이 2001년 3.1%로 그 이전 최고를 기록한 1996년의 2.9%를 상회하였으며, 그 이후에도 계속 높아져 2005년에는 거의 10%에 육박하게 되었다. 특히 2003년 중국 출신 결혼 이주 여성의 수가 2002년에 비해 90% 이상 늘어났는데, 2003년에는 1996년에 체결되었던 한·중 양해각서가 폐기됨으로써 중국으로부터 결혼 이주가 훨씬 용이해졌기 때문이다. 외국인 남성과 한국인 여성의 국제결혼 비율도 외국인 여성과 한국인 남성만큼은 아니지만 점차 높아져서 2005년에는 전체 혼인 건수에서 국제결혼 비율이 13.6%에 달하였다. 10년도 채 안 되는 기간에 한국인 10명 중 1.3명 이상이 외국인과 결혼하게 되었다는 것은 대단히 놀라운 변화라고 할 수 있다. 그야말로 폭발적인 증가세이다. 흔히 말하듯 한국이 짧은 기간에 압축적인 고도 경제 성장을 이룬 것처럼 결혼에서도 그와 유사한 현상이 나타났다고 할 수 있다.

그러나 2000~2001년을 기점으로 나타난 변화는 이와 같은 양적 측면에만 있지 않다. 양적 규모의 급격한 증가세 이상으로 질적 변화도 나타난다. 결혼 이주 여성의 출신 국가를 보면 여전히 중국이 큰 비중을 차지하지만, 베트남을 중심으로 동남아시아 국가에서의 유입이 늘어나기 시작한 것이다. 〈표 2〉에서 볼 수 있듯이 결혼 이주 여성의 국적은 2000년까지만 해도 중국이 50%를 넘고 그 다음은 필리핀, 일본의 순이었다. 일본이나 필리핀 결혼 이주 여성이 많은 것은 통일교가 주선한 국제결혼 건수가 많았기 때문인데, 이는 국제결혼 중개업소의 본격적인 등장 이전에 한국인과 외국인 국제결혼의 주요 통로였다. 통일교는 가정연합이라는 이름으로 인종과 국가, 종교를 넘어서 세계는 하나라는 슬로건을 내걸고 집단적인 방식에 의한 국제결혼을 대거 성사시켰으며, 1990년대 중반부터는 통일교의 포교 목적으로 신자 외에 비신자도 대상에 포함시켰다(고숙희, 2008; 임안나, 2005). 정확한 숫자는 알 수 없으나 일본 여성의 한국 결혼 이주도 상당수가 가정연합에 의해 이루어진 것으로 알려져 있다.

표 2. 결혼 이주 여성의 국적(2000~2008년)

(단위 : 명, %)

	2000	2001	2002	2003	2004	2005	2006	2007	2008
총계	6,945	9,684	10,698	18,751	25,105	30,719	29,665	28,580	28,163
중국	3,566 (51.3)	6,977 (72.0)	7,023 (65.6)	13,347 (71.2)	18,489 (73.6)	20,582 (67.0)	14,566 (49.1)	14,484 (50.7)	13,203 (46.9)
일본	819 (11.8)	701 (7.2)	690 (6.4)	844 (4.5)	809 (3.2)	883 (2.9)	1,045 (3.5)	1,206 (4.2)	1,162 (4.1)
필리핀	1,174 (16.9)	502 (5.2)	838 (7.8)	928 (4.9)	947 (3.8)	980 (3.2)	1,117 (3.8)	1,497 (5.2)	1,857 (6.6)
베트남	77 (1.1)	134 (1.4)	474 (4.4)	1,402 (7.5)	2,461 (9.8)	5,822 (19.0)	10,128 (34.1)	5,610 (23.1)	8,282 (29.4)
캄보디아	–	–	–	19 (0.1)	72 (0.3)	157 (0.5)	384 (1.3)	1,804 (6.3)	659 (2.3)
타이	240 (3.5)	182 (1.9)	327 (3.1)	345 (1.8)	324 (1.3)	266 (0.9)	271 (0.9)	524 (1.8)	638 (2.2)
몽골	64 (0.9)	118 (1.2)	194 (1.8)	320 (1.7)	504 (2.0)	561 (1.8)	594 (2.0)	745 (2.6)	521 (1.8)
우즈베키스탄	43 (0.6)	66 (0.7)	183 (1.7)	328 (1.7)	247 (1.0)	332 (1.1)	314 (1.1)	351 (1.2)	492 (1.7)
미국	231 (3.3)	262 (2.7)	267 (2.5)	322 (1.7)	341 (1.4)	285 (0.9)	331 (1.1)	376 (1.3)	344 (1.2)
기타	731 (10.5)	742 (7.7)	702 (6.6)	896 (4.8)	911 (3.6)	851 (2.8)	905 (3.1)	983 (3.4)	1,010 (3.6)

자료 : 통계청(http://www.kostat.go.kr).

그러나 2003년부터는 필리핀과 일본의 결혼 이주 여성 비율이 줄어드는 반면, 베트남 출신의 이주 여성 비율이 높아져 중국 다음을 차지했다. 더욱이 베트남 출신의 비율은 지속적으로 높아지는 추세로 30%를 상회하여 현재는 중국과 함께 결혼 이주 여성의 양대 축을 형성하고 있다. 베트남 여성과 한국인 남성의 국제결혼은 2000년까지만 해도 1%대의 매우 낮은 비율이었다. 이러한 베트남 출신 결혼 이주 여성만큼은 아니지만 이와 더불어 캄보디아, 타이, 몽골, 우즈베키스탄 등 아시아의 다른 국가 출신 이주 여성도 유입이 늘어나는 추세에 있다. 이러한 결혼 이주 여성의 증가와 출신 국적의 변화는 1999년 이후 결혼 알선 기관의 설립이 허가제에서 신고제로 전환되면서 국제결혼 중개가 크게 늘어났기 때문이다(이혜경, 2005). 최재헌(2007)의 연구에 따르면 비공식적으로 국제결혼 업무에 종사하는 업체 수는 약 4천여 개에 이른다.

그러나 〈그림 1〉을 보면 알 수 있듯이 결혼 이주 여성의 유입은 전체적으로 2005년을 정점으로 다소 줄어드는 추세에 있다. 이러한 감소는 중국 출신 이주 여성의 수가 줄어든 것이 가장 큰 요인이다. 중국 출신 결혼 이주 여성은 2005년 최고 20,582명에서 2008년 13,203명으로 3년 사이에 무려 35.9%나 감소하였다. 물론 베트남 출신 결혼 이주 여성 역시 2006년 10,128명에서 2007년 5,610명으로 갑자기 44.6% 감소하였으나 2008년에는 8,282명으로 다시 47.6% 증가하였다. 이와 같이 갑작스럽게 결혼 이주 여성의 수가 줄어드는 것은 결혼 이주 여성의 인권 문제 등이 사회적으로 불거지면서 국제결혼에 대한 부정적 사회 인식이 확산되고 양국에서 국제결혼에 대한 여러 가지 규제가 강화되기 때문이다. 그러다 어느 정도 시간이 지나면 규제가 완화되거나 다른 우회적인 통로를 통해 결혼 이주가 다시 늘어나게 되는 것이다. 캄보디아 출신 결혼 이주 여성의 유입도 이와 비슷한 추이를 보인다. 한국인 남성과 국제결혼한 캄보디아 국적의 여성은

2002년까지 공식적으로는 한 명도 없었다. 그러나 2003년 이후 거의 매년 100~300% 이상 급증하여 2007년에는 1,804명으로 중국, 베트남 다음으로 많은 비중을 차지하게 되었다. 그러나 2008년에는 다시 2007년의 절반도 안 되는 수준으로 급감한다. 이는 베트남 출신 결혼 이주 여성의 유입과는 반대되는 추이로, 베트남 출신 여성의 유입은 앞서 논한 것처럼 2007년 급감에서 2008년 급증으로 변화한다. 2007년 베트남 여성과의 국제결혼에 대한 규제가 강화된 바 있었는데, 연도별 추이는 양국 출신 이주 여성의 유입이 이와 밀접한 관련이 있음을 말해 준다.

2) 대만, 일본과의 비교

지난 수십 년 동안 아시아에서 국제 이주는 그 규모와 다양성, 복잡성 등에서 놀라울 만큼 증대되었다(Hugo, 2003). 국제 이주자의 수는 여전히 아시아 전체 인구의 2%에 못 미치지만, 1960년 추정치인 약 2800만 명에서 2005년 5300만 명 이상으로 늘어나 지난 40여 년간 거의 두 배 가까이 증가하였다. 또 하나의 변화는 지난 20년 동안 아시아 국가에서 노동 이주뿐만 아니라 결혼 이주가 크게 증가하였다는 것이다. 아시아에서 결혼을 매개 혹은 목적으로 한 국제 이주의 증가는 두드러진 현상이다. 결혼 이주는 사실상 아시아에서 여성들이 국제 이주를 하는 가장 중요한 요인이다. 이주 경로를 살펴보면 아시아는 성격을 달리하는 3개의 하위 지역으로 구분된다. 즉 남아시아는 이주의 출발지로, 동남아시아는 이주의 출발지이자 목적지로, 동아시아는 이주의 목적지가 된다. 이러한 이주 경로에서 공간적 초점은 동남아시아의 베트남, 캄보디아, 인도네시아, 미얀마, 필리핀과 동아시아의 한국, 일본, 대만이다. 캄보디아, 인도네시아, 미얀마, 필리핀, 베트남이 상대적으로 저렴한 노동력과 외국인 신부의 공급원으로 떠오르고 있고, 동시에 한국, 일본, 대만은 외국인 결혼 이주 여성의 극적인 증가를 경험하고 있는 것이다. 이런 점에서 한국, 대만, 일본은 결혼 이주 여성에 관한 연구에서 상호 중요한 비교의 대상이라고 할 수 있다. 한국, 대만, 일본은 모두 국제결혼을 낮은 출산율과 인구 유출로 인구 감소를 겪고 있는 지역사회의 문제를 해결할 대안으로 간주한다. 심각한 인구 감소를 겪고 있는 한국과 일본의 지방 정부들은 해외에서 신부를 찾는 데 적극적이다. 이렇게 해서 유입되는 결혼 이주 여성은 중국, 인도네시아, 필리핀, 타이, 베트남 출신이 다수를 차지한다.

한국, 대만, 일본 가운데 결혼 이주 여성의 유입이 가장 먼저 시작된 국가는 일본이다. 선진 세계에서 출생률이 가장 낮은 국가의 하나인 일본은 경제를 지탱하기 위해 이른 시기부터 노동력을 공식 · 비공식적으로 수입할 수밖에 없었다. 이와 같이 일본에서 일을 하기 위해 유입된 많은 이주자들이 정착을 하는 과정에서 국제결혼이 이루어졌고, 이것이 그동안 일본에서 국제결혼이 성립되는 주요한 통로였다. 따라서 초기 일본에서 행해진 결혼 이주 여성의 유입은 노동 이주자의 일본 정착의 한 형태였다고 할 수 있다. 결혼 이주 여성의 유입 그 자체는 그렇게 빠르게 증가하지 않았다. 그러나 최근에는 일본 역시 국제결혼의 건수가 드라마틱하게 증가하고 있다. 2000년 전체 혼인 건수의 4.5%가 일본인이 아닌 외국인과의 결혼이었다. 이는 절대적인 수치에서 지난 20년 동안 국제결혼이 5배 이상 증가한 것이다. 그러나 이 수치조차 과소평가된 것일 수도 있다. 그 까닭은 이중 국적을 가진 사람들이나 해외에서 외국인과 결혼한 일본인, 사실혼 관계에 있는 사람들이 적지 않기 때문이다. 따라서 이 통계에는 적어도 이미 배우자 비자를 가지고 입국한 외국인들은 포함되어야 한다. 2000년 한 해에만 33,167명의 외국인이 일본인의 배우자 비자 또는 자녀 비자를 가지고 일본에 입국하였다(Burgess, 2004).

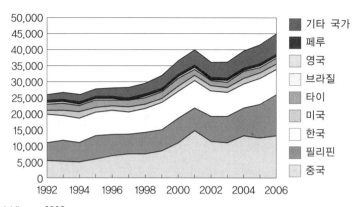

자료 : Ishikawa, 2008.

그림 2. 일본의 국제결혼 추이와 외국인 배우자의 국적

　일본으로 유입되는 결혼 이주 여성의 국적 분포는 한국이나 대만과는 다소 다른 양상을 보인다. 〈그림 2〉에서 볼 수 있듯이 일본에서도 중국인 결혼 이주 여성이 외국인 배우자의 최대 집단 중 하나이기는 하다. 그 다음으로는 필리핀 이주 여성과 한국인 이주 여성이 많다. 그러나 베트남은 일본인의 국제결혼에서 여성 배우자의 주요 공급원이 아니다. 한국에서도 국제결혼이 증가하던 초기에는 필리핀 이주 여성이 두 번째로 큰 비중을 차지했지만 2003년 이후로는 필리핀으로부터의 유입이 정체 상태에 있다. 대신 2003년 이후 베트남으로부터의 유입이 크게 늘어났다. 그러나 일본은 여전히 필리핀 결혼 이주 여성의 비율이 높다. 한국과 일본의 이러한 차이는 양국의 이주민 혹은 초국적 이주 공동체의 형성과 관련이 있을 것으로 생각된다. 이주민들은 이주 사회 내에 종종 출신 모국을 배경으로 한 이주민 민족 공동체를 형성한다. 그리고 이러한 이주민 민족 공동체는 새로운 동족 이주자를 끌어당기는 힘으로 작용한다. 이주자들은 이주민 공동체의 연결망을 통해 주류 사회 구성원과의 교류뿐만 아니라 그들의 본국에 있는 가족, 친척, 동료 등과도 교류를 한다(Beck-Gernsheim, 2007). 그러나 아직

일본의 국제결혼 비율은 한국이나 대만에 비해 낮은 수준이다.

　지금까지 동아시아 국가 중 국제결혼 비율이 가장 높은 국가는 대만이다. 〈그림 3〉에서 볼 수 있듯이 대만은 동아시아에서 국제결혼 이주의 선두이며, 그 뒤를 한국과 일본이 뒤따른다. 대만의 시골 출신 남성들이 타이와 필리핀에서 온 신부들과 결혼하는 현상은 이미 1980년대 초반부터 시작되었다. 처음에는 동남아시아의 여성들이 관광 비자로 입국하는 방식이었으나 1980년대 말부터는 대만인 남성들이 현지를 직접 방문하는 방식으로 이루어졌다. 1990년대 초반 이후에는 인도네시아가 대만의 외국인 신부의 주요 공급국이었으나 한국처럼 베트남으로 그 중심이 이동하였다 (Hsia, 2006). 중국 본토에서 유입된 경우를 포함한 것이기는 하나, 대만은 2003년 국제결혼 비율이 31.9%로 최고조에 달하였다. 2003년에 결혼한 대만인 배우자의 거의 3분의 1이 외국인인 셈이다. 대만의 외국인 신부의 가장 주요한 공급원은 인종적·언어적 연계가 명백한 중국 본토이지만 인종적·언어적 배경이 다른 동남아시아에서의 유입도 적지 않다. 대만이 한

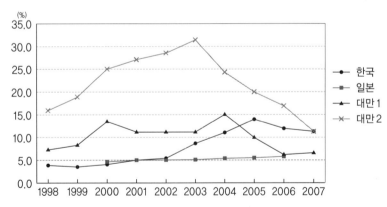

자료 : Kojima, 2008.
참고 : 대만2는 대만1에서 본토 중국 출신을 제외한 수치임.

그림 3. 한국, 대만, 일본의 국제결혼 비율

국이나 일본과 다른 점은 처음에는 인도네시아가 주요 송출국이었다가 현재는 베트남에서 유입되는 결혼 이주 여성의 비율이 탁월하게 높다는 것이다. 물론 한국도 베트남 이주 여성의 비율이 크게 높아졌지만, 최근 대만으로 결혼 이주하는 동남아시아의 여성 가운데 절대다수가 베트남 여성들이다(Tsay, 2004). 1997년부터 2003년까지 대만의 결혼 이주 여성의 누적치를 보면 총 240,837명 중 중국 본토 여성이 57.8%, 동남아시아 출신 여성이 42.2%인데, 동남아시아 여성 중에서는 베트남 출신이 57.5%, 인도네시아 출신이 23.2%이다(Hsia, 2006, 2007). 그러나 〈그림 2〉에서 보는 바와 같이 대만의 국제결혼 비율은 2004년 이후 급격히 낮아지는 추세이다. 현재는 한국과 비슷하거나 오히려 한국보다 낮은 수준이다. 한국의 국제결혼 비율 역시 2006년 이후 다소 낮아지는 추세지만 그 낮아진 정도가 대만만큼 가파르지는 않다.

이러한 대만의 국제결혼 추세는 대만의 경제 정책과 밀접히 관련되어 있다. 대만에서는 국제결혼이 이미 1990년대 중반부터 급격히 증가하였다. 1994년 대만 정부는 본토 중국으로 유출되는 자본을 상쇄하기 위해 동남아시아에 대한 투자를 장려하는 '턴 사우스(Turn South)' 정책을 추진하였다. 이것은 또한 대만 남성과 동남아시아 여성들의 결혼을 촉진하는 출발점이기도 하였다. 따라서 1999년 2만 건이던 외국인 신부와의 결혼이 2000년에는 41,000건, 2001년에는 6만 건으로 급증하였다. 결과적으로 2003년 대만의 결혼 이주 여성의 수는 약 287,500명에 이르렀다. 대만의 베트남에 대한 대규모 자본 투자는 1990년대 초반부터 시작되었다. 그러한 대규모 투자는 불가피하게 투자국에 사회적 영향을 미치게 되었다. 베트남 여성들과의 국제결혼 증가도 그 영향의 하나라고 할 수 있다(Wang and Chang, 2002). 2003년을 정점으로 대만의 국제결혼이 줄어든 것은 경제적 상황이 변화하였기 때문이다. 최근 대만 정부는 더욱 엄격한 이민 인터뷰 시스템을 적용하고 있으며, 이는 국제결혼의 감소를 가져왔다. 이에 덧붙여서 최근 대만의 허약해진 경제와 잠재적인 외국인 신부 공급 국가들의 경제 성장이 대만으로의 결혼 이주에 대한 매력을 낮추었기 때문이다.

4. 결혼 이주 여성의 지리적 분포 특성

지금까지 양적 규모와 출신 국가를 중심으로 외국인 결혼 이주 여성의 한국으로의 유입 양상과 그 추이를 살펴보고, 이를 일본과 대만에 비교해 보았다. 이들 외국인 결혼 이주 여성의 유입에 따른 일차적인 지리적 문제는 새로운 민족 공간이 어떻게 구성되는가이다. 이는 외국인 결혼 이주 여성에 의해 종전의 단일 민족 공간에 새로운 민족성이 부여되기 때문이다. 이러한 신민족성의 부여는 중국, 일본, 필리핀, 베트남 등 출신 국적에 따라 다양한 패턴으로 나타날 수 있다. 따라서 이들이 어디에 정착하는지는 이들이 어디에서 오는지의 문제 이상으로 중요하다.

현재 한국에서 전체 혼인 건수 중 외국인 여성과의 국제결혼 비율이 가장 높은 지역은 전형적인 농촌이 분포하는 전남, 전북, 충북, 충남 등이다. 〈그림 4〉를 보면 농촌 지역의 국제결혼 비율은 총 혼인 건수의 17~18%로 도시 지역 8~9%의 거의 두 배에 이른다. 이는 농업 부문에 종사하는 많은 한국 남성들이 적절한 한국인 배우자를 만나지 못함으로써 외국에서 배우자를 찾기 때문이다. 〈표 3〉을 보면 한국인 남성과 외국인 여성의 국제결혼에서 농림 어업에 종사하는 남성의 비율은 약 9~12%이지만, 농림 어업 종사자(남)의 총 혼인 건수 중 외국인 여성과의 국제결혼 비율은 무려 38~42%가 된다. 농림 어업에 종사하는 한국인 남성의 결혼 2~3건 중 1건

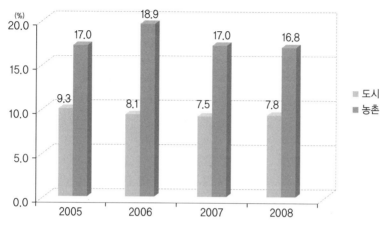

자료 : 통계청(http://www.kostat.go.kr).

그림 4. 국제결혼 비율의 도시 · 농촌 간 비교

이 외국인 여성과의 국제결혼인 셈이다. 이처럼 매우 높은 비율은 결혼 이주 여성과 관련된 사회적 문제가 왜 농촌 문제로 인식되는가를 보여주는 것이기도 하다.

그러나 결혼 이주 여성과 관련된 이러한 인식은 결혼 이주 여성의 실질적 분포에 대한 오해를 가져올 수 있다. 한국에서 외국인 결혼 이주 여성이 실제로 가장 많이 정착해 살고 있는 곳은 전남, 전북, 충북, 충남의 농촌 지역이 아닌 가장 도시화된 서울과 경기도이기 때문이다. 현재 한국에 유입

표 3. 외국인 여성과 농림 어업 종사자(남)의 혼인 비율

연도	농림 어업 종사자의 총 혼인 건수(A)	외국인 여성과의 한국인 남성의 총 혼인 건수(B)	외국인 여성과 농림 어업 종사자의 혼인 건수(C)	구성비 (C/A)	구성비 (C/B)
2005	7,578	30,719	2,883	38.0	9.4
2006	8,292	29,665	3,525	42.5	11.9
2007	7,669	28,580	3,171	41.3	11.1
2008	6,459	28,163	24,723	38.3	8.8

자료 : 통계청 보도자료, 2008년 혼인통계결과.

표 4. 지역별 한국인 남성과 외국인 여성의 혼인 비율과 이주 여성의 거주지 비율 (단위 : %)

	2005년		2006년		2007년		2008년	
	혼인 비율	거주 비율	혼인 비율	거주 비율	혼인 비율	거주 비율	혼인 비율	거주 비율
서울	10.7	25.1	8.3	21.1	7.9	21.3	7.7	19.9
부산	7.4	4.6	7.3	5.0	6.7	5.1	7.6	5.5
대구	7.7	3.3	7.7	3.7	6.3	3.3	6.7	3.3
인천	12.2	6.6	9.1	5.4	8.4	5.4	9.0	5.9
광주	6.4	1.6	7.6	2.2	6.7	2.1	7.7	2.3
대전	8.6	2.6	7.2	2.3	6.6	2.3	7.9	2.7
울산	8.1	1.8	8.3	2.1	8.0	2.2	7.3	2.1
경기	10.1	24.2	8.4	22.2	7.9	22.8	8.3	23.2
강원	9.1	2.5	9.1	2.7	9.0	2.9	9.5	2.9
충북	11.0	3.0	10.3	3.3	9.4	3.3	10.3	5.5
충남	11.4	4.5	11.0	5.0	10.7	5.2	1.4	5.5
전북	13.6	4.6	12.9	4.6	12.1	4.7	13.4	5.0
전남	13.3	4.4	15.1	5.4	13.9	5.4	13.8	5.2
경북	10.2	4.9	1.7	6.4	10.3	6.1	9.7	5.5
경남	8.8	5.4	10.8	7.7	9.3	7.1	8.5	6.2
제주	6.8	0.8	7.7	0.9	8.3	1.0	10.4	1.3

자료 : 통계청(http://www.kostat.go.kr).

된 결혼 이주 여성 2명 중 1명은 서울과 경기도에 거주하여, 흔히 말하는
한국의 인구 분포 패턴과 비슷한 수도권 집중도를 보이고 있다(〈표 4〉 참
조). 그럼에도 불구하고 이들 지역에서 결혼 이주 여성이 많지 않게 인식되
는 것은 인구 과소 지역인 농촌 지역에 비해 상대적으로 눈에 잘 띄지 않기
때문이다. 따라서 이들 지역에서는 결혼 이주 여성과 관련된 사회적 이슈
가 상대적으로 잘 드러나지 않을 수 있다.

결혼 이주 여성의 거주 지역을 구체적으로 살펴보면, 대도시 중에서는
2008년 현재 서울이 19.9%로 가장 많고 인천, 부산, 대구, 대전, 광주의 순

표 5. 결혼 이주 여성의 국적별 거주 지역 분포(2008년)

(단위 : %)

	일본	중국	미국	필리핀	베트남	타이	몽골	캄보디아	우즈베키스탄	기타
서울	33.9	22.5	52.2	13.1	13.9	26.0	17.5	7.9	16.3	32.1
부산	7.5	4.9	3.0	5.0	6.6	2.5	3.6	5.5	5.3	7.8
대구	2.6	3.3	1.7	1.6	3.7	5.1	1.5	2.3	6.3	3.0
인천	4.7	7.1	3.7	4.8	4.2	10.8	5.6	2.6	6.3	6.2
광주	1.8	2.2	1.0	3.1	2.3	2.5	3.8	3.6	2.8	1.4
대전	1.6	2.3	2.4	2.7	3.6	1.3	1.2	2.9	2.4	2.6
울산	1.4	1.8	0.7	2.2	2.8	1.0	1.9	3.2	1.2	0.8
경기	21.8	27.0	25.6	18.3	18.1	26.5	27.6	14.3	24.0	27.0
강원	2.5	2.4	2.0	5.0	3.0	4.3	2.9	8.3	3.5	1.4
충북	2.3	3.2	1.3	4.2	4.3	2.7	6.1	2.4	2.8	2.2
충남	3.0	4.6	1.7	8.7	6.9	4.6	3.8	6.8	4.1	2.9
전북	3.0	4.9	2.0	7.5	5.1	3.2	2.9	9.0	5.5	2.5
전남	3.9	4.1	0.3	8.0	6.6	3.0	6.3	10.5	6.3	2.2
경북	2.7	4.3	0.7	5.4	8.1	3.3	5.0	9.1	6.1	2.5
경남	5.9	4.5	1.7	6.7	9.2	2.5	9.0	8.6	5.9	4.4
제주	1.5	0.8	0.0	3.9	1.5	0.6	1.2	3.0	1.2	1.0

자료 : 통계청(http://www.kostat.go.kr).

이다. 수도권인 인천을 제외하면 도시의 인구 규모와 같은 분포 패턴을 보인다. 그 밖의 지역에서는 경기도 거주 비율이 23.2%로 가장 많고 강원도와 제주도를 제외하면 나머지 지역은 5~6% 사이의 비슷한 비중을 갖는다. 서울과 경기도를 제외한 나머지 지역에서 결혼 이주 여성이 가장 많이 거주하는 곳은 경남으로 6.2%이며, 그 다음은 인천, 부산·충북·충남·경북, 전남, 전북의 순이다. 각 지역의 총 인구 규모와 비교하면 상대적으로 충북, 충남, 전북, 전남이 결혼 이주 여성의 거주 비율이 높다.

그러나 이것은 전체적인 분포 패턴이고, 결혼 이주 여성의 거주 지역은 국적에 따라 다소 다른 양상을 보인다. 일본이나 미국과 같이 선진국에서 이주한 여성들은 서울의 집중도가 매우 높다. 미국 출신의 결혼 이주 여성은 전체의 52.2%가 서울에 거주할 정도이다. 일본 출신의 결혼 이주 여성 역시 서울 거주 비율이 33.9%이지만, 미국 출신과 다른 점은 부산과 경남 거주 비율이 비교적 높다는 것이다. 이는 부산과 경남이 지리적으로 일본과 가까운 점이 작용한 결과로 생각된다. 일본과 미국 다음으로 수도권 집중도가 높은 이주 여성의 국적은 타이와 중국이다. 타이 출신의 결혼 이주 여성은 서울, 인천, 경기 거주 비율이 63.3%로 이들 지역만 놓고 보면 일본인 이주 여성보다 더 높은 수도권 집중도를 보인다. 타이 출신 이주 여성은 대구에도 상당수 거주하여 전체적으로 다른 동남아시아 출신 결혼 이주 여성에 비해 대도시 정착 비율이 높다. 중국 출신의 결혼 이주 여성 역시 수도권의 집중도가 높은데, 전체 결혼 이주 여성의 56.6%가 수도권에 거주한다. 비율로는 미국, 일본, 타이에 비해 낮지만 이주 규모는 다른 국가 출신에 비해 수십 배에 이르기 때문에 실제로 수도권에 거주하는 결혼 이주 여성의 절대다수가 중국 출신이라고 해도 과언이 아니다. 그러나 중국 출신 결혼 이주 여성들은 외모적으로 구분이 되지 않기 때문에 잘 드러나지 않는다고 할 수 있다. 특히 이들 중 중국 교포(조선족)가 많다는 점에서 더욱 그러할 수 있다.

미국, 일본, 중국, 타이 출신의 결혼 이주 여성에 비해 다른 국적의 이주 여성들은 상대적으로 전국적인 분포 패턴을 보인다. 즉 타이를 제외한 다른 동남아시아 국가 출신의 이주 여성은 전국적으로 확산된 분포 양상이다. 물론 이들 국가 출신의 이주 여성도 수도권 정착 비율이 높지만, 이들의 수도권 거주 비율은 캄보디아 출신 24.8%, 필리핀 출신 36.2% 정도이다. 대신 강원도를 비롯해 부산, 충북, 충남, 전북, 전남 등의 거주 비율이 높다. 특히 캄보디아 출신의 결혼 이주 여성은 서울보다도 전남, 전북, 경

북, 경남, 강원도의 거주 비율이 더 높아 다른 국적의 결혼 이주 여성들과 상당히 다른 분포 패턴을 보인다. 몽골과 우즈베키스탄 출신의 이주 여성은 일본, 중국, 미국, 타이 출신에 비해 분산된 형태이면서도 동남아시아 출신과 다소 다른 양상을 보이는데, 몽골 출신은 충남, 전북의 거주 비율이 낮고, 우즈베키스탄 출신은 전남·전북, 경남·경북의 비율이 높으면서도 서울 이외에 부산, 대구, 인천 등 4대 대도시의 거주 비율이 높은 특징을 나타낸다.

이상은 시·도 단위로 국적별 결혼 이주 여성의 정착지를 살펴본 것이다. 그러나 시·도는 면적이 넓고 성격을 달리하는 시·군들로 구성되어 있기 때문에 결혼 이주 여성의 지리적 분포 특성을 파악하기 위해서는 더욱더 세밀한 고찰이 필요하다. 이를 위해 〈그림 5〉는 이주 규모가 큰 출신 국가(중국, 베트남, 필리핀, 일본) 결혼 이주 여성의 시·군 단위 거주 비율을 지도화한 것이다. 〈그림 5a〉를 보면 한국으로 유입된 결혼 이주 여성들이 수도권, 특히 서울과 서울에 인접한 수도권에 밀집되어 있음을 확연히 알 수 있다.

이러한 지리적 패턴은 중국 교포 이주 여성의 분포에서 가장 전형적으로 나타난다. 중국 교포 여성은 수도권에서도 서울에 더 인접한 지역에 많이 분포하고 있다. 이와 같이 전체 결혼 이주 여성의 분포와 중국 교포 이주 여성의 분포가 거의 일치하는 것은 전체 결혼 이주 여성에서 중국 교포 여성이 차지하는 비중이 매우 크기 때문에 나타난 결과라고 볼 수 있다. 중국인 결혼 이주 여성도 거주 지역의 지리적 집중에서 중국 교포 이주 여성과 큰 차이가 없다. 다만 다른 점은 중국 교포에 비해 서울 거주 비율이 낮아 마치 중국 교포 이주 여성의 분포 패턴에서 서울을 제외한 듯한 모습을 보인다는 점과 다소 확산되어 부산과 인접한 양산, 김해 등에도 집중되어 있는 정도이다. 또 광주와 대전 일부 지역에도 집중된 양상을 보이고 있다.

중국 교포와 중국인 결혼 이주 여성에 비교하면 베트남 출신 이주 여성의 집중 지역은 좀 더 다른 양상을 보인다. 이들은 수도권의 남부 지역과 울산과 그 주변 지역, 경남의 김해 · 창원 · 진주, 경북의 포항 · 칠곡 · 군위 등지에 많이 분포한다. 이는 수도권 남부와 경남 · 경북이 베트남 출신 결혼 이주 여성에 의한 신민족 공간 형성의 중요 지점이 되고 있음을 보여준다. 필리핀이나 일본인 결혼 이주 여성의 거주 지역 분포는 중국 교포나 중국인, 베트남 출신 이주 여성에 비해 더 분산되어 있다. 특히 필리핀 출신 이주 여성은 다른 국적 여성에 비해 다양한 지역 분포를 나타낸다. 그러나 이들 역시 전체적으로는 도시 지역, 특히 대도시권에 집중하는 경향을 보인다.

이를 정리하면 중국 교포 이주 여성들은 서울과 서울 인접 수도권, 중국인 이주 여성들은 서울 인접 수도권, 베트남 출신 이주 여성들은 수도권 남부와 남동 연안 공업 지대에 집중되어 있으며, 필리핀 출신과 일본인 이주

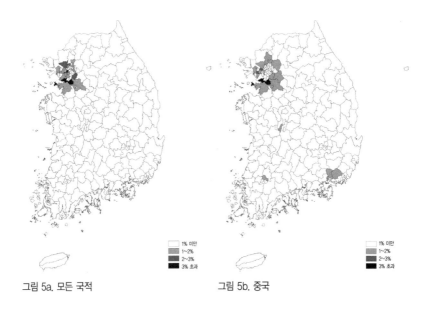

	1% 미만
	1~2%
	2~3%
	3% 초과

그림 5a. 모든 국적   그림 5b. 중국

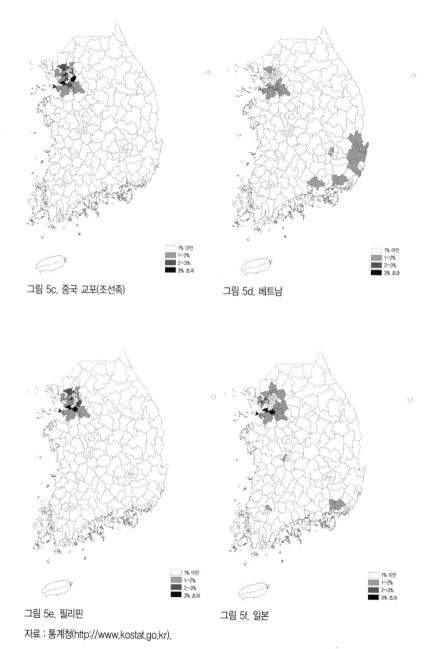

그림 5c. 중국 교포(조선족)

그림 5d. 베트남

그림 5e. 필리핀

그림 5f. 일본

자료 : 통계청(http://www.kostat.go.kr).

그림 5. 결혼 이주 여성의 주요 거주 지역 분포

여성들은 이들에 비해 상대적으로 분산된 형태를 나타낸다. 그러나 특정 지역의 집중 여부를 떠나 전체적으로 결혼 이주 여성의 거주 지역은 도시 지역이 되고 있다. 정책적 관심이나 학문적 연구가 상당 부분 농촌 지역의 결혼 이주 여성에 주어지고 있지만, 이들이 실제로 거주하는 지역은 대부분 농촌이 아니라 도시인 것이다.

〈표 6〉은 결혼 이주 여성의 국적별 도시 · 농촌 거주 비율을 나타낸다. 전체 결혼 이주 여성의 80% 이상이 도시에 거주하며, 농촌에 정착한 비율은 20%에도 미치지 못한다. 미국과 일본은 그렇다고 하더라도 중국, 타이, 우즈베키스탄 국적 결혼 이주 여성의 도시 거주 비율도 80%를 훨씬 넘고, 몽골 출신 이주 여성도 80.2%에 이른다. 흔히 베트남 신부 하면 농촌 총각과 국제결혼하여 농촌에 사는 것으로 으레 생각하지만, 이런 일반적인 생각과 달리 베트남 결혼 이주 여성의 절대 수치는 농촌보다 도시 지역, 그것도 산업 도시에 훨씬 많다. 한국으로 이주한 외국인 결혼 이주 여성 가운데

표 6. 결혼 이주 여성의 국적별 도시 · 농촌 거주 비율(2008년) (단위 : %)

	도시 지역	농촌 지역
중국	86.2	13.8
일본	86.8	13.2
필리핀	76.3	23.7
베트남	74.0	26.0
타이	86.8	13.2
몽골	80.2	19.8
캄보디아	64.3	35.7
우즈베키스탄	87.0	13.0
미국	95.3	4.7
기타	91.7	8.3
전체	81.6	18.4

자료 : 통계청(http://www.kostat.go.kr).

농촌 지역의 거주 비율이 가장 높은 캄보디아 이주 여성조차 64.3%가 도시에 거주하고 있다. 이러한 사실은 결혼 이주 여성의 한국인 배우자의 절반 이상이 비농업 부문에 종사하고 있다는 것과 더불어 이들의 한국에서의 실제 삶이 우리의 관념과는 다를 수 있다는 것을 말해 준다. 특히 중국 국적 결혼 이주 여성의 배우자가 농업에 종사하는 비율은 4.8%밖에 되지 않는다(〈표 7〉 참조). 이는 이들이 왜 수도권에 집중해 있으며 도시에 주로 거주하는지를 말해 준다. 동남아시아 출신 결혼 이주 여성의 배우자가 농업에 종사하는 비율이 다소 높기는 하지만, 이들 역시 10~20% 내외에 불과하다.

5. 요약 및 결론

국제결혼은 세계 여러 지역에서 오래전부터 있어 왔다. 그러나 오늘날 국제결혼 이주는 그 어느 때보다 증가하는 추세이며, 한국에서도 1990년

표 7. 외국인 여성과 결혼한 한국인 남성의 직업(2004~2005년)

(단위 : %)

	사무직	서비스업	농업	숙련 노동자	미숙련 노동자	미취업	기타
중국	23.2	28.8	4.8	16.7	5.8	5.1	9.1
몽골	23.0	25.0	9.5	19.1	6.4	2.6	11.3
필리핀	19.2	20.0	20.0	16.9	5.7	4.0	10.9
타이	21.8	21.4	11.7	20.9	5.7	3.2	12.9
베트남	18.8	20.5	24.6	16.9	6.7	2.7	7.6
캄보디아	27.6	17.8	17.7	16.2	6.0	2.3	11.6
우즈베키스탄	26.2	24.9	9.4	13.3	3.3	2.2	15.4
러시아	26.3	32.2	2.8	11.5	4.1	5.7	13.9

자료 : 통계청(http://www.kostat.go.kr).

대 중반부터 외국인 결혼 이주 여성의 유입이 극적으로 증가하고 있다. 이에 따라 국내외적으로 결혼 이주 여성에 관한 정책적·학문적 관심이 높아지고 있다. 국제결혼 이주에 관한 연구 또한 이주에 대한 가장 전통적인 이론의 하나인 배출-흡인 모형에서부터 최근 젠더와 여성주의 접근에 이르기까지 다양한 관점에서 접근이 시도되고 있다. 이러한 이론들은 행위자적 측면 또는 구조적 측면에서 국제결혼 이주에 대해 거시적 혹은 중범위적, 미시적 차원의 의미 있는 설명을 한다. 그러나 어떤 이론도 여러 가지 요인들이 복합적으로 작용하는 국제결혼 이주의 모든 측면을 설명하는 데 한계가 있다. 이 연구는 국제결혼 이주와 관련된 이러한 이론들의 적실성을 실증적·경험적으로 평가하기에 앞서, 한국에서 결혼 이주 여성의 문제가 이른바 '다문화' 현상으로 사회적 이슈가 되는 상황을 배경으로 결혼 이주 여성의 유입 양상과 추이, 지리적 분포 특성을 파악하기 위한 일차적 실태 분석 차원으로 이루어졌다.

최근 국제 이주의 경로에서 한국의 가장 큰 변화는 과거 이주자 송출국에서 수용국으로 그 지위가 바뀌었다는 점이다. 물론 한국은 경우에 따라 여전히 이주자를 송출하는 이중적 역할을 한다. 이러한 변화는 대체로 1990년대 초반부터 시작되었다고 할 수 있으며, 외국인 결혼 이주 여성의 유입은 이주 노동자의 유입과 전반적으로 그 궤를 같이한다. 결혼 이주 여성의 경우 처음에는 중국 교포 여성들의 농촌 유입으로 시작되었지만 곧 동남아시아 이주 여성의 유입으로 확대되었다. 국적별로 보았을 때 현재는 중국과 베트남 출신이 결혼 이주 여성의 양대 축을 형성한다. 이주 규모는 매년 혼인 건수를 통해 알 수 있는데, 전체 혼인 건수의 약 10%가 외국인 여성과 한국인 남성 간에 이루어지고 있으며 지역에 따라 다소 차이가 있지만 농촌 지역의 경우에는 약 20~30%에 이른다. 2000년대 이후 추이를 보면, 2006년 최고치를 기록한 이후 다소 그 유입이 줄어드는 추세이나

IMF 경제 위기 이후의 급속한 감소세에 비하면 그리 큰 편은 아니며 비교적 안정적이라고 할 수 있다.

외국인 결혼 이주 여성의 유입은 동아시아에서 한국뿐만 아니라 대만과 일본도 비슷한 경험을 하고 있다. 외국인 결혼 이주 여성의 유입은 일본이 대만이나 한국에 비해 일찍 시작되었으나 그 증가세는 두 나라에 비해 완만하다. 또한 일본은 초기에는 노동 이주 형식으로 유입된 외국인들이 일본에 정착하는 과정에서 일본인과 국제결혼을 한 것으로, 초기부터 외국인 신부 중심으로 유입된 한국이나 대만과는 그 전개 과정이 다소 다르다. 물론 일본도 처음부터 외국인 신부로 유입되는 결혼 이주 여성이 과거에 비해 크게 늘고 있다. 그러나 외국인 여성과의 국제 결혼 비율은 한국과 대만에 비해 여전히 낮은 수준이다. 일본은 결혼 이주 여성의 국적 면에서도 한국이나 대만과 달리 중국 외에 필리핀과 한국 출신 이주 여성의 비중이 크다. 현재 일본은 국제결혼 비율이 완만하지만 지속적으로 상승하는 추세를 유지하고 있다.

대만의 결혼 이주 여성의 유입은 일본에 비해 여러 모로 한국과 유사하지만 몇 가지 차이점이 있다. 한국보다 먼저 외국인 결혼 이주 여성이 본격적으로 유입된 대만 역시 중국 본토 중심으로 시작되어 동남아시아 출신 이주 여성으로 확대되었으며, 현재 베트남 출신 이주 여성이 높은 비중을 차지한다. 이는 한국도 마찬가지이지만, 대만에서는 한때 인도네시아 출신 이주 여성의 비율이 매우 높았다. 결혼 이주의 주요 대상이 한국은 중국 교포 → 중국 → 베트남이라면, 대만은 인도네시아 → 중국 본토 → 베트남이라고 할 수 있다. 또한 한국은 외국인 여성과의 국제결혼 비율이 10%를 넘는 수준이지만, 대만은 한때 그 비율이 30%를 훨씬 상회할 정도로 높았다. 따라서 대만도 한국 이상으로 외국인 결혼 이주 여성이 사회적 이슈였으나 2003년을 정점으로 그 비율이 급격히 낮아지는 양상이다. 현재는 한국과 대만이 큰 차이가 없으며 중국 본토에서 유입되는 결혼 이주 여성을 제외하면 한국, 일본, 대만 가운데 한국이 실질적으로 외국인 결혼 이주 여성이 가장 많이 유입되는 국가이다.

'아래로부터의 지구화'의 관점에서 보면 결혼 이주 여성의 이주 후 정착 지역은 지구화가 전개되는 최전선(forefront)이라고 할 수 있다. 흔히 농촌 총각과 외국인 결혼 이주 여성을 연상하면서 이 최전선이 농촌 지역이라고 생각할 수 있지만, 실제로 결혼 이주 여성의 대다수는 도시 지역에 거주한다. 한국의 결혼 이주 여성의 현재 거주지는 80% 이상이 도시 지역이다. 이들의 배우자가 농업에 종사하는 경우도 국적에 따라 다소 차이는 있지만 평균적으로 10% 남짓에 불과하다. 전체 혼인 건수에서 차지하는 농촌 지역의 국제결혼 비율이 높은 것은 사실이지만, 실제 대다수의 이주 여성은 도시 지역, 특히 대도시 지역에 거주한다. 현재 한국에서 결혼 이주 여성의 최대 밀집 지역은 서울을 포함한 수도권이다. 국적에 따라 약간 차이가 있으나 이들이 수도권 이외에 주로 거주하는 지역 역시 산업화된 도시 지역이다. 이러한 점에서 상대적으로 비율이 높아 드러나기 쉬운 농촌 지역의 결혼 이주 여성 못지않게 도시 지역의 결혼 이주 여성에 대한 연구에도 천착할 필요가 있다.

이 연구에서는 실태 분석에 중점을 둔 만큼 국제결혼 이주와 관련된 이론들을 적용한 깊이 있는 분석이 이루어지지 못하였다. 향후에는 한국의 결혼 이주 여성에 관한 이러한 이론들의 적합성과 유용성을 고찰하고 실증적으로 적용·분석하는 연구가 필요하다. 이러한 연구에서 한 가지 유의할 점은 결혼 이주 여성의 문제를 지리적으로는 어떻게 이해할 것인가이다. 예컨대 사회문화적 통합의 정도나 다민족성의 증대, 노동의 분업 등의 문제는 결혼 이주 여성이 어디에 정착하느냐와 관련되어 있음에도 불구하고 결혼 이주 여성에 관한 국내 연구들 대다수는 지금까지 그와 같은 국제결혼 이주의 공간적 차원에 대해서는 별로 관심을 기울이지 않았다.

:: 참고 문헌

고숙희, 2008, "한국의 다문화 사회 진행에 따른 접근방안 모색 : 한국인과 외국인 여성결
　　혼이민자의 태도조사를 중심으로", 한국사회와 행정연구 19(1), pp.213-234.
김경미, 2009, "이주의 여성화와 체제전환 이후 동유럽여성의 유럽 내 이주", 한독사회과
　　학논총 19(3), pp.59-84.
김동엽, 2010, "필리핀 국제결혼이주여성의 초국가적 행태에 관한 연구", 동남아시아연
　　구 20(2), pp.31-72.
김두섭, 2006, "한국인 국제결혼의 설명틀과 혼인 및 이혼신고자료의 분석", 한국인구학
　　29(1), pp.25-56.
김용찬, 2006, "국제이주분석과 이주체계접근법의 적용에 관한 연구", 국제지역연구
　　10(2), pp.81-106.
김이선·황정미·이진영, 2007, "다민족·다문화사회로의 이행을 위한 정책 패러다임 구
　　축(Ⅰ) : 한국사회의 수용 현실과 정책과제", 한국여성정책연구원.
김현미·김민정·김정선, 2008, "'안전한 결혼 이주?' : 몽골 여성들의 한국으로의 이주
　　과정과 경험", 한국여성학 24(1), pp.122-155.
박경환, 2009, "광주광역시 초국적 다문화주의의 지리적 기반에 관한 연구", 한국도시지
　　리학회지 12(1), pp.91-108.
양순미, 2006, "농촌 국제결혼부부의 적응 및 생활실태에 대한 비교 분석: 중국, 일본, 필
　　리핀 이주여성 부부 중심", 농촌사회학회지 16(2), pp.151-179.
윤형숙, 2005, "외국인 출신 농촌주부들의 갈등과 적응 : 필리핀 여성을 중심으로", 지방
　　사와 지방문화 8(2), pp.299-339.
이수자, 2004, "이주여성의 디아스포라 : 국제성별분업, 문화혼성성, 타자화와 섹슈얼리
　　티", 한국사회학 38(2), pp.189-219.
이영민·유희연, 2008, "조기유학을 통해 본 교육이민의 초국가적 네트워크와 상징자본
　　화 연구", 한국도시지리학회지 11(2), pp.75-89.
이혜경, 2005, "혼인이주와 혼인이주 가정의 문제와 대응", 한국인구학 28(1), pp.73-
　　106.
이혜경·정기선·유명기·김민정, 2006, "이주의 여성화와 초국가적 가족 : 조선족 사례

를 중심으로", 한국사회학 40(5), pp.258-298.

이희연 · 김원진, 2007, "저개발국가로부터 여성 결혼이주의 정주패턴과 사회적응 과정 : 저개발 국가로부터 여성 결혼이주의 성장과 정주패턴 분석", 한국도시지리학회지 10(2), pp.15-33.

임안나, 2005, "한국 남성과 결혼한 필리핀 여성의 가족관계와 초국가적 연계망", 서울대학교 대학원 인류학과 석사학위 논문.

정현주, 2007, "공간의 덫에 갇힌 그녀들? : 국제결혼이주여성의 이동성에 대한 연구", 한국도시지리학회지 10(2), pp.53-68.

최재헌, 2007, "저개발국가로부터 여성 결혼이주의 정주패턴과 사회적응 과정 : 저개발국가로부터의 여성 결혼이주와 결혼중개업체의 특성", 한국도시지리학회지 10(2), pp.1-14.

한건수, 2006, "농촌 지역 결혼 이민자 여성의 가족생활과 갈등 및 적응", 한국문화인류학 39(1), pp.195-243.

황정미, 2009, "'이주의 여성화' 현상과 한국 내 결혼이주에 대한 이론적 고찰", 페미니즘 연구" 9(2), pp.1-37.

Beck-Gernsheim, E., 2007, "Transnational lives, transnational marriages : a revise of the evidence form migrant communities in Europe", *Global Networks* 7(3), pp.271-288.

Boyle, P., 2002, "Population geography : transnational women on the move", *Progress in Human Geography* 26(4), pp.531-543.

Bulloch, H. and Fabinyi, M., 2009, "Transnational relationships, transforming selves : Filipinas seeking husbands abroad", *The Asia Pacific Journal of Anthropology* 10(2), pp.129-142.

Burgess, C., 2004, "(Re)constructing identities : International marriage migrants as potential agents of social change in a globalising Japan", *Asian Studies Review* 28, pp.223-242.

Castles, S. and Miller, M. J., 2009, *The Age of Migration : international Population Movements in the Modern World* (4th ed.), New York : The Guilford Press.

Charsley, K. and Shaw, A., 2006, "South Asian transnational marriages in comparatives", *Global Network* 6(4), pp.331-344.

Collins, F. L., 2008, "Of kimchi and coffee : globalization, transnationalism and familiarity in culinary consumption", *Social and Cultural Geography* 9(2), pp.151-169.

Crang, P., Dwyer, C. and Jackson, P., 2003, "Transnationalism and the space of commodity culture", *Progress in Human Geography* 27(4), pp.438-456.

Davin, D., 2007, "Marriage Migration in China and East Asia", *Journal of Contemporary China* 16(50), pp.83-95.

DeLaet, D. L., 1999, "Introduction : the invisibility of women in scholarship on international migration", in Kelson G. A. and DeLaet, D. L. (eds.), *Gender and Immigration*, Macmillan : Basingstoke. pp.1-17.

Hsia, H-C., 2006, "Globalization and resistance : the case of empowering 'foreign brides' in Taiwan", *2006 International Symposium on Women : Multi-cultural Society, Life and Adaptation of Female Marital Immigrants in Asia,* pp.39-75.

Hsia, H-C., 2007, "Imaged and images threat to the nation : the media construction of the 'foreign brides phenomenon' as social problems in Taiwan", *Inter-Asia Cultural Studies* 8(1), pp.55-85.

Hugo, G. J., 2003, "Labour migration growth and development in Asia : past trend and future directions", *Paper for ILO Regional Tripartite Meeting on Challenges to Labour Migration Policy and Management in Asia,* Bangkok.

Ishikawa, Y., 2008, "Role of matchmaking agencies for international marriages in contemporary Japan", in Sessions of '*Global Change and Human Mobility*', IGC at Tunis.

Johnston, R. J., Gregory, D., Pratt, G. and Watts, M., (eds.), 2006, *The Dictionary of Human Geography (4th ed.)*, Melden : Blackwell Publishing.

Kearney, M., 1995, "The Local and the global : the anthropology of globalization and transnationalism", *Annal Review of Anthropology* 24(4), pp.547-565.

Kojima, H., 2008, "Family formation of 'foreign brided' in Japan and Taiwan : a comparative analysis of tow types census", presented in the Conference of SARs at the University of Manchester (http://www.ccsr.ac.kr).

Lauser, A., 2008, "Philippine women on the move : marriage across borders", *International Migration* 46(4), pp.85-110.

Lee, H. K., 2008, "International marriage and the state in South Korea : focusing on governmental policy", *Citizenship* 12(1), pp.107-123.

Palriwala, R. and Uberoi, P., 2005, "Marriage and Migration in Asia : Gender Issues", *Indian Journal of Gender Studies* 12(2&3), pp.1-26.

Peters, G. L. and Larkin, R. P., 2005, *Population Geography : Problems, Concepts, and Prospects (8th ed.)*, Dubuque : Kendal/Hunt Publishing Company.

Piper, N., 1997, "Gender, Place & Culture", *A Journal of Feminist Geography* 4(3), pp.321-338.

Portes, A., 1999, "Conclusion : towards a new world : the origin and effects of transnational activities", *Ethnic and Racial Studies* 22(2), pp.463-477.

Portes, A., Guarnizo, L. E. and Landolt, P., 1999, "The study of transnationalism : pitfalls and promise of an emergent research field", *Ethnic and Racial Studies* 22(2), pp.217-237.

Portes, A., 2001, "Introduction : the debates and significance of immigrant transnationalism", *Global Networks* 1(3), pp.181-193.

Sassen, S., 1991, *The Global City : New York, London, Tokyo*, Princeton , New Jersey : Princeton University Press.

Seol, D, H., 2006, "Women marriage immigrants in Korea : immigration process and adaptation", 亞太研究論壇 33, pp.32-59.

Silvey, R., 2006, "Geographies of gender and migration : spatializing social difference", *International Migration Review* 40(1), pp.64-81.

Tsay, C-L., 2004, "Marriage migration of Women China and Southeast Asia to Taiwan", in Jones, G. and Ramdas, K.(eds.), *(Un) tyning the Knot : Ideal and Reality in Asian Marriage*, National University of Singapore Press, Chapter 7.

UN ESCAP, 2009, *Key Trends and Challenges on International Migration and Development in Asia and The Pacific*, Bangkok : UN ESCAP.

Wang, H, Z. and Chang, S, M., 2002, "The commodification of international marriages : cross-border marriage business in Taiwan and Viet Nam", *International Migration* 40(6), pp.93-116.

한국지역지리학회지 제15권 3호(2009년 8월), pp.393-408에 게재된 글을 번역하고 전면 수정한 것임.

제4장

이주 노동자의 유입이 지역 경제에 미치는 영향

최 병 두

1. 서론

오늘날 지구·지방화 과정 속에서 일반 상품뿐만 아니라 이를 생산하기 위한 요소들, 즉 자본과 기술(정보), 노동력의 지구적 이동이 가속화되고 지역적 투입이 확대되고 있다. 물론 이러한 생산 요소들의 국제 이동은 현대 사회에만 한정된 것이 아니라 세계 역사 전반에 걸쳐 발생하였다. 그러나 현대 사회에서 교통 및 정보 통신 기술의 발달과 이에 따른 시공간적 압축에 뒷받침된 생산 요소들의 지리적 이동은 과거와는 비교가 되지 않을 정도로 그 규모와 특성에서 큰 차이를 보인다. 이러한 생산 요소들의 지리적 이동 가운데 흔히 자본의 이동성이 노동의 이동성에 비해 훨씬 더 큰 것으로 간주되지만, 최근에는 노동의 국제 이동이 자본의 지리적 이동에 내재된 한계를 보완하거나 이를 대체하는 방안으로 촉진되고 있는 것으로 추정되기도 한다(Rosewarne, 2001; 제1장 참조).

최근 우리나라에서도 장기 체류 외국인의 수가 급속히 증가하고 있다. 이들 가운데 특히 큰 비중을 차지하는 유형은 취업 비자 또는 연수 비자를 가지고 국내 취업을 목적으로 체류하고 있는 단순 이주 노동자들로, 1990년 2만 명 정도에서 2000년 286,000명, 그리고 2008년 말에는 529,000명으로 급증하였다. 이러한 이주 노동자는 전체 외국인 이주자의 45.6%를 차지하며, 우리나라 총 취업자의 2.3%, 임금 노동자의 3.2%에 해당한다. 이주 노동자의 증가 추세는 앞으로도 상당 기간 계속되어 국내 노동력에서 차지하는 비율도 더 높아지고 국내 산업 및 지역 경제에 미치는 영향도 더욱 커질 것으로 전망된다.

이주 노동자의 국내 유입 증가는 국내 산업의 재구조화 과정에서 상대적으로 저부가가치라고 할 수 있는 노동집약적 업종(이른바 3D 업종)의 노동력 부족에 따른 것이라고 추정된다. 그러나 산업의 재구조화 과정, 특히 노동력 부족에 봉착한 개별 기업이나 지역 경제는 국외로부터 이주 노동자를 유입하는 것 외에도 다른 여러 가지 방법, 예를 들어 탈노동집약적 신규 업종으로의 전환, 생산 공장의 해외 이전, 생산 설비의 자동화와 혁신 등을 선택할 수 있다. 그럼에도 이주 노동자를 고용하는 것은 단순히 국내 노동력의 부족에만 기인하는 것이 아니라, 이들의 저임금에 따른 비용 절감을 주요 목적으로 한 것이라고 추정할 수 있다.

이 같은 이주 노동자의 유입은 개별 기업의 이윤 획득과 지역 경제의 성장에 상당한 기여를 하는 것처럼 보인다. 그러나 기업들이 당면한 문제를 해결하기 위하여 다른 대안적 방법을 강구하기보다 상대적으로 용이한 이주 노동자의 고용을 선택하는 것은 단기적 이해관계의 실현을 우선하였기 때문이라고 할 수 있다. 장기적으로 보면 이러한 기업들은 저렴한 이주 노동자를 고용함으로써 생산 설비의 자동화 및 기술 혁신에 대한 투자를 감소시키고, 결과적으로 지역 산업 구조의 고도화 지연과 생산성의 저하를 초래하는 한편, 기존 노동력의 대체로 인한 실업 증대나 협상력 저하에 따른 노동 조건의 악화(저임금 및 노동 강도의 증대) 등을 유발할 수도 있다. 이러한 점에서 이주 노동자의 유입이 지역 경제에 미치는 영향을 더욱더 면밀히 고찰할 필요가 있다고 하겠다.

이주 노동자가 지역 경제에 미치는 영향에 관한 연구는 물론 여러 가지 어려움을 안고 있다. 첫째, 이들이 지역 경제에 미치는 영향은 지역 경제의 조건과 이주 노동자의 특성에 따라 다르다. 예를 들어 지역 경제가 호황기인가 불경기인가, 어떤 업종이 주를 이루고 있는가, 지역 노동 시장은 어떤 직종으로 구성되어 있는가 등에 따라 이주 노동자들이 미치는 영향은 다를 것이다. 둘째, 이주 노동자는 이중적 영향, 즉 긍정적이면서 동시에 부정적인 영향을 미치고 있다. 특히 이들은 지역 경제의 다양한 측면에서 영향을 미치기 때문에 한 측면에서 긍정적일지라도 다른 측면에서 부정적인 영향을 미치기도 한다. 셋째, 이주 노동자와 지역 경제의 변화 간 인과적 관계를 증명할 수 있는 경험적 자료가 충분하지 않다. 정교한 수학적 모형들이 자료의 부족을 보완해 줄 수 있을지 모르지만, 어떤 수학적 모형으로 영향을 측정한다고 해서 그 관계가 증명되는 것은 아니다.

이러한 점들을 고려하여 이 장에서는 급증하고 있는 이주 노동자의 국내 유입이 지역 경제에 미치는 영향을 경험적 자료와 기존의 연구들에 기초하여 추론하고자 한다. 이를 위해 먼저 노동력의 국제 이주를 촉진하고 있는 지구·지방적 배경에 관한 이론적 연구 및 이주 노동력이 지역 경제에 미치는 영향에 관한 기존의 경험적 연구들을 고찰하고자 한다. 그리고 우리나라 이주 노동자의 유입 추세와 관련 정책, 이들의 업종별 및 지리적 분포를 살펴볼 것이다. 또한 이들이 유입된 지역의 경제, 특히 노동 시장의 특성을 분석한 다음 이주 노동자가 지역 경제에 미치는 영향을 노동 시장, 지역 생산성 그리고 지역 산업 구조 및 생산 체계의 변화 등으로 세분하여 고찰하고자 한다.

2. 노동력 국제 이주의 배경과 영향 : 이론적 고찰과 연구 동향

1) 노동력 국제 이주의 지구·지방적 배경

오늘날 신자유주의적 지구·지방화 과정은 상품이나 자본 그리고 기술(정보)뿐만 아니라 노동력의 국제적 이동을 촉진시키고 있다. 물론 과거에도 일반 상품과 더불어 이러한 생산 요소들의 국제적 이동은 있었지만, 오늘날에는 그 양과 성격에서 근본적인 차이를 보인다. 즉 과거 상품이나 자본과 기술, 인구의 국제 이동은 기본적으로 국민국가의 틀(즉 보호와 제약) 속에서 이루어졌다. 그러나 최근 전개되고 있는 지구·지방화 과정은 국민국가의 틀을 벗어나 지구적 차원에서 경제적 상호 관계를 치밀화시키는 한편, 세계의 각 지방 경제를 재구조화시키고 있다. 이러한 과정은 특히 자유 시장과 자유 무역을 신봉하는 신자유주의적 이념과 전략 아래에서 추진됨에 따라 일반 상품과 자본, 기술 그리고 노동력은 기존의 국민국가의 보호나 제약을 벗어나 훨씬 자유롭게 이동할 수 있게 되었다. 이러한 점에서 오버빅(Overbeek, 2002)은 지구·지방화 과정이란 생산 요소들의 상품화와 더불어 이들의 시장 관계의 국제적 팽창, 즉 상품화된 생산 요소들의 자유로운 이동을 의미하며, 이러한 생산 요소들에는 일반 상품이나 자본, 기술뿐만 아니라 인간 노동도 포함된다고 주장한다. 이러한 지구·지방화 과정을 통해 세계 인구의 점점 더 많은 부분은 자본주의적 노동 시장에 직접 통합되고, 국지적·국가적 노동 시장은 지구적 노동 시장으로 확장되고 있다.

물론 좀 더 자세히 살펴보면 신자유주의적 지구·지방화 과정에서도 생산 요소들이나 일반 상품들의 국제적 이동은 상당한 차이를 보이며, 이들이 자유로운 이동성을 확보하게 된 시기도 다소 상이하다. 일반적으로 자본(특히 금융 자본)의 국제적 이동은 매우 자유롭고, 이러한 자유는 국제통화기금(IMF)이나 세계은행에 의해 보장된다. 그러나 자본의 국제적 이동에서 생산 설비와 같은 해외 직접 투자는 다른 국가의 특정 지역에 투자되어 일단 고정 자본을 형성하면, 하비(Harvey, 1982)가 주장한 '공간적 조정(spatial fix)'의 효과로 인해 그 이후에는 다시 이전하기 어렵다. 노동력은 국제적 이동이 가장 어려운 요소로서 이에 대한 국가의 통제도 다른 생산 요소들의 이동에 비해 훨씬 엄격하다. 노동력의 국제 이동은 이의 상품화를 전제로 하지만, 실제 노동력은 단순한 상품이라기보다 다른 여러 부수 사항들(개인적 특성과 가족 관계 등)을 고려해야 하는 인격체이기 때문이다. 그뿐만 아니라 한 국가에 일단 외국인 이주자가 유입되면 이들은 단순히 특정 사업체에 종사하는 노동력으로 임금 지불만이 아니라 사회생활에서 필요한 다양한 요구(즉 사회복지)의 충족을 전제로 하며, 이것들이 제대로 이루어지지 않을 때는 사회적·문화적·정치적 문제를 유발할 수 있다.

시기적으로 보면 자본의 국제 이동은 노동의 본격적 국제 이동보다 앞선다고 할 수 있다. 1970년대 노동의 신국제 분업 과정에서 서구 선진국의 노동집약적이고 노후한 산업들은 아시아와 남미의 저임금 국가들로 이전되었다. 프로벨(Frobel et al., 1980)에 의하면 이러한 노동집약적 생산 과정의 재입지에는 세 가지 기본 요소, 즉 노동집약적 생산 과정의 분리를 가능하게 하는 포드주의적 생산 체제의 발달, 이전 대상국에서 저렴한 노동력 풀의 존재, 그리고 생산 설비의 분산을 촉진하는 교통통신 기술의 발달 등이 전제된다. 이들은 "이러한 세 가지 조건의 접합은 ··· 단일한 세계 노동력 시장, 즉 진정하게 세계적인 산업예비군 그리고 생산 입지를 위한 단일 세계 시장을 창출했다"고 결론짓는다(Frobel et al., 1980, 30). 그러나 이들은 생산 설비와 같은 고정 자본의 지리적 이동에는 상당한 비용이 필요하다는 사실을 간과했으며, 또한 이 문제를 (최소한 부분적으로) 해결할 수 있도록 하는 단순 노동의 국제적 이주가 촉진될 수 있다는 점을 인식하지 못했다.

이와 같이 그동안 지구·지방화 과정에 관한 많은 연구들은 대체로 자본의 지구적 이동과 국지적 착근, 즉 자본의 탈영토화와 재영토화에 관심의 초점을 두었다. 그러나 이러한 연구들은 자본의 이동이 영토적으로 차별화되고 파편화된 다른 이유들로 인해 자유롭지 못할 때, 또는 자본의 국제적 이동이 더 높은 이윤에 대한 기대를 현실적으로 만족시키지 못할 때 자본은 국가의 지원으로 노동의 이동을 촉진시킬 수 있다는 점을 크게 강조하지는 않았다. 물론 노동력의 국제 이주는 자본의 국제 이동에 비해 국가가 더욱 엄격하게 통제하지만, 또한 경제 성장을 명분으로 한 자본의 요구에 따라 촉진되기도 한다. 즉 자본은 국가의 지원으로 지구적 규모에서 노동력의 국제 이주 범위를 확대시킴으로써 국지적인 물질적 · 사회적 · 시공간적 제약들로부터 자유롭게 작동할 수 있는 능력을 고양시킨다. 노동력의 국제 이주는 결국 자본주의 경제 발전 과정에 내재된 문제점을 해소하고 그 내적 모순을 대체할 수 있는 자본의 역량을 강화시킨다고 할 수 있다.

이와 같이 지구 · 지방화 과정에서 노동력의 국제 이주가 촉진된 것은 우선 세계적 차원에서 지역 불균등 발전이 심화되고 있기 때문이라고 할 수 있다. 교통통신 기술의 발달과 더불어 자유 시장과 자유 무역에 대한 신자유주의적 정책들은 상품뿐만 아니라 생산 요소들의 지리적 이동성을 급증하게 하고 '시공간적 압축'을 통해 자본의 축적에 기여하고자 한다. 그러나 교통통신 기술의 발달이나 자유 시장의 이데올로기는 신자유주의가 주장하는 바와 같이 지표면의 각 국가나 지역 간 균형 발전을 가져오는 것이 아니라 오히려 불균등 발전을 더욱 심화시켰다. 초공간적 이동성을 가지게 된 자본은 어떤 국가나 지역일지라도 더 많은 이윤을 얻을 수 있는 곳에 투자하여 얻어진 부를 소수의 세계 도시나 국가들로 집중시키고 있다. 이 과정에서 저발전 국가들은 자본의 유치조차 어려워짐에 따라 실업과 빈곤을 악화시키고 결국 국내 유휴 노동력을 해외로 송출하게 된다. 반면 시장 개방과 탈규제 등을 통해 국내외 자본을 유치하게 된 선진국이나 지역들은 저렴한 노동력이 필요하게 되었고, 국가의 일정한 통제 아래 외국인 이주 노동자들의 유입을 촉진하게 되었다.

물론 유휴 자본을 가진 선진국들은 단순한 저임금 노동력만으로 경제를 활성화시키기보다는 과학 기술의 발달과 더불어 기존 산업 구조의 고도화와 생산 체계의 변화를 촉진하고자 한다. 즉 1970년대 경제 침체 이후 서구 선진국들은 기본적으로 대량생산·대량소비의 포드주의적 축적 체제에서 벗어나 첨단 기술 산업에 대한 투자 증대와 생산 체계 및 기업 체계의 혁신을 추동하면서 이른바 다품종 소량 생산의 유연적 축적 체제로 전환을 촉진하게 되었다. 이러한 전환 과정은 한국 경제에도 영향을 미쳐 기존 산업의 재구조화 과정을 촉진시켰다. 즉 지구적 규모에서 전개되는 지역 불균등 발전은 개별 지역들의 재구조화 과정을 요청하며, 이러한 지구적 및 지방적 차원의 변화 과정을 전제로 특정 송출국에서 특정 유입국으로 국제 이주가 이루어지게 된다.

이러한 지역 재구조화의 구체적 상황과 이주 노동자가 미치는 영향에 관해서는 뒤에서 다시 논의하겠지만, 산업 재구조화 과정은 기본적으로 기존의 저부가가치(특히 노동집약적) 산업의 퇴출과 새로운 고부가가치 산업으로의 전환을 전제로 한다. 그러나 이러한 산업 재구조화 과정에서 중요한 변수 가운데 하나는 노동의 유연성이다. 즉 기존의 입지에서 자본은 임금 상승 압박과 조직된 노동의 저항에 봉착하면 이를 피하기 위해 다양한 다른 방법들, 예를 들어 생산 설비의 해외 이전 또는 자동화와 생산 체계의 혁신을 추구하거나 저렴하고 유순한 노동력의 다른 출처를 모색하게 된다. 이 과정에서 외국인 이주 노동자의 유입은 산업 재구조화를 요구하는 지역 경제에 결정적인 영향을 미치게 된 것이다.

물론 개별 기업들이 재구조화의 압박에 직면하여 택할 수 있는 여러 전략 가운데 이주 노동자의 고용을 선택하는 것은 다른 전략에 비해 제도적으로 용이할 뿐만 아니라 상대적으로 높은 이윤을 얻을 수 있기 때문이라고 하겠다. 즉 정부는 각종 규제 제도를 완화하여 조직된 노동의 협상력을 저해하고 임금 인상 요구를 억제하고 있다. 이에 따라 자본의 통제가 좀 더 용이한 비정규 직종들이 양산되면서 다양한 비숙련/반숙련 노동에 대한 수요가 새롭게 창출되었다. 이 수요의 상당 부분은 국내에서 충족되지만, 중소기업을 중심으로 저임금 노동력에 대한 수요는 이주 노동자들의 유입을 필요로 하게 되었다. 국가가 외형적으로 합법화한 산업 연수생이나 고용 허가 노동자뿐만 아니라 '미등록' 이주 노동자는 이러한 수요에 대해 국내 '산업예비군' 보다도 더 기능적이게 되었다. 이는 우리나라뿐만 아니라 선진국들에서도 이미 보편화된 상황이다. 다시 말해 "미등록 외국인 노동의 고용은 많은 사례들에서 중소기업의 존립을 위한 조건이 되면서, 지속적인 (불법적) 이주에 있어 근본적인 경제적 이해관계를 창출하게 되었다" (Overbeek, 2002).

끝으로 이러한 노동력의 국제 이주가 가능해진 것은 국제 이주를 감행하는 이주자뿐만 아니라 이들을 받아들이는 국가나 지역의 주민도 국제 이주에 대해 점차 친숙해졌기 때문이다. 국제 이주자들은 상대적으로 낙후되고 고용 기회가 부족한 자국 내에서 실업과 빈곤으로 생계의 어려움을 겪기보다는 몇 년 동안이라도 높은 소득을 얻을 수 있다면 신체적 및 문화적으로 어려움을 겪는다고 할지라도 이주를 하고자 한다. 또한 이러한 이주자들을 받아들이는 국가나 지역에서도 기업체뿐만 아니라 주민들까지 이들에 대해 사회적 거리감을 완화시키게 되었다. 물론 이와 같은 상황은 이질적 인종과 문화의 혼합으로 발생할 수 있는 갈등을 줄이기 위한 정부와 주민들의 노력, 즉 이른바 다문화주의적 담론과 실행의 결과라고 할 수 있다. 물론 다문화주의는 기업의 이해관계 실현과 자본 축적의 지속을 전제로 외국인 이주자의 원만한 수용을 위한 이데올로기라는 점에서 '초국적 기업의 문화적 논리'라고 주장될 수 있지만, 동시에 실제 전개되고 있는 인종적·문화적 결합과 혼종성에 대한 실질적이고 윤리적인 대안이라고 할 수 있다 (Choi, 2008; 제1장 참조).

2) 이주 노동자의 유입이 지역 경제에 미치는 영향

유입국의 입장에서 보면 이주 노동자는 경제의 상이한 두 가지 상황, 즉 경제 호황뿐만 아니라 경제 침체와도 관련된다. 한편으로 이주 노동자의 유입은 경제의 활성화와 이에 따른 노동력의 부족을 충족시키기 위한 필요에 의한 것이다. 그러나 다른 한편 이주 노동자의 유입은 경제 침체와 이에 따른 이윤율 하락에 직면하여 지역 경제를 재구조화해야 할 경우에도 중요한 역할을 한다. 특히 후자의 경우, 산업의 재구조화에 직면한 기업들은 다양한 방법으로 대응할 수 있다. 우선 자본의 업종 간 또는 지역 간 이동을 강구할 수 있다. 물론 자본은 특정 장소의 특정 업종에 일단 투자를 하면 이동이 어렵게 된다. 그러나 자본주의는 사회공간적으로 평균 이상의 이윤율을 얻기 위해 새로운 제품의 생산을 추구하거나 새로운 입지를 찾는 방법을 강구하게 된다. 따라서 자본 일반은 산업 간, 입지 간 이동성을 필요로 하며, 이에 따라 기존 업종이나 기존 장소는 주기적으로 폐쇄되고 새로운 업종이나 새로운 장소가 선호된다(Smith, 1984, 88).

그러나 재구조화 접근이 강조하는 이러한 업종이나 장소의 이전은 기존에 투입되었던 자본의 감가를 전제로 하며, 이러한 감가보다 더 높은 이윤을 얻을 수 있을 때만 자본은 이동할 것이다. 즉 "재구조화 접근은 자본이 더 이동적이며 앞으로 더욱 그렇게 될 것이라는 점에서 노동에 대한 지리적 이점을 가진다고 생각한다. 그러나 자본이 이러한 이동성을 활용하는 것은 기계적으로 결정적이지 않다. 이는 기업들이 이동 불가능하게 된 물리적 자본의 기존 유형에 대해 대응하고자 하는 방법, 그리고 부분적으로 노동의 반응에 좌우된다"(Lovering, 1989, 215-216). 특히 새로운 업종이나 장소로의 자본 이전과 이에 따른 새로운 투자는 또 다른 고정 자본의 구축으로 인해 추가적인 자본 이전에 장애 요인으로 작용하게 된다. 이러한 점에서 하비(Harvey, 1982)는 '공간적 조정'이 한편으로 유휴 자본의 문제를 해소하지만 동시에 추가적인 자본 축적을 어렵게 하는 장애물이 된다고 주장한다. 따라서 새로운 업종이나 장소로의 이전을 통해 더 높은 이윤을 얻을 가능성이 낮다면 자본은 이러한 업종 전환이나 장소 이전이 없더라도 존립할 수 있는 방안들, 즉 기존 업종의 생산 설비를 자동화하고 생산 체계를 더욱 고도화하는 방법을 강구하거나 또는 좀 더 저렴한 노동력을 확보하여 임금을 줄이거나 노동의 훈련 또는 재교육을 통해 생산성을 증대시키는 방법을 시도할 수 있다.

이와 같이 산업 재구조화에 직면하여 지역 경제가 다양한 방안을 모색할 수 있다는 점은 박삼옥(Park, 1994)의 연구에서 잘 설명되고 있다. 그는 1980년대 섬유 및 의류 산업을 중심으로 서울 대도시권에서 산업 재구조화의 주요 추동자와 그 결과를 고찰하면서 임금 급등, 노동 쟁의, 환율 인하, 고이자율에 따른 고금융 비용 그리고 취약한 재무 구조 등이 지역 산업의 재구조화를 촉진하는 주요 추동자이며, 노동생산성의 증가율 둔화와 노동 태도의 변화로 인한 생산직 노동자들의 부족 역시 중요한 추동자라고 주장하였다. 이 연구는 또한 이러한 추동의 결과로 서울 대도시권에서 이루어진 산업 재구조화가 생산 체계 및 조직의 변화로 야기된 상이한 노동 수요로 인해 지역 노동 시장 구조에 유의한 변화를 초래했음을 밝히고 있다. 이러한 산업 재구조화 아래에서 주요 기업들은 생산 체계의 변화, 제품 구조, 내수 시장의 팽창, 하청과 유연적 전문화, 직업 훈련, 해외 직접 투자 등의 전략을 강구한 것으로 분석되었다. 이 연구는 이와 같이 산업 재구조화에 직면한 지역 경제와 기업들이 다양한 전략을 강구할 수 있음을 유의하게 지적하고 있지만, 산업 재구조화의 추동, 특히 노동집약적 업종의 쇠퇴에 직면하여 저렴한 노동력을 새롭게 도입할 수 있는 가능성은 간과하고 있다.

사실 우리나라에서는 1990년대 포드주의적 축적 체제가 성숙되면서 노동력의 탈숙련화가 촉진되는 한편, 본사와 분공장 및 하청 공장 간의 기능적 및 공간적 분화가 가능해졌다. 이에 따라 노동력의 탈숙련화에 조응하는 단순 노동력의 고용이 확대되면서 이때부터 해외 특히 동아시아 저개발 국가들로부터 이주 노동자의 유입이 시작되었다. 또한 동시에 본사와 분공장 간의 공간적 분화가 가능해짐에 따라 생산 설비는 노동력이 상대적으로 저렴한 동아시아 지역으로 해외 직접 투자를 급속히 증가시키게 되었다. 물론 해외 노동력의 유입은 단순 기능 인력보다는 전문 인력이 시기적으로 앞섰지만, 이들 간의 비율과 증가 추세로 보면 전자가 후자를 훨씬 압도하였다. 이러한 이주 노동자의 유입은 산업 구조조정의 압박에 직면하여 다양한 방안을 강구할 수 있었던 지역 경제나 기업들에 저렴한 노동력을 확충할 수 있는 기회를 제공함으로써 그 외의 다른 방법으로 이 압박을 해소할 기회를 차단하게 되었고, 이에 따라 지역 경제의 노동 시장뿐만 아니라 생산성, 생산 체계 및 산업 구조의 변화에 직간접적으로 영향을 미치게 되었다(〈그림 1〉 참조).

물론 이주 노동자의 유입이 국내 지역 경제에 어떠한 영향을 미치는지에

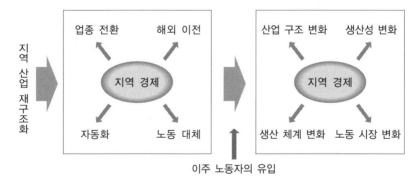

그림 1. 지역 산업 재구조화와 이주 노동자의 유입이 지역 경제에 미치는 영향

대해서는 이들의 특성과 지역의 경제 여건, 그리고 분석 시기와 방법 등에 따라 상이한 결과를 가지는 것으로 조사되고 있다. 즉 선진국(특히 실업률이 높고 장기 실업이 만연한 일부 유럽 국가)에서는 외국 인력의 유입으로 자국민의 실업이 증가할지 모른다는 우려가 종종 제기되지만, 실제 외국 인력의 유입과 실업 사이에 명백한 관계가 없는 것으로 조사되고 있다. 예를 들어 이민자 유입이 미국 노동 시장에 미친 영향에 관한 여러 연구들(Lalonde and Topel, 1991; Altonji and Card, 1991; Card, 2001)은 이민의 유입이 미국 노동 시장에 미친 영향은 그리 크지 않다는 결론을 내린다. 또 다른 연구 (Greenwood and Hunt, 1995)는 생산 구조상 외국인 근로자와 내국인 근로자의 대체 관계가 존재하더라도, 내국인 근로자의 수요나 다양한 파급 효과를 고려하면 외국인 근로자는 내국인의 고용과 임금에 긍정적인 영향을 미친다고 주장한다.

미국 외에 다른 서구 국가들에서도 외국인 노동자의 유입이 미치는 영향은 이중적이거나 그렇게 크지 않은 것으로 분석되고 있다. 예를 들어 더스트만(Dustmann et al., 2005)은 영국에서 이민이 총량적 고용, 참여, 실업 및 임금에 전면적 효과를 가진다는 확고한 증거(교육에 따라 약간 차이가 있긴 하지만)를 찾지 못했다고 주장하며, 챙(Chang, 2004)은 오스트레일리아에서도 이민은 단지 임금 격차의 변화를 부분적으로 설명하는 정도이고 미숙련 임금의 하락에 유의한 압력을 행사한다는 증거는 없다고 서술한다. 또한 벤추리니와 빌로시오(Venturini and Villosio, 2006)는 이탈리아에서 이주 노동자는 노동 시장에 보완적 효과를 가지며 임금에 대해 긍정적 효과를 가지는 반면, 실업의 증가는 이민에 의해 악화된 것은 아니라고 주장한다. 카라스코 외(Carrasco et al., 2008)도 스페인에서 이민이 본국 노동자의 고용률이나 임금에 유의한 부정적 효과를 발견하지 못했다고 서술하고 있다. 그러나 다른 연구 사례로 보르자(Borjas, 2003), 론지 외(Longhi et al., 2005)

등의 연구는 이민자의 증가가 임금을 하락시키는 한편, 실업을 증대시키는 효과를 갖고 있는 것으로 분석하였다(이규용 외, 2007).

국내 연구에서 이주 노동자의 유입이 지역 경제에 미치는 영향을 살펴보면, 우선 노동 시장의 변화에서 국내 노동력의 대체성과 보완성에 관한 논의를 들 수 있다. 예를 들어 우리나라에서 이주 노동자 유입의 비교적 초기단계인 1997년부터 2001년 사이 외국인 산업연수생이 제조업 부문의 내국인 근로자에 미친 영향을 분석한 한진희 · 최용석(2006)에 의하면, 산업연수생의 비율이 높은 산업에서 국내 남성 반숙련 근로자의 상대적 고용률은 시간이 지남에 따라 하락하는 경향을 보였다는 점에서 남성 반숙련 내국인 근로자의 고용이 산업연수생으로 대체되었을 가능성이 높다고 주장한다. 그러나 이들은 산업연수생의 유입이 내국인 반숙련 근로자의 임금을 하락시켰다는 점에 대한 유의한 통계 자료를 찾지는 못했다. 그러나 조준모(2004)는 외국인 노동자와 내국인 근로자 간의 대체성 및 보완성에 대한 실증 분석을 시도한 결과, 업종별로 다소 다르긴 하지만 양자 간 대체성 보다는 보완성이 더 크게 작용한다고 결론지었다. 김홍배 외(2007)의 연구는 외국인 노동자의 고용은 직접 국내 노동력을 대체하여 실업을 유발하는 효과도 있지만, 이들의 저임금으로 인해 상품의 가격 경쟁력이 확보됨에 따라 생산액이 증대하여 간접적으로 국내 노동자 고용을 유발하는 효과, 즉 대체 효과와 보완 효과가 동시에 있음을 주장한다.

이주 노동자의 유입이 국내 노동 시장에 미치는 이러한 이중적 영향은 국내 경제의 시기별 상황에 따라 다르다고 할 수 있다. 예를 들어 이규용 외(2007)는 경기 팽창과 부문별 인력 부족 시기에 외국인 근로자의 유입은 두 가지 차원에서 노동 시장의 팽창을 가져온다고 주장한다. 즉 이주 노동자의 유입은, 첫째로 팽창하는 인력 수요(특히 이러한 수요가 매우 빠르게 증가할 때)를 충족할 수 있으며, 둘째로 단순 외국인 근로자의 유입은 국내 근로자의 계급적 지위를 향상시키고 부가가치가 더 높은 부문으로 재배치되는 효과를 가진다는 점을 지적하였다. 다시 말해 이들은 숙련 근로자에 대한 수요가 해외로부터 미숙련 노동의 이주에 의해 증가한다는 것을 이론적 분석으로 증명할 수 없지만, 숙련 근로자들에 대한 수요가 증가할 가능성은 확실히 있다고 관찰하고 있다. ▪1

반면에 최근 경기 침체와 더불어 일부 업종에서 국내 고용을 대체하고 있다는 주장이 제기되고 있다. 예를 들어 유경준(2008)은 2008년 심화되고 있는 고용 부진이 전반적인 경제 침체와 내수 부진, 그리고 고령화의 진전에 기인한 것이라고 지적하면서도 과거의 추이에 비해 취업자 증가의 감소 폭이 지나치게 크다는 점은 이러한 요인만으로 설명하기 어렵고 다른 구조적 요인들, 즉 비정규법 시행의 파급 효과와 외국인 근로자(방문취업제 포함)의 증가에 따른 국내 고용의 대체 가능성을 추론하고 있다. 특히 업종별로 보면 최근 건설업과 도·소매 숙박업은 취업자 증가세의 둔화를 주도하고 있는데, 이들은 방문취업제를 통한 외국인 근로자의 유입이 집중된 업종이라는 점에서 서로 관련성이 있을 것으로 추정된다(유경준, 2008, 15). 이규용·박성재(2008)의 분석 역시 방문취업제가 집중된 4개 업종 가운데 제조업과 가사 서비스업을 제외한 건설업과 음식 숙박업에서 외국인 근로자의 국내 고용 대체 가능성을 보여주는 것으로 추정하고 있다.

이주 노동자의 유입이 지역 경제에 미치는 영향에서 또 다른 측면은 생산성이다. 김헌구·이규용(2004)은 외국인 근로자의 도입이 전체적으로 총

▪1　특히 이들의 주장에 따르면, "후자의 현상은 사회적 사다리의 밑 부분에서의 활동들은 매우 매력적이지 못하며 만성적 인력 부족을 드러내는데, 이것을 외국인 근로자들이 메우게 된다는 것이다. 외국인 근로자가 노동 시장에 양적 유연성을 불어넣음으로써 시장이 단지 팽창할 뿐만 아니라 세분화(또는 계층화)되는 효과를 가져올 수 있다"(이규용 외, 2007, 10).

산출을 증가시키므로 경제적 파급 효과가 높은 업종부터 외국 인력을 공급해야 한다고 주장하며, 이한숙(2004)은 외국인 근로자의 고용에 따른 생산성 증대 등의 긍정적 효과를 최대화하기 위해 이들의 고용을 제조업에 집중할 필요가 있다고 주장한다. 이와 같이 (최소한 단기적으로) 이주 노동자는 지역 경제의 생산성에 가시적인 증가를 가져올 것으로 추정된다. 김홍배 외(2007)의 연구에 의하면 특히 업종별로 생산액 증가 효과가 큰 산업은 전기전자 일반 기계업, 제1차 금속제품 및 화학제품 등이고, 효과가 낮은 산업으로 도·소매 음식 숙박업, 가구 및 기타 제조업, 건설업 등인 것으로 분석되었다. 또한 지역별로는 수도권과 경상권의 생산액 증가 효과가 높았다는 점(전국 생산액 증가에서 각각 47.6%, 31.3%)에서 외국인 노동자 고용 효과는 수도권과 경상권에 집중되는 것으로 추정되었다(뒤의 〈표 7〉 참조).

이규용 외(2007)의 연구에서도 이주 노동자의 유입이 국내 경제에 미치는 영향에서 산업별로 차이가 있지만 산업 총 산출은 전반적으로 증가하는 것으로 나타났다. 이들의 연구에 의하면 특히 가구, 섬유 가죽, 1차 금속, 화학, 비금속업 등에서 높은 산업 산출 효과를 가져온다. 이와 같이 산업 산출이 증가하는 업종은 외국인 노동력의 비중이 대체로 높거나 전반적으로 전후방 연계 효과가 큰 산업군에 속한다. 반면 서비스업이나 숙련 노동의 비중이 비교적 높은 산업은 외국인 노동력 증가에 따른 산업 산출의 증가 효과가 비교적 낮은 것으로 나타났다. 그러나 이주 노동자의 고용은 동일 규모의 국내 노동력 수요 증가에 비해 국민총생산(GNP) 상승 효과는 크지 않은 것으로 추정되었다. 왜냐하면 외국인 노동력은 소득 중 많은 부분을 자국으로 송금하기 때문에 소비 활동이 동일한 국내 노동 수요의 증가에 비해 크지 않으므로 총 지출면의 GNP 상승 효과는 크지 않다는 것이다. 요컨대 외국인 노동력의 유입은 국가나 지역의 생산에 긍정적인 효과를 가져와 파급 과정을 거쳐 수출, 자본, 임금 등에 긍정적 영향을 미치지만, 동일한 국내 노동보다는 상대적으로 그 효과는 크지 않은 것으로 해석되었다.

이와 같이 이주 노동자의 유입은 직간접적으로 경제의 생산성 증대에 기여하는 것으로 이해된다. 그러나 기존의 연구들은 이주 노동자의 유입이 또 다른 방법들로 지역 경제에 장기적 효과를 미칠 수 있다는 점을 간과하고 있다.[2] 즉 기존 산업(특히 노동집약적 산업)에서 이주 노동자의 고용에 따른 생산성의 증대는 해당 업종의 재구조화를 위한 다른 방안들, 예를 들어 생산 설비의 자동화나 업종 전환 등을 위한 노력을 지연시킴으로써 생산 체계의 효율성 증대나 산업 구조의 고도화를 저해하고 결국 지역 경제의 발전을 어렵게 할 수 있다. 이러한 상황에서 이주 노동자의 유입은 저임금과 유순한 노동력을 찾아서 유출되는 기업의 해외 이전을 어느 정도 둔화시키고, 이에 따라 지역 산업의 공동화를 억제하여 지역 내 노동력의 고용 기회와 더불어 지역 경제의 생산성을 증대시킬 수도 있을 것으로 추정되지만 실제 이주 노동자의 유입과 해외 직접 투자의 확대/위축 간에 어떤 관계가 있는지는 불확실하다. 이와 같이 이주 노동자의 유입이 지역의 노동 시장, 생산성 및 산업 구조와 생산 체계 등에 미치는 영향은 더욱 세부적으로 서로 다른 결과를 가져올 수 있으며, 어떠한 세부 항목들이 더 큰 영향력을 행사할 것인지는 지역 경제의 조건에 좌우될 것이라고 예측해 볼 수 있다.

---

[2]　이주 노동자가 지역 경제에 미치는 영향은 그 외에 공공 재정 부문에서도 나타날 수 있다. 이규용 외(2007)에서 지적한 바와 같이 공공 재정 부문은 외국인 근로자의 납세로 혜택을 볼 수 있고, 외국인 근로자로부터 발생하는 추가 공공 지출로 인해 부담을 안게 될 수도 있다.

3. 이주 노동자의 지역 분포와 지역적 조건

1) 이주 노동자의 유입과 지역 분포 특성

우리나라는 1980년대 후반 3저 호황에 따른 수출 증대로 경제 성장이 본격화된 이후 처음으로 무역수지의 흑자를 기록하였지만 선진국의 수입 관세 등으로 인해 다시 적자로 전환하게 되었다. 이러한 상황에서 한편으로 기업들은 내수 시장을 위한 생산을 촉진하게 되었고 다른 한편으로 1987년 6월 민주화운동 이후 실질 임금의 상승에 따른 구매력 증대로 대량 생산과 대량 소비가 국내적으로 조응함에 따라 이른바 포드주의적 축적 체제를 성숙시키게 되었다(최병두, 2007). 그 이후 상대적으로 안정된 경제 성장은 단순 기능 인력의 부족을 초래하였고, 이에 따라 전문직을 제외한 외국인 노동자의 고용이 금지되었던 상황에서 비합법적인 방법으로 입국한 이

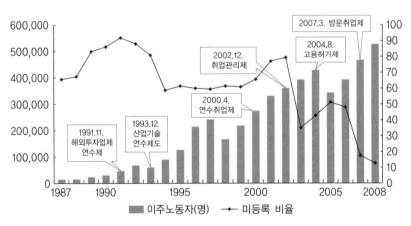

자료 : 이규용 외, 2007(2006년까지); 출입국 · 외국인정책본부, 해당연도(2007, 2008년).

그림 2. 이주 노동자 증감 및 미등록 이주 노동자 비율의 변화 추이

주 노동자들이 나타나기 시작했다. 이로 인해 중소기업의 인력난 해소와 미등록 이주 노동자 문제를 해결할 목적으로 정부는 1991년 11월 해외 투자업체 연수제도를 도입하고, 1993년 12월에는 외국인 산업기술 연수제도를 도입하게 되었다. 이에 따라 이주 노동자의 수는 급속히 증가하여 1995년 10만 명, 1996년에는 20만 명을 넘어섰고, 미등록 이주자의 비율도 다소 줄어들어 60% 대를 유지하였다[3](〈그림 2〉 참조).

1997년 경제 위기로 다소 주춤했던 이주 노동자의 유입은 이후 지속적

표 1. 이주 노동자 비자 유형별 증가 추이

(단위 : 명, %)

		2000	2001	2002	2003	2004	2005	2006	2007	2008
체류 외국인(A)		491,324	566,835	629,006	678,687	750,647	747,467	910,149	1,066,273	1,158,866
이주 노동자(B)		106,915	110,028	115,466	284,192	283,971	224,732	332,367	468,580	528,822
B/A(%)		21.8	19.4	18.4	41.9	37.8	30.1	36.5	44.0	45.6
유형별	산업연수(D-3)	104,847	100,344	96,857	95,676	66,147	55,154	59,806	25,903	17,563
	연수취업(E-8)	2,068	9,684	18,609	28,761	54,440	60,337	69,595	36,090	16,826
	비전문 취업(E-9)	0	0	0	159,755	163,350	109,029	202,655	175,001	190,777
	선원취업(E-10)	0	0	0	0	34	212	311	2,900	4,324
	방문취업(H-2)	0	0	0	0	0	0	0	228,686	299,332
미등록 노동자(C)		35,340	65,134	76,377	57,648	77,822	91,231	85,152	82,309	67,700
C/B(%)		33.1	59.2	66.2	20.3	27.4	40.6	25.6	17.6	12.8

자료 : 법무부, 각 연도, 출입국 통계연보.

---

[3] 이 장에서 이주 노동자란 법무부의 분류에 의한 단순 기능 인력, 즉 비전문 취업(E-9), 연수취업(E-8), 선원취업(E-10), 방문취업(H-2)과 산업연수(D-3)를 포함하며, 단기취업(C-4) 및 취업관리(F-14)는 제외하였다(2008년 말 현재 단기취업 및 취업관리는 각각 857명, 1,436명). 이러한 단순 이주 노동자는 법무부의 분류에서 전문 인력, 즉 교수(E-1), 회화지도(E-2), 연구(E-3), 기술지도(E-4), 전문직업(E-5), 특정활동(E-7)과는 구분되며(2008년 말 합계 32,473명), 예술흥행(E-6)과도 구분하여(2008년 말 4,831명) 포함시키지 않았다. 기존 연구에서 이주 노동자의 수는 포함하는 세부 유형이나 계산 방식(예로 누적 수)에 따라 다소 다르게 집계되고 있다.

으로 증가하게 되었고, 2000년 4월 이주 노동자가 일정 기간 연수생으로 근무한 후 근로자 신분으로 전환할 수 있도록 하는 연수취업제가 시행되었으며, 2002년 12월부터 외국 국적 동포를 대상으로 취업관리제를 도입하였다. 이 과정에서 이주 노동자는 2001년 30만 명, 2004년에는 40만 명을 넘어섰고, 다시 증가하기 시작했던 미등록 이주 노동자의 수는 2003년 10월 합법화 조치로 그 비중이 35% 수준으로 줄어들었다. 그러나 이와 같은 증가에도 불구하고 지속되는 단순 기능직 노동자의 부족을 완화하고 이주 노동자의 고용 관리를 체계화하기 위해 2004년부터 고용허가제가 시행되었고, 기존 산업연수생제도는 2007년부터 고용허가제로 통합되었다. 또한 2007년 3월 중국 및 러시아계 외국 국적 동포를 위한 방문취업제가 시행되면서 2008년 말 이주 노동자의 수는 약 529,000명으로 증가하였고■4, 미등록 이주 노동자의 비율은 제도 정비와 더불어 지속적으로 감소하여 2008년 말에는 12.8%로 줄어들었다.

이주 노동자의 비자 유형을 보면(〈표 1〉), 2000년대 초반에 주류를 이루었던 산업연수생은 연수취업제 및 고용허가제의 도입으로 그 비중이 점차 줄어들어 2008년에는 전체 이주 노동자에서 차지하는 비율이 3.3%에 불과하게 되었다. 연수취업은 산업연수로 유입되어 연수생이 아니라 노동자의 신분으로 전환된 이주 노동자들로 2000년 연수취업제의 도입 이후 점차 증가하여 2006년 약 7만 명에 달하였으나, 그 후 산업연수생과 마찬가지로 감소하고 있다. 비전문 취업 비자는 고용허가제의 도입으로 유입한 일반 고용 허가 이주 노동자와 외국 국적 동포들에게 부여하는 특례 고용

■4　출입국 · 외국인정책본부의 통계월보에 의하면, 이 장에서 (단순) 이주 노동자의 유형에서 제외된 전문직 종사자 수는 2008년 32,473명이며 이 가운데 미등록 체류자 수는 678명(2.1%)이다. 또한 예술흥행 체류자는 4,831명이며, 미등록 체류자는 1,398명(28.9%)이다.

허가에 따라 입국한 이주 노동자로 구분된다. 비전문 취업 이주 노동자는
제도의 시행 첫해에 들어온 노동자들이 대거 귀국함에 따라 2005년 6만 명
정도 감소하였으나 그 다음 해인 2006년에는 20만여 명으로 증가하여 현
재 비슷한 수준을 유지하고 있다. 그러나 세부적으로는 2007년 외국 국적
동포를 대상으로 방문취업제가 시행됨에 따라 특례 고용 허가 이주 노동자
는 거의 전원 방문취업 이주 노동자로 전환하여 크게 줄었다(현재 잔류 인원
은 거의 미등록자임). 끝으로 방문취업 이주 노동자는 2007년 제도 시행 첫
해에 이미 229,000여 명에 달했고, 2008년에는 299,000여 명을 상회하게
되었다.

이주 노동자의 업종별 분포는 비자 상태에 따라 부분적으로만 파악할 수
있다. 우선 산업연수생은 대부분(2008년 91.3%) 해외 투자, 중소기업협동조
합 추천으로 유입된 노동자들로 2008년 섬유 의복(19.0%), 조립 금속 기계
장비(11.2%), 화학 고무(9.4%) 등 여러 업종에 종사하지만, 수산업협동조
합 · 건설업협동조합 · 농업협동조합의 추천으로 유입될 경우 연근해 어업,

표 2. 고용 허가 및 고용 특례 업종별 현황

(단위 : 명, %)

연도	2006		2007		2008	
유형	일반 허가	특례 허가	일반 허가	특례 허가	일반 허가	특례 허가
총계	116,650		175,001(23.4)		190,777(18.0)	
합법화	–		34,190(99.9)		24,358(99.9)	
소계	57,324	59,326	135,798(3.8)	5,013(33.6)	165,557(5.5)	862(99.3)
제조업	56,355	7,571	124,815(3.9)	1,059(12.3)	147,391(5.2)	35(97.1)
건설업	128	19,879	6,054(0.4)	637(98.3)	9,009(4.4)	326(99.7)
농축산업	766	539	3,543(6.0)	62(37.1)	6,778(10.7)	4(100.0)
서비스업	75	31,337	104(13.5)	3,255(53.8)	126(17.5)	1,026(48.1)
어업	–	–	1,282(0.9)	–	2,253(13.9)	–

자료 : 이규용 외, 2007(2006년); 출입국 · 외국인정책본부, 해당 연도(2007, 2008년).
참고 : 괄호 안은 미등록자 비율임.

건설업, 농축산업 고용에 한정된다. 연수취업생들도 업종별 분포에서 비슷한 유형을 보일 것으로 추정된다. 고용 허가 및 고용 특례에 따라 비전문 취업을 하는 이주 노동자들의 업종은 대분류로 파악이 가능하다(〈표 2〉). 2006년의 경우, 일반 고용 허가 이주 노동자들은 대부분(98.3%) 제조업에 고용되어 있으며, 특례 고용 허가는 음식업, 청소업, 간병 가사 등 서비스업에 52.8%, 건설업에 33.5%, 제조업에 12.8%가 취업하고 있는 것으로 조사되었다. 2008년의 경우 방문취업제가 시행되면서 특례 고용 허가 취업자들이 크게 줄었지만 일반 고용 허가 이주 노동자가 증가하면서 제조업 부문에 취업하는 이주 노동자 수는 2006년에 비해 2.6배 증가하였고, 그 외 건설업 및 농축산업, 어업 등에서도 크게 증가하였다. 2007년 이후 방문취업자가 이주 노동자들 가운데 가장 큰 비중을 차지하게 되었지만, 이들의 업종별 분포는 잘 파악되지 않고 있다.■5

이주 노동자의 지역별 분포는 2008년의 경우 시군구별로 공개되었지만, 그 이전의 경우는 법무부의 내부 자료에 의존할 수밖에 없다. 2007년 10월 내부 자료에 의하면(〈그림 3〉, 〈표 3〉) 전체 이주 노동자 가운데 69.1%가 서울(23.7%), 인천(6.8%), 경기(38.6%) 등 수도권에 집중 분포해 있고, 그 외 경남 6.7%, 경북 4.6%, 충남 4.05%의 순으로 분포해 있었다. 비자 상태별로 보면, 산업연수생들은 서울과 인천에는 상대적으로 적지만 경기도에는 29.1%로 가장 많고, 다음으로 경남 및 경북의 순으로 분포한다. 경기도의 경우, 연수취업뿐만 아니라 비전문 취업자들의 집중도 높게 나타나고 있다(각각 33.9%, 49.0%). 2008년의 경우도 이주 노동자들은 서울(28.6%), 인천(6.1), 경기(36.2%) 등을 포함한 수도권 지역에 70.9%가 집중되어 있다. 특

■5　이주 노동자의 지역별 및 업종별 분포는 업종과 지역이 지정되지 않은 방문취업 이주 노동자뿐만 아니라 미등록 체류자를 고려할 경우 정확히 파악하기 어렵다. 이규용·박성재(2008)는 전체 외국 인력의 약 25%만 업종별 분포를 파악할 수 있다고 주장한다.

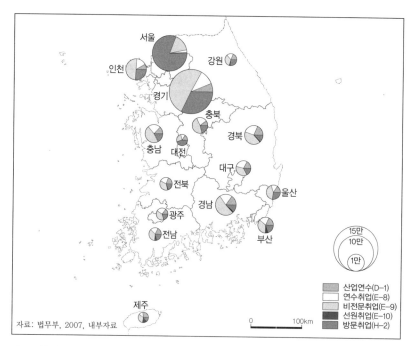

서울

강원

인천

경기

충북

경북

충남 대전

대구

전북

울산

경남

광주

전남

부산

15만
10만
1만

제주

자료: 법무부, 2007, 내부자료

0   100km

산업연수(D-1)
연수취업(E-8)
비전문취업(E-9)
선원취업(E-10)
방문취업(H-2)

자료 : 법무부, 2007, 내부 자료.

그림 3. 이주 노동자의 지역별 분포

히 2007년에 비해 2008년에는 방문취업 이주자들이 크게 증가하였으며 46.8%가 서울에 거주하고 있나.

이주 노동자들의 이러한 지역별 분포는 상당 부분 당사자들이 취업하기를 희망하는 지역과는 다르거나 당사자들에게 선택권이 주어지지 않은 상태(즉 스스로 지역 무관하다고 생각하는 경우)에서 이루어지고 있다고 할 수 있다. 예를 들어 2006년 일반 고용 허가 및 특례 고용 허가로 들어온 비전문 취업 이주 노동자들의 경우 전체에서 24.9%는 서울, 12.0%는 경기도에 취업하기를 희망했고, 취업 지역의 선택을 포기한 사람(즉 지역 무관)이 절반 이상(53.3%)을 차지하고 있다(〈그림 4〉). 특히 일반 취업 허가자들의 경우 지역 무관의 비율이 전체의 89.3%에 달하였다. 이러한 취업 희망 지역

표 3. 지역별 이주 노동자와 취업자 및 생산액 현황

지역	이주 노동자		총생산(조 원)		취업자(천 명)			임금 근로자(천 명)			제조업 취업자(천 명)		
	2007	2008 (A)	2000	2007	2000	2008 (B)	A/B (%)	2000	2008 (C)	A/C (%)	2004	2008 (D)	A/2D* (%)
합계	397,665	519,378	577,971	806,397	21,156	22,139	2.35	13,360	16,206	3.20	4,177	3,963	6.55
서울	94,246	148,723	138,492	170,867	4,668	4,753	3.10	33,261	3,666	4.06	751	605	12.29
부산	10,869	13,338	33,840	43,894	1,632	1,610	0.83	1,112	1,145	1.16	301	287	2.32
대구	9,719	9,373	20,776	24,760	1,092	1,144	0.82	693	789	1.19	257	217	2.16
인천	26,890	31,470	26,231	36,917	1,100	1,179	2.67	779	937	3.36	329	327	4.81
광주	3,684	4,605	12,629	16,868	553	591	0.78	359	473	0.97	78	71	3.24
대전	2,199	2,813	13,559	17,483	579	639	0.44	395	514	0.55	79	80	1.76
울산	7,056	9,357	28,355	39,987	437	476	1.97	330	408	2.29	178	179	2.61
경기	153,678	187,869	111,793	182,983	4,058	4,622	4.06	2,843	4,043	4.65	1,090	1,077	8.72
강원	3,631	4,659	16,462	20,595	668	665	0.70	356	407	1.14	46	46	5.06
충북	10,943	13,137	19,521	26,384	665	668	1.97	366	442	2.97	122	129	5.09
충남	17,388	20,847	28,963	48,215	891	902	2.31	432	582	3.58	152	169	6.17
전북	5,680	6,773	18,978	24,606	843	837	2.27	435	464	1.46	110	97	3.49
전남	5,389	9,432	26,908	33,401	981	958	0.98	412	441	2.14	80	80	5.90
경북	18,339	19,684	38,446	59,794	1,367	1,370	1.44	664	747	2.64	255	214	4.60
경남	26,664	35,347	37,728	52,693	1,360	1,445	2.45	776	972	3.64	338	375	4.71
제주	1,290	1,951	5,289	6,949	261	281	0.69	148	178	1.10	11	9	10.8

자료 : 출입국 · 외국인정책본부, 홈페이지(이주 노동자); 그 외 통계는 통계청, 국가통계포털.
참고 : 이주 노동자의 세부 유형은 각주 3 참조.
　　　 * 비전문 취업자의 유형에서 제조업 취업자가 50% 정도인 점을 감안하여, 전체 이주 노동자들 가운데 제조업 취업자도 50%로 추정하여 계산하였음.

과 실제 고용 지역을 비교해 보면 서울, 대구, 울산(그리고 지역 무관의 비례 배분을 고려할 경우에 부산) 등 대도시의 경우는 희망자들을 수용하지 못한 반면, 인천 및 경기의 수도권과 이에 인접한 충북 그리고 경북, 경남 등은 희망자들보다도 더 많은 인원을 받아들인 것으로 나타났다.

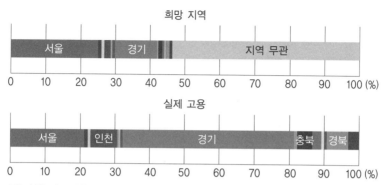

희망 지역

<table>
<tr><td>서울</td><td>경기</td><td>지역 무관</td></tr>
</table>

0   10   20   30   40   50   60   70   80   90   100 (%)

실제 고용

<table>
<tr><td>서울</td><td>인천</td><td>경기</td><td>충북</td><td>경북</td></tr>
</table>

0   10   20   30   40   50   60   70   80   90   100 (%)

■서울 ■부산 ▪대구 ▪인천 ▪광주 ■대전 ▪울산 ▪경기 ▪강원 ▪충북 ▪충남 ▪전북 ▪전남 ▪경북 ▪경남 ▪제주 ▪지역무관

자료 : 이규용 외, 2007에 근거함.

그림 4. 고용허가제 취업자 희망 지역 및 지역별 외국 인력 고용업체 분포 현황(2006년)

2) 이주 노동자 유입의 지역적 조건

2000년대 이후 우리나라 경제는 1997년 경제 위기를 점차 벗어나면서 위기 이전과 같은 높은 경제성장률을 보이지는 못했다고 할지라도 연평균 4% 이상의 성장률을 유지해 왔다. 이에 따라 지역 내 총생산은 2000년 578조 원에서 2007년에는 806조 원(2000년 기준)으로 성장하게 되었다. 이러한 지역 내 총생산과 증가율에서 가장 큰 기여를 한 지역은 서울과 경기도로, 각 지역 생산이 전체에서 차지하는 비중은 2000년에 각각 24.0%, 19.3%였으며, 2007년에는 각각 21.2%, 22.7%였다(〈표 3〉 참조). 이 기간 중에 경기도가 서울을 앞서게 되었으며, 수도권(인천 포함)의 생산이 전체에서 차지하는 비중은 2000년 45.0%에서 46.6%로 증가하여 집중이 더욱 심화된 것으로 나타났다. 수도권을 제외하고 이 기간 동안 지역 총생산의 증가율이 상대적으로 높은 지역은 경북과 경남 그리고 충남 지역이었다.

2000년 이후 수도권으로의 집중 심화를 특징으로 하는 이러한 지역 경제의 변화는 지역별 취업자의 증감 추이에도 반영되어 있다. 즉 2000년 우리나라 총 취업자 수는 2116만 명으로 이 가운데 서울에 22.1%, 경기도에 19.2%가 분포해 있었고, 인천을 합쳐 수도권 지역의 취업자 수는 전체의 46.5%를 차지하였다. 또한 2008년에는 총 취업자 가운데 서울이 차지하는 비율은 20.9%로 약간 줄었지만, 경기도의 비율은 23.5%로 크게 증가하여 수도권 전체의 비율은 49.8%로 늘어나서 집중도를 심화시켰다. 이러한 취업자들 가운데 임금 근로자의 비율은 2000년 63.1%에서 2008년에는 68.7%로 증가하여 경영자 및 자영업자가 감소하고 자본주의적 임노동이 더욱 강화된 것으로 이해된다. 이러한 임금 근로자는 2000년 서울 및 경기도에 각각 24.4%, 21.3% 입지해 있었으나, 2008년에는 노동력의 집중이 심화되면서 서울 22.6%, 경기도 24.9%로 변화한 것으로 조사되었다. 제조업 취업자 수는 2000년 이후 절대적으로 감소하고 있다는 점에서 산업 전체의 취업자 및 임금 근로자와는 다른 특성을 보이고 있다. 즉 제조업 취업자 수는 2000년 이후 계속 감소하여 2008년에는 전체 취업자에서 차지하는 비중이 17.9%에 불과하게 되었다. 제조업 취업자는 2008년에 경기도 27.2%, 경남 9.5% 입지해 있으며, 서울이 차지하는 비율은 15.3%로 경기도를 제외한 다른 지역들에 비해 높은 비중을 보이지만 전체 취업자의 비율과 비교하면 적은 수치로 대도시 서비스업 취업자가 더 많은 비중을 차지하기 때문이라고 할 수 있다.

이주 노동자의 지역별 분포는 우선 지역의 생산액 및 취업자 수와 비례한다고 할 수 있지만, 더욱 세부적으로 지역별 노동 시장, 특히 노동력의 부족과 관련된 것으로 이해된다. 즉 경제 성장과 산업의 고도화 그리고 국민들의 생활 수준 향상, 특히 학력의 향상은 노동집약적 업종들이 노동 시장에서 심각한 노동력 부족 현상을 겪도록 했다. 중소기업청과 산업연구원의 〈중소기업 인력실태조사〉에 의하면 [6] 우리나라 중소기업이 느끼는 인력 부족률은 2003년 6.23%(조사 업체들의 합계로 139,000명)였고, 그 이후

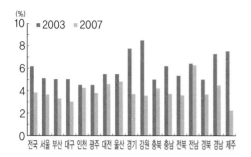

자료 : 중소기업청 · 산업연구원, 2003, 2007.

그림 5. 지역별 인력 부족률 변화

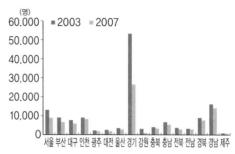

자료 : 중소기업청 · 산업연구원, 2003, 2007.

그림 6. 지역별 부족 인력수의 변화

기업들의 다양한 노력으로 2007년에는 3.93%(약 9만 명)로 다소 줄어들었다. 이러한 인력 부족 상황을 지역별로 보면(〈그림 5, 6〉) 2003년의 경우 경기, 경남, 서울의 순으로 부족 인력의 절대수가 많았고, 부족률로는 강원도, 경기, 제주, 경남의 순으로 높았다. 강원도와 제주도의 경우 부족 인력의 절대수는 상대적으로 매우 적지만, 부족률은 매우 높게 나타났다. 이러한 인력 부족 현상은 2007년 상당 정도 완화되었는데, 특히 경기도는 부족률이 2003년 7.94%에서 2007년 3.67%로 낮아졌고, 강원도와 제주도도 각각 2003년 8.67%, 7.49%에서 2007년 3.54%, 2.49%로 낮아졌다. 반면 경남과 전남은 다소 줄었지만 다른 지역보다 계속 높게 나타나고 있다.

이러한 인력 부족 현상을 타개하기 위해 기업들은 여러 가지 방안을 강구할 수 있을 것이다. 〈표 4〉에서 제시한 바와 같이 우리나라 중소기업들

■6　〈중소기업 인력실태조사〉는 종업원 5인 이상 300인 미만의 중소 업체(2003년 제조업체만 8,702개, 2007년 제조업 및 서비스업이 1만 개)를 대상으로 지역 중소기업의 인력 수급 현황 및 부족 인력, 교육 인력, 외국인 근로자 관련 사항 등을 종합적으로 조사하여 시도별 자치단체의 산업 인력 양성 및 중소기업 인력 정책 수립에 필요한 자료 제공을 목적으로 시행되고 있다.

표 4. 지역별 인력 부족 현상 타개 대책

구분	2003년						2007년					
	이전	자동화	사업전환	인력 확충		기타	이전	자동화	사업전환	인력 확충		기타
				국내인력	외국인력					국내인력	외국인력	
전국	2.8	35.9	6.3	18.7	11.2	25.1	8.3	39.0	8.4	12.1	23.3	11.2
서울	4.4	22.5	5.8	9.9	15.0	42.4	8.6	38.0	8.6	5.8	20.0	13.0
부산	2.6	43.5	5.6	8.7	11.3	28.2	13.4	36.7	12.2	9.8	19.0	8.9
대구	0.5	37.9	10.4	14.4	16.1	20.8	10.4	36.3	13.3	10.0	18.8	6.2
인천	2.7	37.6	8.1	16.5	11.9	23.3	4.6	25.0	4.8	16.5	22.7	13.4
광주	3.2	30.9	5.2	17.4	9.9	34.4	6.7	58.3	18.5	13.2	27.0	5.2
대전	1.5	45.4	7.0	12.8	10.8	22.4	15.7	43.8	9.0	13.2	24.1	6.1
울산	3.8	40.9	5.4	20.9	6.1	23.0	7.9	34.5	7.3	16.2	36.1	2.8
경기	3.0	37.2	6.9	24.6	9.2	19.1	8.6	41.2	8.0	10.6	21.6	12.2
강원	0.9	37.6	5.4	18.4	13.7	23.8	2.8	44.7	7.7	8.9	25.4	9.7
충북	2.1	46.4	3.3	22.7	10.6	14.9	3.9	37.4	6.3	15.6	28.2	8.9
충남	4.2	39.0	2.5	28.5	7.4	18.4	5.5	45.0	5.4	26.5	32.2	3.5
전북	2.8	42.3	4.7	13.7	17.7	18.8	4.5	43.6	5.6	10.6	27.2	8.7
전남	0.6	40.3	3.0	26.9	5.8	23.4	5.2	49.8	8.6	18.8	34.6	4.8
경북	1.2	38.8	5.5	31.0	9.5	14.9	6.8	39.9	7.3	26.6	30.5	8.0
경남	1.8	38.8	5.5	21.5	8.9	23.4	9.4	39.0	7.0	17.2	26.7	8.2
제주	0.0	46.6	6.6	16.5	10.8	19.5	6.6	35.8	8.9	12.0	26.8	9.6

자료 : 중소기업청·산업연구원, 2003, 2007, 중소기업 인력실태조사 보고서.
참고 : 제시된 설문 응답 항목이 연도에 따라 약간 다름. 2003년에 단수 응답으로 이전은 해외 이전만, 자동화는 생산 설비 자동화만 제시되었고, 인력 활용은 외국 인력과 여성 인력으로 구분되었음. 2007년에는 2개 복수 응답(단 합계가 정확히 200이 아님)으로 이전의 경우 해외 이전과 국내 타지역 이전, 자동화는 생산 설비 자동화와 사무 자동화, 인력 활용은 외국 인력, 여성 인력, 실버 인력, 병역 대체 인력으로 구분되었음.

은 인력 부족을 해소하기 위한 방안으로 자동화 및 외국과 국내(여성, 실버, 병역 대체)에서 인력 충원에 더 큰 관심을 두고 있으며, 생산 설비의 해외 이전이나 신규 사업으로의 전환 등에 대해서는 상대적으로 매우 낮은 관심을 보였다. 즉 2003년의 조사 결과에 따르면 전국 중소기업 가운데 자동화 및 국내외 인력 확충을 통해 문제를 해소하고자 하는 비율은 각각 35.9%, 29.9%인 반면에 해외 이전은 2.8%, 사업 전환은 6.3%에 불과하였다. 이러한 상황은 다소 심화되어 2007년 자동화가 39.0%, 국내외 인력 확충이 35.4%로 증가하였으며, 특히 인력 확충에서 외국 인력의 비율은 크게 증가하였고 국내 인력의 비율은 감소하였다. 이러한 점은 기업들이 인력 부족 등으로 요구되는 산업 재구조화 과정에서 생산 설비의 해외 이전이나 새로운 업종으로의 전환, 즉 기업의 지리적 또는 산업적 이전을 택하기보다는 현장에서 생산 설비를 자동화하거나 좀 더 값싼 노동력을 확보하여 기존의 업종과 입지를 고수하고자 하는 전략을 선호하고 있음을 의미한다.

인력 부족 현상에 대한 타개 대책을 지역별로 살펴보면(〈그림 7, 8〉), 2003년 서울의 중소기업들은 인력 부족이라는 당면한 문제를 자동화나 외국 인력의 확충을 통해 해결하기보다는 그 외의 다른 방법으로 해결하려고 하는 반면, 부산, 대전, 울산과 같은 대도시와 충북, 전북, 전남, 제주와 같

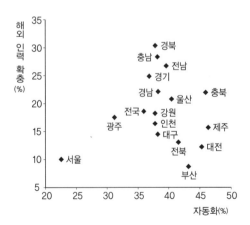

그림 7. 인력 부족 타개 대책으로서 중소기업의 자동화 및 해외 인력 확충(2003년)

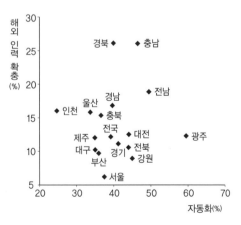

그림 8. 인력 부족 타개 대책으로서 중소기업의 자동화 및 해외 인력 확충(2007년)

이 상대적으로 생산액이 적은 지역들에서는 자동화를 선호하는 것으로 나타났다. 2007년 서울은 자동화에 대한 선호는 상대적으로 크게 증가하였지만 외국 인력에 대한 선호는 더욱 낮아졌고, 인천은 자동화에 대한 선호는 크게 줄었고 외국 인력에 대한 선호는 비슷한 수준으로 유지되었다. 부산과 대구는 자동화 선호가 감소한 데 반해 광주는 크게 증가하였다. 대부분의 도 지역에서도 자동화에 대한 선호가 높아진 반면, 외국 인력에 대한 선호는 다소 줄었다.

4. 이주 노동자의 유입이 지역 경제에 미치는 영향

이주 노동자의 유입이 지역 경제에 미치는 영향은 매우 복잡한 모형을 이용하거나 논리적 추론을 통해서 가능하겠지만(Okkerse, 2008) 어떤 경우라고 해도 완전히 파악되기란 어렵다. 그 이유는 우선 관련 통계 자료에 절대적 한계가 있다. 둘째, 복잡한 모형이라고 할지라도 관련된 변수들을 모두 고려하기란 불가능할 뿐만 아니라 결국 수리적(또는 기계적) 관계에서 도출되는 것이기 때문에 현실을 완전히 반영하기 어렵다. 셋째, 특히 이주 노동자들이 미치는 영향은 지역 경제의 조건이나 시기에 따라 크게 변화하기 때문이다. 이 연구에서는 기존에 제시된 연구들의 결과와 일반적으로 추정되는 주장들에 기초하여 몇 가지 가설을 설정하고, 관련 변수들 간의 간단한 상관관계에 바탕을 둔 논리적 추론을 통해 이주 노동자가 지역 경제에 미치는 영향을 고찰하고자 한다.

이 연구에서 제시하고자 하는 가설은 다음과 같이 열거된다(〈그림 9〉). 첫째, 이주 노동자의 유입은 노동 시장의 세분화를 통해 기존 노동력의 지

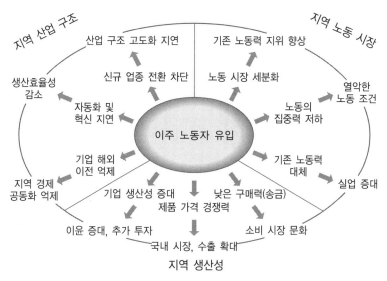

그림 9. 이주 노동자의 유입이 지역 경제에 미칠 영향에 대한 가설

위를 향상시키는 보완 효과를 가질 수 있지만, 시간의 경과에 따라 국내 단순 노동자를 대체하는 효과를 가질 뿐만 아니라 전반적으로 노동의 협상력 저하로 노동 조건을 악화시킬 수 있다. 둘째, 이주 노동자의 유입은 임금 절감에 따른 제품 가격 경쟁력 향상으로 단기적으로 지역 생산성의 증대 효과를 얻지만, 이를 위해 이주 노동자의 낮은 임금을 유지해야 하는 문제점을 가진다. 또한 이들의 낮은 구매력으로 인해 소비 시장에 큰 기여를 하지 못한다. 셋째, 이주 노동자의 유입은 산업 재구조화를 통한 신규 업종으로의 전환이나 생산 설비의 자동화 및 혁신을 차단시켜 지역 산업 구성의 고도화를 지연시키거나 생산의 효율성을 감소시킬 수 있으며, 다른 한편으로 기업의 해외 이전을 억제함으로써 지역 산업의 공동화를 막아줄 것이라고 가정해 볼 수 있다. 다음에 제시될 이 연구의 결과를 보면 이러한 가설들 대부분은 채택될 수 있으며, 두 가지 사항은 불확실한 것으로 추정되었

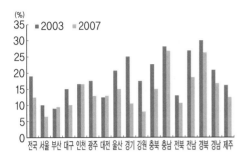

자료 : 중소기업청 · 산업연구원, 2003, 2007.

그림 10. 인력 부족 대책으로 외국 인력의 확충을 원하는 기업의 비율

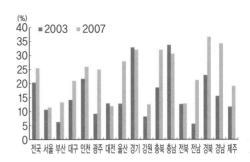

자료 : 중소기업청 · 산업연구원, 2003, 2007.

그림 11. 실제 지역별 외국 인력 고용 업체의 비율 변화

다. 이 두 가지 사항은 다음과 같다. 첫째, 이주 노동자의 유입과 생산 설비의 자동화 간 관계로, 중소기업들은 자동화에 대해 높은 선호도를 보이지만 이주 노동자의 유입으로 실제 자동화 투자가 지연되고 있다는 점이다. 둘째, 이주 노동자의 유입과 해외 직접 투자 간에는 직접적 관련성이 없다는 점이다.

1) 노동 시장에 미치는 영향

이주 노동자의 유입으로 가장 큰 영향을 받는 것은 물론 지역의 노동 시장이다. 대부분의 국가에서는 지역 노동 시장의 보호를 위해 단순 인력의 도입에서는 국내 노동 공급과의 보완성을 전제로 한다. 즉 기업이 국내 노동력의 부족으로 생산 활동이 어렵거나 노동력의 임금 인상이나 강력한 노동(조합) 운동 등으로 저렴하고 유순한 노동력을 확보하기 어려운 상황에 봉착할 경우에 국가는 일정한 제약 조약 아래 외국 인력을 도입하게 된다. 중소기업청 · 산업연구원의 조사에 따르면, 앞서 언급한 바와 같이 우리나라 중소기업은 인력 부족에 대한 대책으로 자동화와 국내외 인력 확충을

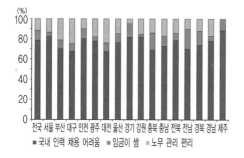

자료 : 중소기업청 · 산업연구원, 2003, 2007.

그림 12. 지역별 외국 인력 고용 이유(2003년)

■ 국내 인력 채용 어려움 ■ 임금이 쌈 ■ 노무 관리 편리

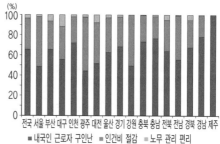

자료 : 중소기업청 · 산업연구원, 2003, 2007.

그림 13. 지역별 외국 인력 고용 이유(2007년)

■ 내국인 근로자 구인난 ■ 인건비 절감 ■ 노무 관리 편리

선호하고 있다. 해외 인력의 확충을 통한 대책 마련은 2003년에 비해 2007년 다소 감소한 것으로 나타나지만(〈그림 10〉), 실제 중소기업 가운데 외국 인력을 고용한 업체는 2003년 20.5%인 데 비해 2007년 25.7%로 증가한 것으로 조사되었다. 이러한 증가는 대전을 제외한 모든 지역에서 나타나며, 특히 울산, 광주 · 전남, 충북 지역에서 비율의 증가가 두드러졌다(〈그림 11〉). 또한 경기에서도 해외 인력 확충 대책을 선호하는 기업의 비율은 크게 감소했으나 실제 외국 인력 고용 업체는 30% 이상의 높은 수준을 유지하고 있다.

이와 같이 중소기업들이 이주 노동자의 고용을 증가시키고 있는 것은 국내 노동력의 절대적 부족에 기인한 부분도 있겠지만, 또한 기업이 기대하는 수준의 저렴한 노동력이 공급되지 않기 때문이라고 할 수 있다. 즉 이주 노동자들의 고용이 증가한 것은 내국인 노동자의 취업 기피에 따른 불가피한 선택인지, 그렇지 않으면 저임금이나 노무 관리의 용이성 때문인지에 의문이 제기될 수 있다. 사실 국내 인력의 부족으로 외국 인력을 고용한다는 것은 기업이 자신들이 원하는 낮은 수준에서 국내 인력을 구할 수 없음을 의미하며, 만약 임금을 현재보다 높게 제시할 경우에도 여전히 인력이

표 5. 내국인 근로자에 미치는 영향

(단위 : 개소, %)

업종	사례수	일자리에 미치는 영향					임금 및 근로 조건에 미치는 영향				
		크게 대체	부분 대체	영향 없음	약간 보호	크게 보호	크게 악화	다소 악화	영향 없음	다소 향상	크게 향상
전체	322	20.2	53.1	24.5	1.6	0.6	1.9	12.7	75.5	8.4	1.6
기계	41	19.5	53.7	24.4	1.4	0	2.4	14.6	65.9	17.1	0
금속	137	17.5	56.2	24.8	2.4	0.7	0	13.9	73.7	10.2	2.2
화학	772	4.7	46.8	24.7	0.7	0	1.3	6.5	84.4	7.8	0
전기전자	302	3.35	6.7	20.0	3.9	0	6.7	6.7	80.0	0	6.7
기타	37	18.9	51.4	27.0	0	2.7	5.4	24.3	70.3	0	0

자료 : 한국여성정책연구원, 2007.

없는 것은 아니라고 할 수 있다(정진화, 2005). 이러한 점은 중소기업청·산업연구원의 조사에서 중소기업들의 응답에서도 잘 나타난다. 즉 〈그림 12〉와 〈그림 13〉에서 제시한 바와 같이 2003년 외국 인력 고용의 주된 원인으로 고용 업체 가운데 79.1%가 국내 인력 채용의 어려움, 그리고 9.9%만이 저렴한 임금을 지적했으나, 2007년에는 내국인 근로자 구인난은 65.6%로 줄어든 반면에 인건비 절감이 31.5%로 크게 증가한 것으로 조사되었다.

이러한 변화를 지역별로 보면 인건비 절감을 목적으로 이주 노동자를 고용하는 업체의 비율은 서울(2003년 3.8%에서 2007년 48.9%), 광주(3.7%에서 54.1%), 강원(3.5%에서 50.4%) 등에서 크게 증가했으며, 부산, 인천, 경기, 충남, 충북, 제주 등에서는 상대적으로 적게 증가하였다. 이와 같이 2003년의 경우 중소기업들은 국내 인력 채용의 어려움 때문에 이주 노동자를 고용하여 기업을 운영하고 지역 경제의 성장을 촉진한 것으로 추정할 수 있다. 그러나 이후 이주 노동자의 유입이 확대되면서 기업들은 인건비 절감을 목적으로 이주 노동자의 고용을 선호함으로써, 국내 노동력을 대체하는 결과를 초래하고 있다고 할 수 있다. ■7

이와 같이 이주 노동자의 유입이 내국인 근로자의 일자리에 영향을 미치고 있다는 점은 한국여성정책연구원의 조사에서도 분명히 나타나고 있다(〈표 5〉). 이 조사에 의하면, 업종별로 다소 차이가 있지만 제조업 부문에서 이주 노동자의 고용은 내국인 근로자의 일자리를 크게(20.2%) 또는 부분적으로 대체(53.1%)하는 효과가 있는 것으로 조사되었다. 다른 한편 이 조사에 의하면 이주 노동자가 임금 및 근로 조건에 미친 영향에 대해서는 '영향 없음'이 75.5%로 나타났고 악화되었다고 하는 비율이 14.6%이지만, 또한 향상되었다고 하는 비율도 10.0%로 나타난다. 이러한 점에서 이주 노동자의 유입이 기존 노동력의 지위에 미치는 영향은 이중적이라고 할 수 있다.

그러나 분명한 사실은 이주 노동자의 임금은 국내 노동자에 비해 상당히 낮다는 점이다. 중소기업청·산업연구원의 조사에 의하면, 이주 노동자의 임금 수준은 다소 변동이 있지만 내국인 노동자 임금의 86~89% 수준이다(〈그림 14〉). 이주 노동자의 이러한 임금 수준은 노동 시간 연장 등을 고려해 볼 때 내국인 노동자보다 실제로 매우 열악하다. 또한 이들의 임금은 지역별로 상당한 격차를 보이고 있다. 2004년의 경우 서울은 임금의 절대 액수 및 수준도 전국 평균 이하이며, 경기는 가장 높은 임금 액수를 보이지만 임금 수준은 전국 수준보다 낮은 것으로 조사되었다. 대구는 임금 액수와 임금 수준에서 모두 높은 지역으로 나타났고, 강원과 제주는 임금 액수가 적은 것으로 조사되었다.

이와 같이 이주 노동자가 국내 저임금 노동자들을 대체하고 임금 역시 낮은 수준에서 이주 노동자가 지역 내 내국인 노동자들의 임금 및 노동 조건에 미치는 영향은 단기적으로는 약하지만 장기적으로는 점차 이중적 효

■7　최근에 들어 이주 노동자의 유입이 지역 노동력을 대체함으로써 지역의 실업률이 높아졌을 것으로 추정할 수 있지만, 실제 우리나라의 실업률 통계는 현실을 제대로 반영하지 못하기 때문에 이들 간의 상관관계를 통계로 추정해 보는 것은 의미가 없었다.

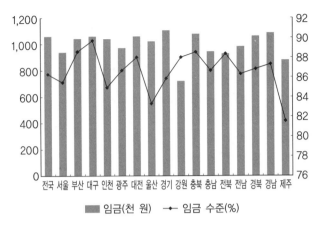

자료 : 중소기업청·산업연구원, 2003, 2007.

그림 14. 이주 노동자의 임금 및 임금 수준(2004년)

과를 증대시킬 것으로 추정된다. 즉 이주 노동자의 유입은 기존의 노동 시장에서 상대적으로 차상위에 속하는 노동자들에게는 노동 시장의 세분화를 통해 지위를 다소 향상시킬 수 있는 기회를 제공할 수 있다. 그러나 지역 노동 시장에서 이주 노동자는 저임금 단순 노동력을 대체하여 결국 실업이나 비정규직 고용을 확산시키고, 나아가 노동력의 풀(즉 산업예비군)을 확대시킬 것이다. 그렇다면 이주 노동자는 단기적으로 내국인 노동자의 임금 및 근로 조건에 큰 영향을 미치지는 않는 것처럼 인식된다고 해도(〈표 5〉), 장기적으로 보면 노사 관계에서 노동의 협상력을 저하시키고 궁극적으로 노동 조건을 악화시킬 수 있을 것이다.

2) 지역 생산성에 미치는 영향

이주 노동자가 지역의 생산성에 미치는 영향 역시 이중적이라고 할 수 있다. 이주 노동자가 국내 노동력에 미치는 영향이 대체성보다는 보완성의

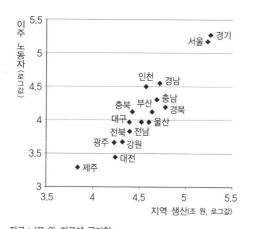

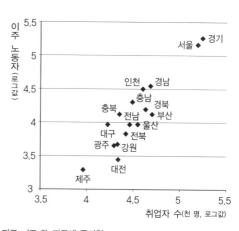

자료 : 〈표 3〉 자료에 근거함.

그림 15. 지역 생산과 이주 노동자 간 관계(2008년)

자료 : 〈표 3〉 자료에 근거함.

그림 16. 취업자와 이주 노동자 간 관계(2008년)

측면에서 더 크다면, 이들은 분명 지역 경제의 생산성 증대에 기여한다고 하겠다. 물론 지역 생산성의 증대에 따라 이주 노동자의 유입이 촉진된 점도 있지만, 이주 노동자의 유입은 다시 낮은 임금으로 인해 상품의 가격 경쟁력을 확보하고 이를 통해 생산액 증가와 국내 노동력의 고용 유발 효과를 가져온다고 할 수 있다(김흥배 외, 2007). 이러한 점은 지역 경제의 생산액이 이주 노동자의 유입 규모와 아주 높은 상관관계를 가지고 있다는 점에서 확인된다. 즉 〈그림 15〉와 〈그림 16〉에서 보여주는 바와 같이 지역 생산액, 취업자, 임금 노동자의 수가 클수록 이주 노동자가 많은 것을 알 수 있다. 이들 간의 상관계수로 보면 이주 노동자의 수는 지역 생산액, 취업자, 임금 노동자 또는 제조업 종사자 수 등과 매우 큰 상관관계를 보이며, 특히 지역 생산액과 더 높은 비례관계를 보였다.

이러한 점에서 김흥배 외(2007)의 연구는 우리나라에서 외국인 노동자가 10% 증가할 경우 전체 생산액 증가 효과는 2003년 기준 생산액의 0.22%에 해당하는 3조 900억 원, 전국 부가가치 유발 효과는 1조 700억 원, 국내

표 6. 외국인 노동자 10% 고용 증가에 따른 생산액 증가
(단위 : 십억 원, %)

구분	총생산액 증가	상위 산업						하위 산업					
		업종	증가	업종	증가	업종	증가	업종	증가	업종	증가	업종	증가
전국	3,090.4 (100.0)	전기전자기계	755.9	1차 금속업	453.1	화학 제품	421.4	도·소매 음식숙박	56.8	가구 및 기타	25.4	건설업	15.8
수도권	1,469.4 (47.6)	전기전자기계	411.7 (54.5)	1차 금속업	187.6 (41.4)	화학 제품	178.3 (42.3)	도·소매 음식숙박	26.0 (45.9)	가구 및 기타	13.5 (53.4)	건설업	8.2 (51.4)
강원권	68.9 (2.2)	농림 수산업	21.4 (6.8)	석유 석탄업	9.8 (6.7)	전기전자기계	8.2 (1.1)	건설업	0.8 (5.1)	종이인 쇄출판	0.7 (0.7)	가구 및 기타	0.2 (0.9)
충청권	268.2 (8.7)	전기전자기계	64.2 (8.5)	화학 제품	44.8 (10.6)	농림 수산업	44.0 (14.0)	도·소매 음식숙박	4.4 (8.0)	가구 및 기타	2.6 (5.5)	건설업	1.6 (7.2)
전라권	318.2 (10.3)	화학 제품	62.5 (14.9)	1차 금속업	61.0 (13.5)	농림 수산업	50.6 (16.1)	금속 제품	4.4 (5.9)	가구 및 기타	2.6 (10.0)	건설업	1.6 (10.1)
경상권	965.8 (31.3)	전기전자기계	235.9 (31.2)	1차 금속업	183.4 (40.5)	화학 제품	131.3 (31.2)	가구 및 기타	7.7 (30.1)	비금속 광물	7.3 (12.6)	건설업	4.1 (26.1)

자료 : 김홍배 외, 2007, 14–15에서 재구성함.

노동자 고용 효과는 16,130명(2003년 현재 국내 노동자 고용 인구의 약 0.12%)인 것으로 추정하였다. 이 연구에 의하면 이주 노동자의 유입에 따라 생산액 증가가 가장 큰 지역은 수도권으로 전체의 47.6%를 차지하며, 다음으로 경상권 31.3%, 전라권 10.3%, 충청권 8.7%의 순으로 되어 있다. 업종별로 보면 전기전자 기계 업종의 생산액 증가율이 높은 반면, 도·소매업과 가구 및 기타, 그리고 건설업은 생산액 증가가 상대적으로 낮은 업종으로 분석되었다(〈표 6〉). 이러한 추정은 물론 일정한 가정하에 계산된 것이라는 점에서 다소 자의성을 가지는 것이지만, 특히 지역별 및 업종별 상위 산업과 하위 산업을 제시했다는 점에서 나름대로 의미를 가진다고 하겠다.

이주 노동자에 대한 이러한 생산액 증대 효과는 기본적으로 이들의 노동력이 국내 노동자의 생산성과 비교하여 어느 정도의 수준인가에 따라 달라진다. 일단 이주 노동자가 국내 노동자와 동일한 생산성을 가진다면 국내

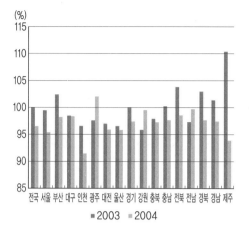

자료 : 중소기업청·산업연구원, 2003, 2004.

그림 17. 이주 노동자의 생산성 대비 임금 수준

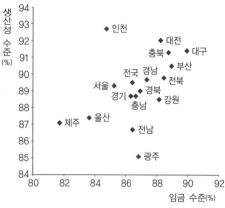

자료 : 중소기업청·산업연구원, 2004.

그림 18. 이주 노동자의 생산성 및 임금 수준(2004년)

의 단순 기능 노동력에 비해 저렴한 노동 가격을 형성하므로 생산 증가 효과가 나타난다고 할 수 있다. 이에 따라 저렴한 임금으로 생산 비용을 절감함으로써 수출을 확대할 수 있을 것이고, 지역 경제에서 수출 산업의 신장은 이차적으로 국내 수요를 증가시키는 효과를 가져올 수 있다(이규용 외, 2007). 그러나 이주 노동자의 임금 수준이 생산성 수준보다 높아지면 국내 노동자와 비교하여 지역 생산에 절대적으로 기여한다고 보기 어려워진다.

중소기업청·산업연구원의 조사에 따르면 2003년 전국 이주 노동자의 생산성 수준(87.2%) 대비 임금 수준(87.1%)은 99.9%로, 이주 노동자의 임금이 싸다고 하더라도 생산성 수준이 그만큼 낮다면 실제 지역 경제에 크게 기여한다고 보기 어렵다. 이에 따라 2004년 이주 노동자 고용 기업들은 임금 수준(86.4%)을 낮추는 한편 생산성 수준(89.5%)을 높인 것으로 조사되었다. 지역별로 보면 2003년의 경우 생산성 수준 대비 임금 수준의 비율은 제주에서 가장 높고 부산, 경기, 전북, 경북, 경남에서 100을 상회한 것으로 조사되었지만, 2004년에는 광주(102.0)를 제외하고 모든 지역은 100 이

하로 떨어졌다. 그러나 이러한 점은 어떤 딜레마를 초래한다. 즉 정진화 (2005)의 연구에서 주장하는 것처럼, "만약 외국인 근로자를 고용하는 주 된 이유가 생산성 대비 임금이 낮기 때문이라면, 외국인 근로자의 이러한 비교 우위가 지속되는 한 외국 인력의 국내 인력 대체 가능성이 높다"고 하 겠다.

이주 노동자가 지역의 생산성에 미치는 영향과 관련하여 흔히 지적되는 또 다른 점은 이들이 지역 소비 시장에는 거의 기여하지 못한다는 점이다. 이들은 상대적으로 저렴한 임금으로 노동함으로써 생산의 증가 효과를 가 져오고 기업의 이윤을 증대시키며, 나아가 기업들의 추가 투자를 가능하게 한다고 할지라도 이들의 저임금은 소비를 위한 구매력을 낮추게 된다. 특 히 이주 노동자들은 임금의 상당 부분을 자국에 송금하는 한편, 소비 지출 은 크지 않기 때문에 지역 시장에서 수요 창출에는 크게 기여하지 못한다 고 할 수 있다(이규용 외, 2007).

3) 산업 구성 및 생산 체계에 미치는 영향

이주 노동자가 지역 경제에 영향을 미치는 주요 측면 가운데 하나는 지 역의 산업 구성 변화와 생산 체계이다. 이 측면은 이주 노동자의 유입이 지 역의 산업 재구조화 과정과 밀접한 관계가 있다는 점에서 중요한 의미를 가짐에도 불구하고 흔히 간과되고 있다. 특히 이주 노동자는 산업 재구조 화 과정에 내재된 '공간적 조정'의 문제, 즉 기존의 업종들이 가지는 '입지 관성'(입지 및 업종 전환에 대한 기업들의 회피)의 문제를 어느 정도 해소시키 는 역할을 한다. 특히 이러한 문제는 제조업 부문에서 생산 설비와 기계 등 의 고정 자본에 이미 상당한 투자를 한 경우 더욱 강하게 나타난다.

우리나라는 1980년대 후반 산업 구성에서 제조업이 차지하는 비중이 정점에 달한 후로 계속 감소하는 추세를 보였다. 이 경향은 상대적으로 고부가가치인 첨단 기술 산업 및 서비스업으로 전환한 데 원인이 있는 것으로 이해된다. 그러나 사실 우리나라의 전국 산업 구성에서 제조업이 차지하는 비중(생산액 기준)은 2001년 25.3%로 최저점에 도달한 후 다시 점차 증가하기 시작하여 2007년에는 29.3%에 달하였다(〈그림 19〉). 더욱이 제조업 가동률은 IMF 위기 직후인 1998년 67.8%로 최저에 이른 이후 점차 증가하기 시작하여 2001년(74.9%)을 제외하고는 지속적으로 증가하는 추세를 보여 2007년에는 80.1%에 달하였다(그러나 2008년에는 다시 약간 하락하여 77.2%). 지역별로 보면 2003년에서 2007년 사이에 서울과 인천은 정보통신 산업의 발달에 따른 첨단 기술 서비스업과 금융, 보험 및 여타 경영 관리와 자문 등의 생산자 서비스업의 발달로 제조업의 구성비가 감소하였지만, 그 외 강원을 제외하면 모든 지역에서 제조업 생산액의 구성비가 증가한 것으로 나타나고 있다(〈그림 20〉).

이와 같이 제조업 구성비가 증가하고 가동률도 상대적으로 높은 수준에서 유지되고 있는 것은 물론 다양한 요인들의 작용 결과라고 하겠지만, 이 요인들 가운데 하나는 이주 노동자의 유입이라고 할 수 있다. 즉 이주 노동자들은 제조업 부문에서 상대적으로 노동집약적인 업종에 주로 고용됨으

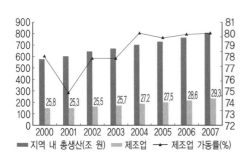

자료 : 통계청, 홈페이지, 국가통계포털.
그림 19. 제조업 성장(구성비) 및 가동률 추이

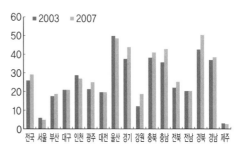

자료 : 통계청, 홈페이지, 국가통계포털.
그림 20. 지역별 제조업(생산액) 구성비 변화

로써 기존에 재구조화되어야 할 업종이 높은 가동률로 유지되도록 하는 데 주요한 역할을 한 것으로 해석될 수 있다. 이와 같이 이주 노동자의 유입은 지역에서 노동집약적이고 노후화된 업종에서 요구되는 저렴한 노동력의 공급에 기여하는 한편, 새로운 신규 업종으로의 전환을 지연시키고 지역 산업 구조의 고도화를 가로막는 장애물의 역할을 하는 것으로 추정해 볼 수 있다.

그뿐만 아니라 이주 노동자의 유입은 생산 설비의 자동화나 생산 체계의 혁신에 저해 요인으로 작용할 수도 있다. 일반적으로 경제의 성장과 더불어 생산 설비 투자가 증대하면서 혁신 기술의 발달로 설비 자동화 및 제품의 혁신 등에 대한 투자가 증대하게 된다. 우리나라는 1997년 이전까지 총 설비 투자가 대체로 연간 7조 원을 상회했지만, IMF 위기와 더불어 투자액이 크게 줄어들어 1999년에는 3조 400억 원 정도에 불과하게 되었다. 그러나 이후 설비 투자는 꾸준히 증가하여 2005년 8조 원에 육박하였고, 그 이후에도 계속 증가하고 있다. 그러나 문제는 이러한 총 설비 투자에서 자동화 투자가 차지하는 비중이 1998년 3.7%에서 점차 높아져 2001년 5.7%에

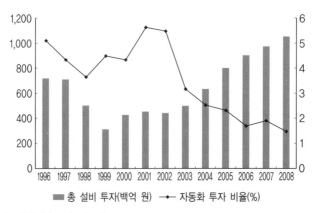

■ 총 설비 투자(백억 원)　—◆— 자동화 투자 비율(%)

자료 : 통계청, 홈페이지, 국가통계포털.

그림 21. 총 설비 투자 및 자동화 투자 비율 변화 추이

달한 후 계속 하락하여 2008년에는 1.5%로 추락하였다는 점이다(〈그림 21〉).

자동화 투자에 대한 비율의 감소를 초래한 여러 요인 가운데 하나는 이주 노동자의 유입이라고 추정된다. 앞서 논의한 바와 같이 이주 노동자의 유입과 자동화의 추진 간에는 상호 반비례 관계가 있는 것은 아니지만, 자동화 추진은 상대적으로 노동력 투입을 축소시켜 준다고 할 수 있다. 특히 설비 투자가 계속 증가하고 제조업 가동률도 증가하는 추세에서 자동화 부문에 대한 투자만 감소한다는 것은 이를 대신할 수 있는 다른 요인이 있음을 의미한다. 이 요인이 바로 이주 노동자의 유입이라고 추정된다. 즉 이주 노동자의 유입은 생산 설비의 자동화와 혁신을 지연시키고, 장기적으로는 생산의 효율성을 감소시킬 것으로 추정된다.

마지막으로 이주 노동자가 지역 경제에 미치는 중요한 측면은 해외 직접 투자의 변동 추이라고 할 수 있다. 기업들이 해외로 생산 설비를 이전하는 주요 요인으로 상품 시장의 확보나 새로운 기술의 습득 등을 들 수도 있겠지만, 저렴한 노동력도 매우 중요한 요인이다. 우리나라의 해외 직접 투자 유출은 1990년대 들어와서 본격화하였지만 1997년 IMF 위기 이후 다소

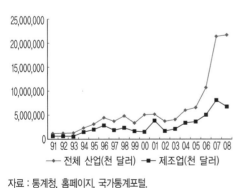

자료 : 통계청, 홈페이지, 국가통계포털.

그림 22. 해외 직접 투자 증감 추이

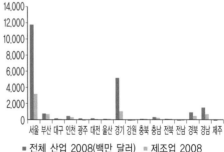

자료 : 통계청, 홈페이지, 국가통계포털.

그림 23. 지역별 해외 적접 투자 현황

감소한 후 약간 증가하다가 2002년에 다시 감소했으나 그 이후에는 급속히 증가하는 추세를 보였다(〈그림 22〉). 즉 2003년 해외 직접 투자액은 46억 7000만 달러였으나 2006년 114억 8000만 달러에 달했고, 2007년에는 214억 달러를 넘어서게 되었다. 이에 따라 제조업의 해외 직접 투자도 비례하여 증가하는 추세를 보였다. 이러한 점에서 이주 노동자의 유입이 해외 직접 투자 유출을 억제하여 지역 경제의 공동화를 완화하는 효과를 가질 것이라고 추정하기는 어렵다. [8] 특히 지역별 해외 직접 투자의 유출 현황을 살펴보면, 해외 직접 투자는 지방의 중소기업들보다는 본사 또는 투자자가 위치한 서울에서 해외로 유출된다는 점(〈그림 23〉)에서 지역의 이주 노동자 유입과는 직접적 관계를 가진다고 보기 어렵다.

5. 결론

지구 · 지방화 과정 속에서 급속하게 증가하고 있는 이주 노동자의 유입은 지역 경제에 많은 영향을 미치고 있다. 이주 노동자의 유입과 이들의 고용은 지역 경제의 호황기뿐만 아니라 침체기에 지역 산업의 재구조화가 요

---

[8]   그러나 심상완(2008)의 연구에 따르면 해외 투자와 생산의 해외 전개가 창원 지역 수준에서 제조업 생산의 위축이나 산업 공동화를 초래했다고 할 수는 없지만, 일부 업종은 생산의 해외 이전으로 생산과 고용에 상당한 공백이 발생하였고, 이로 인해 줄어든 고용은 산업 재구조화를 통해 여타 업종들로 흡수되었다고 분석하고 있다. 다른 한편 지구 경제의 거시적 과정이 국제 이주에 미치는 영향에 관한 연구에서 샌더슨과 켄터(Sanderson and Kentor, 2008)는 해외 직접 투자가 1985~2000년 사이 25개 저개발국들로부터 이주에 미치는 효과를 회귀분석한 결과, 해외 직접 투자의 스톡은 시간에 따른 순이주를 증가시키고, 무역 통합은 이러한 이동을 감소시켰다고 주장한다.

구되는 상황에서도 이루어진다. 이에 따라 유입된 이주 노동자들은 지역의 중소기업들에 상대적으로 저렴한 노동력으로 공장을 가동하여 생산성을 증대시키고 이윤을 얻을 수 있는 기회를 제공한다. 따라서 지역 경제는 노동력 부족 현상을 일시적으로 타개하고, 최소한 단기적으로 성장하는 것처럼 보인다. 그러나 이주 노동자의 유입이 실제 지역 경제에 어떤 영향을 미치고 있는지를 파악하는 것은 매우 복잡하고 이중적(또는 다중적)이다. 특히 정확한 자료가 부족하고 정교한 모형이 결여된 상황에서 그 영향을 추정하는 작업은 매우 어렵지만, 이주 노동자가 지역 경제에 점점 더 큰 영향을 미치고 있는 상황에서 이에 대한 연구는 긴요하다고 할 수 있다.

우리나라에서도 1990년대 이후 이주 노동자가 본격적으로 유입되었고, 2000년대에 들어와서는 급속히 증가하고 있다. 이들은 전국적인 분포를 보이고 있지만, 특히 서울과 경기도 등 수도권에 집중 분포하면서 지역 경제에 직간접적인 영향을 확대시키고 있다. 이 연구에서는 기존의 연구들이 제시한 주장을 검토하면서 이주 노동자의 유입과 관련된 지역 경제의 조건 및 이에 따라 변화했을 것으로 추정되는 주요 측면, 즉 지역 노동 시장, 지역 생산성, 지역의 산업 구성 및 생산 체계의 변화 등에 초점을 두고 그 영향을 추론하고자 하였다. 다소 피상적인 추론을 지나치게 일반화시키는 문제가 있지만, 이 연구의 추론으로 도출될 수 있는 몇 가지 사항을 열거하면 다음과 같다.

첫째, 이주 노동자는 시간의 경과에 따라 전반적으로 국내의 단순 노동자를 대체하는 효과를 가진다. 이는 한편으로 노동 시장의 세분화를 통해 기존 노동력의 지위를 향상시킬 수도 있지만, 노동의 협상력 저하로 노동 조건을 악화시킬 수 있다. 둘째, 지역 생산성에 미치는 영향은 단기적으로 증대 효과를 가지지만 이를 위해 이주 노동자의 낮은 임금을 유지해야 하는 문제점이 있고, 이들의 낮은 구매력은 소비 시장에 거의 기여하지 못한다. 셋째, 이주 노동자의 유입은 산업 재구조화를 통한 신규 업종으로의 전환이나 생산 설비의 자동화 및 혁신을 차단시켜 지역 산업 구성의 고도화를 지연시키거나 생산의 효율성을 감소시킬 수 있다. 또한 이주 노동자의 유입은 해외 직접 투자와는 큰 관계가 없으며, 따라서 해외 이전에 따른 지역 산업의 공동화를 막아줄 것이라고 예측하기는 어렵다.

:: 참고 문헌

김헌구 · 이규용, 2004, "외국인력 고용의 경제적 효과", 저숙련 외국인력 노동시장 분석, 한국노동연구원.

김홍배 · 윤갑식 · 오동훈, 2007, "외국인 노동자 고용 정책이 지역경제에 미치는 영향 분석", 지역연구 23(3), pp.3-25.

심상완, 2008, "생산의 해외전개와 산업 재구조화 : 창원 지역의 사례", 산업노동연구 14(2), pp.443-483.

유경준, 2008, "최근 고용부진의 원인분석 : 비정규직법 효과 및 외국인 근로자 효과를 중심으로", 노동리뷰 11월호, pp.7-17.

이규용 · 박성재, 2008, "외국인력 고용구조와 영향", 노동리뷰 9월호, pp.27-38.

이규용 · 유길상 · 이해춘 · 설동훈 · 박성재, 2007, 외국인력 노동시장 분석 및 중장기 관리체계 개선방향 연구, 한국노동연구원.

이한숙, 2004, "외국인력 유입의 경제적 효과에 관한 연구", 부산대 경제학과 박사학위 논문.

정진화, 2005, "외국인력 고용의 결정 요인", 경제연구 23(1), pp.145-162.

조준모, 2004, "외국인력의 내국 인력에 대한 대체성 분석", 유길상 외, 저숙련 외국인력 노동시장 분석, 한국노동연구원.

중소기업청 · 산업연구원, 각 연도, 중소기업 인력실태조사 보고서.

최병두, 2007, "발전주의에서 신자유주의로의 이행과 도시공간정책의 변화", 한국지역지리학회지 13(1), 82-103.

출입국 · 외국인정책본부, 각 연도, 출입국 · 외국인정책 통계월보.

한국여성정책연구원, 2007, 이주노동자에 대한 한국인의 인식 : 일터를 중심으로.

한진희 · 최용석, 2006, "국제노동이동의 경제적 영향 분석 : 외국인노동자문제를 중심으로", 한국개발연구 29(1), pp.1-22.

Altonji, J. G. and Card, D., 1991, "The effects of immigration on the labor market outcomes of less-skilled natives", in J. Abowd and R. Freeman (eds.), *Immigration, Trade and the Labor Market*, Chicago : The University of Chicago Press, pp.201-234.

Borjas, G., 2003, "The labor demand curve is downward sloping : reexamining the impact of immigration on the labor market", *Quarterly Journal of Economics* 118, pp.1335-1374.

Card, D., 2001, "Immigrant inflows, native outflows, and the local labor market impacts of higher immigration", *Journal of Labor Economics* 19(1), pp.12-64.

Carrasco, R., Jimeno, J. F., and Ortega, A. C., 2008, "The effect of immigration on the labor market performance of native-born workers : some evidence for Spain", *Journal of Population Economics* 21, pp.627-648.

Chang, H-C., 2004, "The impact of immigration on the Wage Differential in Australia", *The Economic Record* 80, pp.49-57.

Choi, B-D., 2008, "Multicultural space and glocal ethics : from the space of late capitalism to spaces of recognition", *Program Book* (5th East Asian Regional Conference in Alternative Geographies), pp.21-41.

Dustmann, C., Fabbri, F., and Preston, I., 2005, "The impact of immigration on the British labour market", *The Economic Journal* 115, pp.324-341.

Frobel, F. J., Heinrichs J. and Kreye, O., 1980, *The New International Division of Labour*, Cambridge : Cambridge University Press.

Greenwood, M. J. and Hunt, G. L., 1995, "Economic effects of immigrants on native and foreign-born workers", *Southern Economic Journal* 61, pp.1076-1097.

Harvey, D., 1982, *The Limits to Capital*, Blackwell; 최병두 역, 자본의 한계, 서울 : 한울.

Lalonde, R. and Topel, R. H., 1991, "Immigrants in the American labor market : quality, assimilation and distribution effects", *The American Economics Review* 81, pp.297-302.

Longhi, S., Nijkamp, P and Poot, J., 2005, "A meta-analytic assessment of the effect of immigration on wages", *Journal of Economic Surveys* 19(3), pp.451-477.

Lovering, J., 1989, "The restructuring debate", in R. Peet and N. Thrift (eds.), *New Models in Geography* 1, London : Unwin Hyman, pp.198-223.

Okkerse, L., 2008, "How to measure labor market effects of immigration : a review",

Journal of Economic Surveys 22(1), pp.1-30.

Overbeek, H., 2002, "Neoliberalism and the regulation of global labor mobility", *The Annals of The American Academy* 581, pp.74-90.

Park, S. O., 1994, "Industrial restructuring in the Seoul metropolitan region : major triggers and consequences", *Environment and Planning A*. 26(4), pp.527-541.

Rosewarne, S., 2001, "Globalization, migration, and labor market formation : labor's challenge?", *Capitalism, Nature, Socialism* 12(3), pp.71-84.

Sanderson, M., and Kentor, J., 2008, "Foreign direct investment and international migration", *International Sociology* 23(4), pp.514-539.

Smith, N., 1984, *Uneven Development : Nature, Capital and the Production of Space*, Cambridge : Blackwell.

Venturini, A. and Villosio, C., 2006, "Labour market effects of immigration into Italy : An empirical analysis", *International Labour Review* 145(1-2), pp.91-118.

한국지역지리학회지 제15권 3호(2009년 8월), pp.369-392에 게재된 글임.

제5장

전문직 이주자 현황과 지리적 분포 특성

임 석 회

1. 서론

1) 연구 배경 및 목적

세계는 점점 국가의 경계를 넘어 자본과 상품에서부터 노동에 이르기까지 이동이 자유로운 글로벌 시장을 형성하고 있다. 한국 사회 역시 급속한 세계화 현상과 함께 1990년대 초부터 외국인 노동자가 유입되기 시작하였다. 이들은 지난 20여 년간 그 수가 급속도로 증가하여 오늘날에는 우리 주변에서 쉽게 볼 수 있을 만큼 보편적 현상이 되었다. 이와 같은 외국인 노동자들의 유입 증가는 자연스레 학문적·사회적 관심으로 이어지게 되었고, 이에 따라 많은 정책과 연구들이 진행되고 있다. 그러나 국내의 외국인력 정책은 1992년 산업연수생제를 필두로 단순 기능 인력 위주로 운영되어 왔고, 그간 산업연수생제와 고용허가제를 둘러싼 관계 기관 간의 논쟁에 매몰되어[1] 정작 국내 산업 발전에 필요한 전문직 이주자에 대한 관심은 저조한 실정이다. 주목할 것은 최근 노동력의 국제 이주가 상층 회로(upper circuit)와 생존 회로(survival circuit)를 통한 이주의 양극화 현상을 보이고 있다는 점이다. 양극화된 이주 흐름 가운데 하나는 글로벌 경제를 원활하게 하는 데 필요한 조정과 중재의 역할을 위해 이동하는 고소득 전

---

[1]   1992년부터 국내에서 부족한 단순 기능 인력을 충원하기 위해 개발도상국과 외국인 산업연수생 제도를 시행하였다. 산업연수생제는 연수생으로 일정 기간 연수 후 취업자로 전환하는 체제이기 때문에 연수생으로 취업하는 시기에는 노동자로서의 혜택을 받지 못하는 등 그간 많은 문제점이 양산되었다. 따라서 2004년부터는 단순 기능 인력이 합법적으로 취업할 수 있는 고용허가제를 실시하고 있다. 하지만 이 제도 역시 3년이라는 취업 기간 제한과 원칙적으로 금지된 사업장 변경 등 외국인 노동자들에게 많은 제약이 따르고 있다.

문직 종사자들의 이주 흐름인 '상층 회로'이며, 다른 하나는 경제적·사회적 생존을 위해 다른 나라로 이주하는 노동자의 이주 흐름인 '생존 회로'이다(김현미, 2005).

오늘날과 같은 지식 기반 경제 시대에 경쟁력의 원천은 무엇보다도 지식과 지적 자본이라 할 수 있다. 따라서 세계는 전문 인력을 확보하기 위해 연구 환경을 조성하고, 제도적으로 혜택을 주는 등 많은 노력을 기울이고 있다. 반면 우리나라의 경우 한국인 전문직 종사자의 해외 이주는 늘고 있지만, 국내에 체류하고 있는 외국인 노동자의 약 90%가 단순 기능 인력으로 양적으로는 외국 인력이 늘고 있지만 그 인력의 질은 저하되는 경향을 보이고 있다.■2 더욱이 2009년 현재 국내에 체류하고 있는 장·단기 전문직 이주자의 수가 5만 명을 넘고 있지만 이들에 대한 체계적인 학문적 연구는 거의 전무하여 그 현황 파악조차 제대로 이루어지지 않고 있다.

전문직 이주자에 관한 국내 연구가 미흡했던 까닭은 그 규모가 다른 유형의 외국인 이주자들에 비해 작기 때문이기도 하지만 그보다 이들의 국제 이주가 사실상 '눈에 띄지 않는(invisible)' 현상이라는 데 있다. 전문직 이주자들 대부분은 합법적인 취업 비자를 가지고 입국하고 있으며, 상대적으로 체류 기간이 짧고, 저임금 이주 노동자처럼 크게 가시화된 문제를 양산하지도 않는다. 게다가 전문직 종사자의 유치와 확보에 관한 문제에서도 그간 개인보다는 이들을 확보하여 활용하는 실질적인 시장 행위자인 기업과 학원 등에 초점이 맞춰져 있었다. 따라서 그동안 전문직 이주자들에 관한 관심과 연구의 필요성은 크게 대두되지 않았던 것이다.

■2 2009년 현재 취업 자격에 해당하는 장·단기 체류자 577,861명 중(단기취업(C-4) 제외) 단순 기능에 해당하는 산업연수(D-3), 연수취업(E-8), 비전문 취업(E-9), 선원취업(E-10), 방문취업(H-2)자는 모두 524,482명이다(출입국·외국인정책본부, 2009, 출입국 통계연보).

이러한 맥락에서 이 연구는 지식이 경쟁력의 근원인 현대 사회의 조류에 부응하여 향후 전문직 이주자에 관한 본격적인 연구가 시급하다고 본다. 따라서 국내로 유입한 전문직 이주자들의 기초적인 사항을 통해 이들에 관한 연구의 초석을 다지고자 한다. 이를 위해 구체적으로, 첫째, 전문직 종사자의 국제 이주 현상을 몇 가지 이론적인 접근을 통해 살펴보고, 둘째, 전문직 이주자의 이주 현황을 증가 추이와 더불어 비자 유형별, 법적 지위별, 성별·국적별로 고찰하고자 한다. 이어서 국내로 유입한 후 생활하고 있는 거주지를 중심으로 지리적인 분포를 분석하고, 넷째, 전문직 이주자의 적응과 관련된 정책 및 지원 기관 등을 파악하고자 한다.

2) 연구 대상 및 자료

전문직 이주자에 대해서는 국제적 수준의 합의된 정의는 없다. 따라서 전문직 이주자를 연구하기에 앞서 국내 실정에 맞는 이들의 범위를 설정할 필요가 있다. 대체로 '전문직'을 분류할 때는 그 기준으로 교육 수준과 직업을 사용한다. 이 연구에서는 '전문직'과 '외국인 이주자'라는 두 가지 성격을 고려하여 출입국관리법에 의해 직업 종류가 반영된 외국인 체류 자격을 기준으로 하였다.

〈표 1〉의 체류 자격 중 E계열에 속하는 교수(E-1), 회화지도(E-2), 연구(E-3), 기술지도(E-4), 전문직업(E-5), 예술흥행(E-6), 특정활동(E-7)에 대해 노동부에서는 해당 직종에서 전문성과 특수성을 지닌 외국 인력으로 간주하고 '전문 기술 인력'으로 분류하고 있다. 하지만 이 연구는 이 밖에 주재(D-7)와 기업투자(D-8), 무역경영(D-9)도 전문 직종에 상응한다고 보고 전문직 이주자의 대상으로 포함하였다. 국내 체류 목적별로 보면, 이들은 다시 ① 기업 활동 관련 전문직, ② 연구·기술 관련 전문직, ③ 외국어 강사, ④ 연

예 · 스포츠 관련 전문직 등 네 가지 유형으로 분류될 수 있다.

연구 자료는 출입국 · 외국인정책본부에서 제공하고 있는 출입국 통계연

표 1. 전문직 이주자의 유형

구분	비자 유형	체류 자격 해당자
기업 활동 관련 전문직	주재(D-7)	- 외국의 공공 기관 또는 회사 등에서 1년 이상 근무한 사람으로서 대한민국에 있는 그 계열 회사, 지점 등에 필수 전문 인력으로 파견된 사람 - 공공 기관이 설립한 해외 지점에서 1년 이상 근무한 사람으로서 대한민국에 있는 그 본사나 본점에 파견되어 전문적인 지식 · 기술 또는 기능을 제공하려는 사람
	기업투자 (D-8)	- 외국인 투자 기업의 경영 · 관리 또는 생산 · 기술 분야에 종사하려는 필수 전문 인력, 산업재산권이나 지적재산권을 보유하는 등 우수한 기술력으로 벤처 기업을 설립한 사람
	무역경영 (D-9)	- 대한민국에 회사를 설립하여 사업을 경영하거나 무역, 기타 영리 사업을 위한 활동을 하려는 자로서 필수 전문 인력에 해당하는 자
	특정활동 (E-7)	- 대한민국 내의 공 · 사 기관 등과의 계약에 의하여 법무부 장관이 특히 지정하는 활동에 종사하고자 하는 자
연구 · 기술 관련 전문직	교수 (E-1)	- 고등교육법에 의한 자격 요건을 갖춘 외국인으로서 전문대학 이상의 교육 기관 또는 이에 준하는 기관에서 전문 분야의 교육 또는 연구 지도 활동에 종사하고자 하는 자
	연구 (E-3)	- 대한민국 내의 공 · 사 기관으로부터 초청되어 각종 연구소에서 자연과학 분야의 연구 또는 산업상의 고도 기술의 연구 개발에 종사하고자 하는 자
	기술지도 (E-4)	- 자연과학 분야의 전문 지식 또는 산업상의 특수한 분야에 속하는 기술을 제공하기 위하여 대한민국 내의 공 · 사 기관으로부터 초청되어 종사하고자 하는 자
	전문직업 (E-5)	- 대한민국의 법률에 의하여 자격이 인정된 외국의 변호사, 공인회계사, 의사, 기타 국가 공인 자격을 소지한 자로서 법률, 회계, 의료 등의 전문 업무에 종사하고자 하는 자
외국어 강사	회화지도 (E-2)	- 법무부 장관이 정하는 자격 요건을 갖춘 외국인으로서 외국어 전문 학원, 초등학교 이상의 교육 기관 및 부설 어학 연구소, 방송사 및 기업체 부설 어학 연수원, 기타 이에 준하는 기관 또는 단체에서 외국어 회화 지도에 종사하고자 하는 자
연예 · 스포츠 관련 전문직	예술흥행 (E-6)	- 수익이 따르는 음악, 미술, 문학 등의 예술 활동과 수익을 목적으로 하는 연예, 연주, 연극, 운동 경기, 광고 · 패션 모델, 기타 이에 준하는 활동을 하고자 하는 자

자료 : 출입국 · 외국인정책본부, 2009, 출입국관리법령집 참조 재작성.

보와 통계월보, 등록 외국인 지역별 현황 자료를 주로 사용하였다. 출입국 통계연보와 통계월보는 2000년에서 2009년 사이 국내 전문직 이주자의 시계열적 추이 및 변화, 현황 등을 분석하는 데 사용하였으며, 등록 외국인 지역별 현황 자료를 통해서 이들의 지리적 분포를 분석하고 지도화하였다. 또한 주요 대도시 내 전문직 이주자의 국적 현황을 분석하기 위해 법무부의 장기 체류 외국인에 대한 원자료(내부 자료)를 사용하였다. 이러한 통계 자료 외에도 전문직 이주자의 지역사회 적응과 같은 보완이 필요한 사항에 대해서는 추가로 심층 면담을 실시하였다.

2. 전문직의 국제 이주에 관한 이론적 고찰

자발적이든 강요된 이동이든 국제 이주라는 현상 자체는 오래전부터 있어 왔다. 그러나 앞서 언급한 바와 같이 지난 십수 년간 세계화 추세와 더불어 국제 이주가 과거 어느 때보다 크게 늘어나고 있으며 전문직 종사자의 이주도 눈에 띄게 증가하고 있다. 따라서 다른 형태의 국제 이주와 마찬가지로 전문직 이주자 증가의 원인에 대해서도 세계화 또는 초국가주의가 주요한 설명의 틀이 되고 있다. 그러나 이러한 세계화 또는 초국가주의와 같은 다소 포괄적 개념의 설명틀만으로는 전문직 국제 이주의 특수성을 충분히 가려내기 어렵다. 이런 점에서 전문직 국제 이주에는 전통적인 두뇌 유출론을 비롯하여 기업 국제화론, 문화적 통합론 등이 제시되고 있다. 여기서는 국내로 유입되는 전문직 이주자에 대한 경험적 고찰에 앞서 이론적 배경으로 관련 개념 및 이론들을 살펴보고자 한다.

1) 세계화와 초국가주의

흔히 말하는 세계화(globalization) 현상은 정보통신 기술의 혁명적 발달과 초국적 기업들의 경제 활동 증가로 인한 전 세계적인 생산 체계 형성에 기반을 둔다. 이와 같은 생산 체계가 형성됨에 따라 이전과는 비교할 수 없을 정도로 물자와 서비스, 자본이 자유롭고 신속하게 국가 경계를 넘어 이동하고 있으며(Robertson, 1992), 지난 20~30여 년 동안 지속된 세계화 현상으로 이제는 노동력까지도 대규모로 국제적 이동을 하고 있다. 즉 자본에 의해 고용되어 일하던 노동자들이 세계 시장을 목표로 한 거대한 자본의 생산 체계 속에서 직간접적인 경로를 통해 급속도로 이주하고 있는 것이다.

세계화와 연결된 국제 이주의 유형은 '위로부터의 세계화(globalization from above)'와 '아래로부터의 세계화(globalization from below)'에 부응하는 국제 이주로 나눌 수 있다. 지금까지 우리의 주목을 끈 것은 저임금 이주 노동자와 같이 경제적 동기에 따른 노동자 계층의 국제적 이동에 초점을 맞춘 아래로부터의 세계화였다. 이들은 생계를 위해 생존 회로에서 위로부터의 세계화라는 구조적 변화에 따라 수동적으로 이동하는 행위자이다. 이에 반해 세계 도시라는 공간을 중심으로 상층 회로에서 주로 이동하는 전문직 종사자의 이주는 자신의 인적 자본에 투자된 비용을 회수하기 위한 적극적인 자기 전략적 행위자로 이해된다. 다시 말해 전문직 이주자는 자본주의의 세계화를 가져오는 능동적인 행위자로 볼 수 있다. ■3

세계화가 진행됨에 따라 전문직 종사자의 국제 이주는 전 지구적으로 급

■3 과니조와 스미스(Guarnizo and Smith, 1998)는 초국가주의를 위로부터의 초국가주의(transnationalism from above)와 아래로부터의 초국가주의(transnationalism from below)로 구분하고 위로부터의 초국가주의를 세계화와 유사한 것으로 설명한다.

속히 증가하고 있는 추세이며, 역으로 이들은 세계화를 더욱 활발하게 이끄는 주체로서 자리매김하고 있다. 이레데일(Iredale, 2001)은 전문직 이주자의 세계화 현상에 기여하는 몇 가지 대표적인 요인으로, 첫째, 자유무역협정(FTA), 유럽연합(EU) 등과 같은 세계 경제의 블록화 현상, 둘째, 세계무역기구(WTO)와 서비스무역 일반협정(GATS)의 국제협약(international agreement), 셋째, 상호인정협정(Mutual Recognition Agreement, MRA)에 의해 전문적으로 활동하는 과학기술자와 같은 유형별 전문직 집단의 국제적 활동 증가, 넷째, IT 산업 종사자와 같이 국가 통제로부터 비교적 자유로운 새로운 고숙련 노동 시장의 출현 등을 꼽았다.

한편 최근에는 흐름의 공간(space of flows)■4에서 일어나고 있는 국제 이주 현상을 초국가주의(transnationalism)로 바라보려는 새로운 이론적 조류가 형성되고 있다. 초국적 현상이 부각되고 있는 것은 이주자들의 국경을 초월하는 현상이 과거처럼 일시적이고 부분적인 것으로 그치지 않고 광범위하고 빈번하게 일어나면서 현실 세계에 주목할 만한 변화를 가져오고 있기 때문이다. 그러한 변화는 세계화의 진전에 따라 국경을 초월한 이주가 발생함으로써 지리적으로 격리되어 있던 두 사회가 하나의 사회 네트워크로 연결된다는 것이다. 즉 초국가주의는 오늘날의 국제 이주자, 특히 그들의 사회경제적 네트워크와 유연한 문화적 정체성 및 주체성을 설명하는 중요한 개념이다.

초국가주의와 세계화의 개념은 국가를 벗어난 초국경적 현상을 설명한다는 점에서 중첩되기도 하지만, 세계화라는 말에는 공간을 가로지르는

■4   정보통신 기술의 발달에 따른 시공간 압축화의 진행은 지역 간 네트워크를 발달시켰다. 이들 네트워크는 지역적 차원에서부터 국제적 차원에 이르기까지 다양한 지리적 스케일에서의 장소 간 상호작용을 전제로 하는데, 이런 장소 간의 상호작용은 인구·정보·상품의 흐름으로 나타나며 흐름의 공간으로 해석된다(Castells, 1996).

경제·사회·문화적 과정들이 관계되어 있지 않다. 반면 초국가주의는 이주자들에 내재된 사회공간적 구조, 사회 네트워크의 국제적 분산, 정체성 형성의 유연성 등을 다루는 데 유용하다(Bailey, 2001). 구체적으로 초국가주의는 이주민들에 의해 국경을 초월한 이동이 사회·경제·문화적 연계성을 가지고 하나 이상의 국가에 걸쳐 발생하는 것을 의미한다. 'transnationalism'에서 'trans-'라는 접두어에는 단지 경계를 넘어선다는 뜻 외에 그러한 이동을 통해 공간과 경계의 성격을 변화시킨다는 뜻이 내포되어 있다. 모름지기 초국가주의는 지구화 시대 초국적 공간에서 발생하는 이동과 흐름에 이론과 경험적 연구의 초점을 둔다(Yoon, 2008).

현실적으로 공간과 경계의 성격을 변화시킬 수 있는 주체들은 저임금 이주 노동자보다는 고소득의 전문직 이주자들이 해당된다. 저임금 이주 노동자의 경우 경제적·사회적 생존을 위해 다른 국가로 이주하지만, 고소득 전문직 이주자는 글로벌 경제를 원활하게 하는 데 필요한 조정과 중재의 역할을 위해 이동함으로써 초국가적 행위자가 될 수 있기 때문이다. 이런 점에서 전문직의 국제 이주는 세계화 혹은 위로부터의 초국가주의 관점에서 볼 때 다른 형태의 국제 이주에 비해 큰 의미를 가진다.

2) 전문직의 국제 이주에 관한 이론

(1) 기업 국제화론

기업 활동 관련 전문직의 국제적 이동은 기업이 국제화되어 가는 과정에서 필연적으로 나타난다. 1980년대 이후 범세계적인 자본 시장 개방화, 국제화, 자율화 추세에 따라 각국 자본 시장 간의 장벽이 허물어지고 있으며, 국제 간 자본 거래가 급속히 확산되어 가고 있다. 이에 따라 기업들은 다국적 기업 또는 초국적 기업의 형태와 해외 직접 투자 전략 등을 통해 위험을 최소화하기 위한 분산화를 추진하고 있으며, 이와 맞물려 기업에 필요한 고급 인력 수급의 측면에서 기업 활동 관련 전문직의 국제적 이동이 일어나고 있다.

기업 국제화란 국내 시장에서 처음 활동하기 시작한 기업이 외국 시장에 진출함으로써 성장·발전해 나가는 것이라고 정의된다(Johanson and Wiedersheim-Paul, 1975). 또한 기업의 국제화는 변화하는 기업 여건과 환경에 적응하여 기업이 학습 과정(learning process)을 통해 점진적으로 국제 경영 활동을 확대해 나가는 단계적 과정으로 정의되기도 한다(Johanson and Vahlne, 1971). 기업은 어느 날 갑자기 국제화되는 것이 아니라 일정한 단계의 학습 과정을 통하여 점진적으로 국제화되어 간다는 것이다. 이러한 단계적 과정을 거치는 이유는 기업 내부의 여건 및 기업 외부의 급격한 환경 변화로 인해 국제 사업 활동에 대한 불확실성이 크고, 국제 기업 활동에 대한 지식이 부족하며, 필요한 지식을 획득하기가 쉽지 않기 때문이다.

기업이 국제화됨에 따라 최근 해외 연구 개발이 증가하기 시작하면서 기업 활동 관련 전문직뿐만 아니라 연구·기술 관련 전문직의 국제 이주 역시 빈번해지고 있다. 1970년대까지는 다국적 기업들이 핵심적인 연구 개발 활동은 자신의 모국에서 수행하고, 단지 성숙 단계에 이른 기술만을 현지국에 이전하는 것으로 인식되어 왔다. 그러나 1980년대부터 과학을 바탕으로 한 신기술의 등장 및 세계적 범위에서의 학습 필요성이 증대되면서 기술의 글로벌적인 외부 조달의 중요성이 부각되었다. 이에 따라 다국적기업은 해외 과학 기술 자원의 적극적 활용을 통한 기술의 새로운 원천 발굴이라는 측면에 초점을 두고 적극적으로 연구 개발 활동의 글로벌화를 추진하고 있다(OECD, 1998).

(2) 두뇌유출론

높은 수준의 교육을 받은 고급 두뇌가 한 국가로부터 다른 국가로 일방적으로 이동해 가는 현상인 두뇌유출(brain-drain)은 전문직 이주자 중 주로 연구·기술 관련 전문직의 이주와 관련이 있다. 두뇌유출의 대상이 되는 고급 인력의 절대적 기준을 세우기는 어렵지만 연구·기술 관련 전문직 이주자들이 두뇌유출에 대한 논의에서 주로 언급되어 왔다.

처음 두뇌유출 이론은 영국의 고급 두뇌들이 미국 등의 국가로 이주해 가는 것을 지칭하는 데서 시작되었지만, 이후에는 저개발국 혹은 개발도상국의 고급 두뇌들이 임금 및 생활 환경이 월등한 선진국들로 이주해 가는 현상에서 활발히 연구되었다. 그 결과 두뇌유출은 단순히 경제적 조건에 의해 기인하는 것이 아니라 본국의 두뇌를 '밀어내는 힘'과 받아들이는 국가의 '끌어당기는 힘'이 정치·사회·문화적 상황, 가족 문제, 노동 조건과 환경, 이민에 대한 법적·행정적 조치 등과 복잡하게 얽혀 있는 문제라는 사실이 알려졌다(문만용, 2006).

선진국 사이에서도 두뇌유출이 일어날 수 있는 가능성이 있다. 두 국가 간의 임금 수준이 같더라도 노동 시장에서 노동자의 능력을 평가할 수 있는 수준이 다르다면 두뇌유출 현상이 일어날 수도 있다(이규용 외, 2005). 가령 한국과 미국의 임금 수준이 같다고 가정했을 때, 미국에서는 한국 출신 전문직 이주자의 개인적인 능력을 제대로 판단할 수 있어서 그들의 임금이 능력대로 정해지지만, 한국 노동 시장에서는 그들의 개인적인 능력을 정확하게 판단하지 못할 수 있다. 오히려 임금이 개인의 능력보다는 미국에서 돌아오는 한국 출신 전문직 이주자의 능력 평균치에 의해 결정될 수 있는 역선택의 문제가 발생할 수도 있는 것이다.

최근에는 고급 인력의 이동이 더욱 역동적(dynamic)으로 이루어지고 있는 데 주목하여 기존 두뇌유출과 다른 역동적인 고급 인력 이동 현상을 효과적으로 설명할 수 있는 고급 인력 순환(brain circulation) 개념이 대두되고 있다. 이는 전문직 종사자의 해외 이동을 단순히 고급 인적 자원을 빼앗기는 것이라기보다 이들이 자신의 나라에 되돌아와서 기여할 수 있는 긍정적인 측면을 고려한 입체적인 개념틀이다. 기존의 두뇌유출 개념의 경우 자국의 전문 인력이 다른 나라로 빠져 나가는 현상을 설명하기 위한 것인 반면, 고급 인력 순환 개념은 고급 인력의 유입과 유출이 비교적 자유로운, 보다 과정적이고 동적인 측면을 강조하고 있다(송하중 외, 2004).

(3) 문화적 통합론

전문직 이주자 중 연예·스포츠 관련 전문직과 외국어 강사의 국제적 이동은 범세계적인 문화 교류의 활성화와 문화적 통합론의 관점에서 이해될 수 있다. 세계가 하나의 거대한 시장을 형성하고 세계 금융 자본의 위력이 국민국가의 위력을 능가하기 시작하면서 과거 국민국가에 의한 '문화적 경계 짓기'가 불분명해진 지금이다. 이제 문화는 국가 간 경계를 초월하여 외국 문화가 한국 사회에 유입되는 동시에 한국 고유의 문화도 세계 각 지역으로 확산되면서 사회의 다양한 부분에서 문화의 퓨전화가 생성되고 있다(홍석준, 2004). 이로 인해 국내에는 연예·스포츠 관련 전문직이 증가하고, 세계 문화 교류의 활성화에 대한 개인적 대응으로 외국어 지식이 요구되면서 원어민 외국어 강사 또한 증가하고 있다.

세계적 수준의 문화 교류는 공간적 차원의 변화와도 깊은 연관이 있다. 문화의 지리적이고 사회적인 영토 사이의 자연스러운 관계가 상실되면서 문화 교류와 문화 통합의 조건이 형성되는 것이다. 이러한 현상을 캔클리니(Canclini, 1995)는 탈지역화(delocalization)의 관점에서 바라보았고, 국가 및 세계 공간의 변화를 강조하였다.

그러나 활발한 문화 교류의 현상이 단순히 지역을 벗어나 그 경계가 모호해지는 탈지역화만을 의미하는 것은 아니다. 예컨대 문화 산업에서 초국민적인 기업들은 세계적 수준에서의 일방적인 획일화가 아니라, 지역화를 세계화 전략으로 선택할 때 더욱더 큰 경쟁력을 확보하게 된다. 세계화 과정과 더불어 지역화 역시 강화되면서 재지역화(relocalization)가 대두되고 있는 것이다. 이처럼 세계화 과정과 더불어 지역화 역시 강화되는 역설적이고 양면적인 과정을 로버트슨(Robertson, 1992)은 세계지역화(glocalization)로 규정한다. 로버트슨의 이론을 수용하는 벡(Beck, 1997) 역시 세계지역화를 전 지구적인 사회적 관계와 상호의존성을 심화시키는 세계화의 한 과정으로서 지역 문화들 간의 응집과 중첩이 결과한 것으로 이해한다.

3. 전문직의 이주 현황

1) 전문직 이주자 증가 추이

최근 인구의 국제 이동이 급속하게 증가하면서 우리나라로의 전문직 이주자의 국제 이주도 더욱 빈번해지고 있다. 출입국·외국인정책본부 자료에 의하면, 국내로 입국한 외국인 수는 2009년 현재 약 700만 명에 달하고 있으며, 같은 해 전문직에 종사하는 외국인 입국자 수는 무려 11만여 명에 이르렀다. 그 중 전문직 이주자 수는 지난 2000년 71,619명, 2005년 103,295명, 2009년 113,158명으로 지속적으로 증가하는 추세이다.

외국인이 국내로 입국할 때에는 입국 목적에 따라 해당 비자를 발급받게 되는데 체류 기간에 따라 90일 이하의 단기 체류 혹은 91일 이상의 장기 체류 비자를 발급받는다. 그 중 전문직 이주자의 체류 자격은 대부분 취업

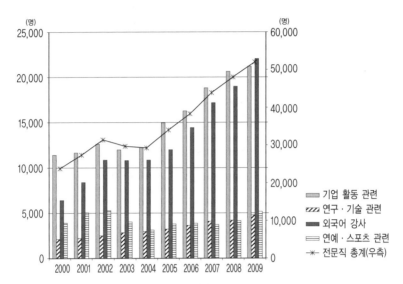

(명)
25,000
20,000
15,000
10,000
5,000
0

(명)
60,000
50,000
40,000
30,000
20,000
10,000
0

2000 2001 2002 2003 2004 2005 2006 2007 2008 2009

기업 활동 관련
연구 · 기술 관련
외국어 강사
연예 · 스포츠 관련
전문직 총계(우측)

자료 : 출입국 · 외국인정책본부, 각 연도, 출입국 통계연보.

그림 1. 장기 체류 전문직 이주자의 추이

활동을 할 수 있거나 취업 활동에 준하기 때문에 장기 체류자 중심으로 전
문직 이주자의 비율을 살펴보고자 한다.

2000년 이후 전문직에 종사하는 장기 체류 외국인의 수는 2002년에서
2004년 사이 잠시 주춤하다가 2005년 34,055명, 2006년 38,265명, 2007
년 43,903명, 2008년 48,003명, 2009년 52,073명으로 꾸준한 증가를 보이
고 있다. 전문직 이주자 유형 중에서 연구 · 기술 관련 전문직과 연예 · 스
포츠 관련 전문직은 소폭 상승하거나 정체되어 있지만, 기업 활동 관련 전
문직과 외국어 강사가 차지하는 비중은 압도적이면서도 크게 증가하고 있
다. 따라서 전문직 이주자의 증가에는 이들 두 집단의 유입이 큰 영향을 미
치고 있다(〈그림 1〉).

전문직 이주자가 이같이 증가하는 데에는 세계화와 초국가주의의 배경
하에 정치적 요인, 경제적 요인, 개인적 요인 등이 다양하게 작용하고 있지

만 이와 더불어 국내의 전문직에 대한 수요 급증과 이에 따른 인력 부족 심화 현상이 지속되고 있는 것 또한 원인이 된다. 이러한 문제는 비단 우리나라에만 국한되는 것이 아니다. 최근 아시아개발은행(ADB)이 발표한 보고서 〈아시아의 인재 위기(Asia's Skills Crisis)〉는 아시아의 취약한 인재 인프라난은 아시아의 성장을 지체시킬 수 있는 힘겨운 과제가 되고 있다고 지적한다. 급속한 성장과 소득 향상에 힘입어 전문직에 대한 수요가 급증하고는 있지만 교육 시스템이 따라가지 못하면서 인재난이 심화되고 있는 것이다(Park, 2008). 외국인 강사의 급증은 글로벌 교육 시스템을 구축하기 위한 정책적 배경도 작용하고 있다. 앞으로 국내 전문직 인력난을 극복하기 위한 기업 및 정부의 유치 전략이 아시아 각국의 경쟁 속에서 좀 더 활발히 전개될 것으로 예상되며, 따라서 전문직 이주자의 증가 현상도 지속될 것으로 보인다.

2) 전문직 이주자의 유형별 현황

(1) 비자 유형별 현황

국내로 이주하는 전문직 종사자의 변화 추이를 좀 더 면밀히 살펴보기 위해 전문직에 해당하는 10개의 체류 자격을 단기와 장기 체류자 모두 포괄하여 〈표 2〉와 같이 분석하였다. 대체로 전문직 이주자는 매년 꾸준히 증가하는 가운데 주재(D-7)와 기술지도(E-4)의 경우 2000년 이후 감소하는 양상을 보이고 있다. 특히 기술지도(E-4)는 2000~2009년 사이 연구(E-3)가 834명에서 2,066명으로 2.5배가량 늘어난 것과 대조적이다. 연구(E-3)와 기술지도(E-4)는 국내 공·사 기관으로부터 초청되어 자연과학 분야 및 산업상의 고도 기술 부분에 종사한다는 점에서 유사하지만, 기술지도(E-4)는 연구 개발 활동 없이 특수한 기술만을 제공한다는 점에서 차이가 있다. 국

표 2. 체류 자격별 전문직 이주자의 변화 추이

(단위 : 명)

체류 자격별		2000	2001	2002	2003	2004	2005	2006	2007	2008	2009
기업 활동 관련 전문직	주재 (D-7)	2,001	1,801	1,640	1,519	1,399	1,471	1,524	1,483	1,413	1,492
	기업투자 (D-8)	6,171	6,805	7,178	5,902	6,041	7,107	7,300	8,109	8,356	7,907
	무역경영 (D-9)	931	884	1,290	1,409	1,487	2,164	2,150	2,431	2,872	3,282
	특정직업 (E-7)	3,471	2,920	3,323	3,471	3,575	4,533	5,729	7,175	8,405	8,896
	소계	12,574	12,410	13,431	12,301	12,502	15,275	16,703	19,198	21,046	21,577
연구·기술 관련 전문직	교수 (E-1)	725	736	826	952	955	1,094	1,159	1,279	1,589	2,056
	연구 (E-3)	834	967	1,221	1,411	1,601	1,765	2,095	2,318	2,057	2,066
	기술지도 (E-4)	363	217	212	219	191	199	166	174	121	197
	전문직업 (E-5)	411	423	422	363	298	303	351	414	530	536
	소계	2,333	2,343	2,681	2,945	3,045	3,361	3,771	4,185	4,297	4,855
외국어 강사	회화지도 (E-2)	6,831	8,881	11,524	11,344	11,296	12,439	15,001	17,721	19,771	22,642
연예·스포츠 관련 전문직	예술흥행 (E-6)	5,243	6,979	6,627	4,671	3,813	4,452	4,510	4,421	4,831	4,305
계		26,981	30,613	34,263	31,261	30,656	35,527	39,985	45,525	49,945	53,378

자료 : 출입국·외국인정책본부, 각 연도, 출입국 통계연보.

내 산업 기술이 발전함에 따라 외국인을 통한 기술 이전 의존도가 감소하고 있는 것으로 사료된다. 또한 예술흥행(E-6)의 경우는 2002년까지만 해도 6천여 명 수준에 이르던 것이 2003년 이후 4천여 명의 수준으로 급감하였는데, 이는 제도적으로 2003년부터 '무용수'로 공연 추천이 들어오는 외국인 여성들에 대해서 비자 발급을 중단했기 때문이다. 그럼에도 불구하고

예술흥행(E-6) 체류 자격 중 공연 추천으로 들어오는 여성들의 사회적 문제가 끊임없이 제기되고 있다.

이러한 현상은 전문직 이주자를 단기 체류자와 장기 체류자로 구분해 보았을 때 더 두드러진다. 단기로 체류하는 전문직 이주자의 수는 2002년 2,983명에서 2003년 1,585명으로 급격히 감소하여 2009년 현재 1,306명을 보이고 있다(〈그림 2〉).

2003년 단기 체류자의 수가 감소한 것은 예술흥행(E-6) 자격 감소가 반영된 결과이며, 이 시점이 정부의 '유흥업소 종사 외국인 여성무희 대책'에 의한 무용수 비자 발급 중단 시기와 일치한다. 회화지도(E-2)는 단기 체류자 중 예술흥행(E-6) 다음으로 높은 비중을 보이다 2008년부터 가장 높은 비중을 차지하게 되었다. 그러나 다수를 이루고 있는 이들 두 집단은 지역사회에서 적응하지 못하는 경우가 종종 발생한다. 더욱이 단기 체류 자

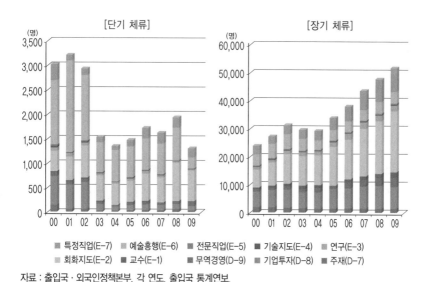

자료 : 출입국·외국인정책본부, 각 연도, 출입국 통계연보.

그림 2. 단기 체류, 장기 체류 전문직 이주자의 비교

표 3. 전문직 이주자의 체류 자격별 불법 체류율

(기준 : 2009년 12월 31일)

구분	합법 체류자(명)	불법 체류자(명)	불법 체류율(%)
외국인 전체	990,522	177,955	15.2
주재(D-7)	1,461	31	2.1
기업투자(D-8)	7,234	673	8.5
무역경영(D-9)	3,265	17	0.5
특정활동(E-7)	8,172	724	8.1
교수(E-1)	2,051	5	0.2
연구(E-3)	2,056	10	0.5
기술지도(E-4)	192	5	2.5
전문직업(E-5)	518	18	3.4
회화지도(E-2)	22,547	95	0.4
예술흥행(E-6)	2,961	1,344	31.2
전문직 합계	50,457	2,922	5.5

자료 : 출입국 · 외국인정책본부, 2009년 12월 통계월보.

격은 불법 체류자의 양산으로 이어지는 경우가 많다. 기업투자(D-8) 자격은 단기 체류자가 많았으나 점차 장기 체류로 전환해 가는 양상을 보이고 있으며, 회화지도(E-2)의 경우도 최근 장기로 체류하는 비중이 늘어나고 있는 추세이다.

(2) 법적 지위별 현황

국내 체류 외국인의 수가 급증하는 만큼 해마다 불법 체류자라고 불리는 미등록 외국인의 수도 증가하고 있다. 특히 국내 외국인 중 많은 비중을 차지하고 있는 저임금 이주 노동자의 경우 미등록자가 끊임없이 양산되고 여러 사회적 문제를 야기하고 있기 때문에 그 문제점이 크게 부각되고 있다.

이와는 달리 전문직 이주자는 체류 자격 자체가 취업 활동을 할 수 있거나 이에 준하는 자격이고, 단순히 생존 회로에서 이주하는 것이 아니기 때문에 미등록 외국인의 비율이 상대적으로 낮다. 2009년 12월 현재 출입국 · 외국인정책본부 자료에 의하면, 연수취업(E-8)의 경우 전체 11,307명

가운데 11,256명이 미등록자로 불법 체류율이 무려 99.5%에 달하였다. ■5
반면 〈표 3〉에서 보는 바와 같이 전문직 이주자 전체의 불법 체류율은
5.5%로 낮은 수치를 보이고 있으며, 각각의 해당 체류 자격 대부분도 10%
미만의 불법 체류율을 보이고 있다.

그러나 전문직 이주자 내에서 예술흥행(E-6)의 경우는 불법 체류율이 외
국인 전체의 불법 체류율(15.2%)보다 훨씬 웃도는 31.2%의 높은 수치를 보
이고 있다. 예술흥행 자격을 가진 외국 연예인 중 대다수가 유흥업소에서
공연 활동을 하는 경우가 많아 각종 불법 업소나 폭력 조직 등에 얽매이기
쉽기 때문이다. 원래 예술흥행 비자는 국내 놀이 공원 같은 곳에서 일하는
외국인을 전문직 이주자의 자격으로 간주하여 발급하는 비자였으나, 현재
는 저개발국 출신으로 생계를 목적으로 유흥업소에서 공연하는 이들에게
발급하는 것이 대부분이다. 따라서 최근에는 전문직 이주자의 비자 유형인
E계열 내에서 예술흥행을 법률적으로 제외하려는 움직임도 보이고 있다.

(3) 성별 · 출신 지역별 현황

일반적으로 남성이 여성에 비해 취업률이 높은 것과 마찬가지로 전문직
이주자의 성별 분포 역시 남성의 비율이 전반적으로 높다. 그러나 전문직
이주자의 네 가지 유형에서 성별 분포는 다소 차이를 보인다(〈표 4〉).

우선 남성의 비율이 높은 유형은 기업 활동 관련, 연구 · 기술 관련, 외국
어 강사 분야이다. 이 중 기업 활동에서는 남성이 압도적으로 높은 비중을
차지하고 있으며, 연구 · 기술 관련 분야에서도 남성은 여성보다 3,197명

■5　고용허가제가 시행되기 전의 산업연수생제는 1년 연수(D-3, 산업연수 비자) 뒤 2
년간 취업(E-8, 연수취업)하는 제도였다. 연수취업(E-8)의 불법 체류율이 높은 것은 2004
년 고용허가제가 시행된 후 2007년부터 산업연수생제를 대체하게 되었고, 연수취업(E-8)
자격은 삭제되어 현재 대부분 체류일이 경과한 자들에 해당되기 때문이다.

표 4. 전문직 이주자의 성별 현황

（단위 : 명, %）

	기업 활동 관련	연구·기술 관련	외국어 강사	연예·스포츠 관련
남	18,367(85.1)	4,026(82.9)	12,739(56.3)	932(21.6)
여	3,210(14.9)	829(17.1)	9,903(43.7)	3,373(78.4)
합계	21,577(100.0)	4,855(100.0)	22,642(100.0)	4,305(100.0)

자료 : 출입국·외국인정책본부, 2009, 출입국 통계연보.
참고 : 장기·단기 체류자 포함.

이 더 분포하고 있다. 외국어 강사의 경우는 남녀 간 2,836명의 수적 차이를 보이고는 있지만 비중으로 보았을 때 남녀 간 격차가 가장 작은 유형이다.

유일하게 여성이 높은 비율을 차지하고 있는 유형은 연예·스포츠 관련 분야이다. 이러한 결과는 연예·스포츠 관련 전문 직종 내 여성화되어 있는 호텔유흥(E-62) 종사자[6]의 영향이 작용했기 때문이다. 2009년 현재 연예·스포츠 관련 전문직은 모두 4,305명으로 이 중 호텔유흥(E-62)은 3,605명(83.7%)을 차지하고 있다. 전반적으로 전문직 이주자는 성별로 직업군이 분화되어 있음을 알 수 있다.

이러한 경향은 성별뿐만 아니라 전문직 이주자들의 출신 지역에 따라서도 나타나고 있다. 전반적으로 전문직 이주자의 출신 지역은 여타 외국인과 마찬가지로 지리적으로 근접한 아시아가 가장 큰 비중을 차지하고 있지만 전문직의 유형에 따라서 지역별로 특화되어 있다. 기업 활동 관련 전문직은 아시아가 많은 가운데 무역경영(D-9)은 유럽계로 특화되어 있고, 연구·기술 관련 전문직은 연구(E-3)가 아시아계, 기술지도(E-4)가 아메리카

---

[6]　2009년 현재 호텔유흥(E-62) 종사자 3,605명 중 남성이 538명, 여성이 3,067명으로 여성 비율이 85.1%를 차지하고 있다(출입국·외국인정책본부, 2009, 출입국 통계연보).

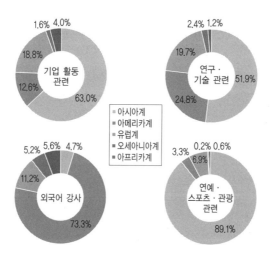

그림 3. 전문직 이주자의 출신 지역별 현황

자료 : 출입국 · 외국인정책본부, 각 연도, 출입국 통계연보.
참고 : 장기 · 단기 체류자 포함.

계로 특화되어 있다. 또한 회화지도(E-2)는 국내 영어 교육과 관련하여 아메리카계가, 연예 · 스포츠 관련 전문직은 아시아계로 특화되어 있다. 특히 연예 · 스포츠 관련 전문직은 아시아계 중에서도 필리핀 국적의 이주자가 3,352명으로 전체 아시아계 3,834명 중 87.4%를 차지하고 있다(〈그림 3〉).

4. 전문직 이주자의 지리적 분포와 특성

외국인 이주자가 국경을 넘어 한국으로 이주하면 이들은 다시 국내의 특정 지역에 정착한 후 지역사회에서 생활해 나가게 된다. 그 중 지식 노동력인 전문직 이주자는 기존에 논의되었던 다른 외국인 이주자의 분포와 차이를 보일 것으로 예상되어 거주지를 중심으로 전문직 이주자의 지리적 분포를 분석해 보았다.

지리적 분포를 파악하기 위해 사용한 자료는 크게 두 가지로 국내의 전반적인 분포는 출입국·외국인정책본부에서 제공하는 2009년 12월 등록 외국인 지역별 현황 자료를 사용하였고, 주요 대도시별·국적별 분포에는 2007년 10월 12일을 기준으로 한 법무부의 장기 체류 외국인에 대한 원자료를 사용하였다. 법무부 원자료는 각 외국인 개인별로 연령과 체류 자격, 성별, 국적, 구 단위의 거주지 및 근무지 등의 정보로 구성되어 있다.

1) 전문직 이주자의 전국적 분포 현황

2009년 12월 현재 우리나라에 장기간 체류하고 있는 외국인은 총 870,636명, 전문직 이주자는 52,073명으로 전체 외국인의 6.0%를 차지하고 있다. 전문직 이주자 전체의 지역 분포는 다른 외국인들이 전반적으로 수도권과 영남권의 공업 지역에 교통축을 따라 많이 분포하고 있는 것과 비슷한 양상을 띠지만, 서울을 중심으로 한 수도권 지역에 좀 더 공간적으로 집중해 있다.

구체적으로 이들의 상위 10대 분포 지역을 살펴본 결과 서울이 5곳, 경기도가 4곳을 차지하여 모두 9곳이 수도권에 집중되어 있음을 확인할 수 있다. 특이할 만한 점은 경남 거제시가 전체 전문직 이주자 중 4.6%에 달하는 2,402명이 분포하여 2위를 차지하고 있는 것이다. 경남 거제시에 분포하는 전문직 이주자들은 지역의 특성상 조선소와 관련된 업종에 주로 종사하고 있을 것으로 생각된다. 거제시에 거주하는 전문직 이주자들 중 2,139명(89.1%)은 기업 활동 관련 전문직에 해당한다(〈그림 4〉).

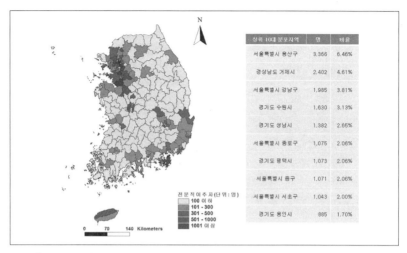

자료 : 출입국 · 외국인정책본부, 2009년 12월 등록 외국인 지역별 현황.

그림 4. 전문직 이주자의 분포

표 5. 전문직 이주자의 유형별 상위 분포 지역

(단위 : %)

	기업 활동 관련직	연구 · 기술 관련직	외국어 강사	연예 · 스포츠 관련직
1	서울 용산구(11.46)	경기 수원시(12.27)	서울 용산구(3.23)	경기 동두천시(17.71)
2	경남 거제시(10.10)	서울 강서구(10.33)	서울 강남구(2.91)	경기 평택시(14.03)
3	서울 강남구(5.88)	대전 유성구(5.70)	경기 성남시(2.91)	인천 중구(4.09)
4	울산 동구(4.38)	서울 관악구(3.69)	경기 수원시(2.68)	경기 의정부시(3.92)
5	서울 중구(4.23)	서울 서대문구(3.19)	경기 용인시(2.48)	경남 거제시(3.48)
6	서울 종로구(3.86)	서울 동대문구(2.92)	경기 고양시(2.27)	서울 용산구(3.04)
7	서울 서초구(3.02)	경기 성남시(2.73)	대구 수성구(1.67)	전북 군산시(3.04)
8	경기 성남시(2.82)	경북 포항시(2.69)	대전 서구(1.62)	제주 제주시(2.79)
9	서울 마포구(2.43)	서울 성북구(2.65)	서울 서초구(1.58)	부산 동구(2.74)
10	서울 서대문구(2.15)	경기 용인시(2.46)	경기 부천시(1.58)	대구 달서구(2.30)
전체(명)*	21,179	4,793	22,018	4,083

자료 : 출입국 · 외국인정책본부, 2009년 12월 등록 외국인 지역별 현황.
참고 : *상위 10곳을 포함한 유형별 전문직 이주자 전체임(장기 체류자).

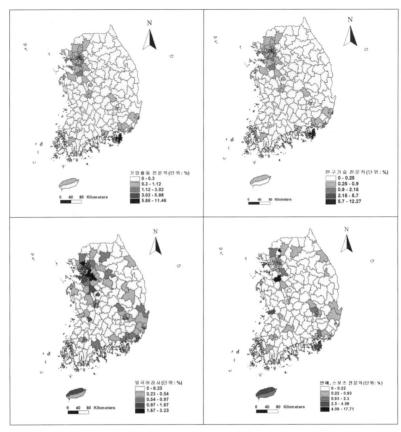

자료 : 출입국 · 외국인정책본부, 2009년 12월 등록 외국인 지역별 현황.

그림 5. 전문직 이주자의 유형별 거주지 분포

2) 전문직 이주자의 유형별 분포 특성

전문직 이주자의 지리적 분포를 이들의 직업 특성과 관련해 기업 활동 관련 전문직, 연구 · 기술 관련 전문직, 외국어 강사, 연예 · 스포츠 관련 전문직 네 가지로 구분하여 좀 더 구체적으로 살펴보았다(〈표 5〉, 〈그림 5〉).

전반적인 유형별 전문직 이주자의 분포 패턴은, 첫째, 기업 활동 관련 전

표 6. 주요 대도시의 전문직 이주자 출신 국적(상위 5개국)

(단위 : %)

	서울	경기	부산	인천	울산	대전	대구	광주
1	미국 (30.01)	미국 (22.00)	미국 (21.34)	중국 (17.87)	미국 (12.23)	미국 (24.48)	미국 (27.11)	미국 (21.13)
2	일본 (19.17)	필리핀 (15.12)	캐나다 (16.45)	미국 (16.16)	프랑스 (11.20)	중국 (18.43)	캐나다 (20.54)	캐나다 (17.35)
3	중국 (17.09)	캐나다 (13.53)	중국 (9.87)	캐나다 (12.78)	영국 (10.10)	캐나다 (14.92)	필리핀 (7.66)	중국 (16.67)
4	캐나다 (16.29)	중국 (10.27)	일본 (9.12)	필리핀 (7.53)	캐나다 (7.76)	오스트레일리아·인도 (5.57)	영국 (7.30)	일본 (6.19)
5	한국계 중국인 (9.52)	일본 (7.39)	필리핀 (6.89)	일본 (4.76)	필리핀 (6.94)	–	중국 (7.09)	필리핀·남아공 (6.01)
전체(명)*	10,652	9,275	2,249	1,807	1,456	1,454	1,383	582

자료 : 법무부, 장기 체류 외국인 원자료(2007년 10월 12일 기준).
참고 : *상위 5개국을 포함한 각 지역별 전문직 이주자 전체임.

문직의 거주지는 기업 통제 기능과 고차 서비스업이 집중되어 있는 서울의 용산구, 강남구, 종로구 등의 중심 업무 지역과 조선 산업이 발달한 거제, 울산 등 지방의 특수 지역에 집중하는 경향을 보인다. 둘째, 연구·기술 관련 전문직 이주자는 대학과 연구소가 밀집해 있는 수도권과 대덕연구단지가 있는 대전 등에서 두드러진다. 셋째, 외국어 강사는 주로 외국어 학원이 밀집한 지역에 분포하기 때문에 수도권 및 지방의 대도시 지역에 거주하고 있다. 따라서 다른 유형의 전문직 이주자에 비해 상대적으로 공간적 집중도가 낮은 편이다. 넷째, 연예·스포츠 관련직은 미군 기지 주변 지역 및 서울의 유흥가에 분포하고 있다. 이러한 현상은 연예·스포츠 관련직의 대부분이 호텔업 시설이나 유흥업소 등에서 공연을 목적으로 이주한 외국인이며, 이들의 경우 주한 미8군 영내 클럽과 관광지의 호텔 및 극장, 국제회의 시설의 부대시설, 휴양 콘도미니엄 등에서만 공연을 하도록 규정되어 있기 때문이다.

전반적으로 전문직 이주자의 지리적 분포를 살펴본 결과 국내에서는 서울이 세계 도시로서 고차 서비스 및 전문직 이주자에 대한 수요가 가장 높은 지식 기반 경제의 중심이라는 사실이 다시 한 번 입증되었다. 그리고 국내의 전문직 이주자가 증가하고 이들이 다시 지역 차원에서 정착해 가는 과정은 지구적 차원의 경제 재구조화와 지식 기반 경제의 등장, 세계 도시 성장 등과 같은 거시적이고 구조적인 과정과 무관하지 않은 동시에 이들이 정착하고 생활하는 특정 지역의 환경도 큰 영향력을 미치고 있음을 확인하였다.

3) 대도시 내 전문직 이주자의 특성

2007년 법무부 자료를 바탕으로[7] 수도권을 비롯한 6대 광역시, 즉 주요 대도시에 분포하는 전문직 이주자의 현황과 출신 국적을 살펴보았다. 출신 국적은 상위 5개국을 중심으로 분석하였다(〈표 6〉).

예상한 바와 같이 전문직 이주자들은 주요 대도시 중 서울과 경기에 가장 집중적으로 분포해 있으며, 다음으로 부산, 인천, 울산, 대전, 대구, 광주의 순으로 나타났다. 이 중 서울은 전체 전문직 이주자 10,652명 가운데 92.1%에 해당하는 9,808명의 출신 국적이 상위 5개국에 집중되어 있으며, 5개국 모두 전문직 이주자의 수가 각각 1천 명 이상이다. 다른 대도시의 전

---

[7]   출입국 · 외국인정책본부에서 공식적으로 제공하는 외국인 이주자의 지역별 현황 자료에서는 지역별-국적별 현황을 파악할 수 없기 때문에, 대도시별-국적별 현황 분석에는 비공식적으로 획득한 법무부의 장기 체류 외국인에 대한 원자료(내부 자료)를 사용하였다(2007년 10월 12일 기준).

문직 이주자 수가 1~2천여 명인 것과 비교해 볼 때 출신 국적별 전문직 이주자의 서울 집중도가 두드러진다. 한편 대구는 도시 규모를 고려해 볼 때 전문직 이주자의 수가 다른 대도시보다 비교적 적어 분야별로 필요한 전문직 이주자의 유치가 미비한 것으로 생각된다.

주요 대도시에 공통적으로 분포하고 있는 전문직 이주자의 출신국은 영어권 국가인 미국과 캐나다이며, 이 밖에 도시별 상위 5개국 내에는 중국, 필리핀, 영국, 프랑스, 일본, 오스트레일리아, 인도가 포함되어 있다. 즉 국내에 분포하고 있는 전문직 이주자는 대체로 선진국에서 이주해 온 경우가 많다. 경제 발전 수준이 낮은 필리핀 출신의 전문직 이주자는 주로 연예 관련 직종에 종사하고 있으며, 최근 IT 기술 향상으로 경제 발전을 꾀하고 있는 인도 출신의 전문직 이주자들은 연구·기술 기관이 많이 입지하고 있는 대전에 분포하는 점이 두드러진다.

5. 전문직 이주자의 적응과 정책

1) 전문직 이주자의 적응 과정

국내로 유입되는 전문직 이주자들은 그들의 국적에서부터 인종, 민족, 종교, 문화, 관습, 가치 등에 이르기까지 많은 부분에서 한국인과 상이하다. 각 개인마다 내재되어 있는 이러한 다양성들로 인해 전문직 이주자들은 다른 외국인들과 마찬가지로 이주 국가에서 함께 살아가기 위한 적응 방법을 모색하고, 이들을 받아들인 국가 역시 어떤 형태로 이들과 살아갈 것인가를 고민하게 된다. 함께 살아가고, 받아들이는 방법이 어떠하든 간에 이주자들은 그들이 이주한 주류 사회(host society)보다 상대적으로 더

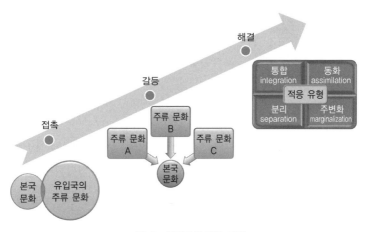

그림 6. 이주자의 적응 과정

많은 영향을 받고 갈등을 겪게 된다.

　베리와 샘(Berry and Sam, 1997)은 이주자들이 새로운 문화와 접촉한 후 겪게 되는 갈등을 해결해 나가는 적응 과정을 여러 변인들을 고려해 다차원적으로 설명하였다. 〈그림 6〉과 같이 적응 과정의 최초 단계는 서로 다른 두 개의 이질적 문화가 만나는 초기 단계로서 이주자가 국내로 유입한 후 새로운 문화를 접촉하는 단계이다. 두 문화가 접촉되고 난 후 국내의 여러 문화들은 이주자에게 함께 살아가기 위해 변화의 압력을 가하게 되는데 이 시기가 적응 과정에서 갈등 단계에 해당한다. 이후 이주자는 갈등을 해결하기 위해 자신의 문화 정체성을 유지하느냐, 포기하느냐의 정도에 따라 동화(assimilation), 통합(integration), 분리(separation), 주변화(marginalization)를 택하게 된다.

　문화 적응 전략으로 동화란 자신의 고유문화를 버리고 주류 사회로 흡수되는 것이고, 반대로 고유문화를 유지하는 데 가치를 두는 것이 분리이다. 또한 통합이란 이주 국가의 집단과 상호작용하는 동시에 자신의 고유문화를 유지하는 것이고, 주변화는 고유문화의 유지와 이주국 문화와의 관계 모두에 관심이 없는 것이다(Berry, 2005).

　그러나 전문직 이주자는 적응 과정에서 주류 사회로 동화되길 선택하는 경우가 극히 드물다. 이는 이주의 목적이 일정 기간 동안의 취업과 직결되어 있어 대부분 순환 이주나 귀환 이주를 전제로 하고 있기 때문이다. 게다가 한국이 근본적으로 이민을 받아들이지 않는 국가라는 점도 이들을 본국으로 돌아가게 하는 이유가 된다. 이러한 점은 다음의 심층 면담에서 잘 나타나고 있다.

　[사례 1] 파키스탄 국적, 26세 남성, 2007년 기업투자(D-8)로 입국, 무역유통직 종사, 대구 거주

　"나는 파키스탄 사람이다. 동네 주민이라고 생각하지 않는다. 동네 주민들과는 인사만 할 정도이고 이야기를 하거나 친하지는 않는다. 모임에도 가본 적 없다. 하지만 한국인 사업가들과는 도움을 주고받는다. 앞으로 계속 산다면 동네 주민들과 어울릴 수도 있겠다. 외국인들과는 이슬람 사원을 통해 알고 지낸다. 이 동네에 이슬람 사원이 생길 때는 주민들이 반대했다. 체류 기간이 끝나도 재입국해서 이 업종에 종사하고 싶다."

　[사례 2] 미국 국적, 32세 여성, 2008년 회화지도(E-2)로 입국, 외국어 학원 강사, 대구 거주

　"동네 주민들과는 잘 만나지 않는다. 학원 동료들과 그들을 통해 만나는 사람이 대부분이다. 동네 이웃을 만들고 싶기는 하다. 나와 같은 나라 사람은 보통 다른 학원이나 학교 강사 등이다. 주로 시내에서 친목 모임을 통해 알게 된다. 현재 체류 기간은 1년인데 갱신해서 2~3년 정도 더 한국에 있을 것이다. 본국으로 돌아가서는 한국에서의 강사 생활이 많은 도움이 될 것이다. 재입국 의사는 없다."

[사례 1]과 [사례 2]에서 보는 바와 같이 이들은 같은 나라 사람들과는 이슬람 사원과 친목 모임 등의 경로를 통해서 지속적으로 네트워크를 유지하고 있다. 하지만 지역 주민과는 단절되어 있고, 한국인과의 교류는 직장과의 연결 고리를 통해서만 이루어진다. 특히 [사례 1]은 지역 주민과의 갈등 관계를 겪어야 함에도 불구하고 이슬람 사원을 통한 자신의 고유문화를 유지하려는 성향이 강했다. 그리고 이들은 체류 기간이 끝나도 재입국 혹은 비자 연장의 의사를 밝혔지만 귀환을 전제로 하고 있다.

한편 전문직 이주자들은 새로운 사회에 적응하기 위한 전략으로 이전부터 이주자들이 밀집되어 있던 주거 지역에 정착하는 경우가 많다. 배경이 비슷한 집단이 거주하고 있는 곳으로 주거지 분화(segregation)를 이루면서 주류 사회 속에서 고유의 커뮤니티를 형성·유지해 나가고 있는 것이다. 대표적인 예로 전문직 이주자의 수가 가장 많은 서울에는 글로벌 빌리지(global village)라 불리는 이주자들의 근린이 형성되고 있다. '서울 속의 아메리카'인 이태원, 프랑스인이 모여 사는 반포동 서래마을, 일본인이 집단 거주하는 동부이촌동, 한남동의 '독일 커뮤니티' 등이 그것이다.

이주자들의 집거지(ethnic enclave) 형성 요인은 다양하게 지적되고 있다. 도시생태학자들은 주로 동화에 초점을 두고 이주자 또는 이주자 집단의 낮은 동화 수준으로 인해 주거지 분화가 발생한다고 설명한다. 한편 정치경제학자들은 인종·민족별 선입견에 기반을 둔 차별적인 관행, 예컨대 주택 시장에서 이주자들이 집을 구할 때 가격과 이용 가능성, 요구 자격, 정보 등에 대해 차별을 겪고 결국 특정 도시 공간에 집중한다고 설명한다. 그러나 저임금 이주 노동자와 달리 선입견과 차별적인 관행이 적고 사회·경제적 지위도 비교적 높은 전문직 이주자들이 왜 지속적으로 주거지 분화를 이루고 있는지에 대한 문제가 제기된다. 이에 대해 사회 구성주의자들은 주거지 선택에서 인종·민족별로 나타나는 선호를 강조한다. 사회 구성주의자들은 이주자들이 단순히 문화·경제적 제한으로 분화된 거주지를 형성하는 것이 아니라 오히려 인종·민족별 선호도에 의한 커뮤니티(ethnic communities)를 형성한다고 본다(Massey, 1985; Logan and Zhang, 2002; Chung, 2009).

2) 전문직 이주자 관련 정책과 지원 기관

한국의 외국 인력 정책의 기본적인 성격은 내국인 우선 고용 원칙을 따른다. 이는 자국인으로 충원되지 못하는 노동 시장 분야에 한해 최소한의 외국 인력만 받아들인다는 것으로 외국 인력 수입은 최후 수단인 셈이다. 그렇지만 이 원칙은 주로 단순 기능 인력에 적용되고 있으며, 유치가 필요한 전문직 이주자와 관련된 정책들은 많은 혜택을 제공하고 있다.

그 중 가장 대표적인 것이 출입국 관련 제도로서 영주권 제도가 있다. 단순 기능 인력에 해당되는 이주자의 경우 국적 취득이 불가능하지만 해외 투자자 및 교수, 연구자, 기업가 등 국가 발전에 기여한 공로가 큰 이주자에게는 3년간 결격 사유가 없으면 영주(F-5) 신청 자격을 준다. 더욱이 2000년부터는 전문직 이주자들에게 정보통신부의 아이티 카드(IT Card), 지식경제부(옛 산업자원부)의 골드 카드(Gold Card), 교육과학기술부(옛 과학기술부)의 사이언스 카드(Science Card)를 제공하여 3년간 자유로운 출입국을 보장하고, 1회 체류 기한 상환을 3년에서 5년까지 확대하였으며, 심지어 배우자의 취업과 외국인 가사 보조인의 고용도 허용하고 있다(강혜림 외, 2008; 문보국, 2008).

이러한 출입국 관련 제도 외에도 전문직 이주자를 도입하기 위한 다양한 유치 정책들이 각 해당 분야에서 제공되고 있다. 〈그림 7〉은 전문직 이주자의 유형별로 유치 정책을 분류한 것이다. 현재 시행되고 있는 모든 정책

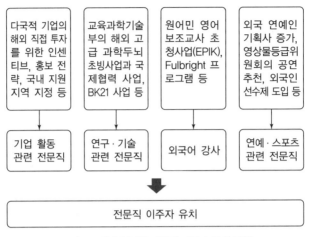

그림 7. 해당 분야별 전문직 이주자 유치 정책

을 아우를 순 없지만 대체로 전문직 이주자들은 이와 같은 경로를 통해 국내로 유입되고 있다. 구체적으로 기업 활동 관련 전문직은 다국적 기업의 해외 직접 투자를 위한 인센티브와 홍보 전략, 국내의 지원 지역 지정 등을 통해서, 연구 · 기술 관련 전문직은 교육과학기술부를 통한 해외 고급 과학 두뇌 초빙사업(brain pool program) 및 국제협력 사업, 두뇌한국21(BK21) 사업 등을 통해 국내로 들어오고 있다. 또한 세계화에 따른 문화적 상호 교류에 대한 대응 교육으로 원어민 영어보조교사 초청사업(English Program In Korea, EPIK)과 풀브라이트(Fulbright) 프로그램[8] 등이 시행되면서 원어민 강사들이 증가하고 있으며, 연예 · 스포츠 관련 전문직은 외국 연예인

---

[8]　원어민 영어보조교사 초청사업(EPIK)은 교육과학기술부(옛 교육인적자원부)와 지방자치단체 그리고 시 · 도 교육청이 각각 주관이 되어 원어민 영어 보조 교사를 채용 · 활용하는 프로그램이고, 풀브라이트 프로그램은 한미교육위원단이 미국 내 대학 졸업자를 대상으로 선발하고 한국에서 6주간의 오리엔테이션을 거쳐 그들이 근무할 학교까지도 지정해서 각 시 · 도 교육청으로 통보해 주는 프로그램이다. 다만 지역적으로는 서울을 제외하고, 학교 급으로는 초등학교를 제외시키고 있다.

들이 국내에서 공연할 수 있도록 계약을 담당하는 외국 연예인 기획사의 증가, 공연법에 의한 외국인 공연의 영상물등급위원회 추천, 스포츠 분야에서 외국인 선수제 도입 등에 의해 유치되고 있다.

하지만 전문직 이주자에게 주어지는 다양한 혜택과 유치 정책에도 불구하고 정작 이들을 지원하는 기관은 극히 드물다. 외국인 이주자를 지원하는 기관은 대개 결혼 이주자 또는 저임금 이주 노동자를 대상으로 하고 있기 때문이다. 또한 결혼 이주자와 이주 노동자의 경우 정부 위탁 지원 기관과 민간 지원 기관이 모두 활성화되어 있지만 전문직 이주자를 지원하는 기관은 주로 정부 및 주요 공공 기관이다. 이 중 노동부와 법무부가 법적인 기준을 마련하고 취업을 관리하는 차원에서 관여하고 있으며, 중소기업청에서는 중소기업의 기술 경쟁력 확보를 위해 외국인 전문직 이주자를 알선·지원하는 사업을 시행하고 중소기업의 기술력 제고에 기여하는 정도이다(김남희, 2005).

그러나 이러한 지원 사업들조차 전적으로 전문직 이주자를 대상으로 하고 있기보다는 외국인 고용이라는 큰 틀에서 이루어지고 있다. 법무부의 지원 사업도 최근 증가하고 있는 결혼 이주자, 외국인 유학생 및 여행객 등 전체 외국인과 관련된 정보가 전문직 이주자에게 필요한 정보와 뒤섞여 있어 효율적인 접근에 큰 장애가 되고 있다. 더욱이 전문직 이주자들을 지원

표 7. 전문직 이주자 관련 주요 부처 및 사업 내용

소관 부처	주요 사업 내용
노동부(한국산업인력공단)	외국인 고용 지원
노동부	외국인 근로자 고용 관리
산업자원부(중소기업청)	해외 고급 인력 도입 사업
법무부	외국인 근로자 출입국 및 체류 관리

자료 : 김남희, 2005.

하는 민간 기관도 활성화되어 있지 않아 이들이 필요할 때 찾을 수 있는 지원 기관은 찾아보기가 힘들다. 실질적으로 전문직 이주자들을 지원하는 곳은 이들을 직접 채용하고 있는 고용 기관에 그친다.

6. 요약 및 결론

이 연구는 지식 기반 경제 시대의 세계화 흐름 속에 전문직 종사자의 국제적 이동과 국내로의 이주가 증가하고 있음에도 불구하고, 이들에 대한 연구가 부족하다는 문제의식에서 출발하였다. 따라서 향후 연구의 기초 작업으로 전문직 이주자의 국제 이주 배경과 국내 유입 현황 및 공간적 분포, 적응과 관련 정책 등을 고찰하였다. 연구 결과를 요약하면 다음과 같다.

첫째, 전문직 이주자의 국제적인 이동은 다른 외국인 이주자들과 마찬가지로 세계화와 초국가주의라는 거시적인 배경 아래 일어나고 있지만, 좀더 구체적으로는 이들의 유형별로 기업 국제화론과 두뇌유출론, 문화적 통합론에 의해 설명될 수 있다. 기업 활동 관련 전문직은 다국적 및 초국적 기업이 증가하면서 국제 이주를 하는 경우가 늘고 있으며, 최근에는 기업의 해외 연구 개발 활동으로 기업 활동 관련 전문직뿐만 아니라 연구 · 기술 관련 전문직의 국제 이주 역시 빈번해지고 있다. 특히 연구 · 기술 관련 전문직은 고학력의 고급 두뇌가 다른 국가로 이동한다는 측면에서 두뇌유출론의 관점에서 주로 논의되어 왔다. 그러나 이들이 다시 본국으로 되돌아가 기여할 수 있는 긍정적인 측면을 고려한다면 단순히 두뇌유출이 아닌 고급 인력 순환의 개념으로 봐야 할 것이다. 한편 전 세계적인 문화 교류 활성화와 이에 따른 외국어 지식의 수요 증가로 연예 · 스포츠 관련 전문직과 원어민 외국어 강사 또한 국내에 증가하고 있다.

둘째, 전문직 이주자의 이주 현황은 2000년 이후 지속적으로 늘고 있는 추세이며, 장기 체류자의 경우 2009년 현재 5만여 명에 이르렀다. 비자 유형별로는 장·단기 체류자 모두를 포함해 2009년 회화지도(E-2)가 2만여 명으로 압도적으로 높은 비중을 차지하고 있으며, 2001년과 2002년 6~7천여 명에 달하던 예술흥행(E-6)은 2003년 유흥업소에 종사하는 무용수에 대한 비자 발급이 중단되면서 현재 4천여 명의 수준으로 정체되었다. 2009년을 기준으로 예술흥행(E-6)의 불법 체류율(31.2%) 또한 전문직 이주자 전체의 불법 체류율(5.5%)을 훨씬 웃돌고 있어 최근 이들을 전문직 이주자에서 제외하고자 하는 움직임도 보인다. 성별로는 전문직이 취업을 전제로 하고 있는 만큼 남성의 비중이 대체로 높지만 연예·스포츠 관련 전문직은 여성의 비율이 높으며, 출신 지역별로는 아메리카계로 특화된 외국어 강사를 제외하고는 대체로 아시아계의 비중이 높다.

셋째, 전문직 이주자의 지리적 분포는 다른 외국인과 비슷하게 수도권과 영남권의 교통축을 따라 많이 분포하고 있으며, 특히 서울을 중심으로 수도권 지역에 집중되어 있다. 유형별로는 직업에 따라 다소 차이를 보이는데, 기업 활동 관련 전문직은 수위 도시 서울과 조선 사업이 발달한 거제, 울산 등지에, 연구·기술 관련 전문직은 대학과 연구소가 밀집한 수도권 및 대전 등지에, 외국어 강사는 교육 기관을 따라 수도권 및 지방 대도시 지역에, 연예·스포츠 관련직은 미군 기지 주변 및 서울 유흥가에 주로 분포한다. 한편 수도권과 6대 광역시 내에 분포하고 있는 전문직 이주자의 수는 서울, 경기, 부산, 인천, 울산, 대전, 대구, 광주의 순으로 나타났으며, 이들의 출신 국적은 인천을 제외하고 모두 미국 국적이 가장 높게 나타났다.

넷째, 전문직 이주자의 적응 및 정책과 관련하여 이들이 다른 외국인과 마찬가지로 국내로 이주한 후 문화적 갈등을 겪게 되는 외국인임에도 불구하고, 외국인 지원 기관과 정책들은 대부분 결혼 이주자와 이주 노동자들에 초점이 맞추어져 있다. 전문직 이주자가 국내에 필요한 인력이라는 점에서 다양한 유치 정책과 혜택이 주어질 뿐 정작 이들이 한국 사회에 정착하기 위해 필요한 부분들은 간과되고 있는 것이다.

따라서 전문직 이주자들을 유인하기 위한 유치 정책만 시행할 것이 아니라 이들이 어떻게 지역사회에 잘 뿌리내릴 수 있을지에 대한 고민이 앞서야 할 것이다. 이를 위해, 먼저 외향적 국제화에서 벗어나 지방 정부를 중심으로 내향적 국제화를 추구해 나가야 할 것이다. 내향적 국제화는 외국인 대책을 실시함에 따라 지역사회가 외국인 친화적이 되는 것을 포함하여 지역 주민의 의식과 생활 양식, 제도 관행까지도 보다 지구적인 단계로 진입하는 것을 의미한다(양기호, 2006). 둘째, 전문직 이주자들을 대상으로 하는 전문 지원 기관이 활성화되어야 할 것이다. 결혼 이주자와 이주 노동자에게 중복되고 과잉 제공되었던 많은 지원 기관을 전문직 이주자에게 돌려 이들의 지역사회 정착을 도와야 할 것이다. 셋째, 전문직 이주자에 대한 적응 지원책들은 다문화주의를 가장한 동화주의로 흘러서는 안 될 것이다. 주류 사회에 편입되길 강조하기보다 그들 고유의 문화를 인정하는 협력적 다문화 네트워크가 이루어져야 한다.

이 연구는 그동안 간과되었던 전문직 이주자에 관한 연구의 시발점으로서 국내로 유입한 전문직 이주자들의 전반적인 상황을 고찰했다는 점에서 의의가 있다. 이 연구를 바탕으로 향후 전문직 이주자에 관한 더욱더 심도 있고 다양한 연구들이 진행되어야 할 것이다.

:: 참고 문헌

강혜림 · 이수행 · 이해리, 2008, 국가경쟁력 제고를 위한 개방적 이민정책, 출입국 · 외국인정책본부, pp.1-44.

김남희, 2005, 국외인적자원 개발 및 활용에 관한 정책연구, 교육인적자원부.

김현미, 2005, 글로벌 시대의 문화번역, 또하나의문화.

문만용, 2006, "한국의 '두뇌유출' 변화와 한국과학기술연구소(KIST)의 역할", 한국문화 37, pp.229-261.

문보국, 2008, 국가경쟁력 제고를 위한 개방적 이민정책 방향 : 중소기업의 외국전문기술인력 유치를 위한 제도 개선을 중심으로, 출입국 · 외국인정책본부, pp.1-36.

법무부, 장기체류 외국인 원자료(2007년 10월 12일 기준).

송하중 · 양기근 · 강창민, 2004, "고급과학기술인력의 두뇌유출 순환모형에 관한 연구", 한국정책학회보 13(2), pp.143-174.

양기호, 2006, "지방정부의 외국인대책과 내향적 국제화", 한국지방자치학회보 18(2), pp.67-85.

이규용 · 박성재 · 김선웅 · 노용진 · 김재훈, 2005, 전문기술 외국인력 노동시장 분석, 정책연구(2005, 10), 한국노동연구원.

출입국 · 외국인정책본부, 각 연도(2000~2009), 출입국 통계연보.

출입국 · 외국인정책본부, 2009년 6월, 출입국관리법령집.

출입국 · 외국인정책본부, 2009년 12월 등록 외국인 지역별 현황 자료.

출입국 · 외국인정책본부, 2009년 12월 통계월보.

홍석준, 2004, "세계화 시대의 문화적 정체성의 분절과 통합- '다문화주의' 와 '신민족주의' 는 병존 가능한가?-", 인문학논총 4, pp.205-222.

Bailey, A., 2001, "Turning transnational : notes on the theorisation of international migration", *International Journal of Population Geography* 7, pp.413-428.

Beck, U., 1997, *Was ist Globalisierung?*, Suhrkamp Verlag.

Berry, J. W., 2005, "Acculturation : Living success-fully in two cultures", *International Journal of Intercultural Relations* 29, pp.697-712.

Berry, J. W. and Sam, D., 1997, "Acculturation and Adaptation", in Berry, J. W. and Segall, M. H. and Kagitcibasi, C. (eds.), *Handbook of Cross-Cultural Psychology : volume 3(2nd ed)*, Boston : Allyn & Bacon.

Canclini, G., 1995, *Hybrid Cultures : Strategies for Entering and Leaving Modernity*, Minneapolis.

Castells, M., 1996, *The Rise of Network Society*, London : Blackwell.

Chung, S.-Y., 2009, "Neighborhood and Segregation in the Urban Theories", *Journal of the Korean Urban Geographical Society* 12(2), pp.103-118.

Guarnizo, L. and Smith, M., 1998, "The locations of transnationalism", in Guarnizo, L. and Smith, M. (eds.), *Transnationalism from Below*, New Brunswick : Transaction Publishers, pp.3-34.

Iredale, R., 2001, "The migration of professionals : theories and typologies", *International Migration* 39(5), pp.7-20.

Johanson, J., and Vahlne. J. B., 1971, "The internationalization process of the firm : a model of knowledge development and increasing foreign market commitments", *Journal of International Business Studies*(Spring/Summer), pp.23-32.

Johanson, J., and Wiedersheim-Paul, F., 1975, "The internationalization of the firm : four Swedish cases", *The Journal of Management Studies*(October), pp.305-322.

Logan, J. R., and Zhang, W. Q., 2002, "Immigrant enclaves and ethnic communities in New York and Los Angeles", *American Sociological Review* 67(2), pp.299-322.

Massey, D. S., 1985, "Ethnic residential segregation : a theoretical synthesis and empirical review", *Sociology and Social Research* 69, pp.315-350.

OECD, 1998, *Internationalization of industrial R&D : Patterns and Trends*, Paris.

Park, D-H., 2008, "Asia's Skills Crisis", in Asian Development Bank(ADB) (eds.), *Asian development Outlook 2008*, Manila : ADB.

Robertson, R., 1992, *Globalization : Social Theory and Global Culture*, London : SAGE Publications.

Yoon, I. J., 2008, "Korean diaspora and transnationalism : the experience of Korean Chinese", *Journal of Cultural and Historical Geography* 20(1), pp.1-18.

한국지역지리학회지 제15권 5호(2009년 10월), pp.635-645에 게재된 글을 수정·보완한 것임.

제6장

세계의 유학생 이동과 국내 외국인 유학생의 특성

안 영 진

1. 서론

　최근 전 세계적으로 고등교육 단계의 교육을 모국이 아니라 타국에서 체류하며 수학하는 학생 수가 급증하고 있다. 1950년에 세계의 유학생 총수는 10만여 명에 지나지 않았으나, 2005년에는 약 273만 명에 육박하는 것으로 파악되고 있다(OECD, 2007b). 최근의 한 연구에서는 2025년 세계의 유학생 수가 약 720만 명에 이를 것이라는 추정까지 내놓고 있다(Boehm et al., 2002). '유학의 폭발'로 일컬어지는 이러한 유학생의 급증은 우리나라의 경우도 예외가 아니다. 우리나라는 그동안 유학생의 주요 송출국의 하나로 외국으로의 '유출 유학'이 주류를 이루었으나, 최근 들어 이러한 추세가 여전히 지속되는 와중에도 '유입 유학' 또는 '유치 유학'이 빠르게 늘어나는 새로운 변화를 맞고 있다. 2000년 이래 정부와 각 대학들이 대학 국제화의 일환으로 유학생 유치에 적극적으로 나서면서 국내의 외국인 유학생 수가 2007년 4월 현재 49,000여 명에 이르고 있다. 1970년 321명, 1980년 1,015명, 1990년 2,237명, 2000년 6,160명의 외국인 유학생 수에 비추어보면 이는 괄목할 만한 성장세가 아닐 수 없다.

　이와 같이 국제적으로 대량으로 발생하는 유학생의 이동 혹은 이주 흐름은 이제 양적 확대를 넘어서서 질적 변화를 수반하고 있다. 유학생 흐름이 각국의 고등교육에 미치는 영향에 대해서는 여러 나라들에서 큰 관심을 기울이고 있다. 오늘날 세계적으로 유학생의 이동은 교육의 영역을 벗어나 점차 국가 정책의 현안으로 대두하고 있다. 1980년대 초 일부 선진국에서 증가 일로에 있던 일방통행적인 유학생의 유입을 엄격히 규제하는 조치를 취하거나 속도 조절을 시도한 적이 있었으나(江淵一公, 1990, 1991a, 1991b),

최근에는 거의 모든 나라에서 유학생 유치 확대 혹은 획득 경쟁(杉村美紀, 2007, 179)을 펼치고 있다. ■1 따라서 유학생의 국제적 이동은 대학 사회에 국한되는 국제적 학술 교류 차원에 머무는 것이 아니라, 국가 정책 또는 세계 각국의 중요한 정책적 관심사의 하나로 부상하고 있다(OECD, 2004; 2007a).

주지하다시피 연구자나 교수를 포함한 학생들의 국제적 이동은 고등교육의 국제화에서 핵심적 요소의 하나이며, 사실 오랜 역사를 지니고 있다(Wheeler, 1925). 더군다나 유학생 대량 이동은 오늘날 국제적 인구 이동의 한 형태로 중요하게 자리매김해 가고 있다. 그리고 이러한 유학생의 국제적 이동은 다방면에 걸쳐 유입국은 물론이고 유출국에 갖가지 영향을 미친다는 점에서 지리학적 관심사이기도 하다.

이상에서 언급한 바와 같이 국제적으로 유학생들이 빠르게 늘어나고 있음에도 불구하고 우리나라에서는 이들에 관한 전반적인 실태와 적응 과정에 대한 분석이 대단히 미흡한 실정이다. 이미 나와 있는 몇몇 연구들도

■1 　대표적으로 일본은 1984년에 정부 차원에서 '留學生10萬人計劃'이라는 장기 정책을 마련하여 21세기 초 외국인 유학생 10만 명을 수용할 목표로 일본 유학 전부터 귀국 후까지 유학생들을 체계적으로 지원하기 위한 종합 시책을 추진하고 있다. 영국에서는 전 세계 영어권 유학생 유치의 주도권을 확보하기 위해 미국과 경쟁하며 토니 블레어 전 수상은 임기 중에 영어권 유학생의 40% 확보를 목표로 한 정책을 추진하였다. 그리고 프랑스는 유학생 규모를 30만 명에서 미국과 같은 50만 명 수준으로 끌어올리기 위해 국가 기관인 'EDUFRANCE'를 설립하여 대대적인 유학생 유치 활동을 전개하고 있다(有本 章·橫山惠子, 2007). 우리나라도 21세기 지식 기반 사회의 세계 중심 국가로 확고히 자리매김하기 위한 초석을 마련하고, 고등교육의 질적 수준 향상을 통해 한국 교육의 국제 경쟁력을 높이며, 유학생 유치를 통한 국제 수지 개선에 기여하기 위해 '보내는 유학'에서 '받아들이는 유학'으로 정책을 전환하고자 2001년 '외국인 유학생 유치 확대 종합방안(안)'을 마련하였고, 2004년에는 이를 확대하여 '스터디 코리아(Study Korea) 프로젝트'를 적극 추진하고 있다(교육인적자원부, 2001, 외국인 유학생 유치 확대 종합방안(안)).

(전문)대학에서의 외국인 유학생 유치 확대를 위한 정책 방안의 수립(박태호 외, 2001; 노종희 외, 2002; 박응수 외, 2004; 이명재 외, 2006)이나 유학생의 국내 정착을 위한 공공 가정 설계 및 주거 계획에 관한 연구(두경자, 2003; 안선민 외, 2006) 등에 그치고 있다. 무엇보다도 오늘날 고등교육 체계가 국경을 넘어 확대됨에 따라 외국인 유학생의 유출 · 유입에 따른 영향과 파급효과가 심화 · 확대되고, 한 걸음 더 나아가 이른바 '다문화 공간' 또는 '초국적 사회 공간'의 형성이 예견되는 만큼 우리나라에서도 유입 외국인 유학생의 이주 배경과 목적, 이들의 국내로의 이동 후 (대학)사회에의 적응 과정과 문제점, 그리고 이들 가운데 일부가 학교를 이탈하여 주변 지역에 노동력으로 고용되는 상황 등에 관한 구체적인 조사 연구가 필요하다. 이는 대학과 지역사회는 물론이고 국가 차원에서 긴요한 학술적 · 정책적 과제가 아닐 수 없다.

이 연구는 이렇듯 외국인 유학생에 대한 연구가 대단히 빈약하고 부족한 상황에서 향후 이 주제에 대한 본격적이고 구체적인 연구를 수행하기 위한 선행 연구의 하나로 삼고자 한다. 이에 따라 이 글은 우선 국제적인 유학생 이동의 성격과 배경에 대해 이론적으로 검토하고, 현재 구할 수 있는 자료를 기초로 세계의 유학생 이동 추이를 설명하고 그 지리적 패턴을 중점적으로 규명해 보고자 한다. 다음으로 이 글은 우리나라의 외국인 유학생의 이주 실태와 특성에 관해 논의해 보고자 한다. 특히 이 연구는 국내 외국인 유학생의 추이와 실태를 자세히 분석하고, 그 주된 배경과 현상의 특성 등을 파악해 보고자 한다.

2. 이론적 고찰

1) 유학생 이동 흐름의 특성

　현재 국제적으로 행해지고 있는 학술 차원의 인구 이동은 학생과 교수, 그리고 교직원의 물리적 이동과 함께 최근에 급부상하고 있는 가상 공간상의 이동까지 포괄한다. 고등교육이 국경 없는 교육 체계로 급속히 전환되면서 많은 국가에서는 고등교육의 국제화에 발 벗고 나서고 있다. 이러한 고등교육의 국제화는 사람(학생과 교직원), 프로그램(교육 과정), 기관(대학, 교육센터 등) 등의 유형을 취하지만, 이 가운데 역시 가장 오랜 역사와 전통을 지닌 보편적 형태는 학생들의 이동, 즉 유학생의 국제적 이주 흐름이라고 말할 수 있다(Wheeler, 1925). 지난 수십 년 동안 학생과 교수, 연구자, (행정)직원 등 대학에 소속된 사람들은 과거 그 어느 때보다 기동적이었다. 이 점과 관련하여 물론 절대적 수치가 논거로 제시되어야 하겠지만, 상대적으로 보면 대학이라는 교육 기관이 출현했을 때부터 학생이나 교수들은 그 어떤 인구 집단보다 기동적이었다. 그 가운데서도 여전히 중요하고 핵심적 부분을 차지하는 것은 학생들의 국제적 이동 흐름 혹은 외국 유학이다. 이는 특정 국가의 학생들이 외국 대학으로의 이동 또는 출신 국가의 대학에서 외국의 초빙 또는 자매 대학으로의 물리적 이동과 결부되어 있으며, 학위나 연수 과정의 일부 또는 전부를 이수하는 기간에 행해지는 학업 관련 해외 체류의 실현을 의미한다. 기본적으로 학업을 받는 과정 동안 기간의 장단과 상관없이 '외국' 학생의 지위를 가진 모든 학생들은 유학생으로 간주될 수 있다(Hahn, 2004, 146).

　일반적으로 한 국가로 유입되는 외국인들은 그 유입 성격과 배경, 이주 패턴, 그리고 적응 및 정착 과정 등에서 공통점을 지니는 한편, 이들의 체류 목적이나 기간, 향후 본국으로의 귀환 여부 등에서 서로 상이하며 법적 지위에서도 적지 않은 차이점이 있다. 오늘날 대학생들은 이미 지적한 것처럼 그 어떤 인구 집단보다 기동적이며, 또한 이들의 국제적 이동과 이주를 통한 출발지 국가와 목적지 국가에 공히 미치는 다양하고 막대한 영향으로 말미암아 이들의 이동 행태는 여타 집단보다 전략적 중요성을 지닌 것으로 평가받고 있다(Baláž and Williams, 2004, 217-221). 또한 유학은 체류 목적에서 비취업인 교육 및 훈련을 전제로 하며, 체류 기간도 관광 목적의 일시적 체류보다는 길지만 노동이나 결혼 목적의 장기간 또는 영구적 체류보다는 짧은 중·단기적 특성이 뚜렷하다. 더군다나 외국 대학에서의 학업 프로그램 틀 안에서 이루어지는 유학은 출발지 국가에서의 유학 결정 및 그 배경과 함께 목적 국가에서의 적응 및 정착 과정의 구체적 내용들, 즉 교육, 주거, 의료 보건, 노동 시장 등을 모두 포함한 공간적·제도적·사회적 차원에서도 다른 이주 유형과는 구별된다.

오늘날 유학은 일반적으로 일컬어지더라도 그 내용적 성격에서 복잡다단할 뿐만 아니라, 과거와 다른 적잖은 변화를 보여주고 있다. 우선 부분적으로 유학의 동기와 목적을 규정하는 것이지만, 그 흐름의 주된 방향은 남에서 북으로 또는 개발도상국에서 선진 공업국으로 이루어진 전통적인 '의존형' 유학이 여전히 지속되는 가운데 최근 들어 선진국 간에 행해지는 '부가가치형' 유학도 점점 뚜렷해지고 있다. 이는 또한 현대의 유학이 엘리트 위주 또는 국가가 지원하는 유학에서 다양한 사회 계층에 걸쳐 하나의 선택 사항이 되고 있는 '대중형' 유학으로 빠르게 바뀌어가고 있음을 보여준다. 즉 유학의 재정적 기반이 과거의 국비나 기관 단체 장학금 등에 의존하는 것에서 대학 장학금이나 특히 자비에 바탕을 둔 것으로 크게 바뀌어가고 있는 점과 무관하지 않다. 둘째, 해외 유학은 과거의 다소 경직적인 유형에서 벗어나 다양화되고 있다. 교육 단계 및 그 종류(전문대생, 대학 학부생, 대학원생 등), 체류 또는 체재의 기간(장기, 중기, 단기 등), 수학의 형태(풀타임, 파트타임, 청강생, 연구생 등), 유학의 목적(학위 취득, 어학 연수 등) 등에 따른 차이가 크다. 특히 명백한 점은 학부생보다 대학원생이 점점 증가하고 있으며, 학위 취득을 목적으로 한 이동(diploma mobility)과 아울러 한정된 특정 목적의 유학, 즉 학점 취득을 목적으로 한 이동(credit mobility)과 기타 개인적 동기의 자발적 이동(voluntary moves)도 확대되고 있는 실정이다(HEFCE, 2004, 11). 셋째, 유학생의 개인적 속성, 예를 들어 연령과 성별, 기혼 · 미혼, 단신 · 가족 동반 등에 따라 그 실태가 실로 다양하고 분화 양상이 현저히 나타나고 있다. 따라서 목적지 국가에서의 유학생의 적응 양상도 유학의 다양한 구성 요소의 조합에 따라 대단히 차별적이며, 이에 대한 대학과 국가의 정책적 · 제도적 대응도 복잡다단해지고 있다(江淵一公, 1989a, 57).

2) 국제적 유학생 이동의 배경과 성격

대학에서 학생들의 국제적 이동만큼 상반된 평가를 받아온 현상도 드물다. 유학은 우선 국내에서보다 나은 자질을 획득할 수 있고, 최신의 그리고 수준 높은 전문 지식을 접할 수 있으며, 또한 자기 문화와 이따금 한정된 관점의 편협함을 대조적인 것과 비교 가능한 사고의 자극이라는 경험을 통해 극복할 수 있는 기회로 이해되어 왔다. 반면에 유학은 타국에서 생활하고 외국어를 사용하며 상이한 학업 환경에서 지냄으로써 발생하는 문제 때문에 종종 외국에서의 학업을 통해 얻는 이점들이 상당 부분 상쇄되기도 한다. 또한 타국에서의 경험이 너무 생소하여 본국에서의 직업 등에 활용하는 것이 제한되거나, 부적절한 사고방식을 본국의 여러 상황에 무조건적으로 적용하려는 우를 범할 수 있다. 그리고 외국에서의 학업을 마친 사람들이 출신 국가로 귀환하지 않음으로써 이른바 '두뇌유출(brain drain)'이 발생할 수 있으며, 특히 재능 있는 학생들이 외국으로 유학하는 경향이 만연하면 국내에 경쟁력 있는 대학 교육 체계를 구축하는 일이 지연되어 출신 국가에 장기적으로 불이익을 가져다줄 수도 있다는 점이 유학의 위험성으로 종종 논의되어 왔다. 그럼에도 불구하고 오늘날 유학은 전반적으로 긍정적인 평가를 받고 있다(Teichler, 2007, 63).

오늘날 유학생의 확대 양상은 교수와 전문 연구자, 그리고 대학의 (행정) 직원 등을 포함하더라도 이들이 어떤 인구 집단보다 기동적이라는 점과 무관하지 않다. 그렇지만 유학의 형태를 띤 대학생들의 기동성은 최근에 와서 특별히 부각되고 있는 현상으로만 치부될 수 없다. 다음에서 자세히 살펴볼 절대적 수치가 논점이 될 수 있으나, 상대적으로 보면 대학이 출현한 이래 교수를 포함한 학생들이 모국이 아닌 타국에서 수학하는 것은 특별한 일로 여겨지지 않았다. 중세에 등장한 서구의 많은 대학들은 국가를 전제하지 않은 지식 공동체이자 문화적·정치적 배경과 상관없이 모든 사람들에게 문호를 개방해야 한다는 보편주의적·세계주의적 대학관(觀)을 지니고 있었다. 라틴어를 공용어로 쓰며 다국적 학생들을 대상으로 한 중세 유럽의 전통 대학들을 통해 알 수 있듯이, 이들 대학의 국제성은 매우 높았고 타국 출신의 교수와 학생들이 절반 이상을 차지한 시기도 있었다(Budke, 2003, 25-26; 黑田一雄, 2007, 231-232). 그 후 시대가 지나면서 학생들의 국제적 이동에 대한 이러한 인식('코즈모폴리턴 대학 모델')은 특정 입지와 결합된 국가 중심의 고등교육이 강화되면서 부분적으로 제한을 받게 되었다. 즉 근대 국민국가가 등장하면서 국민 통합과 국가적 정책 목표에 봉사해야 한다는 역할이 대학에 주어지고 대학도 한층 더 국민국가적 대학('국민국가 대학 모델')으로 변모하게 되었다. 따라서 유학생을 포함한 국제적 교육 교류도 일정한 규제를 받기에 이르렀다. 하지만 근대 국민국가가 성숙하면서 유학생의 존재로 대표되는 대학의 국제성이 국가의 학술 발전과 대외적인 정치·문화적 영향력을 강화하는 데 유용하다는 사실이 인식되면서, 대학은 국가 의식에 기반을 두면서도 국가의 사회적 목표를 성취하기 위해 대학의 국제화, 곧 학술 교류와 유학생의 유치 등을 강화하는 방향('코즈모폴리턴적 국민국가 대학 모델')을 추구해 오고 있다(Hahn, 2004, 151; 黑田一雄, 2007, 232). 근래에는 대륙 또는 아(亞)대륙 단위의 지역 통합이 진척되고 지역주의가 확산되면서 국제적 교육 교류를 통해 이들 지역의 정체성을 확립하고 국가 간 이해를 높이며 역내 통합을 공고히 하기 위한 노력이 이루어지기도 한다('지역 통합 대학 모델'). 예컨대 유럽연합의 '에라스뮈스 프로그램(Erasmus-Programme)'과 아세안(동남아시아국가연합, ASEAN) 국가들 간에 추진되고 있는 '아세안 대학 네트워크(ASEAN Universities Network)' 사업 등은 학자들이나 고등교육 기관 간의 교류 협력과 학생들의 국제적 이동에 지대한 영향을 미치고 있다(King and Ruiz-Gelices, 2003; 黑田一雄, 2007, 233-234).

이렇듯 유학이라는 학생들의 국제적 이동은 대학이 등장한 이후 정도의 차이는 있으나 꾸준히 진척되어 왔고, 특히 대학 고유의 지적 보편주의나 세계주의를 배경으로 과거와 마찬가지로 오늘날에도 여전히 추구되고 있다. 동시에 유학은 시대에 따라 국가 정책과 대학의 이념적 의미 부여 여하에 따라 그 특성이 적지 않게 변화해 왔다. 20세기에 들어와서 유학은 우선 국가 간의 이해와 국제적 평화 공존이라는 목표에 큰 비중을 두고서 추진되었다. 제1, 2차 세계대전을 거치면서 국제 이해와 평화 공존의 필요성이 강조되면서 국가 간 유학생 교류를 통해 이를 성취하려는 움직임이 있었다. 물론 그 이면에는 유학생을 유치하여 유치국의 문화와 가치를 인식시키고 정치적 영향력을 확대하려는 의도도 없지 않았다. 더군다나 한때 유학생의 송출과 유치는 선진국에서 개발도상국과의 개발 원조 및 협력을 강화하기 위한 수단으로 수행된 경우도 많았다(江淵一公, 1990, 1992). 하지만 최근에 국제적인 유학생의 이동은 교육 시장의 급속한 확대와 밀접히 관련되어 있다. 질 높은 교육을 위해 국경을 넘어선 자비 유학생의 증가, 정보 통신 기술의 발달에 따른 국제적 원격 교육의 제공, 국제 시장에서의 학생 획득을 지향한 교육 기관의 국제적 제휴의 전개 등으로 유학생을 고객으로 그리고 교육을 하나의 서비스 산업으로 추구하는 움직임도 빠르게 확산되고 있다(黑田一雄, 2007, 235-241).

오늘날 유학을 형태로 전개되는 국제적 이동은 오랜 역사와 독특한 정책 목적을 지닌 채 전개되고 있다. 그런데 최근 이러한 유학생의 흐름은 그 내용적 실태에서 과거와 다른 새로운 성격이 나타날 뿐 아니라, 특히 여러 방면으로 다양한 유형을 내포하고 있음을 주목할 필요가 있다. 특히 유학생의 성격 측면으로 여러 가지의 분화가 나타나면서 장차 유학은 그 기간과 목적이 다양화되고, 학부생보다는 대학원생들이 증가하며, 학위 취득보다는 특정 목적의 유학이 증대할 것으로 예견되기도 한다(江淵一公, 1989a, 57).■2

3) 연구 동향

이미 지적한 것처럼 지난 수십 년간 세계적으로 유학생의 이동 및 이주 흐름은 가파르게 상승해 왔고 세계 인구 이동에서의 중요성도 점점 높아지고 있다. 하지만 이에 대한 학술적 관심은 제한적이었으며, 실증적 분석도 많지 않았다(江淵一公, 1992, 92-94; King and Ruiz-Gelices, 2003, 230-232;

■2 이를테면 학위 취득을 목적으로 하는 이동 이외에, 학점 취득을 목적으로 하는 이동과 어학 연수와 기타 개인적 동기의 자발적 이동이 점차 증가하고 있는 것도 사실이다(HEFCE, 2004, 11).

Hazen and Alberts, 2006, 203-204). 이 연구에서 특별히 주목하고 있는 유학생의 이동과 지리적 이주 패턴에 대한 연구들도 그동안 개별 연구 기관이 장학 프로그램이나 외교 및 경제·정책적 목적과 관련한 특정 계기로 수행된 '수요 지향적' 연구와 깊이 관련되어 있었다. 하지만 유학생의 지리적 이동 패턴과 적응 등에 관한 연구에서는 여전히 많은 과제가 남아 있다.

먼저 국제적인 유학생 이주의 전체 규모나 총량, 그리고 지리적 패턴 등은 오랫동안 국제연합교육과학문화기구(UNESCO)나 경제협력개발기구(OECD)를 중심으로 한 통계 조사와 관련 보고서를 통해 알려져 왔으나, 그 구체적인 배경과 이동 패턴, 공간적 특성에 관해서는 자세한 분석이 이루어지지 않고 있다(UNESCO, 1998). 물론 국제적인 유학생의 유출·유입의 특성과 동기에 대한 거시적 분석이 일부 선진국에서 수행되었지만 여전히 빈약한 실정이며, 특히 최근의 동향과 종합적인 실태에 대한 조명은 긴요하다. 이런 의미에서 국제적인 유학생의 교환 네트워크를 세계체제론에 입각하여 중심부-반주변부-주변부 국가들 간의 경제적 관계와 그 변화의 측면에서 접근한 연구(Chen and Barnett, 2000)는 오히려 보기 드문 시도라고 할 수 있다. 이와 함께 오늘날 관찰되고 있는 세계적인 유학생 흐름의 배경과 동인을 세계화의 맥락에서 조명하면서 구체적으로는 경제세계화에 따른 숙련된 고급 기술 인력의 유치 및 이주 확대(skilled migration approach), 고등교육을 국제적으로 경쟁력 있는 서비스 산업의 하나로 추가적인 수익을 창출하고자 하는 각국의 요구(revenue-generating approach), 주로 신흥경제국들을 중심으로 인적 자원을 단기간 내에 축적하기 위한 고등교육 기관의 수용력 확대 전략(capacity-building approach), 그리고 국제적 상호 이해(mutual understanding approach) 등 네 가지 서로 다른, 그렇지만 결코 배타적이지 않은 배경 조건에 입각하여 개념화한 설명도 주목된다(OECD, 2004, 4-5). 게다가 유학생의 흐름은 최근에 관찰되기 시작한 '청년층의 이동 문화'의 관점에서 파악되기도 한다. 외국으로의 유학은 전통적인 경제적 이동 동기, 곧 일자리를 찾거나 더 높은 소득을 얻고자 하는 목적보다 젊은 날에 경험을 쌓는다는 목적에 한층 더 좌우된다는 것이다. 다소 추상적이긴 하지만 젊고 포스트모던적 개인들의 이른바 'do-it-yourself'의 관념과 밀접히 연결되어 있다는 논점이다(HEFCE, 2004, 49). 향후 유학생의 국제적 이동 패턴과 이주 흐름에 대한 좀 더 깊이 있는 설명은 이러한 논리를 원용하여 이루어져야 할 것이다.

둘째, 전통적으로 대학생의 국제적 이동 및 이주 흐름에 관한 연구는 이동 패턴과 관련한 다양한 문제보다는 주로 목적지의 유치 국가(host country)와 이들 국가의 새로운 교육 체계 등에 대한 적응의 문제에 천착해 왔다. 부분적으로 유학생들이 개발도상국에서 선진국으로의 이동에 선도적 역할을 하며, 유학생의 귀환이 출발지 국가의 사회 발전과 정치경제적 변화에 어떤 영향을 미치는지에 대한 연구들이 있으나, 그간의 연구들 대부분은 이주자로서 학생들의 유학에 대한 미시적 차원의 경험과 적응 및 정착 과정에 초점을 맞춘 것이었다. 특히 기존의 유학생에 관한 연구들은 교육학이나 심리학 등의 관점에서 유학생의 적응을 좌우하는 조건 또는 요인들(경제적·재정적 기반, 어학력, 주거, 학습 양식, 사회적 적응)과 함께 유학생의 적응을 위한 지원 체제에 비상하리만큼 집중해 왔다(江淵一公, 1989a, 62-69). 이와 동시에 유학생의 급격한 확대와 대량 유입이 목적지 국가에 미치는 다양한 영향 혹은 폭넓은 파급 효과를 분석한 논저들도 유학생과 관련한 연구에서 중요한 부분을 차지하고 있다. 예를 들어 미국에서는 유학생 교육의 비용과 효용의 균등화 문제가 꾸준히 제기되어 왔으며, 이러한 논쟁의 결과로 최근 유학생 교육에 관한 필요 경비를 산출하여 그 전액을 수익자인 유학생들에게 부담시키는 이른바 '풀코스트(full-cost)'론이 등장하기에 이르렀다. 또한 대학의 교육 체제에 대한 유학생의 영향, 즉 교과 과정의 개혁, 입학 허가 방법, 재정, 사후 관리 등도 현안으로 다루어지고 있다(江淵一公, 1987, 35-38). 따라서 기존에 살아온 국가를 떠나 외국에서의 학업을 결정함으로써 출발지 국가에서의 초기 이주 과정과 목적지 국가에 입국함과 동시에 전개되는 낯선 새로운 사회 환경에의 적응 및 정착 과정, 그리고 학업 후 출발 국가로의 귀환 또는 유학 국가에서의 잔류 과정에 대한 일관된 연구는 상대적으로 소홀히 다루어졌다. 자연히 유학이라는 이주 결정과 이동 행위의 전체 과정에서 출발-정착-귀환의 연계와 개별 단계의 특성, 이에 영향을 미치는 사회경제적 요인에 대한 심층적인 분석은 미진한 형편이다. 동시에 개인 차원에서의 관련 의사 결정에 따른 다양한 영향 요인에 대한 실증적 조사도 아직까지 부분적으로만 행해지고 있을 뿐이다 (Alberts and Hazen, 2005; Baláž and Williams, 2004; King and Ruiz-Gelices, 2003; Hazen and Alberts, 2006). 따라서 유학생의 국가 간 이동 및 이주 흐름의 특징, 유형, 그리고 그 동인에 대한 분석과 함께 유학생 이동의 일련의 개별 단계를 연계한 실증적 연구도 필요하다.

셋째, 오늘날 대학생의 국제적 이동은 다양한 동기와 시공간적 유연성, 세계화의 추동력, 자기 실현을 목적으로 한 이동 등이 복합적으로 작용하는 상대적으로 새로운 이동 형태로 파악되기도 하지만, 양적으로 확대되고 질적으로 그 영향력이 심화되고 있으므로 다른 종족 및 다른 문화와 접촉하는 기회도 크게 증가하고 있다. 이에 따라 최근 들어 흔히 지적되는 바와 같이 기존의 전통문화와 외래문화가 혼성된 다문화 사회 혹은 다문화 공간의 형성 가능성이 과거보다 한층 높아지고 있다. 이미 언급한 외국인 유학생의 적응 및 정착과 관련한 연구에서도 과거에는 '동화주의' 입장에서 문자 그대로 'adjustment'나 'adaptation'이라는 용어가 빈번히 사용되었지만, 최근에는 유학생의 필요를 탐색하거나 유학생의 종족성과 종족적 정체성(ethnic identity)에 큰 관심을 기울이고 있다. 다시 말해 문화상대주의적 입장에서 종래의 연구를 따르면서도 동화보다는 유학생의 문화적 정체성을 존중하고 주체성의 확립이라는 방향에서 유학생의 태도, 자질, 행동 성향 등의 인격적 · 행동적 특성을 파악하려는 연구가 진척되고 있다(江淵一公, 1987, 35). 이런 맥락에서 '물리적으로 국경을 넘어선 장소의 교체'를 수반하고 그 자체로서 초국적 이주 흐름의 하나로 파악되는 유학생의 증가와 이동의 확대는 그 구조적 요인과 개인적 동기가 무엇이든 간에 세계화의 맥락 아래 성립한다. 이는 단순히 '밀어내고 끌어당기는 요인(push-pull-factor)'으로만 설명되는 것이 아니라 이주자의 출신지와 목적지 간의 순환적 상호 관계와 작용, 그리고 네트워크로 설명될 수 있다. 특히 오늘날 세계화의 표상은 기존 문화의 변화와 새로운 문화의 성립을 가져오는 학습과 방어와 혼재화 과정이라고 볼 수 있다. 이러한 문화적 혼성은 서로 다른 문화 요소와의 연계로 성립되고, 국지적 · 세계적 행위 지평의 확립 또는 세계적 영향이 국지적으로 학습되는 것에 의해 발생한다. 혼성 문화의 성립의 주된 동인은 초국적 이주 흐름이며, 오늘날 유학의 폭발로 일컬어지는 지리적 이동 흐름은 이에 주된 구성 요소의 하나로 굳건히 자리 잡아가고 있다. 국경을 넘어선 사회적 관계는 이주자 집단의 행위로 구조화되며, 따라서 이른바 '초국적 사회 공간(Transnationaler sozialer Raum)'으로 일컬어지는 출발지 국가와 목적지 국가의 상호작용의 공동 맥락 속에서 성립한다(Pries, 1998). 결국 국제적 유학생의 흐름은 다문화 사회의 도래와 함께 다문화 공간(multicultural space)의 형성을 촉진하고 있다. 다시 말해 외국인 유학생들의 국제적 이동과 국지적 적응 과정은 세계적 공간과 지방적 공간의 상호 접합 과정, 즉 지구 · 지방화(glocalization)의 과정을 배경으로 이루어지며, 따라서 사회공간적 또는 다규모적(multi-scalar) 해석이 필요하다. 그러므로 이러한 방향에서 외국인 유학생에 대한 연구도 긴요하다. 당연히 이와 다른 국제적 이주 또는 이동 집단과의 차이성을 함께 고려할 때 더욱 의미 있는 결과를 기대할 수 있을 것이다.

3. 세계의 유학생 이동 추이와 지리적 패턴

전 세계적으로 유학생 통계는 UNESCO가 각 국가의 고등교육(3차 부문) 기관에 등록된 외국인 학생에 대한 조사 결과를 보고받아 정리한 것이 대표적이다. 최근에 OECD도 가맹국들로부터 정기적으로 보고받은 유학생 관련 조사 통계를 UNESCO와의 협력 아래 공유하고 있다. 하지만 이들 통계는 많은 한계를 지니고 있음이 잘 알려져 있다. 각국의 외국인 유학생 통계는 자발적 보고에 바탕을 두고 있으므로 세계의 유학생 동향을 정확히 파악한다는 것이 원초적으로 어려울 뿐 아니라, 각국의 조사 방법에 차이가 있기 때문에 비교할 수 있는 자료를 획득하는 것이 기본적으로 불가능할지도 모른다(Hahn, 2004, 146-148).■3 여기서 이러한 통계 획득의 문제점에도 불구하고 기존 연구에서 언급된 수치와 구할 수 있는 통계 자료에 기초하여 전 세계의 유학생 동향과 지리적 이동 실태, 그리고 그 특성을 살펴보고자 한다.

1) 이동 추이

2005년 세계의 유학생 총수는 약 273만 명에 달하는 것으로 파악되고 있다(OECD, 2007b). 1950년에 10만여 명에서 출발하여 1960년 245,000여

■3   이와 관련한 자세한 논의는 Teichler, 2007, pp.73-87을 참조하라.

표 1. 세계의 유학생 추이

(단위 : 명, %)

연도	OECD 가맹국	OECD 비가맹국	세계 총계
1960*	167,000(68.2)	78,000(31.8)	245,000(100.0)
1965*	243,000(67.1)	119,000(32.9)	362,000(100.0)
1970*	340,891(67.9)	161,109(32.1)	502,000(100.0)
1975*	500,000(71.7)	197,000(28.3)	697,000(100.0)
1980*	711,375(72.8)	265,625(27.2)	977,000(100.0)
1985**	740,000(75.3)	243,000(24.7)	983,000(100.0)
1990**	999,448(80.9)	235,552(19.1)	1,235,000(100.0)
1995***	1,297,429(83.6)	253,632(16.4)	1,551,061(100.0)
2000****	1,545,534(85.0)	273,225(15.0)	1,818,759(100.0)
2005****	2,296,016(84.2)	429,980(15.8)	2,725,996(100.0)

자료 : *江淵一公, 1987, 27; **UNESCO, 1990(1994; 1996); ***UNESCO, 1998, 58; ****OECD, 2007b.
보다 자세한 내용은 〈표 2〉의 자료를 참조할 것.

명에 불과하였던 세계의 유학생 수는 1970년에 약 50만 명으로 늘어나 10
년 사이에 100%를 상회하는 증가세를 보여주었다. 이러한 증가 추세는
1980년까지 계속되는데, 다시 10년 만에 유학생 수는 곱절가량 증가하여
98만여 명에 달하는 것으로 조사되었다. 1990년의 전 세계 유학생 총수는
약 124만 명에 이르고, 2000년에는 다시 10년 전보다 60만 명 정도가 늘어
난 약 182만 명에 달하는 것으로 파악된다(〈표 1〉 참조).

지난 1960년대 이후 세계의 유학생 수는 연대별로 다소 차이가 있으나,
적어도 절대수의 측면에서 증가세를 지속해 왔으며 높은 상승 추이를 보여
주고 있다고 해도 과언이 아니다. 아울러 1980년대에 상대적으로 주춤하
였던 유학생 수가 2000년대에 들어서면서 과거 어느 때보다 빠른 증가 속
도를 보여주고 있다는 점에도 주목할 필요가 있다. 2000년 약 182만 명에
달하였던 유학생이 2001년 190만 명, 2002년 220만 명, 2003년 243만 명,
2004년 260만 명을 거쳐 2005년 현재 약 273만 명으로 가파르게 성장해

왔다. 물론 여기서 생각해 볼 점은, 이러한 유학생 수의 증가에도 불구하고 그동안 전 세계적으로 확산되어 온 고등교육 기관의 급격한 확충에 따라 세계의 대학생 총수에서 국제적으로 이동하는 학생들이 차지하는 비중은 약 2% 내외로 엇비슷하게 유지되고 있다는 사실이다. 이는 대단히 흥미로운 점으로, 유학생의 국제적 흐름의 과거와 현재, 그리고 미래를 이해하는 데 중요한 관건이 된다.

한편 우리나라의 경우에는 그동안 유학생 수출국으로서 오명 아닌 오명을 받아 왔다. 우리나라의 해외 유학은 잘 알려져 있듯이 삼국시대로 거슬러 올라갈 정도로 오랜 역사를 가지고 있으나, 근대 이후 일제강점기에는 일본으로의 유학이 주류를 이루었고 광복 이후에는 미국으로의 유학이 시작되었다. 해방 후 미군정과 한국전쟁 후 미국의 전후 복구 원조, 그 뒤의 산업화 과정에서 유학생 수가 서서히 증가하였으나, 1970년대에는 정부의 해외 유학 규제로 그 증가세가 크게 둔화되었다. 그렇지만 경제 성장과 함께 자비 유학을 뒷받침할 수 있는 경제력이 신장된 1980년대 이후에는 유학 자율화에 힘입어 유학생 수가 비약적으로 증가하였다(權藤與志夫, 1992, 8). 2007년 4월 1일 현재 해외에서 유학 중인 한국의 대학생 수는 217,959명으로 집계되고 있다. 이는 물론 단기 어학 연수생까지 포함된 수치이며, 따라서 다음에 살펴볼 국제기구의 통계 수치와 적지 않은 차이가 있다.

2) 이동 패턴

세계의 유학생 이동 패턴을 효과적으로 파악하기 위해서는 학생의 유출국과 유입국, 즉 출발지 국가와 목적지 국가로 나누어 살펴볼 필요가 있다. 먼저 유학생의 국제적 흐름을 목적지 국가의 관점에서 살펴보면, 2005년 현재 273만여 명에 달하는 전 세계의 유학생 중 OECD 가맹국에 유학하고

표 2. 주요 국가의 외국인 유학생 추이

(단위 : 명, %)

유치국	1970년*	1980년*	1990년**	2000년***	2005년***
미국	144,708(28.8)	311,882(31.9)	407,528(33.0)	475,169(26.1)	590,167(21.6)
영국	24,606(4.9)	56,003(5.7)	80,183(6.5)	222,936(12.3)	318,399(11.7)
독일	27,769(5.5)	61,841(6.3)	107,005(8.7)	187,033(10.3)	259,797(10.3)
프랑스	34,500(6.9)	115,202(11.8)	136,015(11.0)	137,085(7.5)	236,518(8.7)
오스트레일리아	7,525(1.5)	8,777(0.9)	28,993(2.3)	105,764(5.8)	177,034(6.5)
일본	4,447(0.9)	6,543(0.7)	45,066(3.6)	66,607(3.7)	125,917(4.6)
캐나다	22,263(4.4)	28,443(2.9)	35,187(2.8)	40,443(2.2)	75,249(2.8)
뉴질랜드	2,495(0.5)	2,464(0.3)	3,229(0.3)	8,210(0.5)	69,390(2.5)
스페인	10,575(2.1)	10,997(1.3)	10,268(0.8)	40,689(2.2)	45,603(1.7)
벨기에	8,611(1.7)	12,875(1.3)	27,378(2.2)	38,799(2.1)	45,290(1.7)
이탈리아	14,357(2.9)	27,784(2.8)	21,788(1.8)	24,929(1.4)	44,921(1.6)
스웨덴	4,000(0.8)	13,182(1.3)	10,650(0.9)	25,548(1.4)	39,298(1.4)
스위스	9,469(1.9)	14,716(1.5)	22,621(1.8)	26,003(1.4)	36,827(1.4)
오스트리아	8,573(1.7)	12,885(1.3)	18,434(1.5)	30,382(1.7)	34,484(1.3)
네덜란드	1,721(0.3)	4,128(0.4)	8,876(0.7)	14,012(0.8)	31,584(1.2)
체코	–	–	3,122(0.3)	5,468(0.3)	18,522(0.7)
터키	6,125(1.2)	6,378(0.7)	7,661(0.6)	17,654(1.0)	18,166(0.7)
덴마크	1,644(0.3)	3,035(0.3)	6,728(0.5)	12,871(0.7)	17,430(0.6)
포르투갈	902(0.2)	1,318(0.1)	3,773(0.3)	6,126(0.3)	17,010(0.6)
그리스	5,796(1.2)	8,304(0.8)	1,456(0.1)	8,615(0.5)	15,690(0.5)
한국	–	–	–	3,373(0.2)	15,497(0.6)
헝가리	–	–	–	9,904(0.5)	13,601(0.5)
노르웨이	420(0.1)	1,114(0.1)	6,907(0.6)	8,699(0.5)	13,400(0.5)
아일랜드	–	2,845(0.3)	3,282(0.3)	7.413(0.4)	12,889(0.5)
폴란드	–	–	–	6,126(0.3)	10,185(0.4)
핀란드	250(0.0)	610(0.1)	1,617(0.1)	5,570(0.3)	8,442(0.3)
멕시코	–	–	–	2,430(0.1)	1,892(0.1)
슬로바키아	–	–	1,681(0.1)	1,570(0.1)	1,678(0.1)
룩셈부르크	66(0.0)	49(0.0)		652(0.1)	652(0.1)
아이슬란드	69(0.0)	–	–	403(0.0)	484(0.0)
OECD 합계	340,891(67.9)	711,375(72.8)	999,448(80.9)	1,545,534(85.0)	2,296,016(84.2)
비OECD 합계	161,109(32.1)	265,625(27.2)	235,552(19.1)	273,225(15.0)	429,980(15.8)
세계 합계	502,000(100.0)	977,000(100.0)	1,235,000(100.0)	1,818,759(100.0)	2,725,996(100.0)

자료 : *UNESCO, 1965, 1970, 1978/79, 1982, 1984, **UNESCO, 1990, 1994, 1996. ***OECD, 2007b.
참고 : *江淵一公, 1987, 28에 의거함, **동구권의 붕괴 및 국가 분리 통합으로 통계 수치가 다소 부정확하
며, 1989년과 1991년 통계를 비교하여 산정함, ***OECD, 2007의 자료를 바탕으로 하였으며, 부분
적으로 UNESCO 자료를 통해 보완함.

있는 학생 수가 절대다수를 차지하는 것으로 파악되고 있다. 2005년 OECD 가맹국에 유학하고 있는 외국인 학생 수는 약 230만 명으로 전 세계 유학생의 84%를 차지하고 있다. 보통 선진 공업국으로 일컬어지는 이들 OECD 국가에 집중하는 유학생 이동 패턴은 지난 40여 년간 약화되기보다 오히려 심화되어 왔다. 1960~1970년에 68% 내외의 OECD 가맹국들의 비중이 1970~1980년대에는 70% 초반 대를 보이다가 1980~1990년에 들어서면서 80% 대에 올라서고 있다. 이에 따라 비(非)OECD 국가들이 전 세계 유입 유학생에서 차지하는 비중은 그동안 계속하여 축소되어 왔다〈표 2〉).

유학생 흐름의 주요 목적지 국가에 해당하는 개별 국가 간에는 상당한 편차가 존재한다. 2005년을 기준으로 살펴볼 때, 미국에서 유학하는 학생이 세계 유학생의 21.6%를 차지하며, 이와 상당한 차이를 두고 영국(11.7%), 독일(10.3%), 프랑스(8.7%) 등이 뒤따르고 있다. 따라서 이들 4개국은 세계 유학생의 절반 이상(52.3%)을 수용하고 있다. 그리고 오스트레일리아(6.5%), 일본(4.6%), 러시아(3.3%), 캐나다(2.8%), 뉴질랜드(2.5%), 스페인(1.7%), 벨기에(1.7%) 등의 국가에도 4만 명 이상의 외국인 학생들이 수학하고 있는 것으로 조사되었다. 그런데 그간 세계 유학생 이동 흐름에 주된 목적지 국가로서 독점적 위상을 보여준 미국은 1980년 32%의 비중으로 그 정점에 이른 후 감소 추세를 보이며 지위가 다소 흔들리고 있다(Hazen and Alberts, 2006, 201). 러시아의 경우도 (구)소련 시기인 1970년 약 27,900명으로 전 세계 유학생의 약 5.7%와 1980년 약 62,900명으로 6.4%를 차지하였으나, 정치적 변동으로 목적지 국가로서의 위상이 현저히 저하되었다. 이와는 대조적으로 캐나다를 제외한 앵글로색슨의 영어권 국가로서 영국과 오스트레일리아, 뉴질랜드 등과 전통적인 유학 대상국으로서 높은 명망을 유지해 온 독일과 프랑스, 그리고 유학 관련 아시아의 신흥 강국으로 부상한 일본 등은 지속적인 증가세를 보여주고 있다.

반면 개발도상국들은 세계 유학생 이주 흐름에서 목적지 국가로서 차지하는 비중이 매우 낮은 실정이다. 물론 몇몇 국가들은 다수의 유학생을 유치한 경우가 있었다. 예컨대 1970년 45개 주요 목적지 국가(유학생 총수는 약 469,800명)를 기준으로 볼 때 레바논이 전체 유학생의 4.7%를 수용하고 이집트(2.8%), 아르헨티나(1.9%), 시리아(1.7%), 인도(1.7%)도 비교적 높은 비중을 보여주고 있다. 1980년(45개 주요 목적지 국가의 유학생 총수는 약 93만 명)에는 레바논 3.3%, 이집트 2.3%, 사우디아라비아 1.5%, 인도 1.3%였다. 그리고 1990년대 중반(45개 주요 목적지 국가의 유학생 총수는 149만 4,500명)에는 개발도상국 중 중국이 1.5%, 레바논이 1.2%로 1% 대를 넘어서는 비중을 보여주었다. 최근에도 유학생의 국제적 이동에서 목적지 국가로서 개발도상국의 위상은 전반적으로 위축되고 있다(Teichler, 2007, 68).

세계의 유학생 이동 패턴은 이처럼 목적지 국가 즉 유입국(수용국)과 더불어 출발지 국가 즉 유출국(송출국)을 비교하며 검토할 때 명확히 파악될 수 있다(〈표 3〉). 앞에서 살펴본 것처럼 2005년 유입 유학생 수가 많은 상위 국가들은 아시아의 일본을 제외하고 러시아를 포함시킬 경우 모두 구미(歐美) 국가이자 선진 공업국인 반면, 국제적 이동 흐름을 발생시키는 국가들은 주로 아시아 국가임을 알 수 있다. 아시아 국가들이 세계의 유학생 이동에서 차지하는 비중은 48.9%이며, 뒤이어 유럽 24.9%, 아프리카 12.0%, 남아메리카 6.1%, 북아메리카 3.0%, 오세아니아 0.6%, 그리고 기타(미상) 4.2%의 순이다. 따라서 개발도상국 출신의 유학생들이 세계 유학생 흐름의 절반을 훨씬 상회하며, 이른바 동구의 전환 국가 출신 유학생들까지 포함하면 그 비중은 더욱더 높아진다. 아시아 국가 중에는 중국과 인도, 그리고 한국이 국제적 유학생 흐름의 대표적 유발 국가로서 세계 유학생 총수의 23.5%를 차지하고 있다.

이러한 경향은 지난 수십 년간 큰 변동 없이 유지되어 왔다. 예컨대 1980

표 3. 유학생의 주요 유출국과 유입국의 교차표(2005년)

(단위 : 명)

유입국 유출국	1. 미국	2. 영국	3. 독일	4. 프랑스	5. 오스트레일리아	6. 일본	7. 러시아	8. 기타	총계
1. 중국	92,370	52,677	27,129	14,316	37,344	83,264	–	97,564	404,664
2. 인도	84,044	16,68	54,339	502	20,515	346	–	12,791	139,223
3. 한국	55,731	3,846	5,282	2,140	4,222	22,571	–	2,631	96,423
4. 독일	9,024	12,553	0	5,887	1,665	308	–	37,374	66,811
5. 일본	44,092	6,179	2,470	2,152	3,380	0	–	4,580	62,853
6. 프랑스	6,847	11,685	6,545	0	590	340	–	27,862	53,868
7. 터키	13,029	1,913	25,421	2,283	236	157	–	8,988	52,027
8. 모로코	1,641	186	8,227	29,859	125	0	–	12,015	51,989
9. 그리스	2,125	19,685	6,552	2,040	502	0	–	14,040	44,512
10. 러시아	5,299	2,027	12,158	2,672	447	382	0	19,974	42,959
11. 말레이시아	6,415	11,474	566	345	15,552	1,915	–	6,445	42,712
12. 캐나다	29,391	4,192	571	1,210	3,436	272	–	3,300	42,373
13. 이탈리아	3,406	5,317	7,702	4,021	184	95	–	17,966	38,691
14. 미국	0	14,385	3,363	2,429	3,226	1,552	–	13,717	38,672
15. 카자흐스탄	498	361	975	132	25	28	20,780	15,095	37,894
16. 인도네시아	8,105	1,150	2,574	188	9,293	1,414	–	10,372	33,096
17. 홍콩	7,499	10,780	0	2	12,703	0	–	1,775	32,726
18. 폴란드	2,988	2,183	15,893	3,217	199	104	–	7,827	32,412
19. 우즈베키스탄	435	163	621	89	35	127	3,190	25,995	30,655
20. 우크라이나	1,912	524	8,455	1,066	34	65	6,922	10,830	29,808
21. 불가리아	3,806	607	12,913	2,903	25	122	–	5,926	26,302
22. 스페인	3,668	6,001	5,669	3,448	99	89	–	7,022	25,996
23. 알제리	149	544	256	22,228	4	21	–	1,448	24,650
24. 멕시코	13,644	1,843	1,174	1,440	416	132	–	5,424	24,073
25. 태국	9,021	3,940	1,023	602	4,923	1,631	–	2,865	24,005
26. 기타	185,026	127,499	99,919	131,347	58,419	10,912	59,558	553,922	1,226,602
합계	590,167	318,399	259,797	236,518	177,034	125,917	90,450	927,714	2,725,996

자료 : OECD, 2007b.

년의 경우 세계의 10대 주요 유학생 출신국은 이란(58,200명), 말레이시아(32,800명), 그리스(27,100명), 중국(27,100명), 나이지리아(23,700명), 모로코(21,000명), 미국(19,700명), 홍콩(19,600명), (구)서독(16,900명), 요르단(15,800명)의 순이었다. 그리고 1995년의 경우에는 중국(115,900명), 한국(69,700명), 일본(52,300명), 독일(45,400명), 그리스(43,900명), 말레이시아(41,200명), 인도(39,600명), 터키(37,600명), 이탈리아(36,500명), 홍콩(35,100명)의 순이었다(Teichler, 2007, 69). 그러므로 전체적으로 개발도상국들이 유학생의 주된 유출국이라는 점에 대해서는 이견이 있을 수 없다.[4] 다만 최근 유학생 유출국으로서 선진 공업국들도 점차 높은 비중을 차지하고 있음을 주목할 필요가 있다.

여기서 자료의 한계로 인해 세계 유학생의 주요 수용국을 중심으로 유출국의 성격을 좀 더 자세히 살펴보면 다음과 같다. 먼저 세계 최대의 유학생 유치국인 미국은 아시아 출신 학생이 전체의 63.2%를 차지하고, 다음으로 유럽(12.5%)과 남아메리카(12.0%)의 순이다. 주요 유학생 출신 국가로는 중국, 인도, 한국, 일본, 캐나다, 멕시코, 터키, 독일, 태국, 영국 등이다. 영국에 유학 중인 학생들의 주요 출신 대륙은 아시아(46.3%), 유럽(32.8%), 아프리카(9.2%), 북아메리카(5.9%)이며, 주요 출신 국가로는 중국, 그리스, 인도, 아일랜드, 미국, 독일, 프랑스, 말레이시아, 홍콩, 나이지리아, 파키스탄 등이다. 독일로 유입되는 유학생들은 유럽 출신이 49.2%로 다수를 차지하며, 아시아(36.5%), 아프리카(9.0%)의 순이다. 국가별로는 중국, 터키, 폴란드, 불가리아, 러시아, 우크라이나, 모로코, 이탈리아, 그리스, 프랑스, 오스트리아의 순이다. 프랑스에 유입되는 유학생 중 아프리카 출신이 다수인 46.0%를 차지하고, 유럽(20.5%)과 아시아(16.9%)가 뒤따른다. 국가별로

---

[4]　중국을 예외로 할 경우 최빈국들이 많은 유학생의 '수출' 국가들이라고 할 수 없다. 어느 정도의 부와 언어적 유사성 등이 유학의 중요한 요소라고 할 수 있다.

표 4. 주요 유학생 유출 및 유입 국가의 유학생의 상대 비중(2002년)

(단위 : %)

주요 목적지 국가	유입 유학생*	유출 유학생*	주요 출발지 국가	유출 유학생*	유입 유학생*
오스트레일리아	17.8	0.5	그리스	9.5	2.4
프랑스	8.2	2.5	일본	1.6	1.9
독일	10.1	2.6	한국	2.6	0.2
영국	10.1	1.2	인도	0.8	0.1
미국	3.7	0.2	중국	1.4	-

자료 : Isserstedt and Schnitzer, 2005, 11의 그림에 의거하여 재구성함.
참고 : * 각국의 전체 대학생 수에 대한 국내 및 해외 유학생 수의 비중을 말함.

는 모로코, 알제리, 중국, 튀니지, 세네갈, 독일, 카메룬, 레바논, 루마니아, 이탈리아의 순으로 프랑스와 이들 국가 간의 역사·문화적 관련성을 반영하고 있다. 오스트레일리아의 경우에는 아시아 출신의 유학생이 78.5%로 절대다수를 차지하고, 기타(7.8%)와 유럽(5.7%)의 순이다. 국가별로는 중국, 인도, 말레이시아, 홍콩, 싱가포르, 인도네시아, 태국, 한국, 캐나다, 방글라데시 출신 유학생이 많은 편이다. 일본의 경우에는 대부분의 유학생이 아시아 출신(94.2%)으로 가장 높은 집중도를 보여주고 있다. 그리고 러시아의 경우에는 자료가 다소 불명확하여 기타가 46.0%를 차지하며, 중앙아시아(34.6%), 동유럽(19.4%)의 순이다. 국가별로는 우크라이나, 벨라루스, 우즈베키스탄, 아르메니아, 그루지야, 리투아니아, 몰도바, 아제르바이잔, 타지키스탄, 투르크메니스탄, 에스토니아, 라트비아, 키르기스스탄 등으로 동구 전환 국가와 구소련 소속 국가로부터 대다수의 유학생이 유입되고 있다.

다른 한편으로 앞에서는 주로 절대적 수치를 바탕으로 하여 유학생의 국제적 이동 흐름의 양적 특성과 지리적 패턴의 일면을 파악할 수 있었으며, 또한 주요 목적지 국가들이 세계의 교육 시장에서 어떤 위상을 차지하는지를 파악할 수 있었다. 하지만 이것만으로 주요 목적지 국가들이 얼마나 매력적이며, 세계의 교육 시장을 둘러싼 경쟁에서 출신지 국가들이 어떤 (이동)잠재력을 동원하는지를 파악하기는 어렵다. 이는 오히려 상대적 수치, 즉 각국의 인구 규모나 전체 학생 수에 대한 국제적 유학생 수를 고려할 때 더욱 정확히 파악될 수 있다(Isserstedt and Schnitzer, 2005, 10-11). 우선 목적지 국가의 견인력을 살펴보기 위해서는 주요 목적지 국가들의 전체 대학생에서 외국인 유학생이 차지하는 비중을 살펴볼 필요가 있다. 자료 관계로 2002년을 기준으로 할 경우 오스트레일리아는 단연 돋보이는 위상을 보여주고 있는데, 유학생 수가 오스트레일리아 전체 대학생 수의 17.8%를 차지한다. 반면 절대 수치에서 세계 최대의 유학생 유치국인 미국이 이 상대 수치로는 3.7%를 보여줄 뿐이다. 즉 미국은 세계적으로 유학의 목적지로서 선호되고 있지만, 대학과 대학생 수도 많기 때문에 전체 대학생에서 유학생이 차지하는 비중은 상대적으로 낮은 실정이다. 유럽의 주요 유학생 유입국인 프랑스(8.2%), 독일(10.1%), 영국(10.1%)도 미국에 비해 3배나 높은 유치 비율을 보여주고 있다. 물론 이들 주요 목적지 국가의 유출 유학생은 유입 유학생보다 크게 적은데, 독일(2.6%), 프랑스(2.5%), 영국(1.2%), 오스트레일리아(0.5%), 그리고 미국(0.2%)의 순이다. 다음으로 유학생의 주요 출발지 국가들의 상대 수치를 고찰해 보면, 그리스가 모든 국가들을 능가하는 이동 성향을 보여주고 있다. 그리스의 전체 학생 수에서 해외 유학생 수가 차지하는 비중은 9.5%로, 목적지 국가의 잡아당기는(pull) 요인보다 대학 입학 정원의 제한에 따른 밀어내는(push) 요인이 강하게 작용한 결과로 판단된다. 그리고 한국(2.6%)과 중국(1.4%), 그리고 인도(0.8%) 등은 해외로의 학생의 유출 잠재력이 여전히 높다고 볼 수 있다. ■5

3) 전공 특성

유학생의 국제적 이동에서 이상과 같이 상당한 지역적 편재가 발생하고 있는 것과 마찬가지로, 유학생의 개인적 특성 등에서도 유출 및 유입 국가에 따라 적지 않은 편차가 나타날 것으로 생각된다. 다만 이 연구에서는 자료의 한계로 이를 간단히 전공 분야를 중심으로 살펴보고자 한다. 전통적으로 유학생의 전공은 몇몇 분야로 편중되는 것으로 알려져 왔다. 이를테면 미국의 경우 오랫동안 건축학, 수학, 컴퓨터 공학, 경영학 등이 유학생들의 대표적인 전공 분야로 자리 잡아 왔다. 이들 전공은 대학원 과정에서 좀 더 뚜렷한 집중 양상을 보이는데, 1985년 미국의 전국 대학에서 수여된 박사 학위에서 공학 분야의 41%, 수학과 컴퓨터 공학의 33%, 건축 및 디자인 분야의 약 30%를 유학생이 차지하는 것으로 밝혀졌다(江淵一公, 1987, 30).

오늘날 전 세계적으로 유학생의 전공은 대체로 사회과학과 경영학, 그리고 법학 등이 지배적이다. 또한 특정 국가에 따라 외국인 유학생들의 주요 전공 분야에서 아주 작게나마 차이가 드러난다(〈표 5〉 참조). 벨기에, 헝가리, 슬로바키아는 보건복지학이, 핀란드는 공학이, 아이슬란드는 인문학이 외국인 유학생들이 가장 많이 전공하는 분야로 부각되고 있다. 하지만 대학원의 경우에는 첨단 산업 분야 중심으로 집중 현상이 강하게 나타나고 있다는 지적이 많다. 이처럼 특정 전공 분야로의 편재 경향은 많은 국가에

■5   2005년 주요 목적지 국가의 유학생 비중을 살펴보면, 자료의 한계로 정확하지는 않으나 오스트레일리아(17.3%), 뉴질랜드(17.0%), 스위스(13.2%), 오스트리아(11.0%), 프랑스(10.8%), 미국(3.4%) 등이다(OECD, 2007b). 반면에 UNESCO의 1995년 자료에 따르면, 그리스의 전체 등록 대학생 대비 국외 유학생의 비율은 13.3%에 달하며, 한국 (3.1%), 중국(2.1%), 일본(1.6%), 인도(0.7%) 등이다. 이 밖에 홍콩(36.1%), 팔레스타인 (45.3%), 키프로스(104.1%)는 30% 이상의 대학생들이 해외에서 수학하는 것으로 나타났다(UNESCO, 1998, 59).

서 유학생들이 지나치게 많은 것은 아닌지 하는 인상을 부각시키는 이른바 '존재 과잉(over-representation)' 의 한 요인이 되고 있는 것도 사실이다(江

표 5. 주요 국가 유학생의 전공 분야(2005년)

(단위 : %)

구분	농학	교육학	공학	보건 복지	인문학	자연 과학	서비스	사회, 경영, 법학	기타	합계
오스트레일리아	0.7	3.3	11.3	7.4	7.5	17.7	1.5	50.7	–	100.0
오스트리아	2.1	5.4	12.0	8.1	24.7	10.9	1.3	35.5	–	100.0
벨기에	10.8	5.3	7.9	44.4	7.8	7.4	0.9	15.6	–	100.0
덴마크	2.0	4.8	15.5	20.7	17.6	7.1	0.7	31.5	–	100.0
핀란드	2.3	2.4	30.6	12.1	16.4	9.5	3.3	23.4	–	100.0
독일	1.5	4.5	19.3	5.9	23.0	17.4	1.3	27.0	0.2	100.0
헝가리	11.4	6.3	14.1	26.4	13.2	7.1	1.9	19.6	–	100.0
일본	2.5	2.6	12.9	2.5	25.2	1.2	2.4	34.7	16.1	100.0
네덜란드	2.4	7.5	5.5	15.1	12.9	6.4	3.2	47.1	–	100.0
뉴질랜드	0.7	2.3	5.3	4.4	4.9	12.1	1.9	60.4	7.9	100.0
노르웨이	1.4	5.5	8.5	9.9	16.9	10.6	3.5	35.1	8.6	100.0
스페인	1.8	3.0	10.5	22.9	14.7	8.2	3.2	35.5	–	100.0
스웨덴	1.0	3.4	22.9	9.1	16.8	13.0	1.8	32.0	–	100.0
스위스	1.3	3.7	16.3	6.2	18.4	17.1	2.4	33.0	1.5	100.0
영국	0.8	4.0	15.1	8.7	14.1	14.6	1.0	40.1	1.4	100.0
미국	0.3	3.0	15.6	6.5	11.0	18.7	1.8	31.0	12.0	100.0
체코	2.4	5.6	15.5	20.3	10.0	11.2	1.6	33.4	–	100.0
아이슬란드	1.0	7.9	4.3	4.8	49.2	16.1	1.7	15.1	–	100.0
이탈리아	1.9	1.9	13.9	23.4	19.1	6.5	1.4	30.9	1.0	100.0
폴란드	0.8	6.3	4.3	22.1	21.1	5.5	3.2	33.9	2.8	100.0
포르투갈	1.5	4.9	18.8	7.7	8.4	7.9	5.2	45.5	–	100.0
슬로바키아	10.8	5.3	11.8	29.1	14.1	6.5	5.6	16.8	–	100.0
터키	2.2	8.3	14.4	14.4	9.2	8.7	3.9	38.8	–	100.0
칠레	2.7	2.8	9.6	5.3	4.4	10.6	5.6	20.5	38.4	100.0
슬로베니아	2.1	6.1	16.1	14.1	21.0	8.8	3.9	28.0	–	100.0

자료 : OECD, 2007b에 의거하여 재구성함.

淵一公, 1987, 30).

4) 소결

이상에서 논의한 것처럼 세계의 유학생 추이와 이동 패턴의 특성 등을 정리해 보면, 우선 세계적으로 유학생 수가 과거와 비교할 수 없을 만큼 대규모로 확대되고 있을 뿐만 아니라, 최근 들어 이러한 유학생의 이동은 이른바 '유학의 폭발'로 일컬어질 정도로 확대 일로에 있다. 하지만 전 세계의 유학생 수는 이러한 절대수의 변화에도 불구하고 지난 1950년대 이래 세계 대학생 수의 약 2%라는 일정한 수준을 꾸준히 유지하고 있는 흥미로운 사실이 밝혀지고 있다. 국경을 넘어선 학생들의 이동은 부분적으로 이들의 세계에 대한 인식 지평의 확대에 따른 자연스러운 반응이자 상호 의존적 세계를 살아가기 위한 준비의 일환으로도 볼 수 있다. 이와 함께 국가적 · 지역적 · 개인적 차원의 번영을 유지하기 위해 장래의 노동력은 보다 잘 훈련받은, 세계를 이해하는 전문 인력이어야 한다는 사회적 요청과 깊이 연관되어 있다(UNESCO, 1998, 23).

다음으로 국제적인 유학생 흐름의 지리적 패턴과 관련해서는 일차적으로 '남에서 북으로', 즉 제3세계 및 개발도상국에서 선진 공업국으로 혹은 주변부에서 중심부로의 편향성이 뚜렷이 부각되고 있다. 따라서 고등교육의 이동 흐름은 '일방통행적인 이동성', 즉 빈곤한 개발도상국에서 상대적으로 부유한 선진 공업국으로의 이른바 '수직적 이동성(vertical mobility)'으로 특징지어진다. 유학생의 주요 목적지 국가는 미국을 포함한 구미 국가들이 압도적 다수를 차지하는 반면, 주요 출발지 국가에는 대부분 아시아 국가를 비롯한 개발도상국들이 해당한다. 따라서 세계적인 유학생 흐름의 공간적 형태는 진정한 세계화된 모습보다는 유럽, 북미, 동아시아의 삼

각축(global triad)으로 형성되어 있으며, 이를 바탕으로 역내(域內) 국가 간의 흐름도 일부 나타나고 있는 형편이다. 다시 말해 주류적 흐름에 비해 그 강도는 낮지만 특정 단일 권역의 국가들 간, 즉 대륙 또는 아대륙 단위의 이른바 역내 국가들 간에 유학생들이 이동하는 흐름도 나타나고 있다는 것이다. 남으로부터 유학생을 대량으로 유치하는 한편, 스스로 적지 않은 유학생들을 송출하는 북의 국가인 경우에는 절대적 다수가 동일한 선진 공업국을 향하는 유학생 이동이 발생하고 있다. 벨기에, 스위스, 오스트리아, 아일랜드, 이탈리아 등의 유럽 국가들은 외국인 유학생 대부분이 동일한 유럽 국가 출신이다. 이와 유사한 패턴은 아랍 국가들에서도 관찰되는데, 대표적으로 요르단, 모로코, 튀니지, 사우디아라비아, 쿠웨이트, 알제리, 카타르 등은 유학생들을 대부분 아랍 국가로부터 받아들이고 있다. 아르헨티나와 브라질, 칠레 등과 남아프리카공화국도 과거에 비해 그 강도가 약화되긴 했지만 비슷한 이동 패턴을 보여주는데, 남아메리카의 경우 유학생들을 여타 라틴 아메리카로부터, 남아프리카공화국은 사하라 사막 이남의 아프리카 국가들로부터 주로 유치하고 있다(UNESCO, 1998, 20). 이러한 흐름은 지리적으로 인접하고 역사·문화적 특성이 유사한 국가들 사이에서 꾸준히 발생하고 있다.

4. 우리나라 외국인 유학생의 추이와 특성

1) 외국인 유학생의 추이

우리나라에 거주하는 외국인 수는 1990년대 중반 이후 급격히 증가하였다. 2007년 8월 기준으로 국내 거주 외국인 총수는 100만 명을 넘어섰으

표 6. 우리나라의 연도별 국내 외국인 유학생 추이

(단위 : 명)

연도	학위 과정	어학 연수 및 기타 연구	합계
1970	321	–	321
1975	559	–	559
1980	1,015	–	1,015
1985	910	–	910
1990	2,237	–	2,237
1992	1,989	–	1,989
1993	1,908	–	1,908
1994	1,879	–	1,879
1995	1,983	–	1,983
1996	2,143	–	2,143
1997	4,753	–	4,753
1998	5,326	–	5,326
1999	6,279	–	6,279
2000	3,958	2,202	6,160
2001	4,336	7,310	11,646
2002	5,759	–	5,759
2003	7,982	4,332	12,314
2004	11,121	5,711	16,832
2005	15,577	6,949	22,526
2006	22,624	9,937	32,557
2007	35,086	14,184	49,270

자료 : 교육인적자원부, 각 연도(2001, 2003, 2004, 2005, 2006, 2007), 국내 외국인 유학생 통계 자료; 교육인적자원부 · 한국교육개발원, 2005, 교육통계분석자료집 등.

참고 : 1999년까지는 어학 연수 등에 대한 조사가 행해지지 않았으며, 2002년에는 정확한 통계가 집계되지 않음. 2003년까지는 전문대학, 4년제 일반대학, 대학원대학에 재학 중인 외국인 유학생(한국 국적 재외 동포 제외, 외국 국적 재외 동포 포함)을 조사하였고, 2004년부터 원격대학과 각종 학교를 포함한 전문대학, 4년제 일반대학, 대학원대학 등에 재학 중인 외국인 유학생(한국 국적 및 외국 국적 재외 동포 포함)을 모두 조사한 수치임. 매년 4월 1일 기준임.

며, 전체 인구의 약 2%를 차지하는 것으로 파악된다(법무부 보도자료, 2007. 8. 24.). 현재 국내로 유입되는 외국인 가운데 가장 큰 비중을 차지하며 주

목을 받고 있는 유형은 두말할 나위도 없이 외국인 노동자와 결혼 이주자들이다. 하지만 이들 외에도 최근 국내에 진출하는 외국계 기업이나 각종 기관 및 단체들이 빠르게 늘어나면서 외국인 종사자들의 유입과 거주도 증가하고 있다. 또한 국내 대부분의 대학이 큰 관심을 쏟고 있는 외국인 유학생들의 유치로 국내 체류 유학생 수도 꾸준히 늘어나면서 국내 거주 외국인의 한 유형으로 중요하게 자리 잡아가고 있다.

국내 외국인 유학생 실태에 관한 교육인적자원부의 '2007년도 외국인 유학생 통계 조사' 결과에 따르면[6], 최근 들어 국내 외국인 유학생 수가 급증한 것으로 드러나고 있다. 2007년 4월 1일 기준으로 대학을 포함한 국내 각급 고등교육 기관에 재학 중인 외국인 유학생 수는 총 49,270명으로 2006년의 32,557명과 비교하면 1년 사이에 51%가량 증가한 수치이다. 이러한 수치는 1970년 학위 과정 위주의 외국인 유학생 수가 321명에 지나지 않았으며, 1980년대에 들어와서 비로소 1천 명 수준에 진입하고, 다시 10년 후인 1990년대에 들어와서 다소 등락을 보이긴 하지만 2천 명 수준에 진입한 사실과 비교해 볼 때 괄목할 만한 것이 아닐 수 없다. 구체적으로 국내 외국인 유학생 수는 1990년 2천 명을 넘어섰으나 1991년부터 1995년까지는 평균 1,900명 수준을 유지하였고, 1996년 2,143명으로 2천 명 수준을 다시 회복하였다. 1997년부터 1999년 사이에는 각각 4,753명, 5,326명, 6,279명의 외국인 유학생이 있었으며, 2001년부터는 1만 명 선을, 2005년부터는 2만 명 선을, 그리고 2006년부터는 3만 명 선을 넘어서

■6　이 통계는 법무부(출입국관리사무소) 통계와 다소 차이가 날 수 있다. 기본적으로 교육인적자원부의 의뢰로 한국교육개발원(KEDI)에서 전체 전문대학, 4년제 대학, 대학원대학, 원격대학, 각종 학교 등에 재학 중인 외국인 유학생(외국 국적 재외 동포 포함)을 대상으로 조사한 것이다. 정규 학위 과정뿐만 아니라 대학 부설 한국어 연수 기관 등에 등록한 외국인 학생까지 포함하고 있다.

는 가파른 성장세를 나타내고 있다.

이러한 증가 추이는 외국 학생들의 한국에 대한 관심과 정부의 외국인 유학생 유치 정책(이른바 '스터디 코리아' 프로젝트 등), 그리고 국내 각급 대학들의 적극적인 유치 활동이 맞물린 결과라고 할 수 있다. 더군다나 최근 한류 열풍과 함께 그동안 산업화와 민주화의 모범 국가로 발전해 온 우리나라에 대한 관심이 고조되면서 중국과 중앙아시아를 비롯한 아시아 각국 학생들의 한국 및 한국 유학에 대한 선호도가 급격히 높아졌기 때문으로 평가된다. 이 점은 우리나라보다 먼저 외국인 유학생 유치 정책을 수립·시행하고 있으며 학생 유치를 위한 각종 제도적 장치와 하부 구조가 상대적으로 잘 갖추어진 일본의 최근 유학생 증가율이 10% 미만에 그친 사실로도 잘 알 수 있다. 즉 일본의 경우 외국인 유학생 수가 2003년 109,508명에서 2004년 117,302명을 거쳐 2005년 121,812명으로 증가하였을 뿐이다(文部科學省 高等敎育局學生支援課, 2007; 有本 章·橫山惠子, 2007). 향후 국내 기업들이 아시아를 포함한 세계 각지로 더욱 활발히 진출하고 한국 유학에 대한 홍보 활동이 확대된다면 외국인 유학생의 가파른 증가 추세는

표 7. 외국인 유학생의 출신 지역별 현황

(단위 : 명, %)

연도	아시아	아프리카	오세아니아	북미	남미	유럽	합계
2000	4,698(76.3)	78(0.9)	62(1.3)	664(12.8)	206(1.8)	452(8.1)	11,646(100.0)
2001	8,755(75.2)	100(0.9)	156(1.3)	1,488(12.8)	209(1.8)	938(8.1)	11,646(100.0)
2003	10,436(84.7)	112(0.9)	128(1.0)	723(6.0)	127(1.0)	788(6.4)	12,314(100.0)
2004	14,563(86.5)	174(1.0)	139(0.8)	925(5.5)	197(1.2)	834(5.0)	16,832(100.0)
2005	19,969(88.6)	184(0.8)	145(0.6)	1,105(4.9)	209(0.9)	914(4.1)	22,526(100.0)
2006	29,227(89.8)	211(0.6)	125(0.4)	1,717(5.3)	200(0.6)	1,077(3.3)	32,557(100.0)
2007	45,622(92.6)	291(0.6)	142(0.3)	1,692(3.4)	240(0.5)	1,283(2.6)	49,270(100.0)

자료 : 교육인적자원부, 각 연도(2001, 2003, 2004, 2005, 2006, 2007), 국내 외국인 유학생 통계 자료를 바탕으로 재구성함.

표 8. 외국인 유학생의 주요 국가별 현황 추이

2001년		2004년		2007년	
국명	학생 수(%)	국명	학생 수(%)	국명	학생 수(%)
일본	3,565(30.6)	중국	8,960(53.2)	중국	33,650(68.3)
중국	3,221(27.7)	일본	2,418(14.4)	일본	3,854(7.8)
미국	1,297(11.1)	미국	725(4.3)	베트남	2,242(4.6)
대만	559(4.8)	대만	693(4.1)	미국	1,388(2.8)
러시아	358(3.1)	베트남	458(2.7)	몽골	1,309(2.7)
몽골	201(1.7)	몽골	356(2.1)	대만	1,047(2.1)
캐나다	191(1.6)	러시아	320(1.9)	우즈베키스탄	429(0.9)
베트남	186(1.6)	말레이시아	272(1.6)	러시아	427(0.9)
독일	153(1.3)	캐나다	200(1.2)	말레이시아	425(0.9)
필리핀	126(1.1)	인도	185(1.1)	인도	389(0.8)
오스트레일리아	125(1.1)	우즈베키스탄	155(0.9)	캐나다	304(0.6)
인도	99(0.9)	독일	129(0.8)	방글라데시	299(0.6)
인도네시아	89(0.8)	네팔1	28(0.8)	필리핀	263(0.5)
파키스탄	87(0.7)	인도네시아	124(0.7)	네팔	236(0.5)
프랑스	85(0.7)	필리핀	118(0.7)	파키스탄	234(0.5)
방글라데시	82(0.7)	방글라데시	107(0.6)	인도네시아	232(0.5)
미얀마	70(0.6)	오스트레일리아	89(0.5)	독일	209(0.4)
태국	66(0.6)	미얀마	87(0.5)	태국	153(0.3)
우즈베키스탄	63(0.5)	태국	67(0.4)	프랑스	149(0.3)
영국	62(0.5)	프랑스	66(0.4)	카자흐스탄	110(0.2)
네팔	52(0.4)	파키스탄	62(0.4)	미얀마	107(0.2)
사우디아라비아	50(0.4)	카자흐스탄	48(0.3)	홍콩	92(0.2)
터키	46(0.4)	뉴질랜드	46(0.3)	캄보디아	90(0.2)
카자흐스탄	45(0.4)	싱가포르	39(0.2)	영국	90(0.2)
말레이시아	42(0.4)	캄보디아	38(0.2)	터키	85(0.2)
아르헨티나	42(0.4)	터키	38(0.2)	오스트레일리아	84(0.2)
파라과이	42(0.4)	스리랑카	37(0.2)	키르기스스탄	56(0.1)
멕시코	35(0.3)	영국	37(0.2)	뉴질랜드	54(0.1)
스웨덴	33(0.3)	홍콩	36(0.2)	스리랑카	52(0.1)

| 기타 | 574(4.9) | 기타 | 794(4.7) | 기타 | 1,211(2.5) |
| 합계 | 11,646(100.0) | 합계 | 16,832(100.0) | 합계 | 49,270(100.0) |

자료 : 교육인적자원부, 각 연도, 국내 외국인 유학생 통계 자료를 바탕으로 재구성함.

당분간 지속될 것으로 보인다.

2) 유학생의 출신 지역 및 국가

현재 우리나라에 유학 중인 외국인 학생들의 출신 지역을 살펴보면, 아시아 출신의 유학생 수가 45,622명으로 전체의 92.6%라는 압도적인 다수를 차지하고 있다. 아시아 출신의 국내 유학생 비중은 꾸준히 상승하고 있는데, 2001년 75.2%에서 2003년 84.7%, 2004년 86.5%, 2005년 88.6%, 2006년 89.8%를 거쳐 2007년 약 93%에 육박하는 수준으로 늘어나고 있다. 이러한 아시아 출신 유학생의 증가 현상은 비단 우리나라만이 아니라 세계의 많은 국가들에서도 폭넓게 관찰되고 있다. 이는 아시아 국가들의 경제 성장 과정에서 우수한 인적 자원에 대한 수요가 급증하고 있으며, 이러한 현상이 해외 유학으로 연결되고 있다고 분석할 수 있다. 예를 들어 일본도 아시아 출신 유학생의 비율이 2004년 91.8%였으며, 미국 역시 2005년 53.8%를 차지하였다. 반면에 아시아 지역 외의 유학생 비율은 상대적으로 완만하지만 지속적으로 감소하는 추세를 보이고 있다. 그 가운데서도 북미와 유럽 출신 유학생 수가 절대 수치에서는 그동안 증가해 왔으나, 상대적 비중에서는 뚜렷한 하향세를 나타내고 있다.

다음으로 이상의 출신 지역을 좀 더 구체적으로 살펴보기 위해 주요 국가별로 유학생 수를 검토해 보면, 먼저 유학생 출신 국가의 수가 계속적으로 증가하고 있음을 알 수 있다. 2001년에 약 110개 국가의 유학생들이 우리나라를 찾았다면, 2007년에는 이 수치가 30여 개국이 추가된 약 140개 국가로 크게 늘어났다. 적어도 외국인 유학생 출신 국가에서는 확대 현상이 현저히 나타나고 있는 것이다. 이어서 각 국가별 유학생 수를 살펴보면 2007년 현재 중국 출신 국내 유학생 수가 33,650명으로 전체의 68.3%를 차지하고 있으며, 이 비율은 그동안의 가파른 증가세의 결과라고 할 수 있다. 즉 중국 출신의 유학생 수가 2001년 3,221명(전체의 27.7%)에 머무른 점을 상기한다면, 다른 나라와의 비교 자체가 어려울 정도로 단기간에 급격한 성장을 보여준 것이다. 반면에 기타 국가들의 유학생 비율에는 별다른 변화가 없는 것으로 나타났다.

따라서 우리나라의 유입 유학생의 출신 지역과 출신 국가에는 특정 지역 및 국가로의 편중 현상이 뚜렷이 드러나고 있다고 지적할 수 있다. 물론 이 점과 관련해서는 앞으로 좀 더 깊이 있는 분석이 요구되지만, 유학생의 국제적 이동 흐름에 정책적 유인이나 경제적 이해관계에 덧붙여 지리적 근접성이나 역사·문화적 동질성과 같은 요인들도 중요하게 작용한다고 볼 수 있다. 그렇기는 하지만 분명한 점은 국내 유학생 유치에서 출신 국가들을

표 9. 외국인 유학생의 과정별 현황 추이   (단위 : 명, %)

연도	어학 연수	대학 (전문대 포함)	대학원	기타	합계
2000	1,896(30.8)	2,261(36.7)	1,697(27.5)	306(5.0)	6,160(100.0)
2001	6,072(52.1)	2,149(18.5)	2,187(18.8)	1,238(10.6)	11,646(100.0)
2003	3,525(28.6)	4,114(33.4)	3,867(31.4)	808(6.6)	12,314(100.0)
2004	4,520(26.9)	6,641(39.5)	4,480(26.5)	1,191(7.1)	16,832(100.0)
2005	5,212(23.1)	9,835(43.7)	5,742(25.5)	1,737(7.7)	22,526(100.0)
2006	7,938(24.4)	15,268(46.9)	7,356(22.6)	1,995(6.1)	32,557(100.0)
2007	14,184(28.8)	22,171(45.0)	9,885(20.0)	3,030(6.2)	49,270(100.0)

자료 : 교육인적자원부, 각 연도, 국내 외국인 유학생 통계 자료를 바탕으로 재구성함.

좀 더 다변화할 필요성이 강력히 제기된다는 사실이다.

3) 유학생의 주요 특성

이러한 국내 체류 유학생의 현황 특성을 세부적으로 좀 더 살펴보기 위해 유학생의 학위 과정, 전공 분야, 그리고 유학 형태를 분석해 보았다. 우선 학위 과정을 개관해 보면 2007년 4월 기준으로 대학과 대학원 등의 학위 과정에 재학 중인 유학생 수가 32,056명으로 전체의 65.0%를 차지하고 있으며, 이어서 어학 연수 등 대학 부설 연수 기관에 등록한 학생 수가 17,214명으로 전체의 35.0%를 차지하는 것으로 밝혀졌다. 특히 정규 학위 과정에 재학 중인 유학생 수의 비율이 증가하고 있음을 알 수 있는데, 전체 외국인 유학생 가운데 학위 과정 유학생 수가 2001년 4,336명(37.3%)에서 2003년 7,981명(64.8%), 2004년 11,121명(66.0%), 2005년 15,577명(69.2%)을 거쳐 2006년 22,624명(69.5%)으로 크게 늘어났다.

이러한 점은 기본적으로 우리나라의 유입 유학의 패턴이 단기간의 어학 연수 중심에서 많은 시간이 소요되는 학위 과정 중심으로 점차 바뀌어가고 있음을 보여준다. 다만 국외에서 한국어 연수 기회가 여전히 부족한 상황에서 어학 연수 과정의 외국인 유학생의 절대수가 꾸준히 늘어나고 있다는 점은 반드시 부정적으로만 평가할 일은 아니라고 판단된다. 국내에서의 어학 연수의 경우 한국어 실력의 향상만을 위한 단기적인 체류가 적지 않은 비중을 차지할 것으로 예상되지만, 한편으로 최근에는 과거와 달리 대학과 대학원의 학위 과정에 입학할 준비로, 특히 각급 대학에서 일정 수준의 한국어 구사력을 입학 조건으로 제시하는 경우가 늘어남에 따라 예비적으로 어학 과정을 거치는 경우도 많다는 점을 염두에 둘 필요가 있다. 다시 말해 어학 코스는 학위 과정의 입학을 위한 선행 과정으로 활용되는 경우가 늘

표 10. 외국인 유학생의 전공 분야별 현황 추이

(단위 : 명, %)

| 연도 | 어학 연수 | 전공 분야 | | | | 기타 | 합계 |
		이공자연계	인문사회계	예술체능계	소계		
2000	1,896(31.6)	915(15.3)	2,663(44.4)	217(3.6)	3,795(63.3)	306(5.1)	6,196(100.0)
2001	6,072(52.1)	1,243(10.7)	2,871(24.7)	222(1.9)	4,336(37.3)	1,238(10.6)	11,646(100.0)
2003	3,525(28.6)	2,768(22.5)	4,848(39.4)	365(2.9)	7,981(64.8)	808(6.6)	12,314(100.0)
2004	4,520(26.9)	3,449(20.5)	7,162(42.5)	510(3.0)	11,121(66.0)	1,191(7.1)	16,832(100.0)
2005	5,212(23.1)	4,948(22.0)	9,841(43.7)	788(3.5)	15,577(69.2)	1,737(7.7)	22,526(100.0)
2006	7,938(24.4)	6,466(19.9)	14,929(45.8)	1,229(3.8)	22,624(69.5)	1,995(6.1)	32,557(100.0)
2007	14,184(28.8)	20,964(42.5)	9,225(18.7)	1,867(3.8)	32,056(65.0)	3,030(6.2)	49,270(100.0)

자료 : 교육인적자원부, 각 연도, 국내 외국인 유학생 통계 자료를 바탕으로 재구성함.
참고 : 2001년은 전공 분야의 구분이 어려운 전문대학 재학 중인 유학생 163명을 제외한 값임.

표 11. 외국인 유학생의 유학 형태별 현황

(단위 : 명, %)

연도	자비 유학	정부 초청	대학 초청	외국 정부 파견	기타	합계
2000	4,734(76.9)	208(3.4)	834(13.5)	38(0.6)	346(5.6)	6,160(100.0)
2001	9,125(78.4)	269(2.3)	1,026(8.8)	226(1.9)	1,000(8.6)	11,646(100.0)
2003	9,102(73.9)	358(2.9)	2,028(16.5)	85(0.7)	741(6.0)	12,314(100.0)
2004	12,842(76.3)	391(2.3)	2,527(15.0)	198(1.2)	874(5.2)	16,832(100.0)
2005	17,599(78.1)	388(1.7)	2,873(12.8)	309(1.4)	1,357(6.0)	22,526(100.0)
2006	26,342(80.9)	614(1.9)	3,892(12.0)	465(1.4)	1,244(3.8)	32,557(100.0)
2007	42,273(85.8)	581(1.2)	3,707(7.5)	511(1.0)	2,199(4.5)	49,270(100.0)

자료 : 교육인적자원부, 각 연도, 국내 외국인 유학생 통계 자료를 바탕으로 재구성함.

어나고 있다는 점을 고려해야 할 것이다.

다음으로 외국인 유학생의 특성을 이들이 선택하여 학업을 받고 있는 전공 분야로 분석해 보면, 전체적으로 인문학 및 사회과학을 전공하는 유학생 수가 9,225명(18.7%), 자연과학과 공학을 전공하는 외국인 유학생 수가 20,964명(42.5%), 그리고 예체능 분야를 전공하는 유학생 수가 1,867명

(3.8%)으로 나타나고 있다. 따라서 국내 외국인 유학생의 전공 분야에서는 자연 및 공학계로의 편중 현상이 엿보인다. 물론 이러한 편중은 학부 과정에서 특히 두드러지고 있다. 예를 들어 2007년을 기준으로 살펴볼 때 전문대학을 포함한 대학의 학부 과정에 재학 중인 외국인 유학생 22,171명 가운데 인문사회계가 3,713명, 이공계가 17,077명, 예체능계가 1,387명으로 자연과학과 공학을 전공하는 학생들이 전체의 77%라는 높은 비율을 보여주고 있다. 반면에 상위 과정인 석사 과정의 경우에는 전체 외국인 재학생 7,247명 가운데 인문사회계 대학원생이 4,690명, 이공계가 2,117명, 예체능계가 440명으로 인문사회계의 비중은 29.2%로 나타났다. 그리고 박사 과정의 경우에는 전체 재학생 2,638명 중 인문사회계, 이공계, 예체능계 학생이 각각 822명, 1,770명, 46명으로 인문사회계의 비중은 67.1%로 나타나고 있다. 그러므로 전공 분야에 따른 일반적인 패턴을 찾아보기 어려우나, 장차 이공계 유학생의 비율이 점점 높아질 것으로 예상된다. 그렇지만 IT와 반도체 분야 등 우리나라의 우수 이공계 분야의 지적 영향력을 확산시키고 산업에 필요한 전문 기술 인력을 원활하게 확보하기 위해서는 향후 이공계 분야의 유학생에 대한 더욱 적극적인 유인 노력이 있어야 할 것이다.

마지막으로 우리나라로 유입된 외국인 유학생의 형태를 개괄적으로 살펴보면, 자비 유학생 수가 42,273명으로 전체의 85.8%를, 뒤이어 대학 초청 유학생 수가 3,707명으로 전체의 7.5%를 차지하고 있다. 이를 통해 유학생 유치 구조가 일반적으로 시혜를 베푸는 형태에서 점차 벗어나 나름대로 우리 고등교육의 대외 경쟁력 확보에 따른 교육 시장에서의 위상 제고로 손수 유학 비용을 부담하면서 유입되는 형태로 전환되고 있음을 알 수 있다. 따라서 우리의 대학이 수익을 창출하는 교육 시장 구조로 점차 진입하고 있다고 진단할 수 있다.

표 12. 외국인 유학생의 지역별 분포

(단위 : 명, %)

구분		2000년	2001년	2003년	2004년	2005년	2006년	2007년
수도권	서울	4,128(66.6)	8,382(72.0)	6,803(55.2)	8,102(48.1)	9,061(40.2)	13,172(40.5)	17,647(35.8)
	인천	99(1.6)	139(1.2)	188(1.5)	233(1.4)	442(1.9)	537(1.6)	1,018(2.1)
	경기	167(2.7)	253(2.2)	272(2.2)	730(4.3)	1,098(4.9)	1,333(4.1)	2,369(4.8)
	소계	4,394(70.9)	8,774(75.4)	7,263(58.9)	9,065(53.8)	10,601(47.0)	15,042(46.2)	21,034(42.7)
강원권(강원)		86(1.4)	129(1.1)	280(2.3)	556(3.3)	792(3.5)	1,033(3.2)	2,064(4.2)
충청권	대전	231(3.7)	317(2.7)	355(2.9)	570(3.4)	712(3.2)	1,278(3.9)	2,769(5.6)
	충북	69(1.1)	132(1.1)	242(2.0)	345(2.0)	695(3.1)	1,602(4.9)	2,530(5.1)
	충남	487(7.9)	633(5.4)	1,106(9.0)	1,466(8.7)	1,937(8.6)	2,519(7.7)	3,235(6.6)
	소계	787(12.7)	1,082(9.2)	1,703(13.9)	2,381(14.1)	3,344(14.9)	5,399(16.5)	8,534(17.3)
전라권	광주	64(1.0)	115(1.0)	343(2.8)	433(2.6)	699(3.1)	1,040(3.2)	1,603(3.3)
	전북	156(2.5)	224(1.9)	348(2.8)	608(3.6)	1,067(4.7)	1,437(4.4)	2,381(4.8)
	전남	65(1.0)	176(1.5)	328(2.7)	544(3.2)	863(3.8)	848(2.6)	1,082(2.2)
	소계	285(4.5)	515(4.4)	1,019(8.3)	1,585(9.4)	2,629(11.6)	3,325(10.2)	5,066(10.3)
경상권	부산	263(4.3)	442(3.8)	895(7.3)	1,121(6.7)	1,634(7.3)	2,414(7.4)	3,524(7.2)
	대구	122(2.0)	110(1.0)	318(2.6)	593(3.5)	710(3.2)	932(2.9)	1,793(3.6)
	울산	13(0.2)	238(2.1)	44(0.4)	28(0.2)	115(0.5)	144(0.4)	184(0.4)
	경북	107(1.7)	212(1.8)	535(4.3)	1,102(6.6)	1,942(8.6)	2,814(8.6)	4,838(9.8)
	경남	93(1.5)	108(0.9)	240(1.9)	308(1.8)	655(2.9)	1,235(3.9)	1,795(3.6)
	소계	598(9.7)	1,110(9.6)	2,032(16.5)	3,152(18.8)	5,056(22.5)	7,539(23.2)	12,134(24.6)
제주권(제주)		46(0.8)	36(0.3)	17(0.1)	93(0.6)	104(0.5)	219(0.7)	438(0.9)
합 계		6,196(100.0)	11,646(100.0)	12,314(100.0)	16,832(100.0)	22,526(100.0)	32,557(100.0)	49,270(100.0)

자료 : 교육인적자원부, 각 연도(2001, 2003, 2004, 2005, 2006, 2007), 국내 외국인 유학생 통계 자료;
교육인적자원부 · 한국교육개발원, 2005, 교육통계분석자료집 등.

4) 유학생의 지역별 분포 패턴

끝으로 국내에 체류 중인 유학생의 지역별 분포를 살펴보고자 한다. 일
차적으로 수도권으로의 집중 현상이 뚜렷하게 나타나고 있음을 알 수 있

다. 2000년의 경우 서울, 경기, 인천을 포함한 수도권 소재 고등교육 기관에 재학 중인 외국인 유학생 수가 4,394명으로 국내 전체 유학생 수의 71%를 차지한 것으로 나타났다. 그 이후로 시간이 흐르면서 수도권의 비중은 전반적으로 하락하고 있는데, 2007년의 경우 수도권 고등교육 기관에 재학 중인 학생 수는 21,034명으로 국내 전체 유학생의 42.7%에 이르고 있다.

이를 통하여 수도권의 집중도가 크게 떨어졌다고 볼 수 있으나, 지역별 학생 수용력을 판단하는 데 하나의 기준으로 상정할 수 있는 우리나라 전체 지역별 대학 정원의 분포와 비교해 보면 수도권의 집중 현상은 여전히 높다고 할 수 있다. 이러한 현상은 수도권 대학의 경우 학부 및 대학원의 신입생 모집이 상대적으로 원활하기 때문에, 학생 미달 혹은 미충원 사태가 빈번히 발생하고 있는 지방 소재 대학들보다 외국인 유학생의 유치에 그다지 적극적이지 않다는 점에 비추어보더라도 손쉽게 파악할 수 있는 사실이다. 물론 지방에서도 대학의 국제화 노력 여하에 따라 외국인 유학생의 지역별 분포 패턴에 적지 않은 차이가 드러난다. 예를 들어 충청권은 일찍부터 유학생 유치에 큰 관심을 쏟아 왔으며, 그동안의 성과는 이 지역의 상대적으로 높은 외국인 유학생 비중으로 표현되고 있다고 볼 수 있다.

5) 소결

한국은행의 통계 수치에 따르면, 2006년 우리나라의 해외 유학과 어학연수 비용으로 유출된 외화가 44억 6000만 달러에 달한다고 한다. 2007년에는 유학 목적으로 해외로 나간 대학생 총수가 약 22만 명에 이르는 것으로 조사되었다. 이렇듯 우리나라는 오랫동안 유학생 수출국 또는 송출국으로서 이름을 떨쳐 왔다. 최근 들어 이러한 추세에 큰 변화는 없지만, 외국인 유학생의 유입이 점차 늘어나면서 유학생의 유출·유입에서 비로소 균형이 맞춰지기 시작하였다. 국내 외국인 유학생 수는 지난 2000년 이래 급증하여 2001년에 1만 명을 돌파한 뒤 2005년에 2만 명에 이르렀고, 2006년에 3만 명을 상회하였으며, 2007년에 49,270명으로 5만 명에 육박하게 되었다. 아시아의 체류 유학생 수로 보면 일본과 중국에 이어 세 번째로 많은 유학생 수를 받아들이는 유치 국가가 되었다.

이처럼 급증하는 국내 외국인 유학생들의 입국 목적으로는 한국의 사회경제적 발전(특히 한국 상품의 수출 증대)과 국내 기업들의 해외 직접 투자 확대 등 활발한 해외 진출, 정보통신 기술 등 관련 산업의 발달에 따른 한국 기업의 취업 기회 확보를 위한 어학 교육 또는 관련 학문 분야 및 산업 기술의 교육과 연구를 들 수 있을 것이다. 또한 최근 동남아시아에서 일고 있는 한류 열풍으로 한국에 대한 관심이 증대한 것도 중요한 요인 가운데 하나라고 할 수 있다. 또한 정부의 외국인 유학생 유치 정책과 대학(특히 지방 대학)들의 신입생을 포함한 학생 확보를 둘러싼 적극적인 노력의 결과로 외국인 유학생의 이주가 급증하고 있다. [7]

국내에서 수학하고 있는 외국인 유학생의 출신 국가를 살펴보면, 중국이 가장 높은 비중을 차지하고 그 뒤를 일본과 미국, 베트남, 대만, 몽골 등이 차례로 잇고 있다. 유학생 출신 지역을 대륙별로 분석해 보면 아시아, 아프리카, 오세아니아, 북미, 남미, 유럽의 순으로 유학생 수가 많은 편이다. 그리고 교육 과정에서는 대학 학부 재학생이 가장 많고, 다음으로 대학원 재

[7] 2005년에 실시한 한국어능력시험에 28개국 73개 도시에서 3만 명 이상이 응시한 것으로 보아 우리나라로 유입되는 유학생 수는 앞으로도 계속 늘어날 가능성이 높다. 더군다나 교육인적자원부도 2000년대에 들어서서 외국인 유학생 유치 확대 종합방안인 '스터디 코리아 프로젝트'를 내놓았다. 주요 선진국들과 마찬가지로 국내 외국인 유학생 수를 2010년까지 5만 명 선으로 확대하겠다는 내용이었다. 이 수치는 예상보다 앞당겨 달성될 가능성이 높아지고 있다.

학생, 마지막으로 어학 연수 등 대학 부설 연수 기관 등록생 등이 많은 편이다. 또한 국내 유학생의 지리적 분포 패턴을 살펴보면, 과거에 비해 그 비중이 꾸준히 낮아지고 있으나 수도권의 편중 현상이 여전히 현저하다.

5. 결론

2005년 현재 전 세계의 유학생 수는 대략 273만 명에 이르는 것으로 파악되고 있다(OECD, 2007b). 1950년에 10만여 명에 불과하였던 유학생 수가 지난 50여 년간 약 27배 늘어난 것이다. 이른바 '유학의 폭발'로 일컬어지는 이러한 유학생의 급증 현상은 우리나라의 경우에도 예외가 아니다. 주지하다시피 우리나라는 오랫동안 유학생의 세계적 송출국의 하나였으며, 따라서 '유출 유학'이 주류를 이루었다. 2007년 현재 대학 이상의 고등교육 기관에서 수학하고 있는 국외 한국인 유학생 수는 약 22만 명으로 알려져 있다. 그렇지만 근래에는 이러한 추세가 유지되는 가운데 '유입 유학' 혹은 '유치 유학'이 가파르게 상승하는 새로운 전환적 상황을 맞고 있다. 2000년 이래 정부와 각급 대학들이 대학 국제화의 일환으로 외국인 유학생의 유치에 매진하면서 국내에 체류하고 있는 유학생 수가 2007년 4월 현재 49,270명에 이르고 있다. 1970년 321명, 1980년 1,015명, 1990년 2,237명, 그리고 2000년 6,160명에 지나지 않았던 국내 외국인 유학생 수에 비추어보면 놀랄 만한 성장이다.

오늘날 국제적 인구 이동에서 유학생이 차지하는 비중은 여전히 낮으나, 많은 국가에서 외국인 유학생에 대해서는 큰 의미를 부여하고 있다. 난민이나 불법 이주자 또는 저숙련 이주 노동자들과 달리 유학생들은 경제적 부담이나 인도주의적 도전 또는 문화적 위협으로 인식되고 있지 않다. 오늘날 우리나라를 포함한 많은 선진국들은 전자처럼 달갑지 않은 외국 이주자 집단과 정반대로 가능한 많은 유학생들을 유치하기 위해 다각적인 노력을 기울이고 있다. 1980년대 초까지만 해도 일부 국가에서 외국인 유학생의 대량 유입을 규제하거나 그 속도를 조절하기도 했지만(江淵一公, 1990, 1991a, 1991b), 최근에는 각종 장학 제도의 마련, 입국 조건의 완화, 국제적 졸업 인증제의 도입 등 다양한 방안을 통해 유학생 유치를 확대하거나 그 획득을 위해 경쟁하고 있다(杉村美紀, 2007, 179).

이처럼 대량의 국제적인 유학생 이주 또는 이동 흐름은 유출과 유입의 유형과 상관없이 유학생 유치에 따른 긍정적 파급 효과가 크다는 점이 인식되면서 이에 대한 정책적 관심도 높아지고 있다. 실제로 유학생은 출신국의 미래 엘리트로 성장할 가능성이 높기 때문에 향후 국가 간의 경제적·정치적·학술적 교류 협력에 가교 역할을 담당할 수 있다. 또한 외국 유학생의 유치를 통해 유치국은 대외적 위상을 강화시킬 수 있다. 특히 개발도상국으로부터의 유학생 유치는 개발 원조의 일환으로 '교육 지원'을 베푸는 것으로서 이해되고 있다. 해외에 체류하는 동안 유학생들은 종종 '문화 사절'로서의 기능을 수행하는데, 그 표상은 유치국에 위험 요소로 작용하기보다 유치국의 교육과 연구 및 문화를 풍부하게 해주는 요소로 파악된다. 그리고 유학생의 본국으로의 귀환도 과거 유학 국가의 문화에 관한 이해와 인식을 모국에 전파시킴으로써 이들 역시 '문화의 가교자'로서의 기능을 수행할 수 있다. 결국 외국 유학생들은 많은 국가에서 희구하는 이주자 집단의 하나이며, 이는 동시에 유치국의 국제적 개방의 표현이자 장·단기적으로 경제적·정치적·학술적 이점을 자국에 가져다주는 국제화 또는 세계화의 '모터'로 간주되고 있다(Budke, 2003, 21).

오늘날 전 세계적으로 유학생 수는 빠른 속도로 증가하고 있다. 이러한 대학생들의 국제적 이동은 국제화, 나아가 세계화의 한 요소이다. 현재 고등교육은 국경 없는 교육 체계, 즉 국경을 넘어 전개되는 교육 활동 체계로 급속히 전환되고 있으며, 선진국들은 학생, 교과 과정, 질 보증 체계 등의 자유로운 교류를 통해 이미 고등교육의 국제화를 주도하고 있다. 이러한 고등교육의 국제화는 사람(학생, 교수, 직원 등), 프로그램(각종 교육 프로그램), 기관(대학, 교육 센터 등) 등의 유형을 통해 이루어질 뿐만 아니라, 최근 들어 정보통신 기술의 급속한 발전으로 가상 공간상에의 이동(예컨대 e-learning)이라는 새로운 유형의 이동도 나타나고 있다. 하지만 역시 이 가운데서 오랜 역사와 함께 가장 보편적인 형태는 학생들의 이동, 즉 유학생의 국제적 흐름이라고 할 수 있다.

전통적으로 유학은 두뇌유출이라는 우려에도 불구하고 유학생 송출국에 커다란 이점을 가져다주며, 특히 유학생들에게는 자국에서 충분히 제공받을 수 없거나 역량이 떨어지는 학술 분야와 지식 정보를 추구할 수 있는 기회를 제공해 왔다. 나아가 유학생의 유치 국가나 대학에는 유학생이 새로운 문화와 지식을 나눌 수 있는 상호 교류의 기회를 보장해 왔다. 물론 최근 유학이 크게 확대되면서 유학생들이 학업 목적을 성취하는 데 적절한 서비스와 교육 프로그램을 제공해야 할 책임감도 높아지고 있다. 더군다나 이는 대학이 스스로 수익을 창출하는 데 유학생이 중요한 수단이 된다는 점과 연계되고 있다.

이러한 국제적 흐름의 배경과 주된 동인은 분명하지 않지만, 앞서 부분적으로 살펴본 것처럼 대단히 다양한 조건과 요인들이 복합적으로 작용하는 결과로 볼 수 있다. 일반적으로 유학생의 흐름이 구미로 집중되는 것은 중요한 국제어로서 가장 널리 보급되고 있는 영어와 함께 전통적 학술어인 프랑스와 독일어의 견인력에 따른 것으로 보인다. 그러나 오늘날 유학생의 국제적 이동은 고등교육의 국제화를 둘러싼 개념화 혹은 접근과도 무관하지 않다. '국경을 넘어선 장소의 물리적 교체'를 수반하는 유학생의 급증과 그 지리적 이동은 목하 지식경제화의 과정에서 발생하고 있다. 정보 접근에서의 혁명과 과학기술적 강점은 국제적 경쟁과 국가 발전의 모든 영역에서 점점 더 중요한 무기로 파악되고 있다. 고등교육 기관인 대학은 지식과 정보, 기술의 혁신 및 창출 거점일 뿐만 아니라 그 국제적 연결망의 중핵이 되고 있다(Chen and Barnett, 2000, 435; Kwiek, 2001). 이른바 '글로벌 플레이어(Global Player)'로서 대학은 이러한 세계화를 더불어 조형하는 동시에 그 구조에 부응하여 변하고 있다. 유학생의 확대는 이러한 대학의 국제화와 밀접히 관련되어 있다.

하지만 이러한 세계화의 추동력 아래 유입이든 유출이든 간에 유학생의 이동은 행태적 측면에서 적지 않은 차이가 보인다(OECD, 2004, 4-5; 江淵一公, 1990, 46-55). 우선 학문 공동체 내에서 지식의 자유로운 교류라는 자기 이해에 입각하여 지적 국제주의 또는 보편주의를 추구해 온 대학들은 국제적 상호 이해라는 관점에서 유학생 유치 또는 교환을 강조하고 있으며, 나아가 유학은 각국의 외교 전략적 측면에서 교육을 통한 국제 협력 및 개발도상국 원조의 일환으로 여전히 중요하게 인식되고 있다. 이러한 접근은 외국인 유학생 유치에 강력한 외적 압력은 없지만, 이제까지 독일, 일본, 멕시코, 한국, 스페인 등은 이러한 입장에서 유학생 문제를 다루어 왔고, 최근에는 유럽연합(EU)의 소크라테스-에라스무스 프로그램(Socrates-Erasmus Programme)도 이러한 접근에 따라 역내 유학생의 이동을 활성화시키고 있다.

두 번째로는 오늘날 숙련된 고급 기술 인력의 유치라는 측면에서 선별된 외국인 학생들의 유치가 강조되고 있다. 많은 국가에서 유학생 유치를 위해 장학 프로그램을 여전히 중요한 수단으로 활용하고 있으나, 최근 들어 각국의 지식 및 연구 입지를 강화하기 위해 입국 비자 및 이주 규제를 완화하는 것과 아울러 외국인 학생들의 학업이나 체류를 도와주고 영어 강좌를 개설하는 등과 같은 특정 서비스가 기획되기도 한다(Guth, 2007). 이러한 방법은 특정 지역의 학생과 학부 학생보다는 대학원생이나 연구생, 그리고 특정 분야의 학생을 대상으로 행하는 경우가 많다. 이러한 접근을 채택해 온 국가들의 예로는 독일, 캐나다, 프랑스, 영국(EU 출신 학생), 미국(대학원 학생)을 들 수 있다.

세 번째로 수익 창출 목적에서 전액 수익자 부담 원칙에 기초하여 외국 유학생들에게 고등교육 서비스를 제공하는 움직임도 확대되고 있다. 내국 학생들과 비교하여 외국 학생들이 국제적 교육 시장에서 교육 기관에 부가적 수익을 창출하는 자원이 된다. 이러한 전략을 강조하는 국가의 정부는 교육 기관에 상당한 자율성을 부여하고 자신들의 고등교육 부문의 명성을 보호하고자 이를테면 질 보장 조치 등을 통해 외국 학생들을 보호하기도 하는데, 이러한 방법으로 유학생 유치에 적극적으로 나서는 대표적 국가들은 오스트레일리아, 영국(비EU 출신 학생), 뉴질랜드, 미국(학부 학생) 등이다.

마지막으로 신흥 국가들을 중심으로 대학 등 고등교육의 수용력을 확충하기 위해 유학생 흐름을 장려하는 노력도 나타나고 있다. 이러한 경우 유출 유학이 부각되는데 대표적인 예가 대개 동남아시아, 동북아시아, 중동에서 발견되며, 특히 말레이시아, 홍콩, 중국, 싱가포르 등에서 두드러진다. 그러므로 오늘날 유학생의 확대는 세계화에 따른 숙련된 고급 기술 인력의 이주 및 유치, 부가적 수익을 창출하고자 하는 각국 고등교육 기관의 필요성, 주로 신흥 경제국들을 중심으로 한 양질의 노동력을 빠른 시간 안에 축적해야 할 필요성 등과 함께 국제적 상호 이해의 목적이 복합적으로 작용하여 추동되고 있다고 볼 수 있으며, 국가에 따른 정책적 차이가 유학생의 이동 패턴에 중요하게 작용하고 있다(OECD, 2004, 2007a).

앞의 세 가지 측면은 1990년대에 들어와서 본격적으로 부각되기 시작했다면, 마지막 상호 이해는 오랜 역사를 지니고 있다. 그럼에도 불구하고 전체적으로 세계적인 유학생 흐름의 성격은 그 조절의 주체, 전략, 그리고 목표 차원에서 뚜렷한 변화가 나타나고 있다. 즉 과거 학문적 자유를 바탕으로 한 대학이라는 학술적 과두 체계가 주체로서 보편적 지식의 교류 목적에서 개별적·비일관적·한계적으로 행해지던 유학은 국민국가 중심의 인도주의적·사회적 발전과 쌍방적 협력을 목적으로 한 국가 간 파트너십과 교육 원조의 일환으로 이루어지는 단계를 거쳐, 오늘날 시장 위주로 두뇌 획득과 국제적 경쟁력의 확보 차원에서 수익성과 상업화를 앞세우며 추진하는 세계화 과정에 즈음하여 새로운 변화를 맞고 있는 것은 두말할 나위도 없다(Isserstedt and Schnitzer, 2005, 5).

이미 지적한 것처럼 그동안 우리나라는 주로 유학생을 해외로 내보내는 송출국이었지만 이제 점점 많은 외국 유학생들이 찾는 유입국으로 전환되는 중요한 계기를 마련하고 있다. 잘 알려져 있듯이 잘 교육된 외국인 유학생들은 졸업 후 우리나라를 자국에 알리는 가장 좋은 민간 외교관이 될 수 있으며, 해외에 진출하는 우리 기업에서 활용할 수 있는 훌륭한 인재가 되기도 한다. 하지만 그동안 유학생의 급증에는 부분적으로 무분별한 유학생 유치 경쟁이라는 문제점이 자리 잡고 있을 뿐만 아니라, 불법 취업을 목적으로 입국하려는 유학생들이 빈발하는 문제점도 안고 있다. 여기에 형식적인 절차로 유학생을 선발하는 대학의 시스템 문제도 개선되지 않고 있다. 그리고 무엇보다도 유학생들이 급증하고 있지만 대학에서 유학생들을 체계적으로 교육시킬 수 있는 프로그램과 생활 환경을 얼마나 갖추고 있는지의 문제도 제기되고 있다.

이미 선진국들을 중심으로 유학의 수익성이 강조되고, 경쟁력 있는 고급 전문 기술 인력의 중요한 흡수 수단으로서 유학이 활용되기 시작하였다. 우리도 국내로 입국하는 외국인 학생들이 해마다 늘어나고 있다는 점에 만족할 것이 아니라 유학생 유치가 과연 얼마나 국가에 도움을 주며, 유학이 국내 고등교육 체계에 혹시 부정적인 영향을 끼치지 않는지, 그리고 과연 외국 유학생들은 한국의 사회생활과 학업에 얼마나 만족하고 잘 적응하고 있는지 하는 점들을 살펴보고 깊이 성찰할 때가 되었다. 그동안의 무분별한 유학생 유치 노력과 경쟁이 국내의 부실한 교육과 열악한 생활환경과 연계된다면 향후 한국의 고등교육에 대한 불신이 깊어질 것이며, 장차 한국에 유학하려는 학생들도 격감할지 모르기 때문이다.

:: 참고 문헌

교육인적자원부, 2001, 2002, 2003, 2004, 2006, 2007, 국내 외국인 유학생 통계 자료.

교육인적자원부, 2004, 외국인 유학생 유치 확대 종합방안(안)('Study Korea' 프로젝트), 서울.

교육인적자원부 · 한국교육개발원, 2005, 교육통계분석자료집.

노종희 외, 2002, 외국인 유학생 유치 확대를 위한 국가별 지역별 대학 마케팅 전략, 교육인적자원부.

두경자, 2003, 내국인 및 재한 외국인 유학생을 위한 공공가정 설계의 기초, 상명대학교 사회과학연구소.

박응수 외, 2004, 전문대학에서의 외국인 유학생 유치 확대를 위한 실천적 방안 연구, 한국전문대학교육협의회.

박태호 외, 2001, 대학의 국제화 지원 및 외국인 유학생 유치 확대 방안 연구, 서울 : 교육인적자원부.

안선민 · 장상옥 · 신경주, 2006, "외국인 유학생의 주거계획을 위한 연구", 한국생활환경학회지 13(1), pp.31-44.

이명재 외, 2006, 외국인 유학생 유치 확대를 위한 취업연계 장학프로그램 개발, 서울 : 교육인적자원부.

江淵一公, 1987, "アメリカにおける留學生問題研究の最近の動向－留學生流入のインパクトの問題を中心として", 廣島大學 大學教育研究センター 大學論集 第17集, pp.23-46.

江淵一公, 1989a, "留學生交流と大學の國際化の課題-第2回OECD/CERI高等教育國際センター報告にかえて", 大學論集 第19集, pp.53-74.

江淵一公(編), 1989b, 留學生受入れと大學の國際化: 全國大學における留學生受入れと教育に關する調査報告, 廣島大學 大學教育研究センター 高等教育研究叢書 1號.

江淵一公, 1990, "留學生受入れの政策と理念に關する一考察-主要國における政策動向の比較分析から", 廣島大學 大學教育研究センター 大學論集 第20集, pp.33-68.

江淵一公, 1991a, "ヨーロツパにおける大學の國際化の潮流-ERASMUS計劃の動向を中心として", 大學論集 第21集, pp.31-64.

江淵一公, 1991b, "ヨーロツパにおける留學生受入れのシステムと現狀-獨・佛・英國現地調査報告", 高等教育研究叢書 13號.

江淵一公, 1992, "大學の國際化に關する研究-回顧と展望", 大學論集 第22集, pp.81-109.

權藤與志夫(編), 1992, "アジア8國における大學教授の日本留學觀", 高等教育研究叢書 16號.

文部科學省 高等教育局學生支援課, 2007, 我が國の留學生制度の概要-受け入れ及 び派遣, 東京.

杉村美紀, 2007, "留學生の移動と共同體形成", 西川 潤・平野健一郎(編), 國際移動と社會變容, 東京 : 岩波書店, pp.179-202.

阿部美哉, 1992, "アジアの海外留學", 廣島大學 大學教育研究センタ(編), 高等教育改革の新段階, 高等教育研究叢書 20號, pp.87-92.

有本 章・橫山惠子(編), 2007, "外國留學生確保戰略と國境を超える高等教育機關の動向に關する研究 - 英國・香港 事例", 高等教育研究叢書 89號.

黑田一雄, 2007, "東アジア共同體形成と國際教育交流", 西川 潤・平野健一郎(編), 國際移動と社會變容, 東京 : 岩波書店, pp.227-247.

Alberts, H. C. and Hazen H. D., 2005, " There are Always Two Voices… International Students' Intensions to Stay in the United States or Return to Their Home Countries", *International Migration* 43(3), pp.131-152.

Asmar, C., 2005, "Internationalising Students-Reassessing Diasporic and Local Student Difference", *Studies in Higher Education* 30(3), pp.291-309.

Bailey, A. J., 2001, "Turning Transnational-Notes on the Theorisation of International Migration", *International Journal of Population Geography* 7, pp.413-428.

Baláž, V. and Williams, A. M., 2004, " 'Been There, Done That' –International Student Migration and Human Capital Transfers from the UK to Slovakia",

Population, Space and Place 10, pp.217-237.

Blumenthal, P., Goodwin, C., Smith, A. and Teichler, U.(eds.), 1996, *Academic Mobility in a Changing World-Regional and Global Trends*(=Higher Education Policy Series 29), Jessica Kingsley.

Boehm, D. et al., 2002, *Global Student Mobility 2025 : Forecasts of the Global Demand for International Higher Education*, Sydney: IDP Education Australia.

Budke, A., 2003, *Wahrnehmungs-und Handlungsmuster im Kulturkontakt-Studien über Austauschstudenten in wechselnden Kontexten*, Osnabrücker Studien zur Geographie 25, V & R Unipress GmbH.

Chen, T.-M. and Barnett, G. A., 2000, "Research on International Student Flows from a Macro Perspective : A Network Analysis of 1985, 1989 and 1995", *Higher Education* 39, pp.435-453.

Guth, J., 2007, "Mobilitaet von Hochqualifizierten : Einflussfaktoren fuer die Zuwanderung von Nachwuchswissenschaftlern nach Deutchland", *focus Migration*, Kurzdossier Nr. 6, Hamburgisches Weotlwirschaftsinstitut.

Hahn, K., 2004, *Die Internationalisierung der deutschen Hochschulen : Kontext, Kernprozesse, Konzpte und Strategien*, Wiesbaden : VS Verlag für Sozialwissenschaften.

Hazen H. D. and Alberts, H. C., 2006, "Visitors or Immigrants? International Students in the United States", *Population, Space and Place* 12, pp.201-216.

Higher Education Funding Council for England(HEFCE), 2004, *International Student Mobility* (=Issue Paper 2004/30), Bristol.

Isserstedt, W. and Schnitzer, K., 2005, *Internationalisierung des Studiums-Ausländische Studierende in Deutschland, Deutsche Studierende im Ausland*, Bonn/Berlin : Bundesministerium für Bildung und Forschung.

King, R. and Ruiz-Gelices, E., 2003, "International Student Migration and the European 'Year Abroad' : Effects on European Identity and Subsequent Migration Behaviour", *International Journal of Population Geography* 9, pp.229-252.

Kwiek, M., 2001, "Globalisation and Higher Education", *Higher Education in Europe* 26, pp.27-38.

Murphy-Lejeune, E., 2002, *Student Mobility and Narrative in Europe : The New Strangers*, Routledge.

OECD, 1993, *Education in OECD Countries: A Compendium of Statistical Information 1988/89-1989/90*, Paris.

OECD, 2004, "Internationalisation of Higher Education", OECD *Policy Brief* 2004/8, Paris.

OECD, 2007a, *Globalisation and Higher Education*(=Education Working Paper No.8), Paris.

OECD, 2007b, *Education at a Glance 2007*, Paris.

Pries, L., 1998, "Transnationale Soziale Räume", in Beck, U.(Hrsg.), *Perspektiven der Weltgesellschaft*, Suhrkamp, pp.55-86.

Teichler, U.(Hrsg.), 2007, *Die Internationalisierung der Hochschulen-Neue Herausforderungen und Strategien*, Campus.

The Council for International Education(UKCOSA), 2004, *Broadening Our Horizons : International Students in UK Universities and Colleges*, London.

The Council for International Education(UKCOSA), 2006, *New Horizons : International Students in UK Further Education Colleges*, London.

UNESCO, 1984, UNESCO *Statistical Yearbook 1984*(=ユネスコ文化統計年鑑), Paris.

UNESCO, 1990(1994; 1996), UNESCO *Statistical Yearbook 1990(1994; 1996)*, Paris.

UNESCO, 1998, *World Statistical Outlook on Higher Education : 1980-1995*, Paris.

Wheeler, R., 1925, *The Foreign Student in America*, New York : Association Press.

한국경제지리학회지 제11권 3호(2008년 9월)에 최병두와 공동연구로 게재된 글과 지리학연구, 2008년 2호(2008년 6월)에 게재된 글을 통합, 수정한 것임.

제3부

다문화 공간에 대한 인식과 적응 요인

지구·지방화와 다문화 공간·제1부

제7장

결혼 이주 여성의 지역사회 적응 요인

임 석 회

1. 서론

1) 문제 제기와 연구 목적

한국 사회에서 '외국인' 이주민이 본격적인 관심사로 등장하기 시작한 것은 1990년대 말부터이다. 시장 개방과 국내 노동력 구조의 변화로 많은 외국인 노동자가 유입되면서 점차 그 존재가 부각되었다. 이러한 외국인 이주민의 증가는 비단 노동자의 유입뿐만 아니라 국제결혼에서도 두드러지게 나타났다. 1990년대 초까지만 해도 예외적인 경우로 취급되어 사회적 관심이 크지 않았던 국제결혼, 특히 한국인 남성과 외국인 여성의 결혼은 1990년대 중반부터 현저하게 증가하기 시작하였다(김이선 외, 2007, 16).

이러한 변화는 오랜 기간 단일민족, 단일문화의 관념에 익숙한 한국인으로서는 생각해 보지 않았던 일이라고 할 수 있으며, 사회적으로 하나의 충격이라고도 할 수 있다. 따라서 외국인 이주자에 대한 사회적 관심의 증폭과 더불어 그들의 한국 사회에서의 적응은 물론 그들과의 관계 정립, 장래 한민족의 정체성 등이 당연히 사회적 이슈가 될 수밖에 없었다고 할 수 있다. 다양한 여러 이질적 문화가 공존한다는 의미의 '다문화주의'에서 비롯된 다문화 사회, 다문화 가정, 다문화 가족, 다문화 교육, 다문화 정책, 다문화 센터 등 무수히 많은 '다문화' 용어들의 통용 속에는 국제적 인구 이동에 의한 한국 사회의 성격 변화와 대응이 내포되어 있다고 할 수 있다.

이처럼 장기 체류 혹은 거주 목적의 외국인이 전에 없이 대규모로 유입되면서 생겨나는 일차적인 사회 문제는 '적응'일 것이다. 이 '적응'은 단지 외국인 이주자의 한국 사회 적응만을 의미하지는 않는다. 이주한 외국인은 당연히 한국 사회에 적응하는 문제에 봉착하여야 하지만, 그들을 받아들이는 한국인 역시 그들에 대해 적응해야 하고, 나아가 이주한 외국인의 본국 또한 유출 지역으로서 그 상황에 적응해야 할 것이다. 인구지리학의 관점에서 인구 현상으로서 인구 이동이 갖는 중요한 특징의 하나는 이주 당사자의 적응은 물론 인구가 유출된 지역은 유출 지역으로서, 인구가 유입된 지역은 유입 지역으로서 변화된 상황에 적응하는 과정을 거쳐야 한다는 것이다. 따라서 우리 사회에서 결혼 이주 여성을 포함한 외국인 이주자에 대한 관심의 초점도 이러한 '적응'에 모아진다고 할 수 있다. 그 중에서도 이주 당사자의 한국 사회, 좁게는 거주하는 지역사회에서의 적응이 가장 큰 이슈라고 할 수 있다.

이러한 점에서 외국인 이주자에 대한 지금까지의 국내 연구 역시 이들의 한국 사회 '적응' 문제가 가장 중요한 주제가 되고 있다. 이러한 적응의 문제는 특히 결혼 이주 여성에 관한 연구의 주요한 흐름을 형성한다. 이주 노동자는 장기이긴 하지만 국내 영구 거주보다 체류자의 성격이 강한 반면, 결혼 이주 여성은 한국인 남성과 가족을 구성하고 자녀를 출산·양육하며 국내에 영구 거주하기 때문에 이들의 적응 문제가 사회적으로 더 중요하다고 할 수 있다. 이에 따라 결혼 이주 여성의 사회적 적응 또는 다문화 가정에 대하여 봇물을 이루고 있다고 할 정도로 많은 연구가 이루어지고 있다. 2000년 이후 결혼 이주가 급증하고 이주 여성의 국적이 다양화됨에 따라 다문화 사회에 대한 정책적 대응의 시급성과 더불어 지리학, 인류학, 사회복지학, 가정복지학, 인구학 등 여러 분야에서 결혼 이주 여성에 관한 연구 보고서나 연구 논문이 쏟아져 나오는 실정이다. 그럼에도 불구하고 지금까지 결혼 이주 여성의 한국 사회 적응에 관한 연구들은 몇 가지 한계점을 보이고 있다.

먼저 이들 연구는 대개 특정 출신 국적이나 특정 지역에 거주하는 이주 여성 몇몇 사례를 대상으로 그들의 적응 과정을 연구함으로써 보다 일반적 수준에서 결혼 이주 여성의 적응 실태 및 그와 관련된 변인을 분석하고 이해하는 데 한계가 있다는 것이다(구자순, 2007; 김애령, 1998; 민경자, 2003; 윤형숙, 2004a; 채병희, 2009). 개개인의 사례를 바탕으로 한 경험적 연구이기 때문에 개별 사례에 대한 미시적이고 심층적인 이해에는 도움이 되지만, 결혼 이주 여성의 적응에 영향을 주는 주요 변인이 무엇인지를 일반화하기는 어렵다.

둘째는 적응의 문제를 주로 남편 혹은 시부모를 포함한 시댁 식구들과의 관계, 자녀 양육 등 가족·가정 중심으로 분석하고 있어 공간적 스케일 면에서 결혼 이주 여성의 적응 문제가 협소하게 다루어지고 있다는 것이다(양순미, 2006; 윤형숙, 2004b; 이혜경, 2005; 정일선, 2006; 정천석·강기정, 2008). 물론 가족 관계, 가족 문화에 대한 적응이 일차적으로 중요하고 이것이 그보다 확대된 공간 스케일에서의 적응에도 영향을 미치기는 하지만, 가정 내에서의 적응이 곧 지역사회 적응이라고는 할 수 없다.

셋째는 대부분 문화적 측면에서 적응과 갈등의 문제가 다루어지고 있다는 점이다. 언어, 관습, 제도가 다른 나라에서 한국으로 이주해 왔기 때문에 문화적 충돌에서 오는 적응 문제가 가장 중요한 문제일 수 있다. 그러나 결혼 이주 여성의 생활 세계가 가정에 한정되지 않고, 설사 이주 초기에는 가족과 가정으로 제한적으로 이루어진다고 하여도 궁극적으로는 그들의 생활 공간이 점차 확대될 것이기 때문에 앞서 언급한 좀 더 확대된 공간 스케일에 대한 적응 문제뿐만 아니라 물리적 구조를 포함한 생활 세계의 다양한 구성 요소에 대한 적응을 다루어야 한다.

결혼 이주 여성의 적응에 관한 기존의 연구들을 요약하면, 개별 사례에 대한 면담 형식의 조사를 통하여 가정(home)이라는 공간적 스케일에서 가족 관계를 중심으로 나타나는 문화적·심리적 측면의 적응에 초점을 둔다고 할 수 있다. 결과적으로 종전의 연구를 통해서는 가정 이상의 공간적 스케일에서 결혼 이주 여성의 적응 실태를 고찰하고 그와 관련된 변인들을 일반적으로 이해하는 데 한계가 있다. 이 연구는 이러한 문제의식을 바탕으로 국내에 유입된 다양한 국적과 다양한 거주 지역의 결혼 이주 여성을 대상으로 그들의 지역사회 생활을 고찰하고, 공간적 요인을 포함한 지역사회 적응에 영향을 미칠 것으로 예상되는 여러 변인들을 실증적으로 분석함으로써 결혼 이주 여성의 적응을 돕는 요인이 무엇인지, 특히 공간적 요인으로 어떤 것들이 작동하는지를 이해하고자 한다.

2) 연구 범위와 방법

이 연구에서 결혼 이주 여성이란 한국인 남성과의 국제결혼을 통하여 한국에 정착한 외국인 여성을 의미한다. 한국인과 결혼한 외국인 배우자의 경우 거주 비자 F-2 자격으로 한국에서 체류하게 되고, 그러한 상태로 2년 동안 한국에서 혼인 생활을 유지할 경우 간이 귀화를 신청하여 국적을 취득할 수 있다. 그러나 국적 취득 과정이 여전히 복잡하고 출신 국가의 국적을 포기해야 하는 이유로 F-2 비자를 그대로 소지하는 경우도 많다. 최근에는 영주 자격(F-2)의 조건이 종전 5년의 혼인 생활에서 2년으로 완화됨으로써 출신 국적을 포기하지 않고 영주 자격을 얻기가 전보다 쉬워졌다. 이 연구에서는 이러한 체류 자격과 최초 입국 시기에 관계없이 국내에 거주하는 모든 외국 출신의 결혼 이주 여성을 대상으로 한다. 즉 국적을 취득하여 공식적으로 한국인이 된 결혼 이주 여성은 물론 혼인 이외의 통로로 한국으로 이주한 후 한국인 남성과 국제결혼한 경우 등 모든 사례를 포함한다.

이주자의 이주 사회 적응은 크게 심리적 적응과 사회문화적 적응으로 구분할 수 있다. 이 연구에서 주로 다루고자 하는 것은 지역사회 생활, 공간 인지 및 공간 활동, 이웃 관계 등 지리적 환경 적응을 포함한 지역사회에서 결혼 이주 여성의 사회문화적 적응이다. 연구 방법은 이주자의 사회 적응에 관한 문헌 연구와 더불어 결혼 이주 여성을 대상으로 한 설문 조사 결과를 통계적으로 분석하는 수법을 사용하였다. 연구의 주요 내용은 크게 두 부분으로 구성되는데, 먼저 지역사회 적응과 관련된 설문 조사 결과에 대하여 기술적 통계량 분석(descriptive statistics analysis)을 통해 결혼 이주 여성의 전반적인 지역사회 적응 양상을 고찰하고, 분산분석 및 회기분석 모형을 적용하여 적응에 영향을 미치는 변인에 대하여 분석하였다. 아울러 결혼 이주 여성에 대한 이러한 실증적 분석에 앞서 이 연구에 대한 이론적 배경으로 적응의 개념과 이주자의 이주사회 적응에 미치는 요인들을 선행 연구 검토를 통하여 고찰하였다.

2. 이론적 배경

1) '적응'의 개념

적응이란 용어는 생물학에서 유래된 것으로 사회학, 심리학, 인류학 등 다양한 학문 분야에서 폭넓게 사용되고 있다. 적응은 생물이 서식 환경에 보다 유리하도록 변화하는 과정을 나타내는 생물학의 기본 개념이다. 다양한 생물 집단은 처해진 환경에 의해 발생하는 자연 선택에 적합한 개체만이 살아남은 결과 서식 환경에 적응하게 된다. 적응에 대한 철학과 방법론은 다르지만, 지리학자들에게도 인간-환경 관계와 인간의 환경에 대한 적응은 오래전부터 큰 관심의 대상이 되어왔다(Ghoshen, 1991).

한 개인이 기존의 문화에서 나와 새로운 문화에 편입되는 과정에서 적응은 필수적이라 할 수 있다. 사회적 의미로서 적응은 한 개인이 사회의 다양한 상황이나 조건과 잘 어울리는 상태 및 과정을 의미하며, 구체적으로 개인의 내적·심리적 욕구와 외적·사회적·물리적 환경과의 사이에 조화를 이루어 일상생활에서 좌절감이나 불안감 없이 만족을 느끼는 상태를 가리킨다(이재민·황선영, 2008). 적응에는 두 가지 차원의 과정이 있다. 하나는 주어진 환경에 자신을 맞추는 과정이고, 다른 하나는 자신이 욕구를 충족시키기 위해 환경을 변화시키는 과정이다. 이는 적응이 한 개인이 단순히 주어진 환경에 순응하는 것에서 벗어나 좀 더 능동적으로 행하는 다양한 활동과 환경과의 상호작용까지 포함하고 있음을 의미한다(정천석·강기정, 2008). 이러한 적응은 외부의 요구에 대응하여 개인 혹은 집단에서 일어나는 비교적 안정적인 변화이며 개인과 그가 처한 환경 간에 적합(fit)을 증진시킬 수도 있지만 그렇지 않을 수도 있다(Berry, 2006). 즉 적응이 개인이나 집단이 그가 처한 환경과 보다 비슷해지기 위한 변화(동화의 방식으로 인한 적응)를 반드시 의미하는 것은 아니라는 것이다(구자순, 2007). 실제로는 어느 한 집단이 다른 집단에 비해 더 많은 변화를 하는 경우가 대부분이지만, 적응은 원칙적으로 중립적인 용어이다(채병희, 2009). 이주에 의한 적응은 문화가 다른 두 집단이 접촉하게 되었을 때 상호작용으로 서로 영향을 주고받으면서 역동적으로 일어난다. 따라서 이론적으로 이주에 의한 적응은 접촉하는 두 집단 모두에게 일어날 수 있다(안수영, 2008).

워드와 케네디(Ward and Kennedy, 1994)는 이러한 문화적 전이 상태에서 발생하는 적응을 심리적 적응과 사회문화적 적응, 두 가지 성분으로 구분한다. 심리적 적응은 새로운 문화적 맥락에서 심리적 복리나 양호한 정신 건강, 만족감을 말하며, 사회문화적 적응은 과제의 효과적인 수행, 일상적 생활 문제의 해결과 같이 새로운 문화와의 상호작용을 위해 새로운 사회적 기술(social skills)을 습득하는 것과 관련된다. 이 두 가지 적응 형태는 상호 관련되지만, 상이한 요인들에 의해 예측된다는 점에서 개념적으로 다르다. 심리적 적응은 스트레스와 극복이라는 틀로 잘 분석되지만, 사회문화적 적응은 사회적 학습–인지 틀과 더 밀접하다(Neto, 2002). 즉 심리적 적응이 심리 내적인 결과로서 개인적 문화 정체성, 좋은 정신 건강, 그리고 새로운 문화 환경에서 개인적인 만족감의 성취라면, 사회문화적 적응은 개인이 새로운 환경에서 심리 외적으로 가족과 직장 영역에서 매일의 문제들을 처리하는 능력이다(구자순, 2007; Berry et al., 2006).

이주자의 이주 사회 적응에 관한 연구에서는 적응(adaptation) 이외에도 유사한 개념으로 조정(adjustment), 문화 변용(acculturation), 동화(assimilation) 등 다양한 용어가 사용된다(윤인진, 2003). 'adjustment'는 한국어로 조정 혹은 적응, 순응 등으로 번역되는데, 이주민이 심리적으로 이주 국가에서 편안하게 사는 정도를 말한다. 문화 적응이나 문화 변용, 문화 접변 등으로 번역되는 'acculturation'은 둘 또는 그 이상의 문화 집단이 접속하면서 생긴 문화적·심리적 변화의 이원적 과정을 의미한다. 동화로 번역되는 'assimilation'은 개인이나 집단이 그들의 문화 정체성을 포기하고 주류 사회(host society)에 합류하는 것을 뜻한다. 따라서 엄밀한 의미에서 동화는 이주민의 주체적 적응이 아닌 주류 사회에 의한 이주민의 수용(acception)이라는 개념이 적절하다. 이런 점에서 베리(Berry, 1997)는 동화가 적응의 유일한 형태가 아니라고 주장한다. 'adaptation'은 이러한 유사하고 관련 있는 개념들을 통합한 개념으로 사용되고 있으며 포괄적 의미를 갖는다고 할 수 있다(구자순, 2007).

2) 이주자의 이주 사회 적응에 미치는 요인

한 사람의 외국인이 새로운 문화 환경을 만났을 때, 어떤 형태로든 문화 충격을 경험하게 된다. 이러한 문화 충격과 인식의 전환 과정에서 사회문화적 적응에 가장 강력한 요소가 되는 것은 거주 기간이다. 충격에서 벗어나 주변 환경을 인지하기 위해서는 일정한 시간의 흐름은 반드시 필요하기 때문이다. 따라서 이주자의 사회문화적 적응 정도는 이주 사회에서의 거주 기간에 따라 차이가 난다(김영란, 2008). 거주 기간이 적응에 미치는 영향에 대해서는 새로운 문화 환경에 대한 관심과 호기심으로 초기의 허니문 단계를 거쳐 실질적인 경험의 폭이 확대되면서 문화 충격으로 위축되는 단계와 다음에는 새로운 문화에 서서히 적응하면서 회복하는 단계를 거친다는 U 자형 이론과, 그와 반대로 이주 초기 이주 사회에 대해 낯설고 아는 지식이 별로 없이 지내다가 일정 시간이 지나면 적응의 어려움이 지속적으로 조금씩 감소된다는 이론이 있다(구자순, 2007). 시간이 지나면서 지식이 증감함에 따라 사회문화적 기술들을 빠르게 획득하게 된다는 것이다. 그러나 어떤 이론적 관점에서든 동일한 거주 기간이라 할지라도 이주자에 따라 적응 정도의 차이가 있을 수 있다. 적응에는 개인적 수준에서, 또 사회환경적 수준에서 매우 다양한 변수들이 작용하기 때문이다.

이주자의 적응에 관한 선행 연구들에서 개인적 수준으로 논의되는 적응 변인들은 연령, 교육 수준, 직업 경험, 의사소통 기술, 자아정체성, 이주 동기와 이주 과정, 문화 이해 및 문화 수용, 출신 국적 등이 있다. 적응을 새로운 환경에 대한 학습이라고 할 때, 이주자의 학습 능력은 분명 적응의 차이를 가져오게 될 것이다. 그리고 연령과 교육 수준, 직업 경험, 의사소통 기술 등이 이 학습 능력에 영향을 미치게 될 것이다. 언어 습득과 읽기 능력과 같은 의사소통 기술의 획득은 그 자체가 이주 사회에 대한 적응이기도 하지만, 적응을 위한 필수 도구이기도 하다. 결혼 이주 여성의 가족 갈등과 적응에 관한 연구 사례들은 국제결혼한 부부의 교육 수준에 따라 결혼 적응과 부부 갈등에 유의한 차이가 있는 것으로 보고하고 있다. 교육 수준이 높을수록 문제 해결 능력이 많아 부부간에 적응할 가능성이 더 높다는 것이다(김오남, 2006). 남편의 사회경제적 지위가 높을수록 부부 관계의 만족도가 높게 나타났다는 연구 사례(채병희, 2009)로 보아 남편의 사회경제적 지위도 하나의 적응 변인이 될 수 있다.

자아정체성 또한 개인적 수준에서 이주자의 이주 사회 적응에 중요한 영향을 미칠 수 있는 변인으로 지적되고 있다. 자아정체성과 주변 환경에 대한 인지와 대응은 밀접한 관계가 있기 때문이다. 생틸레르(St-Hilaire, 2002)의 멕시코 이주 아동의 적응에 관한 연구 결과를 보면, 완전한 동화와 모국 문화의 포기가 이주 사회 적응에 오히려 도움이 되지 않는다. 이주 아동이 정체성의 혼란을 겪듯이, 한국인 남성과 결혼하여 한국인 속에서 일상생활을 하게 되는 결혼 이주 여성들도 자신이 누구인지, 혹은 다른 사람이 자신을 어떤 사람으로 생각하는지 등 자신의 정체성에 혼란을 경험하기 쉽다. 이러한 정체성의 혼란은 사회생활의 적응을 힘들게 할 것이다.

나아가 적응의 문제는 이주 사회에서 경험하는 새로운 문화에 대한 지식의 정도와 수용하려는 태도와도 밀접한 관련을 갖는다. 결혼 이주 여성이 한국 문화를 이해하고 긍정적 태도를 갖는다면 그만큼 적응도를 높일 수 있을 것이다. 그런데 이러한 문화 이해와 문화 수용은 이주자의 출신 국적과 연관된다. 외모에서 차이가 많을수록, 이주 사회와 출신 모국 간의 문화적 거리가 멀수록 문화적 이해도가 낮아질 가능성이 높기 때문이다. 다문화 가정 아동의 사회 적응에 관한 연구 사례를 보면, 청소년의 한국인 친구와의 관계는 아시아계가 백인계와 흑인계보다 더 좋은 것으로 나타난다(박순희, 2009). 결혼 동기와 결혼 이주 과정 역시 결혼 이주 여성의 이주 사회 적응에 영향을 미칠 수 있을 것이다. 예컨대 매매혼인 이주 여성과 정상적인 결혼 이주 여성 간에는 적응의 차이가 있음을 충분히 예상해 볼 수 있다.

이주자의 이주 사회 적응에 영향을 미치는 사회환경적 범주의 변인으로는 가족의 지지와 상호작용, 지역사회의 관심과 지지와 같은 사회적 지지 체제와 사회적 연결망을 들 수 있다. 사회적 지지는 어떤 한 사람을 둘러싸고 있는 사회적 체제, 즉 그 사람이 살고 있는 사회적 환경 또는 생태적 환경 내에서의 적극적인 상호작용을 일컫는다. 여기서 사회적 환경은 가족, 친구, 직장 동료, 이웃을 포함하는 비공식적 체제와 복지 기관, 이주자 지원 센터, 교육 기관, 상담 전문가 등을 포함하는 공식적 체제로 구성된다 (장인협·오세란, 1996). 이러한 공식·비공식 체제를 통한 이주자에 대한 사회적 지지는 적응에 필요한 정보나 물질과 같은 자원이 될 수 있다. 특히 결혼 이주 여성에게 가족의 지지와 상호작용은 가족 적응뿐만 아니라 지역 사회 적응에 긴요할 것이다. 사회 적응에 관한 연구 사례를 보면 가족 적응이 사회 적응에 영향을 미치는 것으로 알려져 있으며, 가족 적응이 사회 적응에 대한 설명변인이 된다(정현주·이주희, 2009, 177-178).

사회적 연결망(혹은 관계망)은 사회적 지지 체제와 밀접한 관계를 갖는다. 사회적 연결망의 크기나 다른 사람과의 만남, 모임에 참석하는 빈도 등은 사회적 지지의 구조적 개념이기 때문이다(이재민·황선영, 2008). 그러나 사회적 연결망이 주류 사회의 사회적 지지 체제에만 해당하는 것은 아니다. 선행 이주자와의 사회적 연결망은 연쇄적인 인구 이동(chain migration)을 촉진하는 중요한 계기로 작용하며(이희연, 2003), 이동에 수반하는 위험을 감소시킴으로써 이주를 더 매력적으로 만든다. 이주 후에도 이주자들 간의 사회적 연결망은 이주 사회 정착과 적응의 자원으로 적극적으로 활용될 수 있다. 이런 점에서 사회적 연결망은 사회 자본의 한 형태라고도 할 수 있다(佟琭, 2007).

3. 결혼 이주 여성의 지역사회 적응 요인 분석

1) 조사 설계 및 분석 방법

이 연구는 국제결혼을 통하여 한국으로 이주한 외국인 여성들이 그들이 거주하고 있는 지역사회에 어떻게 적응하고 있으며, 그 적응에 어떤 요인들이 중요하게 작용하는지를 분석하는 데 초점이 있다. 분석 자료는 결혼 이주 여성을 대상으로 2008년 10~12월에 걸쳐 구조화된 설문지를 통해 획득하였으며, 가능한 전국적 수준에서 분석하기 위해 서울, 경기, 대구, 경북, 광주, 전남에 거주하는 총 402명의 결혼 이주 여성을 조사하여 그 중 유효 설문 391부를 분석하였다. 조사 방법은 각 지역의 결혼 이주 여성을 방문하여 면접 또는 자기기입식으로 이루어졌으며, 한국어뿐만 아니라 영어, 중국어, 베트남어로 작성된 설문지를 활용하였다. 분석에 활용된 유효 설문에서 결혼 이주 여성의 출신 국가 분포는 중국 37.0%, 베트남 33.7%, 필리핀 14.2%, 캄보디아 4.7%, 일본 4.1%, 기타 국가 6.2%의 순이다.

분석 방법은 각 조사 항목에 대한 단순 빈도와 백분율을 통해 결혼 이주 여성의 지역사회 적응 실태를 기술적 측면(descriptive aspect)에서 살펴본

표 1. 조사 지역 및 설문 조사 수

(단위 : 개)

	총 설문 조사 수	유효 설문 수
서울	63	60
경기	60	60
대구	78	74
경북	72	71
광주	55	54
전남	74	72
계	402	391

표 2. 조사 항목 및 척도

지역사회 적응에 대한 설명 요인(독립변수 항목)	
사회인구학적 특성	거주지, 거주 기간, 출신 국가, 연령, 학력, 현재 직업, 체류 자격, 한국어 구사 능력
결혼 이주 전 배경 및 이주 과정	이주 전 거주지, 본국에서의 직업, 결혼 이주의 본인 의사 반영도, 이주 준비 기간, 배우자 만남 유형
가정생활 및 배우자	가정생활 만족도, 가정생활 적응도, 배우자의 연령, 직업, 학력
문화 이해 및 수용	이주 전 한국 지식, 이주 전 한국 이미지, 이주 전 한국에 대한 교육, 한국인에 대한 문화적 친밀감
자아정체성	출신 본국에 대한 자부심, 지역 주민 의식, 한국인 의식, 본국인 의식, 정체성 혼란
사회적 지지 및 사회적 연결망	친한 지역 주민, 국내 한국인 친구, 국내 출신국 친구, 참여 지역 주민 모임, 도움 받는 지원 단체
지역사회의 적응 정도(종속변수 항목)	
지역사회 생활	기후 및 자연환경, 주거 시설 및 주변 환경, 소비 및 여가 시설에 대한 적응과 행정 기관·의료 기관의 이용
공간 인지 및 공간 활동	버스 및 지하철 노선, 시장·백화점·대형 마트, 행정 기관(읍면동사무소, 시·군·구청), 학교(초·중·고)의 위치에 대한 인지와 이용
이웃 관계	이웃과의 의사소통 정도, 이웃의 경조사 참석 여부, 어려울 때 이웃의 도움을 받은 경험 유무, 이웃과의 친밀도(경제적 도움)

다음, 이주 여성의 지역사회 적응에 대한 설명 요인(독립변수)과 지역사회 적응 정도를 나타내는 3개 종속변수(지역사회 생활, 공간 인지와 공간 활동, 이웃 관계)에 유효한 영향력을 미치는 결정 요인을 단계적 다중회기분석 (stepwise multi-regression) 모형을 적용하여 분석하였다. 설명변수로는 결혼 이주 여성의 사회인구학적 특성, 결혼 이주 전 배경 및 이주의 과정, 가정생활, 한국 문화의 이해와 수용, 자아정체성 범주의 요인들이 투입되었으며, 범주형 자료는 가변수(dummy variable)로 처리하였다. 종속변수는 리커트(Likert) 5점 척도로 측정된 지역사회 생활, 공간 인지와 공간 활동, 이웃 관계에 해당하는 조사 항목의 평균값을 적용하였다. 부정적 문항에 대해서는 역부호화하여 처리하였다. 따라서 점수가 1점에서 5점으로 높을

수록 지역사회에 잘 적응하는 것을 나타낸다.

표 3. 연구 대상자의 사회인구학적 특성

항목		빈도	비율(%)
출신 국가	중국	143	37.0
	베트남	130	33.7
	필리핀	55	14.2
	일본	16	4.1
	캄보디아	18	4.7
	기타	24	6.2
연령	29세 이하	185	49.7
	30~39세	142	38.2
	40~49세	39	10.5
	50~59세	6	1.6
학력	무학	2	0.5
	초등학교	29	7.6
	중학교	85	22.3
	고등학교	174	45.5
	대학교	92	24.1
입국 연도	2008년	85	24.3
	2007년	59	16.9
	2006년	61	17.4
	2005년	36	10.3
	2004년 이전	109	31.1
체류 자격	국적 취득	88	23.7
	국민의 배우자	258	69.5
	영주권자	16	4.3
	기타	9	2.4
취업 상태	농어업	41	11.3
	단순생산직	19	5.2
	단순사무직	7	1.9

		전문직	5	1.4
취업 상태		판매유통직	3	0.8
		서비스직	2	0.6
		강사(영어 등)	17	4.7
		미취업	194	53.6
한국어 구사 능력	말하기	매우 어려움	43	11.5
		조금 어려움	131	34.9
		보통	149	39.7
		어렵지 않음	33	8.8
		전혀 어렵지 않음	19	5.1
	듣기	매우 어려움	41	11.5
		조금 어려움	107	29.9
		보통	137	38.3
		어렵지 않음	52	14.5
		전혀 어렵지 않음	21	5.9
	쓰기	매우 어려움	54	15.4
		조금 어려움	127	36.2
		보통	108	30.8
		어렵지 않음	35	10.0
		전혀 어렵지 않음	27	7.7

2) 조사 자료의 기술적 분석

(1) 연구 대상자의 사회인구학적 특성

연구 대상자의 일반적 특성은 〈표 3〉과 같다. 연령은 29세 이하가 49.7%, 30대가 38.2%로 20~30대가 전체 조사 대상자의 87.9%를 차지한다. 학력은 고등학교가 45.5%로 가장 많고 대학교도 24.1%나 되어 교육 수준이 비교적 높은 편이다. 한국에 입국한 연도는 조사 시점인 2008년이 24.3%, 2007년 16.9%, 2006년 17.4%, 2005년 10.3%, 2004년과 그 이전이 31.1%로 이 통계는 조사 대상자에 한정되지만 결혼 이주 여성이 최근 증가하고 있는 것을 보여준다. 체류 자격, 즉 비자 유형을 보면 배우자(F2)가 69.5%, 국적 취득자가 23.7%, 영주권자가 4.3%, 기타 2.4% 등으로 국적 취득자가 생각 외로 적지 않은 비율이다. 조사 대상자의 절반이 넘는 53.6%가 현재 한국에서 미취업 상태로 있는 것으로 조사되었으며, 취업 업종은 농어업이 11.3%로 가장 많고 단순 생산직이나 단순 사무직이 7.1%, 영어 등 강사와 전문직이 6.1%로 조사되었다. 한국어 구사는 말하기와 듣기, 쓰기 모두 40~50%가 보통 이상의 능력을 가지고 있다. 이 말은 반대로 50~60%가 한국어 구사에 어려움이 있다는 것을 의미한다. 말하기, 듣기, 쓰기 중에서는 쓰기 능력이 상대적으로 약하다.

(2) 결혼 이주 전 배경 및 이주 과정

연구 대상자들은 한국으로 이주하기 전 60% 이상이 대도시, 중소 도시, 소도시 등 도시 지역에서 거주하였으며 농촌에 살았던 결혼 이주 여성은 관념적으로 생각하듯이 그 비율이 높은 편은 아니다. 결혼 이주 여성 본인의 주관적 평가이기는 하지만, 본국에서의 경제적 형편 역시 매우 빈곤 3.9%, 다소 빈곤 21.3%로 빈곤하였다고 인식하는 비율이 조사 대상자의 25.2%에 그쳐 본국에서의 생활이 그렇게 빈곤하지는 않았던 것으로 조사되었다. 현재 한국에서는 조사 대상 결혼 이주 여성의 절반 이상이 미취업 상태이지만, 본국에서는 80%에 가까운 이주 여성이 취업하고 있었으며 농어업에 종사했던 비율(13.4%)도 현재 한국에서 농어업에 종사하는 비율(11.3%)에 비해 그렇게 높은 편이 아니다. 물론 단순 생산직에 종사하였던 비율이 20.7%로 가장 높으나, 그 외 단순 사무직, 전문직, 판매유통직, 서비스직, 학생 등 다양한 직업과 경력을 가지고 있다. 조사 대상자에 한정되기는 하지만, 결혼 이주 여성에 대하여 흔히 생각하는 것과 달리 농어촌 출신으로 농어업에 종사하거나 무직 상태의 여성의 비율이 높은 것은 아니라는 것을 알 수 있다. 한국으로 결혼 이주하기 이전에 출신 국가 이외의 다른 나라를 방문한 경험이 있는 이주 여성도 15% 가까이 된다.

배우자를 만나게 된 것도 결혼 중개업체를 통한 경우가 37.0%로 가장 많

표 4. 결혼 이주 전 배경 및 이주 과정

결혼 이주 전 배경		비율 (%)	결혼 이주 과정		비율 (%)
거주 지역	대도시	21.0	배우자 만남 계기	다른 목적으로 한국 입국 후 직접 만남	2.6
	중도시	23.7		본국에서 직접 만남	21.6
	소도시	18.4		제3국에서 직접 만남	1.3
	농어촌	37.0		본국에서 가족이나 주변 사람이 소개	14.6
생활 수준 (경제적 형편)	매우 빈곤	3.9		한국에서 가족이나 주변 사람이 소개	10.2
	다소 빈곤	21.3		결혼 중개업체를 통해	37.0
	보통	53.0		종교 단체를 통해	6.8
	다소 풍족	11.3		기타	6.0
	매우 풍족	10.5	결혼중개업체의 영향	전적으로 영향 미침	15.5
직업	농어업	13.4		상당한 영향 미침	12.4
	단순 생산직	20.7		보통	31.8
	단순 사무직	8.8		별로 영향 없었음	22.5
	전문직	6.5		전혀 영향 없었음	17.8
	판매유통직	9.3	결정의 본인 의사	전혀 반영되지 않음	2.4
	서비스직	9.3		반영되지 않음	19.9
	공무원	0.5		보통	30.3
	학생	9.8		다소 반영	26.9
	미취업	14.7		전적으로 반영	20.5
해외 방문 경험	없음	85.8	한국 이주 준비 기간	1개월 미만	4.5
	1~2회	11.4		1~3개월	28.5
	3~5회	2.6		3~6개월	27.7
	6회 이상	0.3		6~12개월	13.9
				1년 이상	25.3

지만, 결혼 중개업체를 통하지 않고 본국 또는 제3국에서 직접 만나거나 (22.9%), 본국이나 한국의 가족 혹은 주변 사람의 소개로 만난 경우(24.8%)도 적지 않다. 결혼 중개업체를 통한 경우에도 중개업체가 배우자의 선택에 상당한 영향을 미쳤다는 비율은 27.9%에 지나지 않는다. 오히려 영향을 받지 않았다는 비율이 40.3%로 훨씬 높다. 한국으로의 결혼 이주 과정에서 본인의 의사가 반영되지 않았다는 비율은 24.7%로, 반영되었다는 비율 47.4%에 비해 훨씬 낮다. 조사 대상자들의 결혼 이주의 결정이 비교적 자기주도적으로 결정되었음을 알 수 있다. 그러나 한국으로의 이주 준비 기간은 60% 이상이 6개월 이하로 한국 사회에 적응하기에는 부족한 감이 있다.

(3) 문화 이해 및 수용

문화 이해 및 수용과 관련해서는 결혼 이주 전 한국에 대해서 얼마나 알고 있었는지, 한국에 대해서는 어떤 이미지를 가지고 있었는지, 한국에 대해서는 주로 어떤 통로를 통해 알게 되었는지, 한국에 대하여 이주 전 본국에서 교육을 받았는지 등을 조사하였다. 한국에 대한 지식은 결혼 이주 여성의 한국 사회 적응에 긍정적 영향을 미칠 가능성이 있다. 연구 대상자들의 60% 이상이 한국에 대해 전혀 몰랐거나 조금 알았던 수준이다. 한국에 대한 지식이 많았다는 비율은 10%도 채 되지 않았다. 이주 여성의 50% 이상이 한국에 대해 주로 영화나 음악 등 문화 매체와 언론 및 인터넷 등 대중 매체를 통해 알게 되었다고 한다.

이주 전 본국에서의 한국에 대한 교육도 50%가 넘는 결혼 이주 여성이 조금 받은 수준에 그치고 있으며, 자세히 받았다는 이주 여성은 불과 2.3% 밖에 되지 않는다. 사실상 결혼 이주 여성의 대부분이 한국에 대한 교육을 거의 받지 않은 상태에서 영화나 대중음악 등 미디어를 통해 한국에 대해 알았을 뿐이다. 학교 교육이나 친지 및 주변 사람을 통한 경우도 있지만 전반적으로 한국에 대한 체계적인 지식이 없다고 할 수 있다. 한국으로 이주 전 한국에 대해 이주 여성 대부분이 경제적·정치적·사회적으로 긍정적 이미지를 가졌었다고 한다. 그 중에서도 한국이 경제적으로 발전하고 물질 문화가 발전했다는 이미지 비율이 상대적으로 더 높다.

표 5. 이주 전 한국 지식

항목		비율(%)
이주 전 한국 지식	전혀 몰랐음	16.1
	조금 알았음	46.8
	보통	28.1
	많았음	7.5
	아주 많았음	1.6
이주 전 한국 지식의 주요 통로	학교 교육	15.3
	대중 매체	16.9
	문화 매체	36.5
	한국 제품·기업	4.2
	친지·주변 사람	19.3
	한국 방문 경험	2.9
	기타	4.8
이주 전 한국에 대한 교육	전혀 받지 못함	8.9
	받지 못함	17.5
	보통	19.3
	조금 받음	52.0
	자세히 받음	2.3
한국인에 대한 문화적 친밀감	전혀 없음	4.5
	없음	10.1
	보통	41.9
	약간 있음	36.9
	매우 많음	6.6

표 6. 이주 전 한국 이미지

(단위 : %)

구분	경제적으로 발전	고용 기회 많음	정치적으로 안정	사회복지 수준 높음	물질 문화 발달
전혀 그렇지 않다	1.0	1.3	2.4	2.1	1.1
그렇지 않다	4.7	10.1	12.8	5.1	4.7
보통	21.5	31.0	33.8	20.5	20.1
그렇다	57.5	46.8	41.8	53.1	50.7
매우 그렇다	15.2	10.8	9.3	19.2	23.5

(4) 가정생활

선행 연구들은 이주 여성의 가정생활이 사회 적응의 중요한 변인의 하나가 됨을 지적하고 있다. 이 연구의 대상자들 49.0%는 현재의 가정생활에 만족한다고 응답하고 있다. 불만족하다는 비율은 10% 미만으로 상당히 낮은 편이다. 가정생활의 세부적인 사항별로 보면, 가족과의 의사소통이나 집안일, 가족생활 문화에 대해서는 40% 이상이 별 어려움이 없거나 적응을 잘하고 있다.

그러나 자녀 양육, 생활 형편 등에서 상대적으로 어렵다고 대답하는 이주 여성의 비율이 높다. 결혼 이주 여성들은 경제적 형편의 어려움보다도 특히 자녀 양육에서 많은 어려움을 갖는 것으로 나타났다. 자녀를 키우는 데 어려움이 있다고 한 이주 여성이 전체의 35.9%에 달하지만, 집안일의 어려움이 많다고 한 이주 여성은 10.9%에 불과했고, 가족생활 문화 적응에 어려움이 있다고 응답한 비율도 13.2%, 가족과의 의사소통에 문제가 있는 경우도 11.7%에 그치고 있다. '자녀 양육의 어려움이 많다' 는 비율이 다른 부문의 어려움에 비해 3배 이상 되는 수치이다. 이러한 차이는 가정생활에는 그런대로 만족하고 적응하고 있더라도 경제적으로는 생활이 어렵고 자녀 양육에 큰 곤란을 겪는 이주 여성이 상당히 많다는 사실을 말해 준다.

표 7. 가정생활 및 가족과의 관계

(단위 : %)

구분	가정생활 만족도	가족과의 의사소통	집안일 어려움	자녀 양육 어려움	가족생활 문화 적응	생활 형편 어려움
매우 어려움 (매우 불만족)	2.1	2.9	1.8	10.0	3.5	6.1
어려움 (불만족)	6.3	8.8	9.1	25.9	9.7	18.2
보통	42.7	44.9	45.6	43.3	43.5	42.5
어려움 없음 (대체로 만족)	35.6	32.5	36.5	15.4	37.4	28.2
전혀 어려움 없음 (매우 만족)	13.4	10.9	7.0	5.4	5.9	5.0

표 8. 배우자의 사회인구학적 특성

항목		빈도	비율(%)
연령	28~39세	148	41.6
	40~49세	181	51.1
	50세 이상	26	7.3
학력	무학	2	0.5
	초등학교	19	5.2
	중학교	53	14.6
	고등학교	183	50.3
	대학교 이상	107	29.4
직업	농어업	671	7.5
	단순 생산직	103	26.9
	단순 사무직	24	6.3
	전문직	40	10.4
	판매유통직	19	5.0
	서비스직	22	5.7
	공무원	16	4.2
	학생	1	0.3
	미취업	30	7.8

이는 이주 여성의 지원에 어떤 부문이 가장 필요한가에 대해 시사하는 점이 크다.

배우자의 연령은 20~30대가 41.6%, 40대가 51.1%, 50대 이상이 7.3%로 결혼 이주 여성의 연령 분포와 상당한 차이가 있다(〈표 3〉 참조). 배우자의 학력은 고등학교가 50.3%로 가장 많고 대학교 이상이 29.4%로 상대방인 결혼 이주 여성과 비슷한 교육 수준 분포를 가졌다. 배우자의 직업은 단순 생산직이 26.9%로 가장 많았지만 농촌으로 시집온 동남아시아 이주 여성의 배우자에서 연상하듯이 높으리라고 예상하기 쉬운 농어업 종사 배우자의 비율은 7.5%에 그쳤다.

(5) 자아정체성

연구 대상의 이주 여성들은 정체성 면에서 한국인이라는 의식보다 출신 본국인이라는 의식이 더 높은 것으로 나타났다. '나는 한국인이 아닌 여전히 본국인' 이라는 의식이 40%를 상회한다. 또한 출신 본국에 대한 자부심도 강한 편이다. 본국에 대한 자부심이 많다는 경우가 50%를 넘는다. 반면에 본인이 '이제는 한국이다' 라는 의식은 30% 수준으로 다소 낮다. '한국인도 본국인도 아니다' 는 10%를 조금 넘는 수준으로 비율이 높지 않다. 본국인으로서 여전히 강한 정체성을 갖는 이주 여성과 이제는 한국인으로서의 정체성을 갖는 이주 여성으로 양분되어 있으며, 상대적으로 정체성의 혼란을 겪는 경우는 많지 않다고 할 수 있다.

한국인으로서의 정체성까지는 아니지만, 한국에 거주하고 있다는 것에 대해 자부심을 느끼는 정도는 응답 비율이 40% 가까이로 비교적 높은 편이다. 그 반대의 경우는 7% 정도에 불과하다. 한국으로의 결혼 이주에 대해 상당히 긍정적으로 인식하고 있다는 의미이다. 이는 한국인에 대한 애착에서도 나타나는데, 한국인에 대한 애착이 '많다' 는 경우가 39.6%인 반

표 9. 자신의 정체성에 대한 인식

(단위 : %)

구분	나는 여전히 본국인	나도 이제 한국인	나는 한국인도 본국인도 아니다
전혀 그렇지 않다	4.8	3.9	28.5
그렇지 않다	16.3	28.6	30.7
보통	36.8	36.5	27.9
그렇다	36.3	22.6	9.9
매우 그렇다	5.9	8.4	3.0

면, '적다'는 반응은 7.4%에 불과하다. 적어도 30% 이상은 한국 사회, 한국 문화를 적극적으로 수용할 의사가 있음을 보여준다. 물론 출신 국적의 포기에 대해서는 다소 주저하는 모습을 보인다. 한국 국적을 취득할 경우 출신 본국의 국적을 포기할 의사가 있느냐는 질문에 대해 긍정적 반응이 33.8%, 부정적 반응이 29.1%로 큰 차이가 나지 않는다.

한국에서의 거주나 한국인에 대한 애착 정도에 비하면, 현 거주지에 대한 평가는 낮은 편이다. 지역 주민 의식을 갖는 경우가 28.8%이지만, 지역 주민 의식이 없다는 반응은 34.7%이다. 지역 주민 의식을 갖는 비율이 오히려 자신을 한국인으로 의식하는 비율에 비해서 다소 낮다. 그러나 현 거

표 10. 출신 본국과 한국 및 지역사회에 대한 인식

(단위 : %)

구분	본국에 대한 자부심	한국 거주에 대한 자부심	출신 국적 포기 의사	한국인에 대한 애착	지역 주민 의식	현 거주지에 대한 애착	현 거주지 계속 거주 의사
매우 적음	1.1	1.6	6.7	1.3	9.4	2.0	15.0
적음	5.3	5.8	22.4	6.1	25.3	5.8	12.7
보통	38.7	53.7	37.1	53.1	36.4	54.5	39.1
많음	30.8	31.2	23.7	31.6	15.6	28.3	30.9
매우 많음	24.2	7.9	10.1	8.0	13.2	9.3	12.4

주지에 대한 애착이나 현 거주지에서의 계속 거주 의사 비율은 이보다 높다. 특히 현 거주지 계속 거주 의사를 가진 비율은 43.3%로 높은 편이다. 하지만 이는 어쩔 수 없는 선택도 포함되어 그 비율이 높게 나타난 점도 있을 것이다. 이러한 조사 항목별 응답 분포는 한국으로 결혼 이주하여 현재 거주하는 지역에 대해 어느 정도 긍정적인 인식을 가졌더라도 그것이 지역 주민으로서의 정체성까지는 발전하지 않은 이주 여성들이 있음을 함의한다.

(6) 사회적 지지와 연결망

여기서는 사회적 지지로서 결혼 이주 여성이 현재 이용하고 있는 지원 기관이나 단체의 수와 참여하고 있는 주민 모임의 여부를 조사하였다. 조사 결과 전체 이주 여성의 3분의 2가량이 1개 이상의 지원 단체 또는 기관을 이용하고 있었으며, 2~3개의 지원 단체·기관을 이용하는 경우도 20.7%에 이르렀다. 그러나 약 3분의 1은 이용하는 지원 단체나 기관이 전혀 없는 것으로 나타났다. 지역사회에서 참여하는 주민 모임이 없는 경우도 전체의 59.8%에 달하고 있어 사회적 지지 체제가 미약한 것으로 파악된다.

사회적 연결망은 국내에서 거주하는 같은 출신국의 친구가 있는지, 있다면 몇 명이나 되는지, 또 한국인 친구는 있는지, 있다면 몇 명이나 되는지, 친하게 지내는 지역 주민은 몇 명이나 있는지 등을 조사하였다. 한국인 친구로는 47.6%가 1~2명 정도를 가지고 있고, 가장 많은 이주 여성은 15명의 한국인 친구를 가지고 있다고 응답하였다. 같은 출신 국가 친구로는 45.0%가 1~3명의 친구를 가지고 있었으며, 국내에 거주하는 같은 출신 국가의 친구가 10명이 넘는 경우도 25%가 넘었다. 한국인 친구보다 같은 출신 국가의 친구가 더 많은 셈이다. 친하게 지내는 지역 주민 역시 없는 경우도 32.2%가 되었다. 1~2명이 32.2%, 3~5명이 24.1%로 이주 여성의 50%가량은 1~5명의 친하게 지내는 지역 주민이 있다.

(7) 지역사회 생활

결혼 이주 여성들이 지역사회에 얼마나 적응하고 있는가는 지역사회 생활에 대한 전반적인 느낌에서부터 기후 및 자연환경에 대한 적응, 주거 시설 및 주변 환경에 대한 적응, 소비 및 여가 시설에 대한 적응, 행정 기관 및 의료 기관에 대한 적응 등 5개의 범주로 나누어 조사되었다. 이주 여성들은 지역사회 생활에 대부분 큰 불편을 느끼고 있지는 않았다. 연구 대상자 중 12.4%만이 '어렵다'고 답하였으며, 반면에 38.3%는 어려움을 느끼지 못한다고 하였다. 부문별로 보면 기후나 자연환경, 주거 시설과 주변 환경 등에는 비교적 잘 적응하는 것으로 나타났다. 이 부문에서는 적응이 어렵다는 경우가 각각 5.9%, 5.4%에 지나지 않는다.

그러나 소비나 여가 시설, 의료 기관이나 행정 기관 이용에서는 상황이 다소 달라진다. 소비나 여가 시설 이용에 어려움이 있다는 이주 여성의 비율이 9.9%로 높아진다. 특히 의료 기관이나 행정 기관의 이용에서는 이 비율이 18.3%, 21.5%로 상당히 높아진다. 이것은 직접적으로 사람을 접하지 않는 영역의 지역사회 생활에서는 결혼 이주 여성이 비교적 잘 적응하지만, 행정 기관 이용이라든가 의료 기관 이용 등 물리적 환경 · 시설과 사람을 상대해야 하고 제도를 알아야 하는 부분에서는 적응에 어려움을 갖고 있음을 의미한다.

표 11. 지역사회 생활

(단위 : %)

구분	지역사회 생활 전반	기후 · 자연 환경 적응	주거 · 주변 환경 적응	소비 · 여가 시설 이용	행정 기관 이용	의료 기관 이용
매우 어려움	2.6	1.8	1.0	3.1	5.4	6.1
어려움	9.8	4.1	4.4	6.8	16.1	12.2
보통	49.3	34.7	40.3	47.9	48.1	45.0
어렵지 않음	29.3	50.0	47.8	36.2	25.8	31.0
전혀 어렵지 않음	9.0	9.3	6.5	6.0	4.6	5.8

(8) 공간 인지와 공간 활동

이주 여성의 공간 인지에 대해서는 지역사회 생활에 필요한 버스 및 지하철 노선, 초·중·고등학교, 행정 기관, 의료 기관, 시장 등의 위치와 현재 살고 있는 지역의 지리에 대한 이들의 인지 정도, 공간 활동 측면에서 단독으로 원하는 곳에 갈 수 있는지에 대하여 조사하였다. 인지도가 가장 높은 부분은 여성이라는 입장에서 일상생활과 가장 밀접한 시장, 백화점, 대형 마트 등 상업 시설에 대한 인지였다. 이 부분에서 연구 대상자의 46.1%가 잘 알고 있다고 답하였다. 다음으로는 현재 살고 있는 지역의 지리인데, 이 역시 41.4%의 이주 여성이 잘 안다고 대답하였다.

이주 여성의 공간 인지가 상대적으로 낮은 부분은 행정 기관과 초·중·고등학교의 위치, 버스 및 지하철 노선이었다. 이 시설에 대해서는 '잘 알거나, 매우 잘 안다'는 비율이 30% 대로 시장이나 백화점, 대형 마트 등 상업 시설에 대한 공간 인지도보다 다소 낮다. 이는 앞의 질문이 개략적인 공간적 인지라면, 그보다 상세한 공간 인지를 요구하는 질문이기 때문으로

표 12. 거주지에 대한 지리적 지식과 이동 능력

항목		비율(%)
혼자서 원하는 곳을 갈 수 있다	매우 어려움	5.8
	어려움	13.2
	보통	33.3
	어렵지 않음	39.2
	전혀 어렵지 않음	8.5
현 거주 지역의 지리에 대하여	전혀 모름	4.7
	잘 모름	11.8
	보통	42.0
	알고 있음	35.4
	잘 알고 있음	6.0

표 13. 지역사회 공공시설에 대한 인지

(단위 : %)

구분	버스 · 지하철 노선	상업 시설의 위치(시장, 백화점, 대형 마트 등)	행정 기관의 위치	학교의 위치 (초 · 중 · 고)
전혀 모름	7.3	3.1	9.0	6.5
잘 모름	17.5	11.8	18.4	19.1
보통	40.1	39.0	34.8	37.2
알고 있음	28.8	38.0	28.6	31.2
잘 알고 있음	6.3	8.1	5.6	6.0

사료된다. 현재 거주하고 있는 지역의 지리에 대하여 어느 정도 인지하고는 있지만 구체적 장소에 대한 공간 인지는 다소 떨어진다는 것을 알 수 있다. 그 중에서도 읍면동사무소나 시 · 군 구청 등 행정 기관의 위치에 대한 인지는 상대적으로 가장 떨어진다. 그럼에도 불구하고 '혼자서 원하는 곳에 갈 수 있느냐'는 질문에 대해 매우 높은 47.7%의 이주 여성이 '어렵지 않다' 또는 '전혀 어렵지 않다'라고 답하였다. 그리고 단 19.0%만이 '어렵다'라거나 '매우 어렵다'라고 답하였다. 이 비율은 구체적 장소에 대한 공간 인지도와는 다소 상치된다. 이것은 거주하는 지역의 상세한 지리에 대한 지식은 부족하더라도 공간 활동의 적극적인 의지가 반영된 것으로 볼 수 있다. 지리적 이동을 위한 지리적 지식에 대해서도 이주 여성의 75.9%가 물어서 이동할 정도의 지리적 지식 또는 그 이상의 지리적 지식을 갖고 있다고 답하고 있다.

(9) 이웃 관계

지역 주민 간의 공동체 의식이 점차 약화되고 있는 것은 현대 사회의 주요한 특성이다. 이와 같이 공동체 의식이 약화되더라도 이웃과의 좋은 관계는 지역사회 적응에 중요한 변수가 될 것이다. 특히 낯선 한국 땅에서 생

표 14. 결혼 이주 여성의 이웃 관계

(단위 : %)

구분	이웃과의 의사소통	이웃의 경조사 참석	이웃의 도움 받은 경험	금전을 빌릴 수 있는 이웃
전혀 없음	2.1	9.1	10.8	24.8
별로 없음	10.6	19.4	24.1	32.6
보통	46.8	40.6	37.0	25.1
많음	35.3	27.4	23.8	15.1
매우 많음	5.2	3.5	4.2	2.4

활해야 하는 결혼 이주 여성에게 우호적인 이웃은 원만한 가족 관계와 가정생활 이상으로 중요한 것이다. 이 연구에서는 이 점에 착안하여 이웃과의 의사소통에서부터 이웃의 경조사에 참석하는지, 이웃의 도움을 받은 적은 있는지, 급하게 돈을 빌릴 수 있을 만큼 친한 이웃은 있는지 등 4개의 항목에 걸쳐 결혼 이주 여성의 지역사회 적응의 한 부분으로서 이웃 관계를 조사하였다.

이웃과의 의사소통에 대해서는 약 40%의 이주 여성이 잘 되는 편이라고 하였다. 물론 의사소통을 제대로 못한다거나 전혀 못한다는 이주 여성도 12.7%에 이른다. 이웃의 경조사 참석에 대해서는 참석한다는 비율이 약 30% 수준으로 떨어지고 반면에 참석하지 않는다는 비율이 28.5%로 올라간다. 이웃의 경조사에 참석하기 위해서는 좀 더 친밀감이 있어야 하기 때문이라고 볼 수 있다. 어려울 때 이웃의 도움을 받은 경험이 없는 경우가 34.9%, 있는 경우가 28.0%로 의사소통에 대한 설문 결과와는 다른 경향을 보인다. 이러한 경향은 '급전을 빌릴 수 있는 이웃이 있는가?' 라는 질문의 응답에서는 더욱 강하게 나타난다. 즉 있다는 이주 여성은 연구 대상자의 17.5%에 불과하고, '그런 이웃이 없다' 라는 연구 대상자가 57.4%로 훨씬 높게 나타났다. 금전적 거래까지 하기 위해서는 상당한 친밀감이 있어야 가능하기 때문에 이러한 조사 결과의 경향성은 이해할 수 있다. 종합해 보면 이웃 관계에서 조사 대상 이주 여성들의 40% 정도는 의사소통의 친밀도를 가지고 있고 20% 정도는 서로 도움을 주고받을 정도의 친밀감을 획득하고 있는 것으로 볼 수 있다.

3) 결혼 이주 여성의 지역사회 적응 결정 요인

(1) 분석모형

여기서는 앞서 언급한 결혼 이주 여성의 지역사회 생활, 공간 인지 및 공간 활동, 이웃 관계 등으로 구성되는 지역사회 적응에 어떤 요인이 중요하게 작용하는가를 고찰하기 위하여 결혼 이주 여성의 사회인구학적 속성 및 결혼 이주 전 배경과 이주 과정, 가정 생활, 문화 이해와 수용 관계, 자아정체성, 사회적 지지 및 네트워크에 관한 설명변수와 지역사회 적응 정도의 관계를 분석하고자 한다.

분석은 지역사회 생활, 공간 인지 및 공간 활동, 이웃 관계를 각각 종속변수로 하는 회귀모형에 〈표 15〉의 독립변수를 유의도에 따라 단계적으로 투입하는 단계적 다중회귀분석 방법을 이용하였다. 즉 지역사회 적응을 구성하는 세 가지 성분에 대하여 독립된 회귀모형(모형1–지역사회 생활, 모형2–공간 인지 및 공간 활동, 모형3–이웃 관계)을 적용한다. 모형1의 종속변수 값은 결혼 이주 여성을 대상으로 5점 척도로 조사한 〈표 11〉의 지역사회 생활에 관한 6개 항목의 평균값으로 하였다. 모형2의 종속변수는 〈표 12〉와 〈표 13〉의 지역사회에의 공간 인지 및 공간 활동과 관련하여 조사한 6개 항목의 5점 척도 평균값을 적용하였다. 모형3의 종속변수의 값 역시 〈표 14〉의 이웃 관계에 관하여 5점 척도로 조사한 4개 항목의 평균값이다. 이에 따라 각 회귀모형의 종속변수는 1~5 사이의 값을 갖는 연속형 데이터로 전환되며, 점수가 높을수록 결혼 이주 여성의 지역사회 적응도가 높다.

표 15. 독립변수의 정의 및 속성

범주	독립변수	변수의 정의	속성
사회 인구 학적 속성	거주 지역	서울, 경기, 대구, 경북, 광주, 전남	더미
	출신 국가	중국, 베트남, 필리핀, 일본, 캄보디아	더미
	연령	29세 이하, 30~39세, 40~49세, 50세 이상	서열
	학력	무학, 초등학교, 중학교, 고등학교, 대학교	서열
	거주 기간	1년 미만, 1~2년, 2~3년, 3~4년, 5년 이상	서열
	체류 자격	국적 취득, 국민의 배우자, 영주권자	더미
	현재 직업	무직, 농어업, 기타 업종 취업	더미
	한국어 능력	5점 척도(전혀 못함 → 매우 잘함)	서열
이주 전 배경 및 이주 과정	이주 전 거주지	대도시, 중도시, 소도시, 농어촌	더미
	본국에서의 직업	무직, 농어업, 단순 생산·사무직, 전문직, 판매유통, 서비스, 공무원, 학생, 기타	더미
	결혼 이주의 본인 의사 반영 정도	5점 척도(전혀 반영 안 됨 → 전적인 본인 의사)	서열
	이주 준비 기간	1개월 미만 1~3, 3~6, 6~12개월, 1년 이상	서열
	배우자를 만난 계기	본국에서 직접, 결혼 중개업체 소개, 기타 방법	더미
가정 생활 및 배우자	가정생활 적응 정도	5점 척도(전혀 적응 못함 → 매우 잘 적응)	서열
	배우자 직업	무직, 농어업, 단순 생산·사무직, 전문직, 판매유통, 서비스, 공무원, 학생, 기타	더미
	배우자 학력	무학, 초등학교, 중학교, 고등학교, 대학교	더미
	배우자 연령	29세 이하, 30~39세, 40~49세, 50세 이상	서열
문화 이해 및 수용	이주 전 한국 지식	5점 척도(전혀 모름 → 매우 잘 알았음)	서열
	이주 전 한국 교육	5점 척도(전혀 없었음 → 매우 잘 받았음)	서열
	이주 전 한국 이미지	5점 척도(매우 부정적 → 매우 긍정적)	서열
	한국 문화 친밀성	5점 척도(매우 소원 → 매우 친밀)	서열
자아 정체성	한국인 정체성	5점 척도(전혀 없음 → 매우 강함)	서열
	본국인 정체성	5점 척도(전혀 없음 → 매우 강함)	서열
	지역 주민 정체성	5점 척도(전혀 없음 → 매우 강함)	서열
	정체성 혼란	5점 척도(전혀 없음 → 매우 혼란)	서열
사회적 지지 및 네트워크	친한 지역 주민 수	0명, 1~2명, 3~5명, 6~9명, 10명 이상	서열
	국내 한국인 친구 수	국내에 거주하는 한국인 친구의 수	등간
	국내의 출신국 친구 수	국내에 거주하는 같은 출신 국가의 친구 수	등간

참여하는 주민 모임	유무 있음, 없음	더미
도움받는 지원 단체 수	없음, 1개, 2~3개, 3~5개, 5개 이상	서열

회귀모형에 투입된 종속변수의 정의와 속성은 〈표 15〉와 같다.

(2) 분석 결과

① 모형1: 지역사회 생활 적응 요인

결혼 이주 여성의 지역사회 생활 적응에 대한 회귀모형에는 지역 주민 정체성, 출신 국가(중국, 캄보디아), 국내의 한국인 친구 수, 이주 전 한국에 대한 지식의 정도, 이주 전 거주 지역 등 7개 변수가 유효한 것으로 분석되었다. 분석 결과 R^2=0.600 수준에서 연구 대상 결혼 이주 여성의 지역사회 생활 적응이 독립변수들에 의해 설명되었다. F-값과 유의확률은 이 회귀 모형이 유효함을 말해 준다. 회귀계수를 표준화하여 각각 회귀계수의 중요성을 나타내는 표준화 계수(베타 값)를 보면, 지역 주민 정체성이 0.403으로 가장 중요성이 크고 다음으로는 출신 국가(중국), 국내 한국인 친구 수 등의 순이다. 이 설명변수들은 회귀계수의 유의성 또한 다른 변수들에 비해 높다(t값 참조).

이 분석 결과는 결혼 이주 여성의 지역사회 생활 적응에서 이주 여성이 지역 주민으로서 강한 정체성을 가질수록 지역사회 생활에 잘 적응하고 있음을 말해 준다. 또한 출신 국가 측면에서는 중국계 여성들의 지역사회 생활 적응도가 높은 것을 보여준다. 캄보디아 출신의 이주 여성들 역시 지역사회 생활에 잘 적응하는 것으로 나타났다. 그러나 다른 출신 국가의 여성들은 지역사회 생활 적응에 그들의 국적이 유의미한 영향을 미치지 않는다. 중국계 여성의 적응도가 높은 것은 한국과 지리적으로 가깝고 문화적 유사성도 있어 이와 같은 분석 결과를 예상할 수 있다. 그러나 캄보디아 출신 이주 여성의 지역사회 생활 적응도가 높게 나타나는 이유에 대해서는 추가적인 분석을 요구한다.

선행 연구들에 의하면 가정 적응은 사회 적응에 대한 하나의 설명변수가 된다. 이 분석 결과에서도 가정생활의 적응 정도가 지역사회 생활 적응에 유효한 영향을 미치고 있음을 보여준다. 결혼 이주 전 한국에 대한 지식이 많을수록 이주 후 한국에서 지역사회 생활 적응도가 높은 것 역시 예상할 수 있는 결과이다. 또한 분석 결과 국내 한국인 친구가 결혼 이주 여성의 지역사회 생활에 중요한 역할을 하고 있음을 보여준다. 이상의 변수들은 모두 양(+)의 회귀계수 값을 가지나 이주 전 배경으로 이주 전 거주지는 부(−)의 회귀계수 값을 갖는다. 이는 이주 전 본국에서 중간급 규모의 도시에 살았던 이주 여성의 지역사회 적응이 떨어진다는 것을 의미하는데, 이것은 이들의 현재 거주 지역과 관련되는 것으로 사료된다.

종합해 보면 지역 주민으로서의 정체성이 강하고 가정생활이 원만하며, 이주 전 한국에 대한 지식이 있고 한국인 친구가 많은 이주 여성이 지역사회에 잘 적응한다고 할 수 있다. 그러나 배우자의 학력, 직업, 연령 등 사회인구학적 속성과 본인의 연령, 학력, 직업. 체류 자격, 이주 전 한국에 대한

표 16. 지역사회 생활 적응의 결정 요인

설명변수	회귀계수	표준화 계수	t값	유의확률
지역주민 정체성	.270	.403	4.528	.000
출신 국가(중국)	.417	.383	4.651	.000
국내 한국인 친구 수	.057	.334	3.842	.000
가정생활 적응 정도	.173	.218	2.580	.000
이주 전 한국 지식	.134	.236	2.907	.012
출신 국가(캄보디아)	.867	.188	2.302	.005
이주 전 거주지(중도시)	−.215	−.186	−2.21	7.025
R^2=0.600 F=13.692 Signif F=0.000				

이미지, 한국인으로서의 정체성 또는 본국인으로서의 정체성 등은 지역사회 생활 적응에 유효한 변수가 되지 않는다.

② 모형2: 공간 인지 및 공간 활동 적응 요인

결혼 이주 여성의 지역사회 공간 인지 및 공간 활동에 대한 분석모형에는 앞의 모형1의 결정 요인 외에 참여하는 주민 모임의 유무, 한국에 거주하는 같은 출신국의 친구 수, 배우자의 연령과 직업, 본인의 본국에서의 직업 등이 추가되어 총 9개 요인이 유효한 변수로 투입되었다. 이 변수들은 조사한 결혼 이주 여성의 지역사회 공간 인지 및 공간 활동에 대하여 60.4%의 설명력을 갖는다.

표준화 계수에 의하면 이들 설명변수들 가운데 상대적으로 가장 중요한 변수는 이주 여성이 참여하는 주민 모임이 있느냐는 것이다. 회귀계수로 볼 때, 참여하는 주민 모임이 있을 경우 5점 척도의 공간 인지 및 공간 활동의 적응도가 약 0.5가량 높아진다. 다음으로는 출신 국가(캄보디아), 출신 국가(중국), 국내 한국인 친구 수 등의 순이다. 한국에 거주하는 본국 출신의 친구 수와 국내 한국인 친구 수가 영향을 미친다는 것은 사회적 연결망의 중요성을 말해 준다. 이 친구들이 결혼 이주 여성의 공간 인지 또는 공간 활동의 안내자 역할을 한다고 볼 수 있다. 가정 적응에서는 가정생활의 적응 정도가 투입변수에서 제외되는 대신 배우자의 연령과 직업이 지역사회의 공간을 인지하고 활동하는 데 영향을 미치고 있다. 또한 상대적 중요성은 낮지만 이주 전 본국에서의 본인 직업도 다소 영향력이 있는 것으로 나타났다.

이 분석 결과에서 주목할 점은 배우자를 만나게 된 계기가 결혼 중개업체를 통해서일 경우 공간 인지 및 공간 활동 적응에 유효한 설명변수이기는 하지만, 부(−)의 회귀계수 값을 갖는다는 것이다. 이는 결혼 중개업체를

표 17. 공간 인지 및 공간 활동 적응 결정 요인

설명변수	회귀계수	표준화 계수	t값	유의확률
참여하는 주민 모임 유무	.532	.3564	.094	.012
국내 출신국 친구 수	.016	.1751	.815	.074
출신 국가(캄보디아)	2.229	.353	4.256	.000
배우자를 만난 계기 (결혼 중개업체의 소개)	-.375	-.195	-2.319	.024
국내 한국인 친구 수	.070	.302	3.197	.002
출신 국가(중국)	.464	.311	3.460	.001
배우자의 연령	.032	.264	2.989	.004
배우자의 직업 (전문직, 판매유통, 서비스, 공무원)	.395	.2112	.567	.013
본국에서의 직업 (단순 생산직, 단순 사무직)	.322	.205	2.317	.024

$R^2=0.604$ F=10.528   Signif F=0.000

통해 결혼 이주한 여성들의 공간 인지 및 공간 활동 적응력이 떨어진다는 것을 의미한다. 이 분석에서는 배우자를 본국에서 직접 만나 결혼 이주한 경우나 기타 방법에 의한 결혼 이주가 결혼 이주 여성의 지역 사회 공간 인지 및 공간 활동에 영향력이 있는지 판별되지 않지만, 결혼 중개업체를 통해 이주한 여성들의 적응도가 떨어진다는 점은 유의해 볼 만한 사실이다.

③ 모형3: 지역사회 이웃 관계

결혼 이주 여성의 지역사회 이웃 관계에 대해서는 지역 주민으로서의 정체성, 배우자의 직업, 이주 전 한국에 대한 이미지, 본인의 연령, 이주 전 본국에서의 한국에 대한 교육, 배우자를 만난 계기, 거주 지역(경북) 등 7개 요인이 유효한 설명변수로 분석되었다. 이들 변수의 설명력은 45.4%로 앞의 모형들에 비해 낮지만 F=9.149, 유의확률=0.000으로 모형의 유효성은 있다.

표 18. 이웃 관계 결정 요인

설명변수	회귀계수	표준화 계수	t값	유의확률
지역 주민 정체성	.208	.310	3.496	.001
배우자의 직업 (전문직, 판매유통, 서비스, 공무원)	.644	.360	4.113	.000
이주 전 한국 이미지	.266	.275	3.098	.003
연령	.291	.307	3.462	.001
이주 전 본국에서의 한국 교육	.201	.299	3.416	.001
배우자를 만난 계기 (본국에서 직접 만남)	.365	.232	2.661	.009
거주 지역(경북)	.338	.180	2.020	.047

R^2=0.454   F=9.149   Signif F=0.000

표준화 계수로 볼 때, 상대적으로 중요성이 가장 큰 설명변수는 배우자의 직업과 지역 주민으로서의 정체성이다. 본인의 연령, 이주 전 본국에서의 한국에 대한 교육, 이주 전 한국에 대한 이미지 등이 다음으로 중요하다. 결혼 이주 여성의 이웃 관계에 배우자의 직업이 영향을 미치는 것은 배우자의 지역사회에서의 평판 및 사회적 연결망이 긍정적 효과를 갖기 때문으로 생각된다. 이웃 관계에도 역시 배우자를 만난 계기가 영향을 주는데, 여기서는 모형2와 달리 본국에서 직접 만난 경우로 양(+)의 회귀계수 값을 가져 긍정적 효과를 갖는다. 본인의 연령 또한 유효한 변수가 되고 있다. 연령변수는 회귀계수 값이 양(+)이므로 나이가 많은 이주 여성이 젊은 이주 여성보다 이웃 관계 적응력이 더 높음을 의미한다. 이주 전 한국에 대한 이미지가 좋을수록 이웃 관계의 적응도도 높아지는데, 그만큼 이웃에 대한 좋은 인상을 갖기 때문이라고 할 수 있을 것이다. 이 모형의 분석 결과에서 한 가지 주목되는 것은 현재의 거주 지역이 상대적 중요성은 낮지만 유효한 변수로 투입된 점이다. 경북이 가진 어떤 사회문화적인 요인이 작동한 것으로 생각되지만, 정확한 이유에 대해서는 향후 추가적인 분석이 필요하다.

④ 종합 고찰

앞에서 분석한 결과를 종합하면, 지역사회 적응과 관련해 모두 18개의 변수가 유효한 영향력을 갖는다. 그 중에서 16개의 변수가 지역사회 적응에 양(+), 즉 긍정적 효과가 있고, 이주 전 본국에서의 거주지(중도시)와 결혼 중개업체를 통한 결혼 이주의 2개 변수가 부(−), 즉 부정적 효과를 갖는다. 두 가지 이상의 영역에서 지역사회 적응에 유효한 영향력을 갖는 변수는 출신 국가(중국, 캄보디아), 배우자의 직업, 지역 주민으로서의 정체성, 국내의 한국인 친구 수 등 5개 변수이다.

그런데 이러한 유효 설명변수들은 대부분 주어지는 것으로 인위적으로 향상되기 어려운 것들이다. 이 변수들의 성격을 분석해 보면 출신 국가, 본인의 연령과 직업, 이주 전과 이주 후의 거주 지역, 그리고 배우자의 직업과 연령 등은 모두 노력으로 결정되는 것들이 아니다. 예를 들어 한국어 능력이 유효한 변수가 되지 않는다는 것은 한국어 구사 능력이 지역사회 적응에 결정적이지 않을뿐더러 한국어 능력이 향상되더라도 이주 여성의 지역사회 적응력 향상을 객관적으로 기대하기 어렵다는 것이다. 또한 외국인 이주자에 대한 한국어 교육이 이주 여성의 지역사회 적응에 기대하는 만큼의 큰 도움이 되지 않을 수 있다는 것이다.

또 하나는 사회적 지지 문제이다. 사회적 연결망의 중요성은 참여하는 주민 모임의 유무라든가, 국내 한국인 친구 수, 한국에 거주하는 같은 출신국 친구 수 등의 유효한 설명변수로 투입됨으로써 이 연구에서도 입증되었다. 그러나 지원 단체 및 지원 기관과 관련된 변수는 적어도 이 연구의 모형에서는 유효하지 않은 것으로 나타났다. 이것은 두 가지 가능성을 가진다. 하나는 이와 같이 유효하지 않게 나타난 이유가 이주 여성의 참여가 부족하기 때문일 수도 있다. 또는 이주 여성 지원 단체 또는 지원 기관의 프로그램이 이주 여성의 지역사회 적응에 별로 도움이 되지 않기 때문일 수

표 19. 지역사회 적응의 결정 요인 종합 고찰

범주	설명변수	지역사회 생활	공간 인지 및 공간 활동	이웃 관계
사회인구학적 속성	출신 국가(중국)	O	O	
	출신 국가(캄보디아)	O	O	
	본인의 연령			O
	현 거주 지역(경북)	O		
이주 전 배경 및 이주 과정	이주 전 본국 거주지(중도시)	O		
	본국에서의 직업		O	
	배우자를 만난 계기(중개업체)		O	
	배우자를 만난 계기(직접 만남)			O
가정생활 및 배우자	가정생활 적응 정도	O		
	배우자의 직업		O	O
	배우자의 연령		O	
문화 수용 및 이해	이주 전 한국 이미지			O
	이주 전 한국 지식	O		
	이주 전 한국에 대한 교육			O
자아정체성	지역 주민 정체성	O		O
사회적 연결망	참여하는 주민 모임 유무		O	
	국내 한국인 친구 수	O	O	
	국내 출신국 친구 수		O	

도 있다.

회귀모형에서 유효한 설명변수로 투입된 변수들의 또 다른 특징 중 하나는 한국으로의 이주 후보다는 이주 이전의 변수들이 많다는 점이다. 지역사회 적응에 긍정적 효과를 갖는 16개의 변수 중 출신 국가, 본국에서의 직업, 배우자를 만나게 된 계기, 이주 전 한국에 대한 지식, 이주 전 한국에 대한 이미지, 이주 전 본국에서의 한국에 대한 교육 등 7개의 변수가 한국으로 이주하기 전에 이미 결정된 변수들이다. 바꾸어 말하면 이주 후에는 통제하거나 개선할 수 없는 변수들이라는 것이다.

그러나 결혼 이주 여성의 지역사회 적응에 도움을 줄 방법이 없는 것은 아니다. 이 연구 결과는 우선 한국으로 이주하기 전에 한국에 대한 교육을 강화하여 이들이 한국에 대한 좋은 이미지와 충분한 사전 지식을 갖도록 하는 것이 중요함을 보여준다. 또한 이주 후에는 이주 여성들이 가정생활에 잘 적응하도록 도와주고, 사회적 연결망으로서 지역 주민 모임의 참여를 유도하고 한국인 친구를 만들어주거나 같은 출신국 친구를 소개해 줄 필요가 있다. 그리고 한국인이라는 정체성보다는 한국인이든 외국인이든 자신도 지역 주민이라는 정체성을 형성하도록 도와주는 것이 긴요하다. 이 연구의 분석 결과로 볼 때, 특히 지역 주민으로서의 정체성 확립과 사회적 연결망 형성이 가장 중요하다.

4. 결론

1990년대 중반 이후 한국으로 유입되는 결혼 이주 여성의 급증으로 이주 여성에 대한 많은 연구가 이루어지고 있다. 그리고 결혼 이주 여성의 한국 사회 적응은 이러한 연구에서 가장 중요한 문제로 다루어져 왔다. 그러나 이들 연구는 많은 경우 소수의 개별 사례를 중심으로 한 면담을 통한 미시적 접근으로서 해당 사례에 대해서는 심층적 이해에 도움이 되지만, 국내 결혼 이주 여성의 적응을 종합적으로 판단하기에는 한계가 있다. 특히 가정생활의 적응에 초점을 둠으로써 결혼 이주 여성의 지역사회 적응에 관한 실증적 연구는 드문 편이다.

이 연구는 이러한 문제의식을 바탕으로 서울, 경기, 대구, 경북, 광주, 전남 등 전국 6개 지역에 거주하는 결혼 이주 여성을 대상으로 한 설문 조사

자료를 활용하여 지역사회 적응에 대한 사회인구학적 속성, 결혼 이주 전 배경 및 이주 과정, 가정생활 및 배우자의 특성, 문화 이해 및 수용, 자아정체성, 사회적 지지 및 사회적 연결망 등 6개 범주, 30개 설명변수와 지역사회 적응을 구성하는 결혼 이주 여성의 지역사회 생활, 공간 인지 및 공간 활동, 지역사회에서의 이웃 관계 등 3개 종속변수 간의 관계를 회귀분석 모형을 적용하여 결혼 이주 여성의 지역사회 적응에 영향을 미치는 결정 요인을 실증적으로 분석하였다.

분석 결과를 보면 지역사회 생활에 대해서는 출신 국가(중국, 캄보디아), 이주 전 본국에서의 거주지, 가정생활의 적응 정도, 결혼 이주 전 한국에 대한 지식, 지역 주민으로서의 정체성, 국내의 한국인 친구 수 등 7개 요인이 유효한 설명변수로 추출되었다. 공간 인지 및 공간 활동에 대해서는 출신 국가(중국, 캄보디아), 배우자를 만나게 된 계기로서 결혼 중개업체를 통한 것인지의 여부, 배우자의 직업과 연령, 참여하는 주민 모임의 유무, 국내의 한국인과 출신국의 친구 수, 등 9개 변수가 유효한 것으로 판별되었다. 또한 지역사회에서의 이웃 관계에 대해서는 배우자를 만나게 된 계기가 본국에서 직접 만난 것인지의 여부, 이주 전 한국에 대한 이미지와 본국에서의 한국에 대한 교육, 배우자의 직업, 본인의 연령, 현재 거주 지역(경북), 지역 주민으로서의 정체성 등 7개 변수가 유효하였다.

그러나 지역사회 적응의 설명변수로 가장 일반적으로 생각할 수 있는 한국어 구사 능력은 오히려 유효한 변수가 아니었다. 이는 결혼 이주 여성의 지역사회 적응에 한국어 교육보다 더 중요한 것이 있다는 것을 함의한다. 분석 결과는 결혼 이주 여성에 대하여 이주 전 한국에 대한 지식을 제공하는 교육과 이주 후에는 사회적 연결망을 형성하도록 하는 것이 더 중요할 수 있음을 보여준다. 지역사회 적응을 결정하는 여러 유효 변수들이 이미 이주 전에 결정되거나 인위적인 노력으로 개선될 수 없는 것들이기 때문에 결혼 이주 여성의 지역사회 적응에 도움을 줄 수 있는 방안에 상당한 한계가 있을 수 있다. 그럼에도 이 연구 결과가 시사하는 점은 결혼 이주 여성의 지역사회 적응을 위한 효과적인 지원이 가능하다는 것이다. 이미 여러 선행 연구에서도 확인된 바 있지만, 이 연구에서도 사회적 연결망의 중요성을 보여준다. 또한 지역사회 생활에 가정생활의 적응이 중요한 영향을 미치고 있다. 결혼 이주 여성으로 하여금 한국에서의 사회적 연결망을 형성하도록 지원한다면 결혼 이주 여성들의 지역사회 적응이 더욱더 쉬워질 것이다.

이 연구의 결과는 자아정체성 면에서 결혼 이주 여성이 자신을 한국인으로 인식하는지, 본국인으로 인식하는지는 지역사회 적응에 중요한 변수가 아님을 보여준다. 한국인으로 인식하든, 본국인으로 인식하든, 나아가 한국인과 본국인 사이에 정체성을 갖든 그보다 더 중요한 문제는 지역 주민으로서의 정체성을 갖는가 하는 것이다. 물론 이것은 이 연구가 지역사회 적응에 초점을 둔 분석임에 기인할 수 있다. 그러나 적어도 지역사회 적응이란 차원에서는 자신의 정체성을 한국인으로 인식하는 것이 그렇게 큰 의미를 갖지 않는다는 것을 이 연구 결과가 시사한다. 이 연구에서 지역사회 적응의 유효한 요인으로 추출된 변수 가운데 해석이 어려운 것이 몇 가지 있다. 이 연구의 분석 방법이 갖는 한계이기도 하지만, 이에 대해서는 추후에 좀 더 면밀한 연구가 필요하다.

:: 참고 문헌

구자순, 2007, "결혼이주여성의 적응에 관한 근거이론연구", 부산대학교 대학원 사회복지학과 박사학위 논문.
김애령, 1998, 충남 거주 조선족 여성의 결혼과정과 적응에 관한 연구, 충남도청.

김영란, 2008, "한국사회에서 이주노동자의 사회문화적 적응에 관한 연구", 담론201 11(2), pp.103-138.

김오남, 2006, "이주여성의 부부갈등 결정요인 연구", 가톨릭대학교 대학원 사회복지학과 박사학위 논문.

김이선·황정미·이진영, 2007, "다민족·다문화사회로의 이행을 위한 정책 패러다임 구축(Ⅰ) : 한국 사회의 수용 현실과 정책과제", 한국여성정책연구원.

민경자, 2003, 충남 거주 외국인 주부의 정착 지원방안 연구, 충청남도 여성정책개발원.

안수영, 2008, "결혼이주여성의 사회문화적응 스트레스에 관한 연구", 경상대학교 대학원 사회복지학과 석사학위 논문.

양순미, 2006, "농촌 국제결혼부부의 적응 및 생활실태에 대한 비교 분석 : 중국, 일본, 필리핀 이주여성 부부 중심", 농촌사회 16(2), pp.151-179.

윤인진, 2003, "코리안 디아스포라 : 재외한인의 이주, 적응, 정체성", 한국사회학 37(4), pp.101-142.

윤형숙, 2004a, "외국인 출신 농촌주부의 갈등과 적응 : 필리핀 여성을 중심으로", 2004년 한국여성학회 심포지엄 논문발표자료집, pp.1-25.

윤형숙, 2004b, "국제결혼 배우자의 갈등과 적응", 최엽 등(편), 한국의 소주자, 실태와 전망, 서울 : 한울.

이재민·황선영, 2008, "북한이탈주민의 남한사회 적응에 영향을 미치는 요인", 사회복지정책 33, pp.61-84.

이혜경, 2005, "혼인이주와 혼인이주 가정의 문제와 대응", 한국인구학 28(1), pp.73-106.

이희연, 2003, 인구학 : 인구의 지리학적 이해, 법문사.

장인협·오세란, 1996, 사회지지 체제론, 사회복지실천연구소.

정일선, 2006, "길찾기-경상북도 결혼이민자가족실태와 통합의 가능성", 2006 국제여성정책심포지엄, 다문화사회, 아시아 여성결혼이민자의 적응과 삶 : 한국, 대만, 베트남, 일본에서의 경험, 경북여성정책개발원, pp.125-143.

정천석·강기정, 2008, "국제결혼 이주여성의 한국생활적응 유형에 관한 연구", 한국가족복지학 13(1), pp.5-23.

정현주·이주희, 2009, "자폐아 장애아동의 사회적응에 영향을 미치는 가족관련 변인 연구", 한국가족복지학 25, pp.167-200.

채병희, 2009, "결혼이주여성의 문화적응정도와 생활만족도에 관한 연구 : 문경시를 중심으로", 경북대학교 상주캠퍼스 산업대학원 사회복지학과 석사학위 논문.

佟琢, 2007, "교외활동을 통해서 본 중국인 노동자의 이주와 정착 : 대구시를 사례로", 경북대학교 대학원 사회학과 석사학위 논문.

Berry, J. W., 1997, "Immigration, acculturation, and adaptation", *Applied Psychology : An International Review* 46(1), pp.5-68.

Berry, J. W., Phinney, J. S., Sam, D. L. and Vedder, P., 2006, "Immigrant youth : acculturation, identity, and adaptation", *Applied Psychology : An International Review* 55(3), pp.303-332.

Ghoshen, B. A., 1991, "Spatial environment and social adaptation in Japan–a traveler's perspective", *Focus* 41(4), pp.19-22.

Keilty, B. and Galvin, K. M., 2006, "Physical and social adaptations of families to promote learning in everyday experiences", *Topics in Early Childhood Special Education* 26(4), pp.219-233.

Neto, F., 2002, "Social adaptation difficulties of adolescents with immigrant backgrounds", *Social Behavior and Personality* 30(4), pp.335-346.

St-Hilaire, A., 2002, "The school adaptation of children of Mexican immigrants : educational aspirations beyond junior high school", Social Science Quarterly 83(4), pp.1029-1043.

Ward, C. and Kennedy, A., 1994, "Acculturation strategies, psychological adjustment, and sociocultural competence during cross-cultural transitions", *International Journal of Intercultural Relations* 18(3), pp.329-343.

한국경제지리학회지 제12권 4호(2009년 12월), pp.364-387에 게재된 글임.

제8장

이주 노동자의 일터와 일상생활의 공간적 특성

최 병 두

1. 서론

자유 시장과 자유 무역을 전제로 한 신자유주의적 지구·지방화 과정과 교통 및 정보통신 기술의 발달에 따른 시공간적 압축은 다른 여러 생산 요소들과 더불어 노동력의 초국적 이동을 촉진시키고 있다. 이러한 지구적 차원의 변화와 더불어 우리나라의 국내 사회경제적 요인들, 예를 들어 산업 구조 변화, 소득 수준의 향상과 고학력화, 저출산과 고령화 등으로 야기된 노동력의 부족을 메우기 위하여 외국인 이주 노동자의 국내 유입이 급속히 증대하고 있다. 이러한 이주 노동자들은 국내 지역 노동 시장의 최하위층을 구성하여 중소 제조업이나 건설업, 기타 영세한 서비스업들에 종사하면서 이른바 3D 업종의 심각한 인력난을 해소하고 나아가 국가 경제 성장에 일정한 기여를 하게 되었다(제4장 참조).

그러나 이러한 세계적 변화 및 유입국의 상황과 더불어 유출국의 경제적·정치적 상황에서 국제 이주를 결심한 이주 노동자들은 본국을 떠나 새로운 국가로 이주해 오는 과정에서부터 낯선 지역사회에 정착하는 과정에 이르기까지 많은 어려움을 겪게 된다. 이들이 겪는 어려움은 물론 사회제도적 조건 아래에서 발생한 것이지만, 실제 이들이 겪는 경험적 어려움은 구체적 공간 속에서 이루어진다. 이들은 새로운 일터와 생활 공간에 대해 직접적 경험뿐만 아니라 간접적 지식도 거의 없는 상태에서 자신과는 무관한 사람들이 만들어놓은 공간, 즉 '타자의 공간'에 편입하게 된다. 이주 노동자들은 일터에서 아무런 영향력을 행사할 수 없는 피동적 존재이며, 생활 공간에서도 이동성이 제약될 뿐만 아니라 장소감이나 정체성을 가질 수 없는 불안정한 존재가 된다.

이주 노동자들이 정착 과정에서 겪게 되는 이러한 어려움은 흔히 사회학이나 인류학 등에서 사회적 관계나 문화적 적응의 관점에서 많이 논의되어 왔지만, 실제 이들이 겪는 어려움의 구체적 과정은 공간적으로 전개된다는 점에서 지리학적 연구의 중요성이 강조될 수 있다.[1] 특히 최근 외국인 이주자 일반 또는 각 유형별 이주자들(예로 결혼 이주자, 이주 노동자, 전문직 이주자, 외국인 유학생 등)에 관한 지리학적 연구가 활발하게 이루어지면서 (정현주, 2007 등 참조), 이들에 관한 공간적 이론화의 중요성(제1장 참조)과 공간의 유형화에 기초한 방법론들(정현주, 2008; 박배균, 2009 등 참조)이 제시되고 있다.

이 장에서는 이주 노동자들이 국내에 유입된 후 정착하게 된 지역사회에서 겪는 경험과 의식을 설문 조사 및 심층 면접에 기초하여 파악하고 그 문제점을 논의하고자 한다.[2] 이러한 논의를 위하여 이주 노동자들의 경험과 의식에 함의된 공간성을 네 가지 유형, 즉 영역으로서의 일터(작업장),

---

[1]　이주 노동자의 지역사회 정착에 관한 연구는 지리학적 연구가 아니라고 할지라도 공간적 측면을 명시적 또는 암묵적으로 함의하고 있다. 예를 들어 정건화 외 (2005)의 제2부 논문들, 그리고 보다 최근의 연구로 윤인진(2008), 이미애(2008), 김현미(2009) 등 참조. 이러한 연구는 공간이 간과된 연구(예로 김영란, 2008)와 비교된다.

[2]　설문 조사는 2008년 10월부터 2009년 3월까지 약 6개월에 걸쳐 서울, 경기, 대구, 경북, 광주, 전남 등 6개 지역에서 이루어졌다. 당시 설문 조사는 이주 노동자뿐만 아니라 결혼 이주자, 전문직 이주자, 외국인 유학생들에 대한 조사도 함께 이루어졌으며, 설문지는 한국어와 더불어 중국어, 영어, 베트남어 등으로 번역되어 배포·조사되었다. 이 연구는 이들 가운데 이주 노동자에 한정하여 유의한 설문지 346명을 대상으로 분석하였다. 설문 조사는 설문 대상자의 행태적·정량적·총량적 특성만을 조사·분석할 수 있다는 방법론 자체의 한계와 더불어, 특히 외국인 이주 노동자를 대상으로 한 설문 조사였다는 점에서 이들에게 의미의 전달과 표현의 부정확성이 클 것으로 추정된다. 이러한 점을 보완하기 위하여 심층 면접을 병행했으나, 이 역시 이주 노동자 개인의 의사 표현의 자발성이나 전달의 정확성 면에서 문제가 있음을 감안해야 할 것이다.

장소로서의 생활 공간, 공간적 상호 연계로서의 네트워크, 그리고 활동의 중층적 규모로서의 스케일로 구분하여 고찰하고자 한다. 또한 이 글에서는 이에 더하여 이러한 공간적 경험과 의식을 내적으로 조건 짓고, 이에 의해 형성되는 지리적 지식과 정체성을 고찰하며, 이에 내재된 문제를 파악하고 자 한다.

2. 이주 노동자의 삶의 공간성

공간은 시간과 더불어 인간 삶을 가능하게 하고 또한 조건 짓는 가장 기본적 범주들 가운데 하나이다. 인간(개인이나 집단)의 의식과 행동은 다른 인간이나 사물들, 현상이나 사건들을 통해 형성된 공간에 의해 규정되며, 또한 이렇게 규정된 시공간적 조건에서 이루어진 인간의 실천은 다시 사물들의 공간을 재편성하게 된다. 이러한 공간은 물론 지표상의 일부분으로 주어진 물리적 공간이라는 점에서뿐만 아니라 사람들이나 사물들과의 관계 속에서 형성된 사회적 공간, 그리고 인간의 경험이나 지식을 통해 형성된 의식적 공간까지 포괄한다. 이러한 세 가지 유형의 공간은 분석적으로 구분될 뿐이지만, 현실에서는 서로 결합하여 작동하는 것으로 이해된다. 이주 노동자 역시 이러한 공간 속에서 자신의 삶을 영위해 나간다. 본국을 떠나 새로운 국가, 새로운 지역사회로 이주해 오면서 국가 간 물리적 공간을 이동했을 뿐만 아니라 기존의 고향에서 이루고 있었던 사회적 공간을 벗어나 새롭게 형성된 일터와 생활 공간 속에서 살아가게 된다. 이주 노동자는 자신이 가진 경험과 지식을 동원하여 이주를 위해 필요한 공간적 이동과 더불어 새로운 일터와 생활 공간에 정착하기 위한 다양한 공간적 활동들을 영위하고, 또한 이 과정을 통해 새로운 공간 의식(새로운 지리적 지식과 장소감, 장소 정체성 등)을 구축하게 된다.

　이주 노동자의 이주 및 정착 과정에 내재된 공간적 특성들은 물론 이보다 훨씬 더 복잡하고 미묘한 내용을 가지며, 이를 표현하기 위해 새로운 공간적 용어들이 사용될 수 있다. 예를 들어 외국인 이주자들의 초국적 이동과 새로운 정착 과정에서 형성되는 다인종·다문화적 공간을 지칭하기 위해 '다문화 공간'이라는 개념이 사용될 수 있다(제1장 참조). 또한 세계화 시대의 다문화주의에 대한 비판적 문화 이론으로 탈식민주의는 이질적 문화 요소들의 융해, 혼합, 재구성으로 이루어진 공간으로 '제3의 공간(third space)'을 제안한다. 이러한 탈식민주의의 공간 개념은 예컨대 로스앤젤레스 한인타운에서 형성된 '혼성성의 공간'에서 탈정치화된 민족성이 혼종적 집단의 이해관계를 실현하기 위해 어떻게 재정치화되고 있는가에 관한 연구에 응용되기도 한다(박경환, 2005). 다른 한편으로 '세계시민주의'(cosmopolitanism)에서는 사람, 상품, 아이디어, 그리고 문화들의 혼합 장소로서 세계시민적 도시 공간의 창출이 논의되고 있으며, 이러한 도시 공간은 "지구화되고 있는 세계에서 도시의 민주주의와 거버넌스를 위한 비전을 제시하는 것"으로 이해되기도 한다(Yeoh, 2004; Harvey, 2009). 또한 초국가주의와 관련된 논의들은 국제 이주에서 나아가 국경을 가로지르는 일련의 활동들과 이들을 연계하는 네트워크, 그리고 이를 통해 형성된 '초국가적 사회 공간'에 관한 연구를 활발하게 촉진하고 있다(Roudonetof, 2005; Fuchs, 2007 등 참조).

　이와 같이 초국적 이주, 나아가 지구·지방화 과정에서 진행되고 있는 인종적·문화적 교류와 혼합(또는 혼종성)을 설명하기 위한 다양한 관점들은 때로 서로 충돌하기도 한다. 예를 들어 라우도네토프(Roudonetof, 2005, 118)는 '세계시민화'라는 단어의 사용에서 얻을 수 있는 것은 거의 없고 오히려 혼돈만 유발한다고 주장하면서, 대신 '내적 지구화' 과정 즉 "지구·지방화의 조건 아래에서 새롭게 재편되고 있는 사회생활의 현실은 초국가주의로 적절하게 이해될 수 있다"고 주장한다. 여기서 '내적 지구화'란 거시적 지구화와 동시에 진행되고 있는 미시적 지구화의 현실을 조명하기 위해 벡(Beck, 2000)이 제안한 개념으로, 일상생활에서 나타나는 지구화 현상들을 지칭한다. 다시 말해 내적 지구화란 상이한 국가들에 있는 사람들과 기관들 간에 이루어지는 초국가적 상호 행위와 이에 의해 형성되는 공간을 개념화하기 위해 제안된 용어로서, 상호 행위의 공간 창출을 위한 물질적 및 비물질적 하부 구조를 제공하며, 이에 따른 결과적 현실로 '초국가적 사회 공간'을 만들어내는 것으로 이해된다. 이러한 초국가적 사회 공간이라는 사고는 이주 노동자의 일터와 생활 공간을 포함하여 초국가적 지역사회를 포괄적으로 지칭한 것으로, 초국가적 노동 시장의 공간에만 한정되기보다 다른 유형의 공간들, 예컨대 초국가적 대중음악의 공간, 초국가적 대중매체 공간으로 확장될 수 있으며, 다중적 정체성의 구성을 촉진하는 공간으로 간주된다.

이와 같이 다양한 연구들에서 논의되고 있는 공간의 개념은 한편으로 초국가적 이주와 정착 과정에서 창출되고 경험/의식되는 공간을 개념화하고, 이에 내재되거나 관련된 복잡하고 미묘한 현상들을 설명 또는 이해할 수 있도록 한다는 점에서 유의성을 가진다. 그러나 첫째, 이러한 공간적 개념들이 실제 이주 노동자의 행동을 규정하는 물리적·사회적·의식적 공간들이 어떻게 창출되어 경험/의식되며 또한 재편되는가를 체계적으로 드러내지는 못하는 것처럼 보인다. 예를 들어 '초국가적 사회 공간'의 개념과 같이 혼합된 공간 개념으로는 이주 노동자들이 일터나 생활 공간에서 겪고 있는 공간적 제약들이 어떻게 작동하며, 그 배경은 무엇인가를 설명하기 어렵다. 둘째, 공간의 개념 속에 내재된 여러 가지 상이한 함의들, 예

를 들어 공간이나 지역(사회)의 개념과는 구분되거나 또는 그 속에서 세분
될 수 있는 장소, 영역, 네트워크, 스케일 등의 개념들이 혼합되어 있다. 이
러한 세분된 용어들은 이주 노동자들을 포함하여 초국가적 이주를 설명하
기 위한 주요한 개념과 방법론을 제시하는 것으로 간주될 수 있을 것이다
(제2장 참조). 물론 초국가적 이주와 정착을 설명하기 위한 전통적 지리학
개념들, 예컨대 시간지리학 개념의 응용은 사회학적·인류학적 논의에서
거론된 공간의 개념들을 무시하기 위한 것이 아니라, 이들과 결합하여 기
존의 지리학적 개념들을 재구성하기 위한 것이다.

시간지리학에서 제시된 분석틀과 개념들에 관해 이미 지리학 내에서 그
유용성과 문제점에 관한 많은 논의가 있었지만, 여기서 이를 다시 거론하
는 것은 우선 이 관점이 일상생활의 반복적 활동 속에서 이루어지는 시공
간적 경로와 장, 묶음들을 가시적으로 표현할 수 있다는 점 때문이다
(Hägerstrand, 1970; Giddens, 1985). 〈그림 1〉에서 보여주는 바와 같이 이
주 노동자들은 본국의 고향으로부터 이주 지역으로 장거리 이주를 하게 되
지만, 일단 일정 지역에 정착하면 일터와 집 사이를 왕복하는 일상적 공간
활동을 반복하게 된다. 이러한 점은 이주 노동자들이 '일하는 시간'과 '자

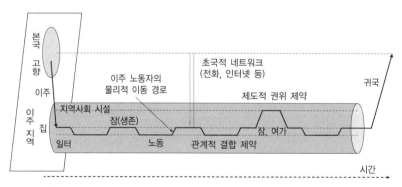

그림 1. 이주 노동자의 일상생활의 시공간 다이어그램

는 시간'의 단 두 종류의 시간으로 살아간다는 서술에서 전형적으로 표현되며(유명기, 2004), 또한 지리학적으로 이들은 일하는 장소와 자는 장소의 단 두 종류의 장소에서만 살아간다고 덧붙일 수 있다. 더군다나 최근 재구성된 신시간지리학의 관점은 전화, 인터넷 등 정보통신 기술의 발달로 가능해진 초공간적 연계를 나타내는 시공간 확장의 다이어그램을 표시할 수 있도록 한다(조창현, 2006).

이 연구에서 특히 강조하고 원용하고자 하는 점은 시간지리학이 일상생활에서 개인의 시공간적 활동에서 작동하는 세 가지 유형의 제약, 즉 인간의 생리적 조건(수면, 식사 등)이나 도구(교통 수단) 이용 능력에 따른 '능력 제약', 다른 사람이나 도구, 물질 등과 언제 어디서 얼마나 오랫동안 결합될 수 있는가를 나타내는 '결합 제약', 그리고 특정 공간이나 시간에 대한 접근의 허용 여부를 나타내는 '권위 제약'을 개념화했다는 점이다. 이 장에서는 시공간적 행동에 대한 이러한 세 가지 유형화를 원용하여 법제도나 권위와 권력에 의한 제도적 제약, 사람들 간 및 사람과 사물들 간의 관계 속에서 발생하는 상호 행위적 제약, 그리고 개인의 물질적(금전, 육체적 조건 등) 및 비물질적(지식, 의지 등) 능력에 따라 가해지는 개인적 제약으로 구분하고자 한다. 이러한 세 가지 유형의 제약들은 때로 중첩되어 작동하기도 하며, 이들 모두는 보다 거시적인 구조적 제약(예컨대 자본주의)에 의해 규정된다고 할 수 있다. 이러한 제약들의 유형화는 특히 외국인 이주자들의 공간적 활동의 한계, 즉 '공간의 덫(spatial trap)'의 은유(정현주, 2007)를 가시화하고자 한다는 점에서 의미를 가진다.

이주 노동자들의 경우 시공간적 활동은 이미 법적 제도에 의해 제약되며, 일터나 생활 공간에서는 상호 행위적 제약이나 개인적 능력 제약에 의해 심각하게 규정되고 있다. 특히 제도적 권위 제약은 이들의 국내 이주 및 정착을 조건 짓는 체류 자격(즉 비자 유형)에 따라 주어진다. 예를 들어 외국 인력의 연수와 기술 이전을 명분으로 한 외국인 산업연수생 제도는 외국 인력을 근로자가 아닌 연수생 신분으로 편법적으로 활용하면서, 일터에서 저임금과 장시간 노동을 감내하도록 조건 지을 뿐만 아니라 이들의 이직을 금지함에 따라 직장을 선택하여 지역을 이동할 수 있는 자유를 박탈하고 있다. 특히 이들 가운데 주어진 직장을 임의적으로 이직하거나 비자 만료 기간을 지나 체류하면 불법 체류자라는 낙인이 찍혀 물리적 이동 자체가 제한될 뿐만 아니라 갑작스러운 단속으로 인해 일정한 장소에 머물기조차 어려운 실정이다. 2004년 이후 단순 기능 인력의 합법적 도입을 위한 외국인 고용허가제가 시행되었지만, 이와 같이 직장과 주거의 사회공간적 이전의 자유가 박탈된 미등록 이주 노동자의 수는 여전히 상당 수준에 달하고 있다.

2007년부터 중국과 구소련 동포들을 대상으로 시행된 방문취업제는 이들에게 단순 노동 분야의 취업을 허용함으로써 자유 입국과 왕래를 가능하게 했을 뿐만 아니라 이주와 직업 선택의 자유를 상대적으로 확장시키고, 이에 따라 이들의 공간적 활동 범위와 유형도 상당히 달라지도록 하였다. 즉 방문취업제를 통한 자유 입국과 안정적인 체류가 가능해짐에 따라, "한국은 이전에는 임시적 이주를 위한 목적국이었지만 이제는 일자리도 있고 가족과 친척이 다 사는 '현재적 장소'이며, 정주하고 싶은 장소"라는 인식을 가지도록 하였다(김현미, 2009, 65). 이와 같이 방문취업제가 적용되는 이주 노동자들에게는 법제도에 의한 권위 제약이 상당 정도 해소되었다고 할지라도, 이들은 여전히 일터나 생활 공간에서 겪게 되는 상호 행위적 결합 제약과 개인적 능력의 한계로 인한 능력 제약 아래 놓여 있다고 하겠다.

시간지리학은 이와 같이 이주 노동자의 삶의 공간성, 특히 일상생활의 시공간적 경로와 장 그리고 다양한 유형의 공간적 제약들을 개념화하고 설명하기 위해 유의한 도식적 틀과 개념들을 제공한다고 할 수 있다. 그러나 시간지리학의 한계는 공간을 물리적 공간, 특히 이차원적으로 평탄한 공간을 전제로 한다는 점에서 한계를 가진다. 이러한 문제를 해결하기 위하여 '국면적 공간(phase space)'(Jones, 2009)이나 '관계적 공간(relational space)'의 개념과 더불어 초국가적 이주와 정착을 이해하기 위해 제시된 네 가지 공간적 차원들, 즉 장소, 영역, 네트워크, 스케일의 개념을 도입할 수 있다. 이 네 가지 공간적 차원들은 사회공간적 관계들이 상호 구성적이고 복잡하게 얽혀 있음을 드러내기 위해 제숍 외(Jessop et al., 2008)에 의해 제시된 것으로, 이들은 현대 자본주의하에서 전개되는 여러 사회공간적 과정들에 관한 연구를 위한 기본틀로 적용될 수 있음을 예시하고 있다. 특히 이들은 구조화 원리로서의 네 가지 공간적 요소와 작동의 장으로서의 네 가지 공간적 차원을 구분하여 상호 교차시킨 행렬 체계를 구축함으로써 사회공간적 관계의 일차원적 설명을 벗어나고자 한다. 박배균(2009)은 이러한 네 가지 공간적 차원들을 상술하면서, 이들이 초국가적 이주와 정착을 설명하기 위한 주요한 공간적 관점이 될 수 있다고 주장한다(제2장 참조).

네 가지 공간적 차원들 가운데 장소는 일상적 생활과 경험이 체화된 곳으로, 사람들 간의 상호작용에 의해 형성된 사회적 구성물이라고 할 수 있다. 장소는 위치, 현장, 장소감 등을 함의하며, 접근성 또는 이동성, 생활과 경험의 무대, 공간적 뿌리내림 등으로 표현된다. 이주 노동자에게 장소는 주거 공간이나 지역사회에서 이루어지는 생활 공간이며, 장소에의 뿌리내림은 새로운 지역 정체성을 가지도록 한다. 영역은 사람들(개인이나 집단) 간 관계에서 공간을 구획하여 경계 짓고, 그에 대한 통제권(소유권 포함)을 주장하면서 다른 사람이나 사건, 사물들에게 영향을 행사하는 과정과 관련된다. 이주 노동자들은 유입된 국가의 영토성에 근거한 이민 정책에 의해 규정될 뿐만 아니라 임금을 대가로 판매된 노동력이라는 점에서 일터에서 자율성이 유보되고 사용주에 의해 통제를 받게 된다. 네트워크는 다양한 방식들(직접 상호 행위, 정보통신망을 통한 소통 등)로 형성된 공간적 연계를 의미하며, 사람들 간 또는 사물들과의 관계성을 함의한다. 이주 노동자는 자신이 가지는 네트워크를 통해 정보를 획득하고, 초국적 이주와 국지적 정착을 통해 스스로 네트워크를 구성하며, 정착한 이후에도 다양한 초국적/국지적 연결망을 유지·확장하고자 한다. 스케일은 사람들의 활동, 현상이나 과정, 관계가 발생하고 작동하는 지리적 범위를 뜻한다. 스케일은 지구적·국가적·국지적 범위 등 다양하며, 현실적으로 이루어지는 활동이나 관계 등은 '다중 스케일' 과정으로 이해된다. 특히 이주 노동자들은 국경을 가로지르는 이주 과정에서뿐만 아니라 정착 과정에서도 다중 스케일적 네트워크를 통해 새로운 사회 공간에 적응해 나가고자 한다.

 이러한 네 가지 공간적 차원들을 초국적 이주와 정착 과정에서 나타나는 여러 현상들을 설명하는 데 응용할 때 장소, 영역, 네트워크, 스케일 등은 상응한 특정한 공간과 우선적으로 관련될 수 있지만, 고정된 실체는 아니라는 점을 강조할 필요가 있다. 예를 들어 국가 영토가 주권과 권리에 기초한 영역으로 분류될 수 있는 것처럼, 자본주의 기업에서의 작업장(일터) 역시 자본가 또는 그 대리인이 상품으로 판매된 노동력을 지배할 수 있는 영역이라고 할 수 있다. 그러나 이주자에게 시민권이 부여되고 규제가 없어진다면 이주자들이 활동하는 생활 공간은 영역에서 장소로 전환할 수 있으며, 마찬가지로 작업장 내에서 동료들 간 대등하고 친밀한 관계가 형성된다면 일터도 하나의 장소가 될 수 있다. 이와 같이 장소, 영역, 네트워크, 스케일은 상호 전환(장소에서 영역으로, 또는 그 역으로)하거나 상호 함의(장소들 간 네트워크 또는 네트워크의 장소기반적 속성)를 전제로 한 사회공간적 관계를 설명하기 위한 개념들이다(〈표 1〉 참조).

 이 연구는 이주 노동자의 일터와 생활 공간에서 이루어지는 활동과 이와 관련하여 발생하는 다양한 사건이나 현상들을 이러한 네 가지 공간적 차원

표 1. 네 가지 공간적 차원의 개념과 상호 관계

	장소	영역	네트워크	스케일
장소	이주자들의 장소적 뿌리내림	종족 집거지(ethnic enclave) 형성과 지역적 차별화	이주·정착 관련 정보의 흐름과 연계망의 장소기반적 성격	이주 정착에 영향을 미치는 다중 스케일적 조건들
영역	권리(시민권 등)의 인정 등 탈규제에 의한 장소로의 환원	영역성에 근거한 권력의 행사 또는 규제의 강화	유출/유입 국가 또는 지역 간 정치·경제적 권력 관계(송금 등)	영역성에 근거한 지구·지방적 이민 정책(비자, 불법 체류 단속 등)
네트워크	국지적 네트워크에 기반한 이주자들의 장소적 뿌리내림	특정 영역 내에서 작동하는 이주자 네트워크	네트워크에 기반한 연쇄 이주와 네트워크의 확충	초국가적 이주 네트워크의 발달과 국지화된 이주자 네트워크
스케일	초국가적 이주에 따른 장소 정착	지구적·국가적·지방적 규모에서의 힘의 상호작용	지구-국가-지방적으로 다중 스케일화된 네트워크	다양한 스케일에서 작동하는 힘의 동원을 통한 스케일의 재편

자료: Jessop et al., 2008, 395; 박배균, 2009, 631 등을 참조하여 작성함.

과 관련시켜 이해하고자 한다. 특히 이러한 네 가지 공간적 차원에서 이주 노동자에게 부가되는 시공간적 제약들에 우선적인 관심을 두고 분석하고자 한다. 또한 이주 노동자와 관련된 사회공간적 관계들의 이러한 네 가지 공간적 차원과 더불어, 이러한 사회공간적 활동과 관계를 가능하게 또한 조건 짓는 개인의 지리적 지식 및 장소 정체성에 관해 고찰해 보고자 한다.

3. 일터 : 타자의 영역, 허구적 만족 의식

이주 노동자에게 직장 생활은 정착 이후 삶의 대부분을 차지하지만, 일터 자체는 이중적으로 타자의 영역이다. 즉 합법적 국가 영토에의 입국을 전제로 일터로의 접근이 허용되었다고 할지라도, 일터는 자본가가 더 많은 이윤을 얻을 목적으로 재화나 서비스를 생산하기 위해 만들어놓은 작업장이고, 노동자들이 고용자나 관리자의 지시와 통제를 받아 노동을 하도록 규정된 규율의 공간이다. 이러한 일터는 이주 노동자에게 열악한 노동 조건과 노동 환경뿐만 아니라 다양한 유형의 차별과 직간접적 억압이나 심지어 폭언·폭행을 감내해야 하는 공간이기도 하다. 그러나 일터는 이주 노동자들이 자신의 목적, 즉 일정액의 임금과 그 외 약간의 부수 효과들(예로 기술 연수, 인적 관계 구축, 언어 교육 등)을 위해 어쩔 수 없이 들어가야만 하는 영역적 공간이다. 따라서 이들은 자신의 일터에 대해 아무리(절대적 또는 상대적으로) 열악한 조건, 관계, 환경이라고 할지라도 가식적으로 만족한다는 인식을 가지게 된다.

이 연구를 위한 설문 조사에 따르면 현재 직장에 대한 전반적 만족도에 관한 문항에서 응답자의 절반 정도가 만족 또는 매우 만족하는 것으로 나타났다(〈그림 2〉). 지역별로는 대구와 경북이 30% 이하의 만족도를 보인 반면, 광주와 전남은 60% 이상의 만족도를 보였다. 국적별로는 필리핀인

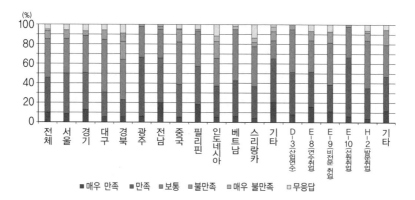

그림 2. 현재 직장에 대한 전반적 만족도

57.1%가 만족하는 것으로 나타난 반면 인도네시아와 스리랑카인은 40% 이하의 만족도를 보였다. 체류 자격으로 보면 선원취업을 제외하고는 거의 비슷했으며, 업종별(지면 관계상 관련 표 등은 생략함)로는 화학 물질 제품업의 종사자가 가장 큰 만족을 하고 있는 반면, 금속·비금속 가공업 종사자들은 상대적으로 낮은 만족도를 보였다. 이와 같이 지역별, 국적별, 취업 업종별로 다소 차이를 보이긴 했지만, 이주 노동자의 만족도는 상대적으로 높게 나타난다.

그뿐만 아니라 일터에서 이루어지는 구체적 관계나 조건, 상황들에 관해서도 이주 노동자들은 의외로 긍정적인 입장을 드러내고 있다. 예를 들어 '현재 일은 희망 직종이다'라는 항목에서 응답자의 42.7%가 '그렇다' 또는 '매우 그렇다'라고 답했다. 물론 '별로' 및 '전혀 그렇지 않다'라고 응답한 사람의 비율도 13.3%로 나타났지만, 경기도를 제외한 대상 지역 모두에서 '대체로 희망한 직종이다'라고 응답한 비율이 절반 이상을 넘었다. 또한 국적별로는 필리핀인, 체류 자격별로는 연수취업자가 본인 희망 직종이라고 응답한 비율이 높게 나타났다. 또 다른 설문 항목인 '현재 업무량은 감당할 수 있다'에 관해 응답자들 가운데 48.5%가 '그렇다' 이상을 답하였다. 광주와 전남 지역 이주 노동자들은 다른 지역에 비해 상대적으로 낮은 응답률을 보였지만, 국적별로는 거의 차이를 보이지 않았고, 체류 자격별로는 연수취업 노동자의 64.5%가 업무량을 감당할 수 있다고 하여 다른 유형에 비해 높게 나타났다. 그리고 '내가 받는 임금은 노동의 대가로 충분하다'라는 항목에 대해서는 응답자의 40.7%가 '그렇다' 이상의 답을 보였으며, 이 항목에 대한 응답은 업무량과 관련된 항목과 유사한 유형을 보였다.

또한 '직장 동료와 친하게 지낸다'라고 생각하는 비율이 상대적으로 높았는데, 이 질문에서 서울 지역 이주 노동자들은 '그렇다' 이상을 응답한 비율이 79.4%에 달할 정도로 높았다. 국적별로는 인도네시아인이 다른 국

표 2. 직장 생활에서의 구체적 상황에 관한 인식

(단위 : 명, %)

항목	응답자 (명)	매우 그렇다	그렇다	보통 이다	별로 그렇지 않다	전혀 그렇지 않다	무응답
현재 일은 희망 직종이다	346	9.2	33.5	41.6	10.7	2.6	2.3
현재 업무량은 감당할 수 있다	346	9.8	38.7	38.4	7.5	3.5	2.0
임금은 노동의 대가로 충분하다	346	9.2	31.5	40.2	12.1	5.2	1.7
직장 동료와 친하게 지낸다	346	11.8	42.5	39.9	4.0	0.6	1.2
직장을 옮기고 싶은 생각은 거의 없다	346	8.7	30.3	39.6	15.0	4.3	2.0

적 노동자보다 친분 관계가 별로 좋지 않다고 응답한 비율이 높게 나타났으며, 체류 자격별로는 연수취업 노동자의 67.8%가 '그렇다' 이상을 응답하여 다른 업종 종사자들(선원취업 제외)에 비해 높게 나타나고 있다. 그러나 '직장을 옮기고 싶은 생각은 거의 없다' 라는 항목에 대해서는 '그렇다' 이상을 답한 응답자의 비율이 39.0%로 다른 항목에 비해 상대적으로 낮은 반면, '별로 그렇지 않다' 이상을 답한 응답자의 비율이 19.3%로 상대적으로 높게 나타났다. [3] 대구와 경북 지역의 이주 노동자들은 다른 지역에 비해 직장을 옮길 생각이 많은 것으로 나타났고, 국적별로는 특히 인도네시아인이 상대적으로 높은 비율을 보였는데, 이들은 앞에서 지적한 바와 같이 '직장 동료와 친하게 지내는' 비율이 낮았다. 또한 비전문 취업과 방문

---

[3] 기존의 다른 조사(이주노동자인권연대, 2005)에 의하면, 이주 노동자들의 상당수가 사업장 이동을 희망하고 있는 것으로 분석되었다. 조사 응답자 가운데 71.0%가 다른 회사로 직장을 옮기고 싶다고 대답하였는데 이 중 43.9%는 장시간 근로 및 과다한 노동을 이유로 사업장 이동을 희망하였고, 27.1%는 낮은 임금 때문에 더 많은 월급을 받을 수 있는 곳으로 이동하고 싶어했다. 이러한 점은 이주 노동자들이 사업장을 이동하고 싶어하는 이유가 높은 임금을 받기 위해서라기보다는 주 1회 휴일이 지켜지지 않고 하루 12시간 이상의 장시간 근로와 과도한 노동, 작업장 내에서의 비인격적 대우 때문인 것으로 분석되었다.

취업의 이주 노동자들이 다른 유형에 비해 직장을 옮길 생각을 더 많이 하고 있는 것으로 나타났는데, 이는 이 두 유형이 다른 유형보다 직장을 옮기기에 좀 더 용이한 조건을 갖추고 있기 때문인 것으로 판단된다.

이러한 설문 조사 결과는 물론 실제 이주 노동자들의 만족 의식이나 긍정적 인식을 그대로 표현한 것이라고 보기는 어렵다. 출신 국적이나 비자 상태에 따라 약간의 차이는 있겠지만, 이주 노동자들은 일단 초국가적 이주를 결심하고 본국의 고향을 떠나 국내 작업장에 유입될 때에는 이미 그 일터에서 발생할 수 있는 여러 유형의 제약을 예상하고 이들을 어떻게 해서든 긍정적으로 인정하고 만족하고자 할 것이다. 앞에서 언급한 바와 같이 '현재 업무량은 감당할 수 있다'에 대해 그렇지 않다고 응답한 사람은 11.0% 정도에 불과하지만, 실제 이들은 하루에 수면과 식사, 이동 시간 등(즉 개인적 능력 제약 시간)을 제외한 모든 시간을 노동에 투입한다. 설문 조사에 의하면, 응답자들 가운데 43.0%는 주당 70시간 이상 노동을 하고 있다. 이와 같이 장시간 노동을 하는 외국인 근로자들 가운데 특히 서울 지역

표 3. 이주 노동자의 주당 평균 노동 시간 (단위 : 명, %)

구분		응답자 (명)	39시간 이하	40시간 ~49시간 이하	50시간 ~59시간 이하	60시간 ~69시간 이하	70시간 이상	무응답
지역	합계	237	4.6	27.4	6.3	22.4	43.0	3.4
	서울	34	8.8	20.6	8.8	8.8	52.9	0.0
	경기	61	8.2	29.5	1.6	18.0	39.3	3.3
	대구	72	2.8	15.3	6.9	33.3	37.5	4.2
	경북	70	1.4	17.1	8.6	21.4	47.1	4.3
비자 유형	비전문 취업	97	0.0	22.7	13.4	20.6	37.1	6.2
	방문취업	49	2.0	20.4	8.2	18.4	51.0	0.0

참고 : 광주 및 전남 지역에서 무응답자가 각각 77.8%, 35.9%로 나타나 합계에서 제외함. 또한 비자 유형별로 산업연수, 연수취업, 선원취업에서 무응답자가 47.6%, 25.8%, 50.0%로 나타나 제외함.

이 70시간 이상 노동하는 비율이 52.9%로 가장 높았고, 체류 자격별로는 서울에 많이 밀집해 있는 방문취업자 가운데 주당 70시간 이상 노동하는 비율이 51.0%로 높게 나타났다. 국적별로는 인도네시아인의 42.9%가 70시간 이상 일을 하고 있으며, 업종별로는 출판, 금속, 고무 관련 업종에서 일하는 이주 노동자들의 근무 시간이 상대적으로 긴 것으로 조사되었다.

이와 같이 이주 노동자의 노동 시간은 절대적으로 길 뿐만 아니라 한국인과 비교(2006년 기준 주당 총 근로 시간은 45.25시간)해서 상대적으로 매우 길다. 그러나 이와 같은 노동 시간의 문제는 이주 노동자들도 대체로 인정하는 것처럼 보인다. 또한 이와 같이 긴 노동 시간은 초과 시간에 대한 수당을 합쳐서 조금이라도 더 많은 임금을 얻을 수 있도록 한다는 점에서 오히려 선호될 수도 있다. 물론 지나치게 긴 노동 시간이나 상대적으로 적은 임금은 이주 노동자들에게 차별 의식을 갖게 하는 주요 요인으로 작용할 것이다. 그러나 이주 노동자들이 겪는 더 큰 어려움은 일터에서 이들이 담당하는 역할과 고용자 또는 관리인과의 관계, 그리고 열악한 작업 환경이라고 할 수 있다. 이주 노동자들이 취업하고 있는 업종은 사회적으로 차별을 받는 이른바 3D 업종일 뿐만 아니라, 작업장 내에서도 이들이 담당하는 역할은 항상 주변적이다. 이들은 누군가가 해야 하지만 누구도 먼저 나서서 하기를 싫어하는 일들을 담당한다. 이들은 일터에서 같은 동료들과는 잘 지내는 것처럼 보이지만, 실제 '영원한 신참'이라고 불릴 정도로 동료들이나 특히 관리자들로부터 명령과 지시를 받는 위치에 있다(유명기, 2004). 더구나 이들의 일터는 작업 환경이 매우 열악하지만 참을 수밖에 없는 처지이다. 이러한 점은 다음의 심층 면접 사례에서 잘 나타나고 있다.

[사례 1] 베트남 국적, 36세 여성, 2000년 산업연구생으로 입국, 미등록 체류, 구미 섬유 공장 근무, 주당 평균 노동 시간 72시간(하루 12시

간, 6일 근무), 월 임금 110만 원 정도

"현재 직장 동료들하고는 잘 지낸다. 아침 8시부터 저녁 8시까지 하루 12시간 일하는데, 월급은 그렇게 만족스럽지 못하다. 한국인들에 비해 월급은 비슷하지만 일하는 시간은 훨씬 더 많다. 사장이 때로 겁을 줄 때는, 나도 같은 사람인데 나 때문에 돈을 벌면서 나를 무시한다는 생각 때문에 속상하기도 한다. 일은 능숙하게 잘하지만, 작업장 환경은 좋지 못하다. 덥고 너무 시끄러워 머리가 아프기도 한다."

[사례 2] 몽골 국적, 26세 남성, 2005년 비전문 취업(E-9) 비자로 입국, 현재 미등록 체류, 대구 성서공단 내 이불 공장 근무, 주당 평균 노동시간 75시간(하루 12~13시간, 6일 근무), 월 임금 150만 원 정도

"직장에서 사장님은 안 좋다. 돈 적게 주고, 밥 한 끼 안 준다. 동료들은 괜찮다. 하는 일은 쉽고 노동 시간은 적당하다. 돈 적게 주는 것만 문제이지 다른 것은 괜찮다. 그런데 기계가 노후하여 고장이 자주 난다. 주변 환경은 좋지만, 직장 내 작업 환경은 나쁘다. 솜 공장이라서 공기가 나쁘다. 작업장 내 위험성은 별로 없고, 본래 주물 공장에서 일하고 싶었으나 솜 공장에서 일하고 있다. 불법 체류라서 일을 바꾸는 것보다 그냥 이 직장에 계속 있을 생각이다."

이와 같이 이주 노동자에게 일터는 다양한 층위의 통제력이 작동하는 타자의 영역이다. 가장 높은 층위에서는 구조적 제약이 작동한다. 즉 노동자들은 작업장에서 임금을 대가로 자신의 노동력에 대한 통제력을 박탈당하며, 노동의 생산물뿐만 아니라 자신의 노동으로부터 소외된다. 또한 입국 당시 그리고 일정 기간이 경과하면서 변하게 되는 이주 노동자들의 체류 조건은 직장 선정과 이전에 관한 이들의 법적 지위를 규제하는 제도적 제약이 된다. 더욱이 일하는 공간에서 일상적으로 접촉하는 고용주와 동료들

의 명령이나 지시(심지어 폭언이나 폭행)는 상호작용적 제약을 만들어낸다. 그리고 절대적으로 긴 노동 시간과 열악한 작업 환경은 이주 노동자의 생리적 조건과 신체적 특성에 관련된 심각한 개인적 제약을 부가한다.

이러한 제약들이 참을 수 없을 정도로 심각할 경우 이주 노동자들은 대처할 방안을 강구하게 될 것이다. 우선 고려될 수 있는 방안은 직장을 옮기는 것이다. 그러나 이주 노동자들은 대부분 이직의 자유를 가지지 못한다는 점에서, 이직은 일터의 억압적 제약들에 대한 대처 방안이 되기 어렵다. 더구나 고용주나 한국인 직장 상사가 여권 보관을 강제한다면 이직뿐만 아니라 일상적 공간 이동 자체에 제약을 받게 된다. 설문 조사에 의하면 응답자 가운데 74%가 본인이 여권을 소지한다고 응답했지만, 고용주 또는 한국인 직장 상사가 보관하는 경우가 각각 15.6%, 4.3%를 차지하는 것으로 조사되었다.

이러한 상황 속에서 이주 노동자들은 저임금과 약간의 부수 효과를 얻기 위하여 일터의 전반적 상황이나 구체적인 여건들에 대해 가식적 또는 자기 타협적으로 만족하고 긍정하는 것처럼 인식하도록 조건 지어진다.[4] 이렇게 왜곡되어 표현되는 만족 의식이나 긍정적 인식은 다중 스케일적 제약들에 의한 규정을 인정한다고 할지라도 해결할 방법이 없기 때문이기도 하다. 즉 설문 조사에서 나타난 것처럼, 이주 노동자들은 일터에서 발생하는 어려움을 혼자 해결하거나 참는 경우가 36.7%로 높게 나타났다. 다음으로

---

[4]   그러나 이주 노동자들은 일터에서의 제약에 대해 그냥 참고 있는 것만은 아니다. 이들은 이직을 도모할 수 있으며, 이직이 용이하지 않을 때는 기존의 일터에서 예컨대 태업을 할 수 있다. 다음 사례를 참조(김수재, 2008, 175).
"반장은 항상 나를 보면 빨리빨리 일을 하라고 한다. 내가 열심히 일을 해도 반장은 시도 때도 없이 빨리하라고 소리를 지른다. 나는 반장이 보지 않을 때 일부러 천천히 일을 한다. 그러면 물건도 적게 나오고 불량품도 많이 만들어진다. 이런 행동이 잘못됐다는 것을 알고 있다. 하지만 반장이 싫어서 어쩔 수 없다"(29세 남자, 인도네시아).

한국인 직장 동료나 이주 노동자 직장 동료와 상담하는 경우가 각각 17.1%, 16.2%로 나타났으며, 지원 단체 관련자와 상담 등의 지원을 받는 경우는 9.8%에 불과한 것으로 나타났다.

4. 일상생활의 공간 : 생존을 위한 공간, 뿌리내리지 못한 장소

이주 노동자들의 삶은 대부분 일터에서의 노동 시간과 주거 공간을 중심으로 한 생활 공간에서 이루어진다. 이들에게 생활 공간은 자신의 생존을 위한 주거와 소비 그리고 약간의 여가 생활을 위한 공간이며, 또한 이웃과의 관계가 이루어지고 시간의 경과에 따라 일정한 애착과 의미가 부여되는 장소가 된다. 주거 공간은 이들의 생존과 노동력의 재생산을 위하여 잠자고 밥먹는 생리적 욕구를 충족시키는 공간이다. 즉 "(주거) 공간은 한 달에 2, 3일 쉬는 날 와서 '실컷 잠을 자는' 휴식의 공간이며, '아무 방해 없이' 자유를 누리는 자기만의 공간이다"(김현미, 2009, 57). 그뿐만 아니라 이주 노동자에게 주거 공간은 상호 행위적 결합 제약으로부터 벗어나서 혼자만의 자유를 누릴 수 있는 공간이 될 수 있다. 소비(구매) 공간은 식사가 제공되는 기숙사를 제외하고 개인적으로 취사를 해야 할 경우 필요한 식료품의 구입과 그 외 일상생활에 필요한 상품이나 서비스를 받기 위해 이동하는 공간이다. 그리고 약간의 여가 시간에 이들은 친구를 만나거나 종교 또는 지원 단체를 방문하기도 한다. 일상생활의 시간이 적기 때문에 이들은 지역사회에서 이웃과 접할 수 있는 기회도 매우 제한된다.

이주 노동자들은 일터에서와 유사한 이유로 생활 공간에 대해 다소 높은

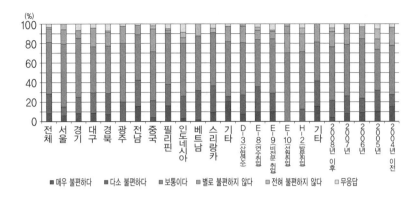

(%)
100
80
60
40
20
0

전체 서울 경기 대구 경북 광주 전남 중국 필리핀 인도네시아 베트남 스리랑카 기타 D-3(산업연수) E-8(연수취업) E-9(비전문취업) E-10(선원취업) H-2(방문취업) 기타 2008년 이후 2007년 2006년 2005년 2004년 이전

■ 매우 불편하다 ■ 다소 불편하다 ■ 보통이다 ■ 별로 불편하지 않다 ■ 전혀 불편하지 않다 □ 무응답

그림 3. 지역사회 생활에서의 불편한 정도

만족도를 보이지만, 일터에 비해 그 만족도는 전반적으로 낮게 나타난다. 즉 설문 조사에 의하면(〈그림 3〉) 지역사회 생활에서 느끼는 전반적인 불편의 정도를 묻는 질문에서는 '보통' 이라고 응답한 사람의 비율이 53.0%로 높았지만, '다소' 또는 '매우 불편하다' 고 느끼고 있는 사람의 비율도 28.1%로 비교적 높게 나타났다. 불편하다고 느끼는 사람들의 비율은 지역 별로는 전남 지역, 국적별로는 필리핀인에게서 높게 나타났다. 또한 입국 연도에서는 오히려 오래 거주한 이주 노동자일수록 최근에 입국한 노동자보다 더 많은 불편함을 느끼고, 재외국인 동포들, 특히 중국 동포들로 주로 구성되는 방문취업자들은 다른 유형에 비해 지역사회에 더 잘 적응하는 것으로 조사되었다.

지역사회 생활의 구체적 상황들에서도 이주 노동자들은 대체로 적응하고 있는 것처럼 인식되고 있다. 이들은 기후 및 자연환경에 대체로 잘 적응하고 있으며, 특히 전남 지역 이주 노동자들은 79.4%가 '그렇다' 고 응답하였다(〈표 4〉). 비자 유형별로는 산업연수와 연수취업 이주 노동자가, 국적별로는 중국인이 가장 적응을 잘하는 것으로 나타났다. 주거 시설 주변 환

표 4. 지역사회 생활의 구체적 상황에 대한 적응 정도

(단위 : 명, %)

항목	응답자	매우 그렇다	그렇다	보통 이다	별로 그렇지 않다	전혀 그렇지 않다	무응답
기후 및 자연환경에 잘 적응함	346	16.2	48.0	31.5	3.5	0.3	0.6
주거 시설 주변 환경에 잘 적응함	346	9.2	46.2	38.7	4.0	0.9	0.9
소비·여가 시설 이용에 어려움 없음	346	11.8	39.0	38.7	6.9	2.0	1.4
행정 기관 이용 어려움 없음	346	9.8	31.8	38.7	13.3	3.8	2.6
의료 기관 이용 어려움 없음	346	12.1	32.9	36.7	11.8	4.3	2.0

경에 대해서도 대체로 잘 적응하고 있으며, 특히 서울과 광주, 전남 지역 응답자들은 60% 이상이 '그렇다' 이상으로 응답하였다. 중국, 인도네시아, 필리핀인의 절반 이상이 어느 정도 적응을 하고 있었고, 이에 대한 적응 또한 기후 및 자연환경과 마찬가지로 산업연수와 연수취업 노동자의 적응 정도가 높게 나타났다. 소비 및 여가 시설의 이용에서 적응도는 약간 떨어지고, 특히 대구 지역 응답자가 다소 저조한 적응을 보였다. 국적별로는 중국과 베트남인의 절반 이상이 높은 적응을 보였다. 행정 및 의료 기관 이용은 다소 더 낮은 적응도를 보였다. 전남과 광주 지역 응답자가 다른 지역보다 적응도가 높았고, 국적별로 행정 이용에서는 중국과 인도네시아인이, 의료 이용에서는 인도네시아와 필리핀인이, 그리고 비자 유형별로는 산업연수와 연수취업생들이 적응도가 높은 것으로 나타났다. 의료 기관이나 행정 기관 등 사회적 서비스의 이용에서 적응도가 낮은 것은 한국어 사용의 어려움, 미등록(불법 체류) 신분 자체, 그리고 서비스를 받지 못하는 제도적 제약(의료보험 미가입 등) 등 이주 노동자의 상황이 잘 반영된 것이라고 할 수 있다.

그러나 실제 지역사회 생활에서 이들의 공간적 적응과 이용의 정도는 이보다는 열악할 것으로 추정된다. 예를 들어 설문 조사의 응답자들 가운데 약 60%가 기숙사 또는 직장이 주선한 주택에서 거주하고 있으며, 이로 말미암아 주거의 입지나 내부 공간의 선택에 자유롭지 못할 것이다. 특히 주거비를 감안하면 더욱 그러하다. 즉 설문 조사에서 월평균 주거 비용은 기숙사 거주자가 많아서 '직장에서 전액 제공' 하는 경우가 가장 많았고, 기숙사를 제공하더라도 주거비를 전액 부담하지 않아 10만 원 미만과 10~20만 원 정도의 주거비를 지불하는 것으로 나타났다. 지역별로 서울과 경기 지역 응답자들은 30만 원 이상의 주거비를 지불하는 비율이 29.4%와 16.4%로 다른 지역에 비해 월등히 높게 나타났다. 국적별로는 중국 이주 노동자들이 30만 원 이상의 주거비를 지출하는 비율이 상대적으로 높게 나타났다. 체류 기간이 길수록 주거 비용은 증가하였고, 나이가 많을수록 주거 비용도 증가하였다.

이주 노동자들의 소비 공간도 시공간적으로 매우 제한된다. 설문 조사에 의하면 응답자의 절반은 집 주변 슈퍼에서 생필품을 구입하고, 다음으로 대형 마트나 재래 시장을 이용하는 것으로 조사되었다. 생필품은 1주일에 한 번 정도 구입한다고 응답한 비율이 전체의 41.3%로 가장 높았다. 하지만 광주의 경우 한 달에 한 번 구입한다는 경우가 전체의 33.3%나 되었다. 월평균 생활비는 절반 이상이 10~30만 원 정도이다. 하지만 서울과 경기, 대구 지역은 다른 지역보다 많은 생활비를 쓰는 것으로 나타났다. 국적별

그림 4. 이주 노동자의 생활 공간 : 주거, 소비, 여가 공간

로는 스리랑카 노동자가 가장 많은 생활비를 지출하고 있고, 다음으로 필리핀, 베트남 순으로 나타났다. 방문 취업자는 다른 유형보다 생활비를 많이 쓰고, 연령대로는 40대가 다른 연령층보다 많이 쓰는 것으로 조사되었다.

이와 같이 주거 공간이나 소비 공간에 제한적일 뿐만 아니라, 이주 노동자들에게는 이러한 생활 공간에 머물 수 있는 여가 시간 자체가 거의 없고, 그나마 여가 시간이 생길 경우에도 이동하는 범위나 방문 장소는 상당히 제한적인 것으로 조사되었다. 즉 주당 평균 여가 시간에 관한 문항에서 '거의 없다'라고 응답한 경우가 23.4%로 가장 많았고, 이를 포함하여 67.9%가 10시간 이내의 여가 시간을 가지는 것으로 응답하였다. 서울과 대구, 경북이 다른 지역보다 여가 시간이 많은 것으로 나타났지만 전반적으로 그 시간은 적었다. 인도네시아인의 여가 시간이 가장 낮았고, 중국 노동자들이 다른 국적에 비해서는 높았다. 비자 유형별로는 산업연수나 연수취업의 경우 절반 이상이 5시간 미만으로 매우 낮았다. 이들은 여가 시간에 TV를 시청하거나 청소하기, 인터넷 이용 등으로 보냈으며, 외출을 할 경우에는 집 주변을 서성거리거나(27%) 시장·마트에서 생필품 구입하기(25%), 또는 종교 단체(24%)를 방문하는 것으로 나타났다.

이와 같이 이주 노동자들의 일상생활에서 나타나는 시공간적 제약들은 다음과 같은 심층 면접의 사례에서도 확인된다.

[사례 1]과 같음

"평일에는 하루 종일 일해야 하기 때문에 밖에 못 나간다. 저녁 시간에는 인터넷하고 공부도 좀 하고, 피곤해서 그냥 잔다. 토요일 저녁에는 간혹 모임이 있는데 불편하지만 친구 집에서 만나고, 일요일에는 교회에 나갔다가 3시경 돌아오면서 시장을 본다. 동네를 벗어나서 다니기가 어렵다. 기숙사에서 30분 걸려 시장을 가는데, 베트남은 따뜻한데 한국 겨울

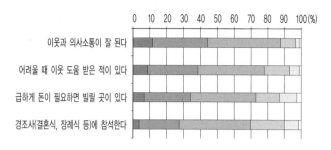

그림 5. 이웃 주민들과의 관계

은 너무 춥다. 베트남에 있는 집은 크고 나무집이지만 방이 3개이고 화장
실도 다 있다. 여기 기숙사는 너무 안 좋다.”

이주 노동자의 시간지리는 평일에는 일터와 주거 공간을 오가는 반복으
로 이루어지고, 토요일 저녁부터 일요일 하루 여가 시간을 가진다. 이때 친
구 만나기, 종교 생활, 시장 가기 등이 이루어지는 것으로 나타난다. 이러
한 일상생활의 시공간에서도 날씨와 같은 자연환경이나 방의 수나 크기로
인해 제한된다.

이러한 상황에서 이주 노동자들이 자신이 살고 있는 생활 공간을 장소
로 인식하고 뿌리를 내리기에는 근본적으로 제약된다. 설문 조사에 의하면
(〈그림 5〉) 응답자들은 지역사회 내 이웃 주민과의 관계에서 평이한 수준을
보이고 있다. 적응도가 가장 높은 사항은 ‘의사소통이 잘 된다’는 것이
지만 이것 또한 보통 정도이고, 이웃의 경조사 참석은 가장 낮은 것으로 나타
났다. 즉 이들은 지역사회에서 이웃 주민과의 관계가 원만하게 형성된 것
이 아니라, 그저 인사만 하는 정도에 그치고 있다는 것으로 판단된다.

특히 지역사회 적응에서의 어려움은 직장에서와 마찬가지로 ‘혼자 참

는' 경우가 31.2%로 가장 높았고, 지원 단체에 도움을 청하는 경우는 10.4%로 나타났다. 지역별로는 호남 지역 이주 노동자들이 혼자 참는 경우가 다른 지역보다 월등히 높게 나타났고, 베트남 국적의 이주 노동자도 그러했다. 연수취업 이주 노동자의 58.1%는 혼자 참지만 비전문 취업의 경우 직접 항의하거나 타인에게 도움을 요청하고 있었다. 이와 같이 이주 노동자들이 지역사회 생활을 통해 이웃 관계를 형성하고 장소에 뿌리내리기에는 한계가 있다고 하겠다.

이주 노동자들이 지역사회에 뿌리를 내리지 못함은 우선 지역 주민들과 만날 기회가 없다는 점 때문이기도 하겠지만, 이들의 피부나 외모, 언어소통의 어려움, 문화적 차이 등 때문인 것으로 추정되기도 한다. 그러나 이러한 문제는 실제 그 차이가 상대적으로 적은 재중 동포(조선족)의 경우에도 나타나고 있다. 다음 심층 면접의 사례는 이를 나타내고 있다.

[사례 3] 중국 국적 동포, 41세 남성, 1999년 입국, 한국에 동거 부인과 자녀 2명, 대구 북구 소재 도금 공장 근무, 주당 평균 노동 시간 60시간, 월 임금 130만 원 정도

"조선족으로 의사소통에는 거의 문제가 없고 문화적 차이도 별로 느끼지 못한다. 현재 생활에서 가장 큰 문제는 아이들 의료비 부담으로, 특히 약국에서 의료보험이 되지 않아 약값이 다른 사람들보다 3배 정도 비싸다. 생활비 가운데 50%는 의료비로 나가기도 한다. 여러 가지 차별 대우로 스트레스를 많이 받지만 가족들을 생각하면 참을 만하다. 외출은 가족과 함께 공원에 가는 정도이고, 이동상 별 어려움은 없다. 한국에 대한 인상은 다소 좋아지긴 했지만, 한국 사회에서의 생활은 좀 답답한 느낌이 든다. 이웃과는 인사하는 정도이고, 주민들과 마찰은 없다. 중국 사람이라는 것을 모르기 때문인 것 같은데, 알면 대우가 달라질지도 모르겠다. 특별히 이웃과 함께 하는 어떤 모임에는 나가지 않고, 회사 사람들 결혼식에는 가

보았다."

이와 같이 이주 노동자로서의 신분 자체와 다른 제도적 조건들에서 받는 차별적 제약은 일상생활 전반에 스트레스를 주고, 이웃 주민과의 관계를 제약하며, 결국 생활 공간에서의 장소 뿌리내리기를 어렵게 하고 있다.

5. 네트워크의 구축과 스케일의 정치의 한계

이주 노동자의 삶에 함의된 공간적 측면은 전통적 의미의 장소나 영역뿐만 아니라 최근 지리학에서 새롭게 강조되고 있는 네트워크와 스케일의 개념을 통해 잘 드러나게 된다. 행위자들 간 또는 행위자와 사건이나 사물들간 연결되는 네트워크는 사회적이며 또한 공간적인 것으로 인적·물적 자원의 교류뿐만 아니라 정보나 화폐의 흐름을 가능하게 하고, 이에 따라 네트워크의 구성 능력은 개인의 사회적 자본으로 인식되기도 한다. 이러한 네트워크의 연결성은 네트워크상의 행위자들의 사회공간적 의식이나 행동, 나아가 이들과 관련된 장소나 영역의 구성 방식에 영향을 미친다. 이러한 점에서 이주 노동자들은 사회공간적 네트워크를 최대한 활용하고 확장시켜 자신들에게 필요한 다양한 정보를 교류하고 주어진 문제 상황에 대처함으로써 결과적으로 네트워크로 연결되는 자신과 상대방 그리고 양 지역에 영향을 미치게 된다. 그러나 이러한 네트워크의 개념과 중요성에 대한 지나친 강조는 때로 이주 노동자들이 네트워크의 구축을 통해 마치 모든 제약들로부터 벗어날 수 있는 기회나 수단을 가질 수 있는 것처럼 이해되도록 한다. 즉 네트워크(사회)라는 용어는 영역적 지배나 장소의 불연속성을 모호하게 하거나(Fuchs, 2007), 네트워크를 통한 연결성이 혼성적이고 초국가적인 정체성의 형성을 정당화시키고, 탈주(또는 탈영토화)에 의존함으로써 장소에 뿌리내리지 못하고 오히려 주류 사회의 탄압에 더 무방비로 노출될 위험을 초래할 수 있다는 점을 은폐할 수도 있다(정현주, 2008).

이러한 네트워크의 개념은 논리적으로 스케일의 개념과 짝을 이루게 된다. 지역 내 그리고 지역이나 국가를 초월한 탈지역적 · 초국가적 네트워크는 다양한 스케일을 구성한다. 장소나 영역의 차원이 수평적인 측면에서의 공간적 차별화와 주로 관련되며 이들 간 연계성을 네트워크라고 한다면, 상이한 지리적 스케일에서 일어나는 사회적 과정들은 수직적 측면에서 차별화되는 것이라고 할 수 있다(제2장 참조). 즉 사회공간적 연계성은 거시적 스케일뿐만 아니라 미시적 스케일에서도 형성되며, 따라서 네트워크는 장소나 영역의 경계를 횡단할 뿐만 아니라 다양한 스케일을 가로질러 다중적으로 형성된다. 특히 정보통신 기술의 발달로 장거리 전화뿐만 아니라 이메일 등 인터넷을 통한 의사소통은 초국가적 네트워크의 구성과 확장을 가능하게 한다.

이주 노동자들의 사회공간적 관계 속에 함의된 이러한 네트워크와 스케일의 고찰을 통해, 이들이 어떻게 장소와 영역에서 자신의 삶을 영위하며 그곳에서 주어지는 제약들을 극복하고자 하는가를 파악할 수 있다. 즉 이

그림 6. 이주 노동자의 다중적 네트워크 구성 목적

주 노동자들은 새로운 일터와 생활 공간에 정착하기 위해 다양한 스케일의 네트워크를 구성하며, 나아가 이러한 네트워크와 스케일의 창출을 통해 자신에게 주어진 제약을 극복하기 위한 정보와 기회를 만들어내거나 가용 자원을 교류하는 활동, 즉 '스케일의 정치'를 하고자 한다(정현주, 2008). 그러나 이주 노동자에게 이러한 스케일의 정치는 대부분 매우 제한적이고 개인적으로 이루어진다는 점에서, 이러한 실천이 이들에게 주어진 제약을 극복하기에는 한계가 있음을 분명히 할 필요가 있다.

이주 노동자들이 일터와 생활 공간에서 겪는 제약들을 극복하거나 완화하고 자신의 일정한 목적을 달성하기 위한 다양한 스케일의 네트워크 구축에서 우선 국지적 네트워크를 확인할 수 있다. 설문 조사에 의하면 이주 노동자들은 살고 있는 지역사회에서 한국인과의 모임에는 거의 참여하지 않지만, 자신들의 정착 생활에 지원을 해주는 사회 지원 단체 모임(26.9%)뿐만 아니라 자국인 모임(21.1%)이나 외국인 친구 모임(12.7%), 동일 직종의 모임(6.1%)에는 상당히 적극적으로 참여하고 있으며, 참여 단체가 없다고 답한 응답자는 22.8%로 나타났다. 특히 대구와 경북은 사회 지원 단체 모임의 참여가 상대적으로 높게 나타났다. 국적별로는 중국, 필리핀, 스리랑

표 5. 한국 내 다른 지역과의 네트워크 참여

(단위 : 명, %)

다른 지역 방문 회수와 목적				다른 지역에 연락하는 사람			
방문 회수(연평균)		방문 목적		연락 사람 수		연락 목적	
응답자 수	346	응답자 수	346	응답자 수	346	안부 및 친교	43.4
방문 없음	43.9	가족·친구 방문	20.2	없음	25.4	한국 생활 정보 교류	9.0
2회 이하	29.8	본국 사람 모임	10.1	1~2명	28.6	본국 관련 정보 교류	4.3
3~5회	11.0	여행 및 관광	4.0	3~5명	18.8	상담이나 대화	4.0
6~9회	6.9	종교 활동	9.5	6~9명	10.1	종교 모임, 사회 활동	3.8
10회 이상	0.0	업무 관련, 기타	2.3	10명 이상	15.6	업무 관련, 기타	4.9
무응답	8.4	무응답	53.8	무응답	1.4	무응답	30.6

카 노동자는 사회 지원 단체 모임에 참여하는 비율이 높았고, 베트남 노동자는 자국인 모임에 참여하는 비율이 상대적으로 높았다. 연수취업생 중 45.2%는 외국인 이주자 모임에 참여하지 않는 반면, 비전문 취업 노동자들은 전체의 88.7%가 여러 유형의 모임에 참여하며 그 중에서도 사회 지원 단체 모임에 참석하는 비율은 40.2%에 달하는 것으로 나타났다. 이주 노동자들은 이와 같은 모임 참여와 이를 통해 구성된 연결망을 이용하여 국지적 제약 속에서 발생하는 현재의 불확실한 상황에 대처하면서 생존하기 위하여 필요한 각종 정보를 교환하고, 때로 일터나 생활 공간에서 발생하는 문제나 제약들(임금 체불 문제, 집 구하기 등)을 해결하는 데 직접 도움을 얻고 있다.

이주 노동자들은 이러한 지역 내 네트워크뿐만 아니라 한국 내 다른 지역에 있는 사람이나 기관과의 네트워크를 통해 친교를 유지하고 필요한 정보의 획득이나 관련된 활동을 수행하고 있다. 그러나 한국 내 역외 네트워크는 상대적으로 약하고, 직접 이동보다는 주로 전화나 인터넷을 이용한 의사소통과 정보 교류가 주를 이루고 있다. 설문 조사에 의하면 응답자들 가운데 1년 평균 다른 지역 방문의 횟수에서 '없음'이 43.9%를 보이고, 2회 이하가 약 30%를 차지하고 있다. 지역적으로 경북 지역 응답자, 국적별로는 필리핀인, 비자 유형별로는 비전문 취업의 다른 지역 방문 회수가 다른 유형들보다 높게 나타났다. 다른 지역 방문 목적은 가족·친구 방문, 본국 사람들과의 모임, 종교 활동의 순이었다. 특히 대구와 경기는 종교 활동 관련 방문이 상대적으로 높았고, 중국과 필리핀인 또한 그러했으며, 대체로 체류 기간이 길수록 본국 사람들과의 모임을 위한 방문이 많아졌다.

이주 노동자들은 이러한 직접 방문을 통한 네트워크의 구성 외에 전화나 이메일 등을 통해 역외에 있는 다른 사람들과 연계를 맺기도 한다. 한국 내에서 연락할 역외 거주자들이 전혀 없는 사람도 25%를 넘지만, 절반 정도가 1~5명, 그리고 25%가 넘는 사람이 6명 이상과 연락을 하는 것으로 조사되었다. 다른 지역과의 연락 목적은 대부분 안부 및 친교 목적인 것으로 조사되었지만, 다양한 정보 교류가 이루어질 것으로 추정된다. 지역별로 서울과 경기도 노동자들은 '안부 및 친교'가 60%를 넘었고, 반면에 대구, 경북, 광주의 지방 이주 노동자들은 '한국 생활 적응에 관한 정보 교류'가 다른 지역에 비해 월등히 높았다. 또한 국적별로는 인도네시아와 스리랑카인의 한국 생활 적응에 관한 정보 교류가 높게 나타났다.

이주 노동자들의 생활은 이들이 구성하는 네트워크들 가운데 본국과 연계된 초국가적 네트워크에 가장 강하게 의존하고 있는 것처럼 보인다. 설문 조사에 의하면 응답자들의 약 30%가 거의 매일 또는 3일에 한 번 정도, 또 다른 30%는 1주일에 한 번 정도 본국과 연락을 하고 있으며, 하지 않는 사람은 거의 없는 것으로 조사되었다. 본국과의 연락 목적은 안부가 가장 많고, 송금, 한국 입국 도움의 순으로 나타났다. 방문취업의 중국 국적 노동자들이 많이 거주하는 서울 지역 응답자들은 82.4%가 안부 목적이었고, 체류 기간이 짧을수록 안부 목적이 높았으며, 필리핀과 스리랑카인의 경우

표 6. 본국과의 네트워크 참여

(단위 : 명, %)

본국과의 연락 빈도와 주요 목적				본국 송금 금액 (연평균)		한국 취업 알선 경험		본국 방문 회수 (입국 후)	
연락 빈도		주요 목적							
응답자 수	346	응답자 수	346	응답자 수	346	응답자 수	346	응답자 수	346
거의 매일	14.5	안부	54.3	하지 않음	18.5	없다	38.4	없다	54.0
3일에 한 번	15.0	송금	14.7	250만 원 미만	23.7	1~2번	32.4	1~2회	33.5
1주일 한 번	29.8	한국 입국 도움	11.3	250~500만 원	21.7	3~5번	15.9	3~5회	6.4
2주일 한 번	19.7	물품 송출입	2.9	500~750만 원	13.6	6~9번	3.8	6~9회	3.5
한 달 한 번	17.1	업무 관련, 기타	2.9	750~1,000만 원	10.1	10번 이상	9.0	10회 이상	2.0
무응답	4.0	상담, 기타	4.6	1,000만 원 이상	9.0	무응답	0.6	무응답	0.6
-	-	무응답	9.2	무응답	3.5	-	-	-	-

한국 입국 도움이 다른 국적 노동자들보다 상당히 높게 나타났다. 이러한 연락은 주로 인터넷과 전화 등 정보통신 기기를 이용한 것이며, 직접 본국 방문을 통해 이루어지는 경우는 드물었다. 즉 설문 조사에서 한국 이주 이후 본국 방문 회수에 관한 질문에서 응답자의 54%는 없다고 답했으며, 이는 이주 노동자들이 한국에 취업한 후 본국을 방문하기가 상당히 어려운 실정임을 반영한 것이라고 하겠다.

특히 한국의 이주 노동자들은 월평균 100~120만 원 정도 받는 임금 가운데[5] 상당 부분을 송금하고 있는 것으로 조사되었다. 물론 전혀 송금을 하지 않는다는 응답자도 18.5%를 차지했지만, 250만 원 미만 송금이 23.7%, 250~500만 원 송금이 21.7%를 차지했고, 1,000만 원 이상 송금자도 9%에 달하였다. 특히 대구, 경북의 이주 노동자, 그리고 방문취업 노동자의 송금 금액이 상대적으로 높았고, 체류 기간이 짧을수록 송금을 하지 않는 비율이 높았다. 이주 노동자 자신이 미등록 체류 상태인 경우는 본인 통장을 만들 수 없기 때문에 본국 친구의 통장을 사용하거나 지원 단체의 도움을 받고 있는 것으로 조사되었다. 특히 대구, 경북의 노동자, 스리랑카 출신 노동자, 비전문 취업과 산업연수로 입국한 노동자들이 한국인의 도움을 많이 받았다. 그리고 체류 기간이 길수록 이러한 의존도가 대체로 높게 나타났다. 다른 한편 본국의 동료들에게 국내 취업을 알선한 경우에 관한 조사로 응답자들 가운데 38.4%가 없다고 답했으며, 32.4%의 응답자들은 1~2번 알선한 경험이 있는 것으로 조사되었다.

---

[5]　이 연구를 위한 설문 조사에서 임금 관련 항목은 등급으로 제시되었고, 이에 대한 응답자의 답변도 무응답이 많았기 때문에 평균 임금을 지역별로 추정하기 어려웠다. 중소기업청·산업연구원(2005)에 의하면 2004년 전국 이주 노동자들의 평균 임금은 106만 6,000원이었고, 서울 929,000원, 대구 106만 7,000원, 광주 957,000원, 경기 110만 7,000원, 전남 986,000원, 경북 106만 3,000원 등인 것으로 조사되었다.

이와 같은 이주 노동자의 국지적, 탈지역적, 그리고 초국가적 네트워크의 구성과 이러한 공간적 네트워크와 함께 이들이 구성하는 다중 스케일에 관한 구체적 사례는 다음과 같은 심층 면접 조사에서도 확인된다.

[사례 1]과 같음

"주변 사람과 인사할 정도로 지낸다. 나는 대구 사람이라고 생각하는데, 한국인들을 만날 기회는 많지 않다. 친하게 지내는 한국 사람이 한 명있는데, 회사 사람으로 집 근처에 같이 살고 한 달에 한 번 정도 목욕을 같이 가기도 한다. 그러나 앞으로도 한국 사람들과 같이 지내기가 불편할 것같다. 한국 사람들과 함께 하는 모임은 잘 모르고, 있어도 가기 싫다. 몽골사람들이 모이는 커뮤니티가 있다. 성서에 있는 몽골 식당에서 만나는데, 일주일에 한 번 정도 간다. 50명 정도가 모인다. 다른 국적 사람들은 잘 모른다. 어려운 일은 친구하고 상의한다. 대구 시내는 자주 가는 편이고, 서울이나 인천에도 친구 만나러 간혹 간다. 특히 추석, 휴가, 설날 때 간다. 한국에 온 이후 고향에 간 적이 한 번도 없다. 고향에서는 추석과 설날에 두 번 가족이 와서 1~2주 머물다가 갔다. 고향에 있는 가족과 하루에 한 번 전화를 할 정도로 자주하는 편이고, 폰 요금이 30만 원이나 나올 때가 있었다. 보고 싶고 말하고 싶어서 전화한다. 송금은 월 20~50만 원 정도한다."

이와 같이 이주 노동자들의 생활은 시공간적으로 매우 폐쇄적이지만, 다중 스케일적 네트워크를 구축함으로써 폐쇄된 상황을 어느 정도 완화하게된다. 즉 이들은 회사 동료나 인근 주민 또는 이주자 지원 단체에서 알게된 한국인 몇 명과 관계를 가지지만 이 관계는 제한적이고 약하며, 대신 자국인들과 일터나 주거지 인근의 집합 장소 또는 지원 단체에서 제공하는 공간에서 만나 취업 및 생활에 필요한 정보를 획득한다. 또한 이들은 휴일이나 명절에 본국 동료를 찾아 장거리 여행을 함으로써 연결망을 구성하고 정보를 교환하여 현실 문제에 대응하는 한편, 자신이 경험한 제도적·사회 관계적 제약들(불법 취업, 직장 내 차별 등)에 대해 불만을 토로하기도 한다. 그리고 이들은 본국 가족과의 연계를 통해 안부 문의와 송금, 고향 친지의 한국 취업이나 방문 돕기 등을 위한 초국가적 연계망을 구축하고 있다.

이주 노동자를 포함하여 외국인 이주자에 관한 연구들은 흔히 이와 같은 공간적 네트워크와 스케일에 관심을 두고 이들의 유형이나 구성 방식과 배경 등을 고찰하고자 한다. 그뿐만 아니라 이에 관한 연구들은 이러한 공간적 네트워크와 다중 스케일의 구성을 국지적 제약이나 억압을 벗어날 수 있는 탈영토적 전략 또는 스케일의 정치로 강조하기도 한다. 이주 노동자들이 만들어내는 이러한 다중 스케일적 네트워크는 분명 이들이 처한 국지적 상황들의 제약에 대처할 수 있는 능력을 함양할 것으로 추정된다. 그러나 이러한 네트워크의 구성과 스케일의 정치에는 한계가 있다는 점이 강조되어야 할 것이다. 그 이유는 이주 노동자들의 체류 자격이나 기간은 입국 과정에서부터 제한되며, 이들 가운데 대부분은 정해진 일터를 이전할 자유가 주어져 있지 않고, 또한 주어진 일터나 생활 공간에서 이들은 다양한 유형의 외적 제약과 더불어 자신의 경험이나 지식의 부족으로 인해 물리적 공간상의 이동성이 제한되기 때문이다. 이주 노동자의 다중 스케일적 네트워크들은 이러한 제약이나 제한으로부터 살아남기 위한 수동적 전략이며, 따라서 이주 노동자의 공간적 네트워크의 구성이나 스케일의 정치가 마치 이들의 문제를 상당히 해소해 줄 것처럼 과장되어서는 안 될 것이다.

6. 지리적 지식의 한계와 교란된 정체성

　지리적 지식은 공간적 이동성을 가능하게 하는 능력뿐만 아니라 일상생활을 조직하는 기초가 되며 사회공간적 적응 과정과 정체성의 형성을 위한 직간접적 능력이 된다. 물리적 공간의 이동은 특정 지점이나 사건, 사물에 대한 접근의 용이성 즉 접근성과 관련되지만, 이러한 접근성은 개인적 이동 능력이나 수단뿐만 아니라 사회적 규제나 권력에 의한 제약까지 포함한다. 따라서 지리적 지식은 단순히 물리적 공간이나 외적 환경에 대한 객관적 지식뿐만 아니라 접근을 가능하게 해주는 공간에 대한 인지 능력과 상상력을 포함하며, 나아가 사회공간적 권력 관계 지형도를 드러내주는 단초가 된다(정현주, 2007, 53). 또한 지리적 지식은 장소나 환경과의 관계 속에서 형성되는 감정, 즉 장소감과 환경적 안전감을 포함하는 것으로 확대될 수 있다. 지리적 지식은 자신의 신체와 생활이 국지적으로 어디에 위치 지

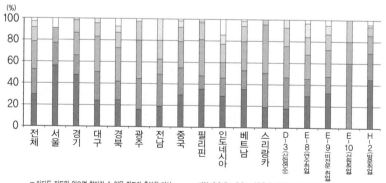

그림 7. 지리적 이동을 위한 지식의 정도

어져 있으며, 나아가 탈지역적·초국가적으로 어떻게 다중 스케일적 네트워크를 구성해야 할 것인가를 상상하고 강화시켜 줄 수 있도록 한다. 이러한 지리적 지식은 일상생활에서의 시공간적 체험을 통해 형성되거나 간접적인 지리적 학습 활동을 통해 형성된다.

이와 같이 '지리적 지식'의 개념은 공간적 이동성이나 접근성과 관련된 개인적 이동의 능력과 편의성, 이동의 자유와 제약, 장소감과 환경적 안전감, 그리고 다중 스케일적 네트워크를 구성하고 국지적 한계를 극복할 수 있는 지리적 상상력 등을 포괄하는 것으로 확장될 수 있다. 특히 이동성이나 접근성과 관련된 물리적 시공간상의 자유/제약은 시간지리학의 개념에 바탕을 두고 이해될 수 있으며, 또한 일상생활 공간에 관한 심상지도의 분석을 통해서도 공간적 상상력과 물리적 이동성의 상호 관련성이 파악될 수 있을 것이다.

특히 외국인 이주자에 관한 연구에서 흔히 논의되는 정체성의 문제는 대부분 국가적 정체성으로 이해되지만, 실제 이주자들이 지역사회에서 살아가기 위해 필요한 것은 지역적 정체성이라고 하겠다. 지역 정체성이란 살아가는 장소나 지역에 대한 공유된 의식이나 의미와 관련되며, 개인의 삶 속에서 동일화를 통해 지역에 대한 소속감과 공동체 의식을 느끼도록 한다 (최병두, 2008). 오늘날 한 개인이나 집단이 형성하고 있는 사회공간적 관계 (즉 네트워크)가 복잡하고 다중적으로 이루어진다는 점에서 사람들은 하나의 고정된 정체성이 아니라 혼종적·다중적 정체성을 가질 수 있다. 그러나 사회공간적 관계가 복잡하고 빈번하게 변할수록 사람들이 가지는 정체성은 교란되고 불안정해질 것이다.

이러한 지리적 지식과 정체성에 관련하여, 특히 이주 노동자들은 매우 한정적이고 제한될 것으로 추정된다. 그러나 설문 조사에 의하면 응답자들 가운데 지리적 이동에서 외적 제약이 '전혀' 또는 '거의 없다'고 응답한 비율이 각각 31.5%, 24.3%였고, 나머지 응답자의 대부분도 '다소 제약이 있지만 무시할 정도다'라고 답하였다. 이주 노동자의 지리적 이동을 위한 지식을 직접 묻는 또 다른 항목에서도, '어디든 지도만 있으면 찾아갈 수 있을 정도의 충분한 지식'을 가지고 있다고 생각하는 응답자가 29.2%, 그리고 '지역 내에서는 대체로 자유롭게 이동할 정도의 지식'을 가지고 있다고 생각하는 응답자가 23.4%로 나타났다. 특히 이러한 지리적 지식의 확보 정도는 서울과 경기 지역 노동자, 중국과 필리핀, 베트남 노동자, 그리고 해외 동포로 이루어진 방문취업 노동자들에서 대체로 높게 나타났다.

이러한 점은 일반적 추정과는 달리 이주 노동자들이 지리적 이동의 외적 제약을 크게 느끼지 못하고 있음을 나타낸다고 하겠다. 그러나 이들은 실제 경험을 통한 지리적 지식이 부족할 뿐만 아니라 지리적 이동에 전제가 되는 한국어 사용이 어렵고 문화와 환경도 이질적이며, 특히 미등록자의 경우 제도적으로도 이동이 극단적으로 제한된다는 점은 분명하다고 하겠다. 따라서 이들이 지리적 이동에 외적 제약을 느끼지 못하는 것은 지리적 이동 자체가 실제로 거의 이루어지지 않으며, 따라서 이에 대한 일상적 제약을 크게 느끼지 못하는 것으로 추정해 볼 수 있다. 이와 같이 이주 노동자가 가질 것으로 추정되는 지리적 지식의 한계는 이들이 드러낸 심상도의 분석을 통해 확인해 볼 수 있다.

심층 면접에서 조사된 이들의 심상도 유형은 크게 세 가지로 구분되었다. 첫번째 유형은 자신의 주거지나 일터 주변에 어떤 시설이나 사물들이 공간적으로 배치되어 있는가에 대해 거의 관심이 없거나 모르는 상태를 나타내는 심상도로, 사회공간적 관계가 매우 제한적인 여성들에게서 나타났다. 두 번째 유형은 약간의 주변 환경을 인지하지만 직장과 주거지를 이동축으로 단선적 이동로를 중심으로 표현한 심상도로, 체류 기간이 짧은 사람들에게서 나타났다. 세 번째 유형은 도로망을 다소 체계적으로 표현하면

(가) 베트남 출신 여성
(2000년 입국, 기혼, 혼자 생활)

(나) 필리핀 출신 남성
(2006년 입국, 미혼, 혼자 생활)

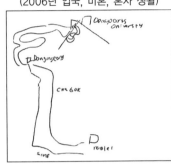

(다) 중국(재외 동포) 출신 남성
(1999년 입국, 가족생활)

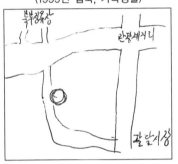

그림 8. 이주 노동자의 심상도

서 주변의 주요 지형지물을 표기한 심상도로, 입국 연도가 오래되고 한국어 구사 능력이 높으며 가족생활을 하는 사람들에게서 나타났다.

이러한 이주 노동자의 심상도 분석에서 특이한 점은 필요한 이동 자체에는 큰 어려움을 느끼지 않지만, 자신의 생활 주변 경관이나 이동 경로에 대한 심상도를 잘 표현하지 못하는 경우가 나타난다는 것이다. 이러한 경우는 다음의 심층 면접에서 확인된다.

[사례 4] 몽골 국적 24세 여성, 기혼, 본국에 아기와 부모, 2007년 남편과 입국, 숙박업소에서 청소일

"시내에 친구랑 옷 사러 가기도 한다. 이동하는 데 별로 힘든 것 없다. 버스 타는 게 재미있다. 약도는 잘 못 그리겠고, 그냥 버스 564번 타고 가서 내린다. 고향 마을과 다른 점은 아파트다. 여기서는 아파트가 너무 많다. 버스도 많고 시장도 많다."

이와 같이 심상도 표현이 어려운 것도 개인의 지리적 재현 능력에 기인하기보다는 자신의 과거 공간적 경험과 비교하여 매우 낯설고 복잡한 도시 경관을 접하게 되었기 때문이라고 할 수 있다.

이와 같이 공간적 이동성과 지리적 지식의 정도를 나타내는 심상도의 유형은 이주 노동자의 개인적 조건들(성별, 결혼 여부 등)뿐만 아니라 과거의 경험과도 관련된다. 그러나 일반적으로 이주 노동자가 가지는 지리적 지식과 상상력의 한계는 이들의 실제 이동성을 제한하고, 이동성의 제한은 지리적 경험의 부족으로 이어져 지리적 지식의 한계를 가중시키고 있는 것으로 조사되었다.

이러한 심상도 분석과 더불어 구체적인 대중 교통 노선이나 특정 지형지물들에 관한 설문 항목 분석이 병행되었는데, 응답자들은 대중 교통의 노

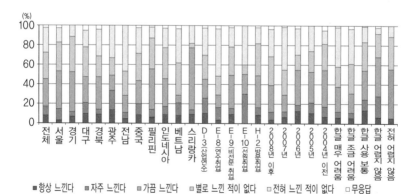

그림 9. 이주 노동자의 지역 주민으로서의 정체성 정도

선이나 시장 및 마트 등의 위치에 대해서는 상대적으로 높은 인지도('그렇다' 이상이 각각 49.1%, 45.7%)를 나타냈지만, 이들의 생활과는 크게 관계가 없는 학교나 행정 기관의 위치에 대해서는 낮은 인지도('그렇다' 이상이 각각 32.1%, 31.8%)를 보였다. 지리적 정보의 획득 방법에서는 응답자들의 37.3%가 TV나 인터넷 또는 지도를 주요 수단이라고 응답했지만, 그 다음으로 20.5%의 응답자가 '같은 출신국 친구를 통해', 18.5%는 직접 경험을 통해 얻는다고 답하였다. 그러나 '지원 기관의 프로그램을 통해' 지리적 지식을 얻는다고 답한 응답자는 5.5%에 불과하여 이주 노동자들에게 교육을 통해 지리적 지식을 획득할 수 있는 기회가 거의 없는 것으로 나타났다.

이와 같은 지리적 지식의 부족은 이주 노동자들의 지리적 이동과 사회공간적 연계성을 제한할 뿐만 아니라 이에 따른 지역적 정체성, 나아가 국가적 정체성의 형성을 교란시킬 것으로 추정된다. 설문 조사에 의하면 응답자들 가운데 지역 주민으로서의 정체성을 '항상' 또는 '자주' 느끼는 사람은 각각 7.8%, 9.2% 정도에 불과하고, '별로' 또는 '전혀' 없다고 느끼는 비율이 각각 26.9%, 25.4%로 훨씬 높게 나타나고 있다. 특히 연수취업과 선원취업은 지역 주민이라고 전혀 느끼지 못했다는 응답이 가장 높게 나타났고, 비전문 취업과 방문취업은 가끔 느끼는 정도라고 응답한 비율이 높았다. 체류 기간이 길어질수록 지역 주민이라고 느끼는 정도가 더 높게 나타났지만, 한국어의 구사 능력과 지역 주민의 정체성을 느끼는 것과는 무관한 것으로 나타났다〈그림 9〉.

이와 같이 이주 노동자들이 지역 주민으로서의 정체성을 가지지 못하는 이유는 우선 이들에 대한 제한된 체류 자격에 기인한 것이며, 또한 자신이 살고 있는 지방의 자치단체로부터 특정한 혜택을 받지 못하기 때문, 즉 제도적 제약에 기인한 것이라고 할 수 있다. 더욱이 좀 더 직접적으로 이들은 일터나 생활 공간에서 이루어지는 사회공간적 관계에서 차별화되고 억압

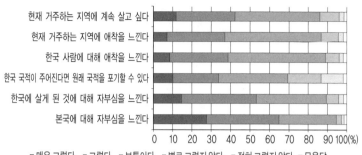

그림 10. 이주 노동자의 지역사회와 국가에 대한 정체성

되기 때문, 즉 사회공간적 관계에 의한 제약이나 한계에 기인한 것이라고 하겠다. 또한 이들은 시간 자체의 부족과 더불어 지리적 지식의 부족으로 이동성이 적을 뿐만 아니라 살아가는 장소에 뿌리내리지 못함으로써 귀속 감이 없다고 할 수 있다.

이러한 정체성과 관련된 몇 가지 추가적 질문에서는, 우선 '현재 거주하는 지역에 계속 살고 싶다'는 점에 대해 응답자의 42.2%가 '그렇다' 이상의 답을 했지만, '현재 거주하는 지역에 애착을 느낀다'는 점에 대해서는 '그렇다' 이상 답한 비율이 37% 정도로 다소 떨어졌다. 지역에 대한 애착정도는 한국 사람에 대한 애착과 비슷한 비율을 보이고 있다는 점에서 지역적 정체성과 사회적 정체성이 비슷하게 형성된다고 할 수 있다. 그러나 '한국 국적이 주어진다면 원래 국적을 포기할 수 있다'는 항목에서는 비율이 더 떨어져 33.5%만이 '그렇다' 이상의 답을 선택했다는 점에서, 이들은 설령 한국 국적이 주어진다고 할지라도 본국적의 포기를 원하지 않는 것으로 나타났다. 이와 같은 맥락에서 이주 노동자들은 국가적 정체성과 직접 관련된 질문 항목들에 대한 응답, 즉 한국에 살게 된 것에 대해 상당히 높은 자부심(즉 '그렇다' 이상이 54.2%)을 가지고 있다고 할지라도, 이보다도 본국에 대한 자부심을 더 높게 나타내었다(즉 '그렇다' 이상이 64.8%). 이와 같이 이주 노동자들은 일정 기간이 지나면 본국으로 돌아간다는 순환 고용을 원칙으로 하고 있기 때문에, 현재 거주하는 지역에 계속 살고 싶고 한국에 살게 된 것에 대해 상당히 자부심을 느끼기도 하지만, 동시에 현재 거주하는 지역이나 한국 사람에게 크게 애착을 느끼지 못하고 본국에 대해 더 큰 자부심을 느끼고 있다고 하겠다.

이러한 점은 이주 노동자들에 대한 심층 면접에서도 잘 나타나고 있다.

[사례 4]와 같음

"나는 이 동네 주민이라고 생각한다. 동네 사람들은 어떻게 생각하는지 모르겠다. 같이 잘 안 어울린다. 몽골 사람들은 나이 먹으면 일 안 하는데, 여기 아줌마들은 아닌 것 같다. 그래서 별로 어울릴 시간이 없다. 앞으로도 어울릴 시간이 없을 것 같고, 같이 하는 모임에 참여한 적도 없다. 친하게 지내는 한국 사람은 없다.

한국 사람과 몽골 사람은 같다고 생각한다. 특히 얼굴은 같고, 옷을 보고 구별한다. 몽골에서 온 친구가 같은 동네에 살고 있는데, 전화로 연락하고 자주 만나 이야기를 한다. 어려운 일 있으면 같이 들어온 친구랑 주로 이야기한다. … 나는 몽골 사람이다. 한국 경제에 많이 기여하고 있다고 생각하지만, 구체적으로는 잘 모르겠다. 비자 기간을 늘려주면 좋겠고, 그저 가족같이 대해 주면 좋겠다. 그 외 별로 바라는 것은 없고, 지금 하고 있는 일을 계속하고 싶다."

이 자료에서 알 수 있는 바와 같이 이주 노동자는 한편으로 자신이 살고 있는 지역사회의 한 구성원으로 인식하거나, 최소한 그렇게 되기를 바란다. 그러나 이주 노동자 자신뿐만 아니라 기존의 지역 주민들도 상호간에 공동체적 관계를 형성할 수 있는 시공간적 여유를 가지지 못한다. 이러한 점에서 다문화 공동체의 형성이 어려운 점은 인종적·문화적 차이에 근본적으로 기인한다고 할지라도, 이를 해소하기 위해 필요한 시공간적 여유와 상호 노력의 부족 때문이라고 할 수 있다. 특히 이주 노동자들은 한편으로 본국의 국적을 유지하더라도 지역 주민이 되고 싶지만, 이에 대한 제도적·사회관계적 제약 때문에 지역 주민으로 받아들여지지 않음으로써 교란된 정체성을 가지고 한계적 삶을 살아가고 있다.

7. 결론

공간은 개인이나 집단이 자신의 일상생활을 조직하는 바탕이 되며, 이에 의해 조직된 사회공간적 관계 속에서 이들의 행동을 가능하게 하고 또한 조건 짓는 자유/제약의 기본틀이 된다. 이주 노동자들은 한편으로 국경을 횡단하여 새로운 국가의 지역사회에 정착할 정도로 공간적 이동성이 자유로운 것처럼 보이지만, 실제 특정 장소에 정착하면서 매우 제한된 시공간적 틀 속에서 생존하며 생활해 나간다. 그럼에도 불구하고 이들은 일상생활의 시공간적 제약으로부터 벗어나기 위하여 탈지역적·초국가적 네트워크를 다중 스케일적으로 구축함으로써 자신의 생존과 생활 영역을 탈영토적으로 확대시키고, 자신의 삶을 좀 더 안전하게 만들어 나가고자 한다. 이 장은 이러한 점에서 이주 노동자의 일터와 생활 공간에 초점을 두고, 이들이 겪는 다양한 유형의 (시)공간적 제약과 이를 극복하기 위한 방안의 모색에 대해 설문 조사 및 심층 면접 자료에 기초하여 고찰하였다.

이주 노동자들은 자신의 일터에 대해 가시적으로 만족 및 긍정하는 태도를 보이고 있지만, 이러한 태도는 상당 정도 구조적으로 주어진 것이어서 실질적인 것이라기보다는 가식적 또는 허구적이라고 할 수 있다. 즉 이들은 돈을 벌기 위해 상품화된 노동력으로서 초국적 이주와 낯선 장소에서 이방인의 소외된 삶을 선택했으며, 따라서 어쩔 수 없이 새로운 일터와 생활 공간에 최소한의 만족과 긍정을 하도록 조건 지어져 있다고 하겠다. 그러나 실제 이들은 타자의 '영역'으로 만들어진 일터 속에서 주당 70시간의 장시간 노동과 고용주나 관리자의 엄격한 통제 아래 차별을 겪고 있다. 또한 주거, 소비, 여가 등을 위한 생활 공간에서도 생존을 위한 기본적 이동성은 어느 정도 확보되는 것처럼 보이지만, 살아가는 장소에 대한 뿌리내림은 중층적으로 가해지는 제약들로 인해 매우 어려운 것으로 조사되었다.

일터와 생활 공간에서 겪게 되는 이러한 제약들을 벗어나기 위하여 이주 노동자들은 주로 본국 출신의 이주자들과 국지적 및 탈지역적 네트워크, 그리고 본국 가족 및 친지들과의 초국가적 네트워크를 구성하고 이를 통해 주어진 제약들에 대응하거나 해소할 수 있는 방안을 모색하게 된다. 이러한 다중 스케일적 네트워크의 구성은 이주 노동자들에게 새로운 삶과 장소에 적응할 수 있는 정보를 제공하고 새로운 전략을 강구할 수 있도록 하는 '스케일의 정치'라는 점에서 의의를 가진다고 할지라도, 이러한 노력은 극히 제한된 이주 노동자들의 삶의 시공간적 제약들을 벗어나도록 하기에는 분명 한계를 가진다고 하겠다. 특히 이러한 한계는 물리적 공간이나 외부 환경에 대한 지리적 지식뿐만 아니라 살아가는 장소에 대한 안전감으로서 장소 의식, 그리고 주어진 외적 제약들을 탈출할 수 있는 지리적 상상력을 확보하는 데 한계를 가지고, 결국 본국과 한국에 대한 이중적(또는 혼종적) 정체성뿐만 아니라 과거 친숙했던 삶의 현장과 새롭고 낯선 삶의 현장 사이에서 교란된 지역 정체성으로 살아가고 있다.

:: 참고 문헌

김수재, 2008, "외국인 노동자의 문화적 갈등과 대응 : 인도네시아 노동자를 중심으로", 민족문화론총 38, pp.153-184.

김영란, 2008, "한국사회에서 이주노동자의 사회문화적 적응에 관한 연구", 담론 2008 11(2), pp.103-138.

김현미, 2009, "방문취업 재중 동포의 일 경험과 생활세계", 한국문화인류학 42(2), pp.35-75.

박경환, 2005, "혼성성의 도시 공간과 정치 : 로스앤젤레스 한인타운에서의 탈정치화된 민족성의 재정치화", 대한지리학회지 40(5), pp.473-490.

박배균, 2009, "초국가적 이주와 정착을 바라보는 공간적 관점에 대한 연구 : 장소, 영역, 네트워크, 스케일의 4가지 공간적 차원을 중심으로", 한국지역지리학회지 15(5), pp.616-634.

유명기, 2004, "국제이주노동자, 아직 미완성인 우리의 미래", 당대비평 18, pp.12-35.

윤인진, 2008, "코리안 디아스포라와 초국가주의", 문화역사지리 20(1), pp.1-18.

이미애, 2008, "가리봉동 중국거리에서의 조선족 여성의 위치성에 대한 문화지리적 연구", 중앙대 문화연구학과 석사학위 논문.

이주노동자인권연대, 2005, 고용허가제 실태조사 보고서(고용허가제 시행 1년, 그 실태와 개선 방향).

정건화 외, 2005, 근대 안산의 형성과 발전, 서울 : 한울.

정현주, 2007, "공간의 덫에 갇힌 그녀들? : 국제결혼이주여성의 이동성에 대한 연구", 한국도시지리학회지 19(2), pp.53-68.

정현주, 2008, "이주, 젠더, 스케일 : 페미니스트 이주 연구의 새로운 지형과 쟁점", 대한지리학회지 43(6), pp.894-913.

조창현, 2006, "도시와 신시간지리학", 김인·박수진 편, 도시해석, 서울 : 푸른길, pp.262-278.

중소기업청·산업연구원, 2005, 중소기업 인력실태조사 보고서.

최병두, 2008, "도시발전 전략에 있어 정체성 형성과 공적 공간의 구축에 관한 비판적 성찰", 한국지역지리학회지 14(5), pp.604-626.

Beck, U., 2000, "The cosmopolitan perspective : sociology of the second age of modernity", *British Journal of Sociology* 51(1), pp.79-105.

Fuchs, C., 2007, "Transnational space and 'network society'", *Twenty-First Century Society* 2(1), pp.49-78.

Giddens, A., 1985, "Time, space and regionalisation", in Gregory, D. and Urry, J. (eds.), *Social Relations and Spatial Structures*, London : Macmillan, pp.265-295.

Hägerstrand, T., 1970, "What about people in regional science", *Papers and Proceedings of the Regional Science Association* 24, pp.7-21.

Harvey, D., 2009, *Cosmopolitanism and the Geographies of Freedom*, New York : Columbia University Press.

Jessop, B., Brenner, N., and Jones, M., 2008, "Theorizing sociospatial relations", *Environment and Planning D : Society and Space* 26, pp.389-401.

Jones, M., 2009, "Phase space : geography, relational thinking, and beyond", *Progress in Human Geography* 33, pp.487-506.

Roudonetof, V., 2005, "Transnationalism, cosmopolitanism and glocalization", *Current Sociology* 53(1), pp.113-135.

Yeoh, B. S. A., 2004, "Cosmopolitanism and its exclusions in Singapore", *Urban Studies* 41(12), pp.2431-2445.

한국경제지리학회지 제12권 4호(2009년 12월), pp.319~343에 게재된 글임.

제9장

전문직 종사 외국인의 국내 적응의 지역적 차이

박 배 균

1. 서론

　세계화와 더불어 초국가적 이주가 활발해지고 국내로 들어오는 외국인 이주자의 수가 지난 10여 년간 급증하면서, 이들의 수용과 적응이 최근 국내에서 중요한 학문적 · 정책적 관심사가 되었다. 하지만 국내에서 이루어진 초국가적 이주와 정착에 대한 대부분의 기존 연구들은 외국인 노동자와 결혼 이주 여성에 초점을 맞추고 있어서 다른 유형의 외국인들의 이주와 정착에는 많은 관심을 기울이지 않았다. 특히 전문직에 종사하는 외국인의 국내 이주와 적응에 대한 연구는 거의 전무한 형편이다. 경제의 세계화와 함께 새로운 지식과 기술에 대한 경쟁이 점차 치열해지고 있는 상황에서 초국가적 기업 활동, 교육, 연구 분야에 종사하는 지식 노동자의 초국가적 이동이 점차 늘어나고 있고, 새로운 지식과 혁신적 능력을 지닌 지식 노동자를 확보하는 것은 글로벌 시대의 국제적 경쟁에서 매우 중요한 자산이 되고 있다. 따라서 전문직 종사자들이 어떻게 국내로 이주하고, 이들이 한국 사회에서 어떻게 정착 및 적응하고 있는지 연구하는 것은 매우 중요한 과제라고 할 수 있다.

　초국가적 이주와 정착에 대한 기존의 연구들이 지니는 또 다른 문제점은 공간적 관점이 부족하다는 것이다. 기존 연구들은 대부분 우리나라 전체를 하나의 분석적 단위로 설정하여 외국인들이 '단일하고 동질적인 한국 사회'에 어떻게 적응하고, 한국 사회가 이들을 어떻게 받아들이고 있는지에만 관심을 기울인다. 하지만 지리학적 관점과 공간적 인식론을 바탕으로 보았을 때 초국가적 이주와 정착의 과정은 구체적인 장소에서 나타나고, 또 구체적인 장소를 통해서 이루어지는 것이다. 또한 이주민에 대한 다문화적 수용의 문제도 장소를 벗어난 추상적인 사회에서 이루어지는 것이 아니라, 구체적인 공간과 장소에서 벌어지는 것이다. 따라서 외국인들의 국내 이주와 정착에 대한 연구도 국가 전체적 차원에서 다문화적 수용과 적응을 설명할 것이 아니라, 더욱 구체적인 지역적 차원에서 외국인들이 어떻게 적응하고, 지역 사회가 이들을 어떻게 받아들이고 있는지에 좀 더 많은 관심을 기울일 필요가 있다.

이러한 문제의식을 바탕으로 이 장에서는 외국인 전문직 종사자들의 국내 적응이 지역적으로 어떻게 차이가 나는지, 그리고 이러한 지역화된 차이에 영향을 미치는 요인들이 무엇인지를 분석하는 데 목적이 있다. 보다 구체적으로는 2008년 11월부터 2009년 1월 사이에 서울, 경기, 대구, 경북, 광주, 전남 지역에서 외국인 전문직 종사자들을 대상으로 행해진 설문조사를 바탕으로 외국인 전문직 종사자들의 한국 사회 적응과 만족의 정도가 서울/경기, 대구/경북, 광주/전남의 세 지역 사이에 어떤 차이를 나타내는지 살펴보고, 이러한 지역적 차이를 야기하는 요인이 무엇인지 설명하려고 한다.

2. 이론적 배경

초국가적 이주에 대한 기존의 연구들은 이주자들의 이주 사회에서의 적응 과정을 설명하기 위해 교육 수준, 소득 수준, 의사소통 기술, 다문화 체험 경험, 거주 기간 등과 같은 이주자들 개인적 수준의 변인들에 주로 많은 관심을 기울여왔다(김현주 외 1997; 김오남, 2006; 구자순, 2007; 김영란, 2008). 이러한 연구들에 따르면, 이주자들이 이주국에서 적응하는 것은 새로운 환경에 대한 학습의 일종으로 이해할 수 있고, 따라서 개인적인 수준에서의 이주자 학습 능력의 차이는 그들의 적응 정도의 차이를 가져온다고 할 수 있다. 그러므로 이주자들의 학력, 소득 수준, 이주국의 언어 구사 능력을 포함한 의사소통 능력 등은 이주자들이 이주 사회에 대한 기초적 지식을 습득하고 각종 문제를 해결하는 능력을 향상시켜 주고, 이주국에서의 다양한 사회문화적 행위에 참여할 기회와 경제적 여건을 제공해 주기 때문에 이주자들의 적응 정도를 설명하는 데 중요한 요인이 될 수 있다(임석회, 2009; 김오남, 2006). 또한 한국과 같이 문화적으로 상대방에 대한 평가에서 학력을 중시하는 사회에서는 교육 수준이 높을수록 이주국 사람들로부터 긍정적인 반응을 이끌어낼 가능성이 커질 수 있어 이주자들의 적응을 더 촉진할 수도 있다(김현주 외, 1997).

이주자들의 개인적 변인에 초점을 두는 입장에 따르면, 이주자들의 학습 능력과 더불어 이주 사회에서 경험하게 되는 새로운 문화에 대해 수용하려는 태도도 이주자들의 적응 정도에 영향을 미친다고 이해된다(임석회, 2009). 특히 다른 문화와 관습에 대한 접촉 경험이 많은 사람들일수록 자신의 고유문화와 이주 사회에서의 문화 간 이질감을 적게 느낄 수 있기 때문에, 이주 사회에서의 적응 정도도 높을 수 있다(김현주 외, 1997). 이와 더불어 이주국에서의 이주자들의 거주 기간도 적응에 많은 영향을 미치는 것으로 이해된다. 이주국에서 겪게 되는 문화적 충격에서 벗어나 주변 환경을 이해하기 위해서는 어느 정도의 시간이 필요하고, 따라서 이주자들의 사회문화적 적응 정도는 이주 사회에서의 거주 기간에 따라 차이가 난다고 설명된다(김영란, 2008). 하지만 이주자들의 현지 거주 기간과 적응의 관계에 대해서는 일관된 설명이 제공되고 있지는 않다(김현주 외, 1997). 거주 기간이 늘어나면서 적응의 어려움이 지속적으로 감소된다는 이론도 있지만, 이주 초기에 이주자들은 매우 긍정적인 자세로 현지 문화를 받아들이는 허니문 단계를 거치다가 실질적인 경험의 폭이 확대되면서 문화 충격을 겪으며 좌절과 위축의 단계를 거치고, 그 다음에 다시 새로운 문화에 서서히 적응하면서 상승 커브를 그린다는 U자형 이론이 제시되기도 한다(구자순, 2007).

이와 같이 개인적 변인을 바탕으로 이주자들의 적응을 이해하려는 시도들은 이주자들이 개인적 수준에서 이주국에서 겪게 되는 여러 현실적인 어려움과 그들의 극복 과정을 잘 설명하고 있다는 면에서 매우 설득력 있는 접근 방법이다. 하지만 긍정적인 측면에도 불구하고 이러한 접근은 이주자들이 이주국에서 경험하게 되는 문화적 충격과 사회적 환경의 지리적 차이를 제대로 고려하고 있지 못한 문제점을 지니고 있다. 이주자들의 개인적 변인에만 초점을 두다 보니, 이주자들의 적응 대상인 이주국 혹은 이주 사회를 하나의 분석적 단위로 설정하면서 이주자들이 '단일하고 동질적인 이주 사회'에 어떻게 개인적 수준에서 적응하는지에만 관심을 두게 된다. 지리적 관점에서 보았을 때 이주자들의 적응 대상인 이주 사회는 국가적 차원에서 결코 동질적인 사회문화적 환경을 지니고 있지 않고, 도시와 지역적 차원에서 매우 차별적이고 이질적인 사회문화적 환경을 지니고 있기 때문에 이러한 차이를 무시하고 이주자들의 적응을 논하는 것은 이주자들이 실제로 어떠한 적응의 모습을 보이는지 이해하기에 많은 한계를 내포한다.

최근 개인적 변인을 중심으로 이주자들의 적응을 설명하는 접근법과 달리, 이주자들의 사회적 연결망이나 이들에 대한 사회적 지지 체제 등과 같은 사회환경적 요인에 초점을 두면서 이주자들의 적응을 바라보는 연구들이 많이 등장하고 있다. 이러한 접근법은 이주자들의 적응 문제를 공간적 관점에서 바라보는 데 많은 시사점을 준다. 이러한 연구들에 따르면, 이주자들이 어떠한 사회적 연결망을 가지고 있는지는 그들의 적응에 매우 중요한 영향을 미칠 수 있다. 즉 이주자들이 현지인들과 어떠한 사회적 연결망을 가지고 있는지, 또한 그들이 이주 사회의 각종 기관과 제도에 어떠한 공식·비공식적 연계를 지니고 있는지 등은 이주자들의 적응을 설명하는 데 매우 중요한 요소라 할 수 있다. 예를 들어 이주자와 현지인의 대인 접촉이 활성화되어 있거나 이주자들과 현지 미디어, 이주민 지원 기관 등과 같은 제도와의 연계성이 높은 경우에는 이주자들의 적응 정도도 높을 것으로 예상할 수 있다(김현주 외, 1997). 이주자들의 적응에 영향을 주는 사회적 연계망과 지지 체제는 현지인 혹은 현지의 제도와의 관계에만 국한되지 않는다. 이주자들이 그들 스스로 형성하는 사회적 연계망도 그들의 적응에 많은 영향을 준다. 선행 이주자와의 사회적 연계망은 이주자들의 연쇄적인 이동을 촉진하고, 이주 후에도 이주자들 간의 사회적 관계망은 이주 사회 정착과 적응의 자원으로 적극 활용된다(임석회, 2009).

사회환경적 요인에 초점을 두어 이주자들의 적응을 바라보는 접근법을 좀 더 확대해서 살펴보면 공간적 관점에서 적응을 이해하는 데 매우 중요한 시사점을 얻을 수 있다. 이와 관련하여 이주자들의 적응에 영향을 주는 사회적 연결망, 사회적 지지 체제와 같은 사회환경적 조건이 결코 전 국가적 차원에서 동질적이지 않으며, 지역과 도시별로 상이하게 형성되어 있음을 고려할 필요가 있다. 즉 이주자들의 적응에 영향을 주는 사회환경적 조건이 지역적으로 상이하기 때문에 이주자들의 적응을 이해하기 위해서도 지역적으로 상이하게 형성된 사회환경적 조건들을 설명하는 것이 중요하다는 것이다. 또한 적응에 영향을 주는 사회환경적 조건의 지리적 차이는 초국가적 이주와 정착 과정의 공간적 특성과도 깊이 관련된다.

초국가적 이주와 정착의 과정은 이민자 집단의 유인, 정착 등에 영향을 주는 연쇄 이주, 지리적 입지, 국지화된 경제적 조건, 사회적 하부 구조 등으로 인해 매우 높은 수준의 지리적 선택성을 가진다(Zhou, 1998). 또한 지역의 사회경제적 구조는 이민자 집단에게 상이한 기회와 한계를 제공하며, 각 장소는 상이한 방식으로 외부 세계와 연결되는데 이로 인해 장소마다 이민자 공동체 형성의 방식이 매우 상이하다. 이처럼 초국가적 이주와 정착의 과정, 그리고 다문화적 실천이 일상적으로 이루어지는 모습은 지역과 장소에 따라 상이하게 형성되며, 따라서 지역과 장소의 특성은 초국가적 이주와 다문화주의가 펼쳐지는 과정에 매우 중요한 영향을 미치는 것으로 이해할 필요가 있다(박배균, 2009).

공간적 관점에서 초국가적 이주자들의 국제적 이주와 정착의 과정을 이해하기 위해 박배균(2009)은 제숍 외(Jessop et al., 2008)가 제시한 TPSN틀을 이용하여, 초국가적 이주와 정착의 과정이 어떻게 영역(Territory), 장소(Place), 스케일(Scale), 네트워크(Network)의 네 가지 차원의 사회공간적 관계 속에서 나타나는지를 개념화하였다. 〈표 1〉은 이 네 가지 사회공간적 차원이 초국가적 이주와 정착의 과정에서 어떻게 작동하는지 단순화하여 나타낸 것이다. 그 내용을 간단히 요약하면 다음과 같다.

1. 초국가적 이주와 정착의 과정은 특정의 장소에 뿌리내린 사회경제적 관계와 과정에 의해 많은 영향을 받는다.
2. 국제 이주자들을 둘러싼 배제와 포섭의 과정과 그를 둘러싼 정치사회적 갈등은 종종 공간적으로 표출되어 영역화된 장소의 출현을 결과하기도 한다.
3. 초국가적 이주와 정착을 전 지구적인 정치 · 경제 · 사회 · 문화적 과정에 의한 것으로만 이해하기보다는 글로벌, 국가, 로컬 등 다양한 지리적 스케일에서 작동하고 활동하는 힘과 관계들의 복잡한 상호작용의 결과로 인식하는 다중 스케일적 관점이 필요하다.
4. 네트워크를 초국가적 흐름과 연결의 강화를 통해 기존의 영역적 공동

표 1. 장소, 영역, 네트워크, 스케일과 이주와 정착의 과정

사회공간적 관계의 차원	이주와 정착의 과정
장소	– 이주 관련 정보 흐름과 연계망의 장소기반적 성격 – 이주자들의 장소적 뿌리내림 – '종족 집거지(ethnic enclave)'의 출현 – 종족 집단별 정착지의 지역적 차별화 – 이주자들의 이주와 정착 과정에 영향을 미치는 장소적 조건의 특이성
영역	– 이주의 흐름에 영향을 미치는 국가의 영역성(시민권, 이민 정책 등) – 이주민들과 그들 거주지에 대한 주류 사회의 편견과 배제, 그리고 그에 대한 반작용으로 인해 이루어지는 장소의 영역화 – 이주민 거주 지역에서 다양한 이주 집단 간의 경쟁과 갈등으로 야기되는 장소의 영역화 – 이주민 문화의 상품화와 장소 마케팅에 기인한 장소의 영역화
네트워크	– 초국가적 이주 네트워크의 발달 – 연쇄 이주 – 특정 지역에 국지화된 이주자들의 네트워크 – 국지적 네트워크를 기반으로 한 이주자들의 장소적 뿌리내림
스케일	– 이주와 정착의 과정에 영향을 주는 글로벌, 국가, 지방, 도시, 개인 등 다양한 지리적 스케일에서의 힘과 과정들 사이의 복잡한 상호작용 – 국제적 이주와 정착을 바라보는 다중 스케일적 인식론

자료 : 박배균, 2009에서 재인용함.

체와 정체성을 해체하는 힘으로만 이해하면 안 되고, 이주자들의 사회경제적 연결을 국지화하고 더 나아가 영역화/재영역화하는 힘으로도 이해할 필요가 있다.

앞의 네 가지 사회공간적 차원들 중에서 이주자들 적응의 지리적 차이를 이해하기 위해서는 '장소'라는 차원에 특히 주목할 필요가 있다. 국제 이주자들은 초국가적 네트워크를 통해 이동하고 정착하지만, 이러한 네트워크와 이동의 과정은 공간 위에서 무작위적으로 나타나는 것이 아니라 특정 장소에 기반을 둔 결절지를 중심으로 형성된다. 초국가적 네트워크와 이동

의 결절지는 국제 이주자들의 활동과 그들 간의, 그리고 그들과 토착민들 사이의 상호작용을 통해 장소화되고, 장소는 이를 통해 자신의 특성인 장소성을 드러내게 된다. 결국 초국가적 활동과 네트워크는 특정 장소에서 구성되고, 배치되고, 뿌리내리는 다양한 프로젝트로서 구체적이고 현실적인 장소에서 '위치' 지어지는 것이라고 할 수 있다(Smith, 2001).

초국가적 이주와 정착의 과정이 장소에 뿌리내려져서 이루어지는 것은 외국인 집중 거주 지역이나 '종족 집거지(ethnic enclave)'의 등장과 같은 현상들을 통해서 잘 나타난다. 고민경(2009)에 따르면 국제적 이주자들이 특정한 장소에 집중하는 것은, 첫째, 그 장소가 역사적이고 장소특수적 조건으로 인해 외국인들에 대한 사회 · 문화 · 경제적인 진입 장벽이 낮아 외국인들이 쉽게 접근할 수 있고, 둘째, 외국인들이 모이면서 그들의 사회경제적 네트워크가 그 장소에 뿌리내리면서 그를 바탕으로 더 많은 외국인들을 끌어들이기 때문이다. 이주자들의 초국가적인 이주와 정착의 과정이 특정 장소를 중심으로 이루어지는 경향이 강하다는 사실은 이주자들의 적응이 전 국가적으로 동질적으로 이루어지기보다는 지역별로 차별화되어 이루어진다는 것을 암시한다.

초국가적 이주와 정착의 장소성에 대한 고려는 국제 이주자들이 특정의 장소를 중심으로 이주하고 정착한다는 것을 보여주고 설명하는 것에 국한되지 않고, 이들의 이주, 정착, 적응의 과정에 영향을 주는 정치 · 사회 · 문화 · 경제적 상황들의 장소적 특이성을 이해하는 것을 포함한다. 물질의 존재 조건으로서 공간이 사회적 과정에 영향을 주는 중요한 물질성 중의 하나는 차이를 만든다는 것이다(Sayer, 1985). 여러 다양한 사회적 행위자와 힘 그리고 과정들은 개별적인 인과력을 지니지만, 이들의 개별적 인과력들은 그 자체만으로 사회적 현상에 영향을 주지 않고 서로 만나고 얽히고 접합하면서 개별적 인과력으로 환원될 수 없는 새로운 창발력(emergent power)을 가지게 된다. 이러한 창발력을 만들어내는 데 공간의 물질성이 매우 중요한 역할을 한다. 나름의 인과력을 지닌 개별적 사회적 행위자와 힘들은 공간을 통해 특정한 장소 위에서 상이한 방식으로 배열되고 서로 접합되면서 나름의 창발력을 만들어낸다(Sayer, 1992). 각 장소들이 지니는 상이한 역사지리적 조건들로 인해 사회적 힘과 행위자들이 배열되고 접합하는 방식은 장소마다 상이하며, 이로 인해 각 장소에서 사회적 과정들은 상이한 방식으로 작동하게 된다.

이런 관점에서 보았을 때 이주자들이 이주국에서 적응하는 과정도 그들이 거주하는 장소에서 여러 사회적 힘과 행위자들이 만나고 접합되는 방식에 따라 상이하고 차별적으로 나타날 수밖에 없다. 영어가 쉽사리 통용되고 외국인에 대한 배타성이 적은 이태원에서 국제 이주자들은 한국에의 정착에 어려움을 덜 느낄 것이지만, 반면에 외국인에 대한 경험이 적고 문화적 다양성도 결여되어 있으며 외국인들을 위한 생활과 주거 환경이 상대적으로 부족한 지역에서 국제 이주자들은 적응과 정착에 더 많은 어려움을 느낄 것이다(박배균, 2009). 이처럼 초국가적 이주와 정착의 과정이 지니는 장소고착적 성격과 장소와 공간이 만들어내는 차별화의 힘 때문에 이주자들이 적응하는 모습과 과정도 지역과 도시별로 차이를 보일 수밖에 없고, 국제 이주자들의 적응에 대한 연구도 이러한 지역적 차이에 대해 더욱 세심한 주의를 기울일 필요가 있다.

3. 연구 방법 및 자료

1) 자료 및 분석 방법

이 연구에서 전문직 종사 외국인이란 외국인 장기 체류자 중에서 상사주재(D-7), 기업투자(D-8), 무역경영(D-9), 교수(E-1), 회화지도(E-2), 연구(E-3), 기술지도(E-4), 전문직업(E-5), 예술흥행(E-6), 특정활동(E-7), 관광취업(H-1)의 비자 자격으로 국내에 체류하고 있는 사람들을 지칭한다. 이들을 대상으로 2008년 11월부터 2009년 1월 동안 서울, 경기, 대구, 경북, 광주, 전남에서 총 256명에 대한 설문 조사를 실시하였다. 설문 응답자의 지역적 분포와 설문 수는 〈표 2〉와 같다.

표 2. 조사 지역 및 설문 조사 수

지역	설문 수
서울	98
경기	34
대구	46
경북	23
광주	35
전남	20
합계	256

연구는 크게 다음의 2단계로 구성되고, 각 단계별 연구 방법은 다음과 같다.

(1) 1단계 : 국가적 차원에서 전문직 종사 외국인들의 한국 사회 적응에 대한 분석

설문 조사 문항 중에서 전문직 이주자들의 한국 사회에 대한 적응과 만족의 정도를 잘 나타낸다고 생각되는 문항을 선정하여 종속변수로 삼고,

그 종속변수를 논리적으로 설명한다고 생각되는 문항을 설명변수로 삼아서 요인분석과 회귀분석을 통해 종속변수와 설명변수 사이의 통계적 관계를 살펴봄으로써 전국적 차원에서 전문직 이주자들의 한국 사회 적응과 만족의 정도를 설명하는 요인들이 무엇인지 분석한다.

(2) 2단계 : 지역적 차원에서 전문직 종사 외국인들의 한국 사회 적응에 대한 분석

이들 종속변수와 설명변수 사이의 관계가 서울/경기, 대구/경북, 광주/전남이라는 3개 지역 사이에 차이가 존재함을 통계적으로 검증한다. 특히 서울/경기, 대구/경북, 광주/전남의 3개 지역에 거주하는 전문직 이주자들을 각각 따로 분리하여 각 지역별로 전문직 이주자들의 적응과 만족의 정도를 설명하는 요인들을 찾아내려고 한다. 이를 통해 외국인 이주자들의 국내 적응에 영향을 주는 변수들이 각 지역별로 다르며, 또한 이들 변수들이 외국인 이주자들의 국내 적응에 영향을 주는 정도도 각 지역별로 차이가 있음을 보여줄 것이다.

2) 조사 대상자들의 일반적 특성

설문 조사의 대상이 된 전문직 이주자들의 일반적인 사회인구학적 특성은 〈표 3〉과 같다. 이들의 출신 국가는 미국, 캐나다, 중국, 일본, 필리핀, 영국, 인도, 오스트레일리아, 러시아 등이며, 이 중 미국에서 온 사람들의 비중이 25.39%로 가장 높고, 그 다음이 14.45%를 차지하는 캐나다 출신이다. 성별로는 남자가 전체의 62.50%로 여자보다 더 많으며, 연령별로는 30~39세에 해당되는 이들이 전체의 46.48%로 가장 많다. 조사 대상자들이 전문직 이주자여서 학력은 매우 높은 편으로, 대학 졸업 이상의 학력을

가진 이들이 94.53%로 대부분을 차지한다. 결혼 여부는 미혼이 62.11%로 다수를 차지한다.

그리고 전문직 이주자를 비자 유형에 따라 기업투자, 연구개발, 회화강사, 예술관광의 4개 집단으로 구분하였다. 여기서 기업투자 유형은 상사주

표 3. 연구 대상자의 사회인구학적 특성

	조사 항목	빈도	비율(%)
출신 국가	미국	65	25.39
	캐나다	37	14.45
	중국	23	8.98
	일본	22	8.59
	필리핀	12	4.69
	영국	22	8.59
	인도	10	3.91
	오스트레일리아	16	6.25
	러시아	6	2.34
	기타	43	16.80
	합계	256	100.00
성별	무응답	4	1.56
	남	160	62.50
	여	92	35.94
	합계	256	100.00
연령	무응답	12	4.69
	29세 이하	63	24.61
	30~39세	119	46.48
	40~49세	47	18.36
	50~59세	12	4.69
	60세 이상	3	1.17
	합계	256	100.00
학력	무응답	4	1.56
	무학	1	0.39
	중학교	1	0.39
	고등학교	8	3.13
	대학교(전문대 포함)	242	94.53
	합계	256	100.00

결혼 여부	무응답	7	2.73
	미혼	159	62.11
	기혼	82	32.03
	기타(이혼, 사별)	8	3.13
	합계	256	100.00
직업 유형	기업투자	29	11.33
	연구개발	90	35.16
	회화강사	111	43.36
	예술관광	26	10.16
	합계	256	100.00

재(D-7), 기업투자(D-8), 무역경영(D-9)의 비자를 소지하고 있는 사람들, 연구개발 유형은 교수(E-1), 연구(E-3), 기술지도(E-4), 전문직업(E-5)의 비자를 소지하고 있는 사람들, 회화강사 유형은 회화지도(E-2) 비자를 소지하고 있는 사람들, 예술관광 유형은 예술흥행(E-6), 특정활동(E-7), 관광취업(H-1)의 비자를 소지하고 있는 사람들을 포함한다. 이 직업 유형별 설문 응답자들의 분포를 보면 회화강사 유형이 43.36%로 가장 많고, 그 다음이 35.16%의 연구개발 유형이다.

4. 전문직 종사 외국인들의 한국 사회 적응 요인

1) 변수 선정

전문직 이주자들의 한국 사회에 대한 적응 및 만족의 정도를 나타내는 종속변수는 〈표 4〉와 같다. 설문 조사 문항 중에서 '한국에서 살게 된 것에 대해 자부심을 느낀다'라는 주장에 대한 5점 척도의 동의 여부를 묻는 문항이 외국인 이주자들의 한국 사회에 대한 적응과 만족의 정도를 가장 잘 나타낸다고 판단하여 이를 종속변수로 선정하였다. 〈표 5〉는 이 변수에 대한 응답의 빈도 분포를 보여주는데, 전문직 이주자들의 경우 앞의 질문에 대해 40% 이상의 응답자들이 '그렇다'는 긍정적인 응답을 보여주고 있으나, '보통이다', '그렇지 않다' 등 부정적 성향의 응답도 40% 가까운 응답을 보이고, 매우 긍정적인 성향의 응답도 15% 이상을 보이는 등 특정의 성향에 집중되지 않고 다양한 성향의 응답을 보여주고 있어, 이 변수를 통계적 분석을 위한 종속변수로 선정하기에 무리가 없음을 알 수 있다.

종속변수가 어떠한 변수들에 의해 설명이 되는지를 알아보기 위해, 설문조사의 문항 중에서 설명변수로 사용될 만한 것들을 〈표 6〉과 같이 선정하였다. 특히 응답자들의 사회인구학적 속성, 이주 전 배경, 이주 동기, 현재 한국에서의 직장 생활, 거주하는 지역의 사회·경제·지리적 환경, 거주 지역에 대한 지리적 지식의 정도, 거주 지역에서의 주민들과의 관계, 한국

표 4. 전문직 이주자들의 한국 사회 적응 및 만족 정도를 나타내는 변수

	변수	변수의 정의	속성
종속변수	한국에서 살게 된 것에 대해 자부심을 느낀다	5점 척도 (전혀 그렇지 않다 → 매우 그렇다)	서열

표 5. 종속변수에 대한 응답의 빈도 분포

조사 항목	종속변수 한국에서 살게 된 것에 대해 자부심을 느낌	
	빈도	비율(%)
무응답	2	0.78
전혀 그렇지 않다	11	4.30
그렇지 않다	11	4.30
보통이다	81	31.64
그렇다	111	43.36
매우 그렇다	40	15.63
합계	256	100.00

표 6. 전문직 이주자의 한국 사회 적응 정도에 영향을 주는 요인들을 분석하기 위해 고려된 변수들

범주	변수	변수의 정의	속성
사회 인구학적 속성	출신 국가	미국, 캐나다, 영국, 오스트레일리아, 중국, 일본, 인도, 필리핀, 러시아	더미
	성별	남자, 여자	더미
	연령	29세 이하, 30~39세, 40~49세, 50세 이상	서열
	결혼 여부	미혼, 기혼, 기타(이혼, 사별)	더미
	직업 유형	기업투자, 연구개발, 회화강사, 예술관광	더미
	한국어 능력(말하기, 듣기, 쓰기)	5점 척도 (전혀 못함 → 매우 잘함)	서열
	출국 예정 연도	2008년, 2009년, 2010년, 2011년, 2012년 이후	서열
이주 전 배경	본국 가정의 경제 수준	5점 척도 (아주 빈곤 → 아주 풍족)	서열
	이주 전 연평균 소득	1,000만 원 미만, 1,000~3,000만 원, 3,000~5,000만 원, 5,000~7,000만 원, 7,000~1억, 1억 원 이상	서열
	이주 전 타국 거주 경험 여부	경험 있음, 경험 없음	더미
	본국의 상황에 대한 부정적 인식 정도 (경제 수준, 직장, 정치 상황, 사회복지, 물질 문화)	5점 척도 (전혀 그렇지 않다 → 매우 그렇다)	서열
이주 동기	이주 전 한국에 대한 인지 수준	5점 척도 (전혀 모름 → 아주 많이 앎)	서열
	이주 전 한국에 대한 긍정적 이미지 (경제 발전, 좋은 직장, 정치 안정, 사회복지 수준, 물질 문화)	5점 척도 (전혀 그렇지 않다 → 매우 그렇다)	서열
	본국에서 취업 여건(직장 부족, 낮은 임금 수준, 국제적 경험 기회 부족, 해외 취업과 차이 없음)	5점 척도 (전혀 그렇지 않다 → 매우 그렇다)	서열
	이주 결정의 개인적 이유(능력 발휘 추구, 좋은 근무 환경 추구, 국제적 경험 추구, 높은 임금 추구)	5점 척도 (전혀 그렇지 않다 → 매우 그렇다)	서열
직장 생활	직장 생활의 전반적 만족도	5점 척도 (매우 불만족 → 매우 만족)	서열
	직장 생활 세부적 만족도(시설의 편리성, 복지 제도, 업무 시간, 임금 수준, 업무 능력 인정)	5점 척도 (전혀 그렇지 않다 → 매우 그렇다)	서열
	연평균 소득	1,000만 원 미만, 1,000~3,000만 원, 3,000	서열

		~5,000만 원, 5,000~7,000만 원, 7,000~ 1억, 1억 원 이상	
직장 생활	일주일 평균 노동 시간	19시간 이하, 20~29시간, 30~39시간, 40~49시간, 50~59시간, 60시간 이상	서열
	친하게 지내는 한국 동료	있다, 없다	더미
거주 지역 환경	거주 지역에 대한 전반적인 느낌	5점 척도 (매우 불편 → 전혀 불편하지 않다)	서열
	지역사회 생활 적응 정도(기후 및 자연 환경, 주거 시설 및 주변 환경, 소비 및 여가 시설, 행정 기관 이용, 의료 기관 이용)	5점 척도 (전혀 그렇지 않다 → 매우 그렇다)	서열
	이웃 주민과의 관계(의사소통, 경조사 참석, 도움 받음, 급전 대출 가능)	5점 척도 (전혀 그렇지 않다 → 매우 그렇다)	서열
	월평균 주거 비용	직장 전액 보조, 20만 원 미만, 20~50만 원, 50~100만 원, 100~200만 원, 200만 원 이상	서열
	주거 환경 만족도(넓음, 쾌적, 적당한 비용, 좋은 주변 환경)	5점 척도 (전혀 그렇지 않다 → 매우 그렇다)	서열
	월평균 생활비	10만 원 미만, 10~50만 원, 50~100만 원, 100~200만 원 이상	서열
지리적 지식	거주 지역에 대한 지리적 지식의 정도	5점 척도 (매우 부족 → 매우 충분)	서열
	거주 지역에 대한 공간적 인지 정도 (혼자 마음대로 이동, 대중 교통 노선 인지, 시장 · 백화점 위치 인지, 행정 기관 위치 인지, 학교 위치 인지)	5점 척도 (전혀 그렇지 않다 → 매우 그렇다)	서열
지역 주민 관계	지역 주민들과의 친밀도	5점 척도 (전혀 친하지 않음 → 매우 친밀함)	서열
	지역 주민으로서 소속감 느끼는 정도	5점 척도 (전혀 느끼지 않음 → 매우 느낌)	서열
	친하게 지내는 지역 주민의 수	없다, 1~2명, 3~5명, 6~9명, 10명 이상	서열
	본인의 정체성(본국에 자부심 느낌, 국적 포기 가능, 거주 지역에 애착 느낌, 거주 지역에 계속 거주)	5점 척도 (전혀 아니다 → 매우 그렇다)	서열
	지역 주민과 친목 교류 정도	5점 척도 (전혀 하지 않음 → 매우 자주함)	서열
적응 과정	지역사회 적응의 어려움 정도(문화, 한 국말, 이동의 어려움, 타인에 대한 두 려움, 법-제도에 대한 무지)	5점 척도 (전혀 그렇지 않다 → 매우 그렇다)	서열
	외국인 이주자로서 느끼는 소외감 정 도(낮은 소득, 법-사회적 권리 보장, 본 인의 문화 인정)	5점 척도 (전혀 그렇지 않다 → 매우 그렇다)	서열

총 사용 변수 수 : 90개

및 지역사회에서의 적응 과정을 묻는 총 90개의 문항을 선정하여 이들이
전문직 이주자들의 한국 사회 적응 정도에 어느 정도로 영향을 주는지 통
계적으로 분석하였다.

2) 요인의 추출

앞에서 선정한 90개의 변수들을 몇 개의 범주로 묶기 위하여 요인분석
을 실시하였다. 〈표 7〉에서 보는 바와 같이, 요인분석을 통해서 고유치
(eigen value)가 2보다 큰 11개의 요인이 추출되었다.

(1) 요인 1은 전문직 이주자들이 본국에 대해 부정적으로 인식하는 정도
를 나타내는 것으로, 그들이 본국의 정치, 경제, 물질 문화, 사회복지, 취
업 기회 등에 어느 만큼 부정적으로 생각하는가를 보여주는 요인이다.

(2) 요인 2는 요인 1과 대비하여 전문직 이주자들의 이주 전 한국에 대한
이미지의 긍정성과 관련된 것으로, 이들이 한국의 경제적 발전, 물질
문화 발달 수준, 취업 기회, 정치적 안정, 사회복지 수준, 임금 수준
등에 대해 한국으로의 이주 전에 어느 정도로 긍정적인 이미지를 가
지고 있었는지를 나타내는 요인이다.

(3) 요인 3은 전문직 이주자들이 지역 주민들과 친한 정도를 나타내는 것
으로, 이웃과의 의사소통, 친목 교류, 상호 부조 등을 어느 정도로 긴
밀하게 하고 있는지를 나타내는 변수들과 관련된다.

(4) 요인 4는 전문직 종사 이주자들이 자신들의 거주 지역에 대한 지리적
지식을 어느 정도로 많이 가지고 있는지를 나타내는 요인으로, 상업
시설, 행정 기관, 학교 등과 같이 일상생활에 필요한 기능들의 지리적
위치, 대중 교통 노선 등에 대한 지식의 정도 등을 나타내는 변수들과
관련된다.

(5) 요인 5는 이주자들이 직장 생활에 대해 느끼는 만족의 정도를 나타내는 것으로, 임금 수준, 업무량, 직장의 시설, 복지 제도 등에 대해 응답자들의 만족도를 나타내는 변수들과 관련된다.

(6) 요인 6은 응답자들의 한국어 구사 능력을 나타내는 것이다.

(7) 요인 7은 응답자들의 소득 수준을 나타내는 것으로, 현재 한국에서의 연평균 소득, 한국으로 이주 전의 연평균 소득, 결혼 여부 등의 변수들과 관련된다.

(8) 요인 8은 응답자들이 한국 사회 적응에 어느 정도로 어려움을 느끼고 있는지를 나타내는 것이다.

(9) 요인 9는 응답자들이 자신이 거주하고 있는 지역에서의 생활에 어느 정도로 잘 적응하고 있는지를 나타내는 것으로, 각종 시설의 이용에 불편함이 없는지, 주변 시설 및 환경 그리고 기후에 어느 정도로 적응하고 있는지 등을 나타내는 변수들과 관련된다.

(10) 요인 10은 응답자가 여성인지를 나타내는 요인이다.

표 7. 전문직 이주자 전체를 대상으로 한 요인분석을 통해 추출된 요인 및 해당 변수들

요인	주요 변수	부하량	고유치	설명된 분산비율(%)	누적 분산 비율(%)
요인 1. 본국에 대한 부정적 인식 정도	본국은 경제적 수준이 상대적으로 낮다	0.774	7.911	8.790	8.790
	본국은 정치적 상황이 불안정하다	0.765			
	본국은 물질 문화(TV, 컴퓨터 보급 등)가 뒤떨어져 있다	0.751			
	본국은 사회복지 수준(교육, 의료 보건 등)이 낮다	0.738			
	본국은 좋은 직장이 부족하다	0.727			
	본국은 취업을 하더라도 임금 수준이 높지 않다	0.704			
	본국은 능력을 발휘할 수 있는 직장이 부족하다	0.608			

요인 2. 이주 전 한국에 대한 긍정적 이미지	한국은 경제적으로 발전한 나라이다	0.731			
	한국은 물질 문화(TV, 컴퓨터 보급 등)가 앞선 나라이다	0.655			
	한국은 좋은 직장이 많은 나라이다	0.641			
	한국은 정치적으로 안정된 나라이다	0.619	6.957	7.730	16.520
	한국의 직장은 임금 수준이 상대적으로 높다	0.571			
	한국은 사회복지 수준(교육, 의료 보건 등)이 높은 나라이다	0.563			
	한국의 직장은 대우가 좋고, 근무 환경이 쾌적하다	0.520			
요인 3. 지역 주민과 의 친밀도	지역 주민들과의 친밀도	0.781			
	이웃들과 의사소통이 잘 된다	0.736			
	친하게 지내는 지역 주민의 수	0.729			
	지역 주민과 친목 교류 정도	0.652	5.336	5.929	22.449
	이웃의 경조사에 참석한다	0.612			
	어려울 때 이웃에서 도움 받은 적이 있다	0.602			
	지역 주민으로서 소속감 느끼는 정도	0.584			
요인 4. 거주 지역에 대한 지리적 지식의 정도	버스 및 지하철 노선을 잘 안다	0.774			
	혼자서 원하는 곳에 갈 수 있다	0.773			
	시장, 백화점, 대형 마트 위치를 잘 안다	0.742			
	거주지의 지리를 잘 안다	0.723	4.883	5.425	27.874
	행정 기관의 위치를 잘 안다	0.633			
	학교의 위치를 잘 안다	0.608			
	거주 지역에 대한 지리적 지식의 정도	0.516			
요인 5. 직장 생활에 대한 만족도	현 직장의 임금 수준은 나에게 적당하다	0.751			
	현 직장의 업무 시간과 업무량은 나에게 적당하다	0.691			
	현 직장의 시설은 쾌적하고 편리하다	0.684	3.925	4.361	32.235
	직장 생활의 전반적 만족도	0.594			
	현 직장에서 나의 업무 수행 능력은 인정받고 있다	0.585			
	현 직장의 복지 제도는 잘 갖추어져 있다	0.578			
요인 6. 한국어 구사 능력	한국어 구사 능력(말하기)	0.850			
	한국어 구사 능력(듣기)	0.835	3.429	3.810	36.045
	한국어 구사 능력(쓰기)	0.810			
요인 7. 소득 수준	연평균 소득	0.721			
	결혼 여부-기혼	0.691	2.959	3.287	39.332
	결혼 여부-미혼	0.659			
	이주 전 연평균 소득	0.620			

요인 8. 한국 사회 적응의 어려움 정도	가고 싶은 곳을 찾아가는 것이 어렵다	0.660	2.703	3.003	42.335
	한국의 법, 제도 등을 잘 모른다	0.625			
	다른 사람에 대한 두려움으로 밖에 나가기 어렵다	0.624			
	외국인 이주자이기 때문에 소득이 낮고 생계 가 어렵다	0.594			
	외국인 이주자이기 때문에 본인의 문화가 인 정받지 못한다	0.566			
	한국말을 사용하는 것이 어렵다	0.504			
요인 9. 지역사회 생활의 용이성	행정 기관 이용에 어려움 없다	0.775	2.287	2.541	44.876
	의료 기관 이용에 어려움 없다	0.733			
	소비 및 여가 시설 이용에 어려움 없다	0.621			
	주거 시설 및 주변 환경에 잘 적응한다	0.588			
	기후 및 자연환경에 잘 적응한다	0.557			
요인 10. 여성	여자	0.755	2.094	2.326	47.202
	남자	−0.759			
요인 11. 비(非)회화 강사 요인	출신 국가 : 미국, 캐나다, 영국, 오스트레일 리아	−0.512			
	회화강사	−0.503	2.021	2.246	49.448

⑾ 요인 11은 응답자가 원어민 영어 강사가 아닐 정도를 나타내는 요인
이다.

3) 1단계 분석 : 국가적 차원에서 전문직 종사 외국인들의
한국 사회 적응에 대한 분석

앞에서 추출된 11개의 요인들이 전문직 종사 외국인 이주자들의 한국
사회 적응과 만족의 정도를 어느 정도로 설명하는지 통계적으로 알아보기
위해 요인들과 종속변수에 대한 회기분석을 실시하였다. 〈표 8〉은 종속변
수('한국에서 살게 된 것에 대해 자부심을 느낀다')에 대한 회귀분석의 결과를
보여준다. 추출된 11개의 요인들 중에서 요인 2(이주 전 한국에 대한 긍정적

표 8. 종속변수('한국에서 살게 된 것에 대해 자부심을 느낌')에 대한 회기분석 결과

	Unstandardized Coefficients		Standardized Coefficients	T	Sig.
	B	Std. Error	Beta		
상수	3.594	0.051		70.107**	0.000
요인 2 : 이주 전 한국에 대한 긍정적 이미지	0.430	0.051	0.431	8.363**	0.000
요인 5 : 직장 생활에 대한 만족도	0.237	0.051	0.238	4.621**	0.000
요인 3 : 지역 주민과의 친밀도	0.222	0.051	0.223	4.329**	0.000
요인 8 : 한국 사회 적응의 어려움 정도	−0.207	0.051	−0.207	−4.023**	0.000

R^2=0.335, F=31.553**
*α=0.05 유의도, **α=0.01 유의도

이미지), 요인 5(직장 생활에 대한 만족도), 요인 3(지역 주민과의 친밀도), 요인 8(한국 사회 적응의 어려움 정도)만이 종속변수 1에 대해 통계적으로 유의미한 설명력을 가지는 것으로 나타났다. 그리고 R제곱 값이 0.335이므로 이 4개 요인들이 종속변수를 33.5% 정도 설명함을 알 수 있다. 또한 요인 2, 요인 5, 요인 3은 종속변수 1과 정의 관계를 지니지만, 요인 8은 부의 관계를 가지고 있다. 즉 전문직 이주자들이 한국으로 이주하기 전에 한국에 대해 긍정적인 이미지를 많이 가졌을수록, 현재 직장 생활에 대한 만족도가 높을수록, 현 거주 지역의 주민들과 친하게 지낼수록, 한국 사회 적응에 어려움을 느끼는 정도가 낮을수록 한국에서 살게 된 것에 자부심을 느끼는 정도도 더 큰 것을 알 수 있다.

이 분석 결과에서 주목할 점은 다음과 같다. 첫째, 종속변수에 유의미하게 영향을 주는 것으로 나타난 이들 4개의 요인들 중에서 요인 2(이주 전 한국에 대한 긍정적 이미지)가 가장 큰 영향을 주는 것으로 나타났다. 즉 전문직 이주자들이 한국으로 이주하기 전에 한국에 대해 어느 정도로 긍정적인 이미지를 가지고 있었고, 한국의 직장 생활에 대해 기대를 가지고 있었는

지가 이들의 한국 사회에 대한 적응과 만족의 정도에 상당한 영향을 준다는 사실이다. 이를 바탕으로 한국에 대해 긍정적인 이미지를 가지고 있었고, 한국의 직장 생활에 대해 높은 기대를 가졌던 사람일수록 현재 한국에서의 생활에 더 많은 자부심을 가지고 있는 것으로 추론할 수 있다. 하지만 이주 전에 가졌던 한국에 대한 이미지라는 것이 정말로 이주 전에 가졌던 것인지, 아니면 현재 이주자들이 한국 사회에 대해 가지는 느낌이 반영된 것인지는 확실하지 않다. 따라서 요인 2와 종속변수 사이의 관계에 대한 해석은 신중할 필요가 있고, 이에 대해서는 전문직 종사 외국인들의 한국 사회 적응을 지역적 차원에서 설명하는 2단계 분석에서 좀 더 자세히 다루고자 한다.

둘째, 연구 대상자들이 전문직 이주자들이다 보니 직장 생활에 대한 만족도가 그들의 한국 사회 적응과 만족의 정도에 상당히 영향을 준다는 사실이다. 단순 노무직에 종사하는 이주자나 결혼 이주자 등과 같은 다른 유형의 이주자들과 달리 전문직 이주자들은 상대적으로 높은 교육 수준과 직업에 대한 전문성을 지닌 집단이다. 따라서 자신의 전문적 지식과 기술의 발휘를 통해 능력과 존재감을 인정받는 것이 그들의 만족도에 상당한 영향을 미칠 것으로 쉽게 유추할 수 있다. 이러한 사실이 이 분석에서 잘 드러난다고 할 수 있다.

세 번째로 주목할 만한 분석 결과는 전문직 이주자들이 자신이 거주하고 있는 지역의 주민들과 친하게 지낼수록 한국 거주에 대한 자부심을 느끼는 정도가 커진다는 사실이다. 이주자들의 적응에 대한 기존의 분석들이 대부분 국가 전체를 하나의 균질적인 단위로 보면서 지역적 차이와 같은 요소를 고려하지 않은 채 이주자들의 소득, 의사소통 능력, 사회적 관계망 등과 같은 비공간적 요소를 바탕으로 이주자들의 적응을 설명해 왔다. 하지만 이 분석의 결과가 보여주는 것은 이주자들이 지역 주민과 맺는 관계가 이주자들의 적응 정도에 유의미한 영향을 준다는 사실이다. 이는 지역적 문화와 사회적 환경의 차이로 인해 이주자들이 지역 주민과 맺는 관계의 양상이 지역별로 차이가 나면 이주자들의 한국 사회에 대한 적응과 만족의 정도가 지역별로 상이할 수 있음을 암시하는 것이다. 이에 대한 보다 자세한 분석은 서울/경기, 대구/경북, 광주/전남의 세 지역별로 요인들과 종속변수 사이의 관계를 분석하는 2단계에서 이루어질 것이다.

4) 2단계 분석 : 지역적 차원에서 전문직 종사 외국인들의 한국 사회 적응에 대한 분석

2단계 분석에서는 외국인 전문직 종사자들의 국내 적응이 어떻게 지역적으로 차이가 나는지, 그리고 이러한 지역적 차이에 영향을 미치는 요인들이 무엇인지를 분석하는 데 초점을 둔다. 특히 전문직 종사 외국인 이주자들을 그들의 거주 지역에 따라 서울/경기, 대구/경북, 광주/전남의 세 집단으로 구분하고, 각 지역별로 이주자들의 국내 적응과 그에 영향을 주는 요인들이 어떻게 차이가 나는지를 살펴보았다. 이를 위해서 먼저 1단계 분석에서 사용된 종속변수와 각 요인의 값들이 앞에서 분류한 세 지역별로 차이가 나는지를 통계적으로 살펴보았다. 〈표 9〉는 분산분석(ANOVA)을 통해 이들 세 지역 간의 차이가 통계적으로 유의미하게 나타나는지를 분석한 결과이다.

〈표 9〉에서 보는 바와 같이, 요인 5(직장 생활에 대한 만족도)를 제외하고는 종속변수와 요인들 모두에서 서울/경기, 대구/경북, 광주/전남 지역 사이에 통계적으로 유의미한 차이가 나타남을 알 수 있다. 각 변수와 요인별로 나타나는 지역 간 차이를 간단히 요약하면 다음과 같다.

1) 종속변수(한국에서 살게 된 것에 대해 자부심을 느낌)의 경우 대구/경북

표 9. 주요 변수들의 지역 간 차이

변수	지역	응답수	평균	표준편차	F	Sig.
종속변수 한국에서 살게 된 것에 대해 자부심을 느낌	서울/경기, 대구/경북, 광주/전남	132 69 55	3.705 **3.754** 3.127	0.854 1.077 1.090	8.146	**0.000**
	합계	256	3.594	0.998		
요인 2. 이주 전 한국에 대한 긍정적 이미지	서울/경기, 대구/경북, 광주/전남	132 69 55	0.104 **0.227** −0.533	0.839 0.994 1.179	11.102	**0.000**
	합계	256	0.000	1.000		
요인 3. 지역 주민과의 친밀도	서울/경기, 대구/경북, 광주/전남	132 69 55	−0.143 **0.375** −0.128	0.910 1.195 0.819	6.970	**0.001**
	합계	256	0.000	1.000		
요인 5. 직장 생활에 대한 만족도	서울/경기, 대구/경북, 광주/전남	132 69 55	−0.077 0.047 0.124	0.881 1.314 0.795	0.890	0.412
	합계	256	0.000	1.000		
요인 8. 한국 사회 적응의 어려움 정도	서울/경기, 대구/경북, 광주/전남	132 69 55	−0.045 −0.281 **0.460**	0.896 0.868 1.226	9.225	**0.000**
	합계	256	0.000	1.000		

지역의 응답자들이 평균적으로 가장 높은 수치를 나타냈고, 그 다음
이 서울/경기 지역이며, 광주/전남 지역의 응답자들이 가장 낮은 수치
를 보였다. 다시 말해 이 연구의 설문 조사에 응한 전문직 이주자의 경
우 평균적으로 대구/경북 지역에 거주하고 있는 집단이 한국 거주에
대한 자부심을 가장 많이 느끼고, 반면에 광주/전남 지역에 거주하는
집단이 자부심을 가장 적게 느끼며, 이러한 지역적 차이는 통계적으
로 유의미한 수준으로 존재한다.

2) 요인 2(이주 전 한국에 대한 긍정적 이미지)에 대해서도 대구/경북 지역
의 응답자들이 가장 높은 평균치를 보였고, 다음이 서울/경기 지역이

며, 가장 낮은 평균치를 보인 것이 광주/전남 지역의 응답자들이다.

3) 요인 3(지역 주민과의 친밀도)에 대해서도 대구/경북 지역 응답자들이 가장 높은 평균치를 나타내어 다른 변수와 같았지만, 가장 낮은 수치를 보인 응답자 집단은 광주/전남 지역이 아니라 서울/경기 지역 응답자들로 나타났다. 이는 서울/경기 지역이 다른 지역에 비해 대도시여서 전문직 종사 외국인들이 지역 주민들과 친밀한 관계를 형성하기가 어려운 현실이 반영된 것으로 생각된다.

4) 요인 8(한국 사회 적응의 어려움 정도)에서도 대구/경북 지역에서 가장 낮은 평균치를 보이고, 다음이 서울/경기이며, 광주/전남 지역에서 가장 높은 수치를 보인다. 즉 전문직 종사 외국인들이 평균적으로 대구/경북 지역에서 한국 사회 적응에 대한 어려움을 가장 적게 느끼고, 반면에 광주/전남 지역에서 가장 크게 느끼는 경향을 보인다.

5) 요인 5(직장 생활에 대한 만족도)는 그 평균치에서 지역별로 차이를 보였지만, 이러한 차이는 통계적으로 유의미하지 않은 것으로 나타났다.

앞에서 요약하였듯이, 전문직 종사 외국인들의 한국 거주의 만족도를 나타내는 종속변수와 그것을 설명하는 주요 요인의 값들이 서울/경기, 대구/경북, 광주/전남의 세 지역 사이에 통계적으로 유의미한 수준으로 차이를 보이는데, 이는 전문직 종사 외국인들의 국내 정착과 적응의 과정이 지역별로 상이하게 이루어지고 있음을 암시하는 것이다. 따라서 전문직 종사 외국인들의 국내 적응을 더욱 정확히 이해하기 위해서는 외국인들의 삶에 영향을 미치는 사회문화적 환경의 지역적 차이를 이해하고, 이를 바탕으로 전문직 종사 외국인들의 국내 적응을 설명하는 것이 매우 중요하다.

전문직 종사 외국인들의 한국 사회 적응과 정착 과정의 지역별 차별성을 보다 자세히 알아보기 위해서 종속변수와 요인들 사이의 관계를 각 지역별로 나누어 분석하였다. 즉 1단계 분석에서 지역 구분 없이 모든 응답자들을 대상으로 종속변수와 추출 요인들에 대한 회귀분석을 실시하였다면, 여기서는 설문 조사에 응답한 전문직 종사 외국인들을 그들의 거주 지역에 따라 서울/경기, 대구/경북, 광주/전남의 세 집단으로 나누고, 각 집단 별로 종속변수와 요인들 사이의 관계를 각기 따로 분석하여 각 지역별로 전문직 종사 외국인들의 한국 사회 적응 정도를 어떤 요인이 설명하는지 알아보려는 것이다.

⟨표 10⟩은 설문 응답자 중에서 서울/경기 지역에 거주하는 이들에 국한하여 종속변수와 11개의 추출 요인들 사이의 관계를 회귀분석을 통해 분석한 결과이다. 132명을 대상으로 실시한 회귀분석에서 종속변수(한국에서 살게 된 것에 대해 자부심을 느낌)를 통계적으로 유의미하게 설명하는 요인들은 요인 2(이주 전 한국에 대한 긍정적 이미지), 요인 8(한국 사회 적응의 어려움 정도), 요인 5(직장 생활에 대한 만족도), 요인 3(지역 주민과의 친밀도), 요인 6(한국어 구사 능력)의 5개 요인이다. 또한 이 회귀모형의 R제곱 값이

표 10. 서울/경기 지역 거주자 대상의 회귀분석 결과

	Unstandardized Coefficients		Standardized Coefficients	T	Sig.
	B	Std. Error	Beta		
상수	3.754	0.063		59.264	0.000
요인 2 : 이주 전 한국에 대한 긍정적 이미지	0.297	0.073	0.291	4.064	0.000
요인 8 : 한국 사회 적응의 어려움 정도	−0.311	0.066	−0.326	−4.703	0.000
요인 5 : 직장 생활에 대한 만족도	0.320	0.068	0.330	4.719	0.000
요인 3 : 지역 주민과의 친밀도	0.180	0.065	0.192	2.745	0.007
요인 6 : 한국어 구사 능력	−0.120	0.055	−0.154	−2.203	0.029

R^2=0.415, F=17.890**
*α=0.05 유의도, **α=0.01 유의도

0.415로 나타나, 서울/경기 지역에서는 이들 5개 요인이 전문직 종사 외국인들의 한국 거주에 대한 자부심 정도를 41.5% 정도 설명하는 것을 알 수 있다.

〈표 11〉은 설문 응답자 중에서 대구/경북 지역에 거주하는 이들에 국한하여 종속변수와 추출 요인들 사이의 관계를 회귀분석을 통해 분석한 결과를 보여준다. 69명의 해당자를 대상으로 실시한 회귀분석에서 종속변수(한국에 살게 된 것에 대해 자부심을 느낌)를 통계적으로 유의미하게 설명하는 요인들은 요인 5(직장 생활에 대한 만족도), 요인 3(지역 주민과의 친밀도), 요인 2(이주 전 한국에 대한 긍정적 이미지)의 3개 요인이다. 또한 이 회귀모형의 R제곱 값이 0.266으로 나타나, 대구/경북 지역에서는 이들 3개 요인이 전문직 종사 외국인들의 한국 거주에 대한 자부심 정도를 26.6% 정도 설명하는 것을 알 수 있다.

〈표 12〉는 설문 응답자 중에서 광주/전남 지역에 거주하는 이들에 국한하여 종속변수와 추출 요인들 사이의 관계를 회귀분석을 통해 분석한 결과이다. 55명의 해당자를 대상으로 실시한 회귀분석에서 종속변수(한국에 살게 된 것에 대해 자부심을 느낌)를 통계적으로 유의미하게 설명하는 요인들

표 11. 대구/경북 지역 거주자 대상의 회귀분석 결과

	Unstandardized Coefficients		Standardized Coefficients	T	Sig.
	B	Std. Error	Beta		
상수	3.577	0.122		29.246	0.000
요인 5 : 직장 생활에 대한 만족도	0.271	0.087	0.330	3.106	0.003
요인 3 : 지역 주민과의 친밀도	0.275	0.096	0.305	2.868	0.006
요인 2 : 이주 전 한국에 대한 긍정적 이미지	0.266	0.115	0.245	2.306	0.024

R^2=0.266, F=7.856**
*α=0.05 유의도, **α=0.01 유의도

은 요인 2(이주 전 한국에 대한 긍정적 이미지), 요인 3(지역 주민과의 친밀도)의 2개 요인이다. 또한 이 회귀모형의 R제곱 값이 0.329로 나타나, 광주/전남 지역에서는 이들 2개 요인이 전문직 종사 외국인들의 한국 거주에 대한 자부심 정도를 32.9% 정도 설명하는 것을 알 수 있다.

1단계 분석과 2단계 분석을 통해 전문직 종사 외국인들이 한국 거주에 대해 자부심을 느끼는 정도를 설명하는 요인들을 전국적 차원과 지역적 차원으로 나누어 살펴보았다. 〈표 13〉은 이렇게 도출된 주요 설명변수들을 전국적 차원과 각 지역 차원으로 나누어 비교한 것이다. 이에 따르면 요인분석을 통해 추출된 총 11개의 요인들 중에서 요인 2(이주 전 한국에 대한 긍정적 이미지), 요인 3(지역 주민과의 친밀도), 요인 5(직장 생활에 대한 만족도), 요인 8(한국 사회 적응의 어려움 정도), 요인 6(한국어 구사 능력)의 5개 요인만이 전문직 종사 외국인들의 한국 거주에 대한 자부심 정도를 설명하는 데 유의미한 것으로 나타났다. 하지만 지역을 구분하지 않고 전체적으로 보는 경우와 각 지역별로 나누어 보는 경우에 따라 이들 5개 요인의 설명력은 상이하게 나타난다. 이를 요약하면 다음과 같다.

표 12. 광주/전남 지역 거주자 대상의 회귀분석 결과

	Unstandardized Coefficients		Standardized Coefficients	T	Sig.
	B	Std. Error	Beta		
상수	3.471	0.141		24.696	0.000
요인 2 : 이주 전 한국에 대한 긍정적 이미지	0.556	0.111	0.601	5.004	0.000
요인 3 : 지역 주민과의 친밀도	0.368	0.160	0.276	2.300	0.025

R^2=0.329, F=12.768**
*α=0.05 유의도, **α=0.01 유의도

(1) 지역을 구분하지 않고 국가 전체적으로 본 경우

서울/경기, 대구/경북, 광주/전남으로 지역을 구분하지 않고 모든 전문직 종사 외국인 설문 응답자를 대상으로 이들이 한국 거주에 대해 자부심을 느끼는 정도를 통계적으로 유의미하게 설명하는 변수들은 요인 2(이주 전 한국에 대한 긍정적 이미지), 요인 3(지역 주민과의 친밀도), 요인 5(직장 생활에 대한 만족도), 요인 8(한국 사회 적응의 어려움 정도)이다. 이를 바탕으로 지역을 구분하지 않고 전체적으로 보았을 때 전문직 종사 외국인들은 ① 이주 전 한국에 대한 긍정적 이미지가 강했을수록, ② 직장 생활에 대한 만족도가 높을수록, ③ 지역 주민과의 친밀도가 높을수록, ④ 한국 사회 적응에 대한 어려움을 적게 느낄수록 한국 거주에 대한 자부심을 더 많이 느끼는 경향이 있다고 말할 수 있다. 그리고 다음 〈표 13〉에 표시된 베타 값을 바탕으로 이들 요인 중에서 전문직 종사 외국인들이 한국으로 이주하기 전에 한국에 대해 어느 정도로 긍정적인 이미지를 가지고 있었는지 (Beta=0.431)가 종속변수에 대해 가장 큰 설명력을 지닌다고 말할 수 있다.

(2) 서울/경기 지역

서울/경기 지역에 거주하는 전문직 종사 외국인들의 한국 거주에 대한 자부심 정도는 〈표 13〉에서 제시된 모든 5개 요인들에 의해 통계적으로 유

표 13. 종속변수를 설명하는 주요 변수들의 지역 간 비교

	전체 Beta	서울/경기 Beta	대구/경북 Beta	광주/전남 Beta
요인 2 : 이주 전 한국에 대한 긍정적 이미지	0.431	0.291	0.245	0.601
요인 3 : 지역 주민과의 친밀도	0.223	0.192	0.305	0.276
요인 5 : 직장 생활에 대한 만족도	0.238	0.33	0.33	
요인 6 : 한국어 구사 능력		-0.154		
요인 8 : 한국 사회 적응의 어려움 정도	-0.207	-0.326		
R Square	0.335	0.415	0.266	0.329

의미한 수준에서 설명이 된다. 서울/경기 지역에 국한하여 보았을 때 전문직 종사 외국인들은 ① 직장 생활에 대한 만족도가 높을수록, ② 한국 사회 적응에 대한 어려움을 적게 느낄수록, ③ 이주 전 한국에 대한 긍정적 이미지가 강했을수록, ④ 지역 주민과의 친밀도가 높을수록, ⑤ 한국어 구사 능력이 낮을수록 한국 거주에 대한 자부심을 더 많이 느끼는 경향이 있다. 이들 5개 변수 중에서도 특히 직장 생활에 대한 만족도(Beta=0.33), 한국 사회 적응에 어려움을 적게 느끼는 정도(Beta=−0.326)가 종속변수에 대해 더 큰 설명력을 지닌다.

여기서 흥미로운 것은 한국어 구사 능력이 한국 거주에 대해 자부심을 느끼는 정도에 부정적으로 영향을 준다는 사실이다. 즉 한국어 구사 능력이 높을수록 한국 거주에 대한 자부심을 덜 느끼는 것으로 나타났다는 것이다. 이는 이주국에서의 언어 구사 능력이 이주자들의 적응에 중요한 영향을 줄 것이라는 일반적인 인식과 반대되는 결과로, 이주자들의 언어 구사 능력이 이주자들이 이주국에서 느끼는 삶의 만족도에 반드시 긍정적으로만 작용하지 않을 수 있음을 보여주는 결과라 할 수 있다. 언어 구사 능력의 향상은 이주자들로 하여금 현지인들과 더 넓고 깊이 있는 상호작용을 가능하게 하여 이주 사회에 적응하는 데 긍정적으로 기여하는 면도 있지만, 이주국 주민들이 지니는 문화적 편견과 이주자들에 대한 배제의 태도를 좀 더 잘 느끼도록 하여 이주국에서의 삶을 덜 행복하게 느끼도록 만드는 부정적인 영향을 미칠 수도 있다. 특히 이 장에서의 연구 대상인 전문직 종사 외국인의 경우는 이들이 지니는 높은 교육 수준과 소득, 종사 직종에 대한 사회적 존경 등으로 인해 한국인들이 상대적으로 호의적인 태도로 대할 수 있기 때문에 쉽사리 한국 거주에 대해 자부심을 느낄 수 있다. 하지만 이 연구의 결과는 한국어 구사 능력이 향상되어 한국인과의 접촉이 많아지면서 오히려 한국 사회와 문화의 부정적인 면을 더 잘 알게 됨으로써 한국 거주에 대한 자부심이 낮아질 수도 있음을 보여준다.

(3) 대구/경북 지역

대구/경북 지역에 거주하는 전문직 종사 외국인들의 경우는 요인 5(직장 생활에 대한 만족도), 요인 3(지역 주민과의 친밀도), 요인 2(이주 전 한국에 대한 긍정적 이미지)가 이들의 한국 거주에 대한 자부심 정도를 통계적으로 유의미하게 설명하는 변수들이다. 즉 대구/경북 지역에 국한하여 보았을 때 전문직 종사 외국인들은 ① 직장 생활에 대한 만족도가 높을수록, ② 지역 주민과의 친밀도가 높을수록, ③ 이주 전 한국에 대한 긍정적 이미지가 강했을수록 한국 거주에 대한 자부심을 더 많이 느끼는 것으로 나타났다. 또한 이들 3개 변수 중에서 특히 직장 생활에 대한 만족도(Beta=0.33)와 지역 주민과의 친밀도(Beta=0.305)가 종속변수에 대해 큰 설명력을 지니는 것으로 나타났다.

(4) 광주/전남 지역

광주/전남 지역에 거주하는 전문직 종사 외국인들의 경우는 요인 2(이주 전 한국에 대한 긍정적 이미지)와 요인 3(지역 주민과의 친밀도)의 2개 변수만이 이들의 한국 거주에 대한 자부심 정도를 통계적으로 유의미하게 설명하였다. 즉 광주/전남 지역에 국한하여 보면 전문직 종사 외국인들은 ① 이주 전 한국에 대한 긍정적 이미지를 강하게 가졌을수록, ② 지역 주민들과 친밀도가 높을수록 한국 거주에 대한 자부심이 높은 것으로 나타났다. 또한 이 두 변수들 중에서 이주 전 한국에 대한 긍정적 이미지(Beta=0.601)가 특히 강한 설명력을 지닌다.

이처럼 지역을 나누어 분석해 보았을 때, 전문직 종사 외국인들의 한국 거주에 대한 자부심 정도를 중요하게 설명하는 변수들이 지역마다 상이함을 알 수 있다. 즉 지역의 사회문화적 환경의 차이로 인해 각 지역마다 전문직 종사 외국인들의 한국 거주에 대한 만족도에 영향을 주는 요인들이 다르다는 것이다.

지역적 차이에 대한 이러한 비교를 통해 알 수 있는 특징적인 사실 중의 하나는 모든 지역에서 공통적으로 전문직 종사 외국인들이 한국으로의 이주 전에 가졌던 한국에 대한 긍정적인 이미지가 그들의 현재 한국 거주에 대한 만족도와 높은 상관관계를 가진다는 사실이다. 이에 대한 즉각적인 해석 방식의 하나는 한국의 국제적인 이미지와 그로 인해 전문직 종사 외국인들이 가지게 되었던 한국 생활에 대한 긍정적인 기대감이 그들이 현재 한국 거주에 대해 자부심을 갖게 하는 데 중요한 배경이 되는 것으로 이해하는 것이다. 하지만 한국 거주에 대한 자부심 정도와 이주 전 한국에 대한 긍정적 이미지의 정도가 지역별로 통계적으로 유의미한 수준에서 차이가 난다는 〈표 9〉의 분석 결과를 좀 더 심각하게 고려한다면 이러한 해석 방식은 문제가 있음을 알 수 있다. 왜 한국 거주에 대해 가장 낮은 자부심을 가지고 있는 광주/전남 지역의 전문직 종사 외국인들이 이주 전 한국에 대해 긍정적인 이미지를 가졌던 정도도 가장 낮았을까? 한국으로의 이주 전에 가졌던 한국에 대한 이미지는 외국인들이 현재 거주하는 지역의 사회문화적 환경의 차이에 영향을 받지 않고 형성된 것이라고 할 수 있기 때문에 지역 간 차이가 별로 없어야 할 텐데, 왜 광주/전남 지역의 전문직 종사 외국인들이 다른 지역 외국인들보다 훨씬 덜 긍정적인 이미지를 가졌다고 대답할까? 이러한 질문들을 고려한다면, 설문 조사의 응답자들이 이주 전 한국에 대한 이미지로 답한 것이 실제로는 현재 그들이 한국에 대해 가지고 있는 이미지와 감정이 상당히 개입된 것이라고 생각하는 것이 더 정확하다고 할 수 있다. 즉 광주/전남 지역에 거주하는 전문직 종사 외국인들은 다른 지역의 전문직 종사 외국인들에 비해 한국 거주에 대한 만족도가 낮고,

이는 이들이 한국에 대해 부정적인 이미지를 가지도록 하며, 이러한 현재의 부정적 이미지가 설문 조사에서 이주 전에 이미 긍정적인 이미지를 덜 가졌던 것으로 응답하도록 하였고, 이것이 한국 거주에 대한 자부심 정도와 이주 전 한국에 대한 긍정적 이미지 사이의 높은 상관관계를 이끌어낸 것이라고 해석하는 것이 더 정확하다.

또 다른 중요한 특징은 서울/경기와 대구/경북에서는 직장 생활에 대한 만족도가 이들의 한국 거주에 대한 자부심에 큰 영향을 미치는 데 비해, 광주/전남에서는 직장 생활에 대한 만족도가 아무 유의미한 영향을 미치지 않는다는 사실이다. 이 결과를 〈표 9〉의 결과와 연결시켜 보면 재미있는 추론이 가능해진다. 〈표 9〉에서 나타난 바와 같이 전문직 종사 외국인들이 한국 거주에 자부심을 느끼는 정도가 지역마다 통계적으로 유의미한 수준으로 상이하였는데, 특히 광주/전남 지역이 서울/경기와 대구/경북 지역보다 월등히 낮은 수치를 보였다. 반면 직장 생활에 대한 만족도는 이들 지역 사이에서 유의미한 수준으로 통계적 차이를 나타내지 않았다. 즉 광주/전남 지역에 거주하는 전문직 종사 외국인들이 서울/경기나 대구/경북 지역의 전문직 종사 외국인들과 비교했을 때 직장 생활에 대한 만족도에서는 큰 차이를 보이지 않았지만, 한국 거주에 대해서는 상대적으로 낮은 자부심을 가지고 있다는 것이다. 이는 서울/경기와 대구/경북 지역에서 전문직 종사 외국인들이 한국 생활에 만족하게 되는 데에는 직장 생활에서의 만족도가 큰 영향을 주지만, 광주/전남 지역에서는 그렇지 않다는 것을 의미한다. 다시 말해 직장 생활에 대한 만족도 외의 다른 지역적인 요인에 의해 광주/전남 지역의 전문직 종사 외국인들이 서울/경기나 대구/경북의 전문직 종사 외국인들에 비해 한국 거주에 대한 만족도가 낮다는 것이다. 이는 〈표 9〉에서 보여주는 바와 같이 지역 주민과의 친밀도 광주/전남 지역이 서울/경기와 비슷한 수준으로 낮고, 한국 사회 적응에 어려움을 느끼는 정도도 광주/전남에서 높게 나타난 사실에서 잘 나타난다. 이러한 분석을 통해 최소한 이 연구에서 수행한 설문 조사에 따르면, 광주/전남 지역이 전문직 종사 외국인들이 한국 거주에 만족하기에 가장 어려운 지역적 환경을 가진 곳임을 알 수 있다.

5. 결론

이 장에서는 초국가적 이주와 정착의 과정을 공간적 관점에서 이해하려는 '다문화 공간'의 인식론을 바탕으로, 전문직 종사 외국인들의 한국 사회 적응이 어떻게 지역적으로 차별화되어 이루어지는지 경험적으로 밝혀 보고자 한 것이다. 외국인의 국내 적응에 대한 기존의 연구들은 공간적 인식론의 결여로 외국인들의 적응 과정과 한국에서의 삶에 대한 만족의 정도가 지역적으로 차이가 있다는 사실에 대해 거의 관심을 기울이지 않았다. 특히 한국 사회 전체가 외국인들에게 동일한 환경과 문화, 그리고 삶의 조건을 제공할 것이라고 전제하고 언어, 문화, 법률, 제도, 관습, 사회적 네트워크 등과 같은 비공간적 요인들이 외국인들의 국내 적응에 미치는 영향에 대해서만 연구하였다. 하지만 '다문화 공간'의 인식론을 바탕으로 바라보면 이러한 연구의 경향은 심각한 문제가 있는 것이다. 한국 내에서 지역과 도시에 따라 외국인들이 처하게 되는 삶의 조건, 자연인문적 환경, 문화, 생활 여건 등에서 많은 차이가 존재하고, 그에 따라 외국인들이 국내에 적응하고 한국에서의 삶에 만족하는 정도도 지역마다 많은 차이가 존재한다. 따라서 이 연구는 이를 경험적으로 증명하기 위해 전문직 종사 외국인들을 대상으로 설문 조사를 실시하여 이들의 국내 적응과 만족의 정도가 지역적으로 어떠한 차이를 보이는지 통계적으로 살펴보고, 또한 외국인들의 적응과 만족의 정도에 영향을 미치는 요인들은 지역적으로 어떠한 차이를 보이는지를 통계적 분석을 통해 알아보았다.

전문직 종사 외국인들을 대상으로 한 설문 조사와 그에 대한 통계분석의 결과를 간단히 요약하면 다음과 같다. 지역을 구분하지 않고 전국적 차원에서 보았을 때, 전문직 종사 외국인들의 한국 거주에 대한 만족의 정도는 ① 한국으로 이주하기 전에 한국에 대해 긍정적인 이미지를 많이 가졌을수록, ② 현재 직장 생활에 대한 만족도가 높을수록, ③ 현 거주 지역의 주민들과 친하게 지낼수록, ④ 한국 사회 적응에 어려움을 느끼는 정도가 낮을수록 높은 것으로 나타났다. 이는 전문직 종사 외국인들의 경우 한국 생활에 대한 긍정적인 기대감을 가지고 이주해 와서, 지금 직장에서 자신의 능력을 제대로 인정받으면서 근무 여건에 만족하며, 이웃 주민들과 친밀한 관계를 형성하는 사람들일수록 현재 한국 거주에 대해 더 높은 만족감을 지니는 경향이 있다는 것을 의미한다. 하지만 앞서 광주/전남 지역에 대한 분석에서 언급하였듯이, 이주 전 한국에 대한 이미지는 반드시 이주자들이 한국으로 이주하기 전에 가졌던 과거의 이미지를 나타내는 것이라고 보기는 어렵고, 현재 이주자들이 한국 사회에 대해 가지고 있는 느낌이 어느 정도 반영된 것으로 보는 것이 타당하다.

전문직 종사 외국인들이 한국 거주에 대해 느끼는 만족감의 정도와 그를 설명하는 요인들의 값들은 직장에 대한 만족도를 제외하고는 서울/경기, 대구/경북, 광주/전남의 세 지역 간에 통계적으로 유의미한 수준에서 차이를 보인다. ① 한국 거주에 대한 만족도는 대구/경북에서 가장 높고, 광주/전남에서 가장 낮으며, ② 이주 전 한국에 대한 이미지의 정도는 광주/전남에서 가장 부정적이고, 대구/경북에서 가장 긍정적이며, ③ 지역 주민과의 친밀도는 대구/경북이 가장 높고, 서울/경기가 가장 낮으며, ④ 한국 사회 적응에 어려움을 느끼는 정도는 광주/전남에서 가장 높고, 대구/경북에서 가장 낮게 나타났다. 이를 통해 알 수 있는 것은 서울/경기, 대구/경북, 광주/전남의 세 지역 중에서 대구/경북의 전문직 종사 외국인들이 한국 거주에 대한 만족도를 비롯하여 지역 주민과의 친밀도가 가장 높고, 한국 사회 적응에 대한 어려움을 느끼는 정도도 가장 낮으며, 한국에 대한 이미지도 가장 긍정적인 것으로 나타나 대구/경북 지역에서 전문직 종사 외국인들의 한국 사회 적응이 가장 잘 이루어지고 있음을 보여준다는 점이다. 또한 이와 반면에 광주/전남 지역에서는 앞의 변수들의 값이 대구/경북과 반대되는 방향으로 나타나 전문직 종사 외국인들의 한국 사회 적응이 다른 지역에 비해 상대적으로 어렵게 이루어지고 있다는 것이다.

서울/경기, 대구/경북, 광주/전남 세 지역을 따로 나누어 각 지역에 거주하는 전문직 종사 외국인만을 대상으로 한국 거주에 대한 만족감과 그와 관련된 변인들을 살펴보았는데, 지역별로 많은 차이를 보여주었다. 첫째, 서울/경기 지역에 거주하는 전문직 종사 외국인들은 ① 직장 생활에 대한 만족도가 높을수록, ② 한국 사회 적응의 어려움을 적게 느낄수록, ③ 이주 전 한국에 대한 긍정적 이미지가 강했을수록, ④ 지역 주민과의 친밀도가 높을수록, ⑤ 한국어 구사 능력이 낮을수록 한국 거주에 대한 자부심을 더 많이 가지는 경향을 보였다. 둘째, 대구/경북 지역에 거주하는 전문직 종사 외국인들은 ① 직장 생활에 대한 만족도가 높을수록, ② 지역 주민들과의 친밀도가 높을수록, ③ 이주 전 한국에 대한 긍정적 이미지가 강했을수록 한국 거주에 대한 자부심을 더 많이 가지는 경향이 있는 것으로 나타났다. 셋째, 광주/전남 지역에 거주하는 전문직 종사 외국인들은 ① 이주 전에 한국에 대한 긍정적 이미지를 강하게 가졌을수록, ② 지역 주민과의 친밀도가 높을수록 한국 거주에 대한 자부심이 높은 경향이 있는 것으로 나타났다.

이 연구 결과는 국제적 이주자들의 적응이 일국 단위에서 동일한 형태와 방식으로 나타나지 않고, 이주자들이 거주하고 생활하는 지역과 도시에 따라 상이한 방식으로 적응의 과정이 나타남을 보여준다. 특히 이주자들의 적응에 중요한 영향을 주는 경제 활동의 여건, 지역적으로 형성된 사회적 관계, 공동체 의식, 외국인들에 대한 개방성, 이주자들에게 주어지는 어려움의 정도 등과 같은 사회·문화·경제적 조건들이 지역마다 상이하고, 이로 인해 이주자들이 이주국 사회에 적응하는 정도도 지역별로 상이하게 나타난다는 사실을 잘 보여준다. 이를 바탕으로 국제 이주자들의 적응에 대한 연구는 더 이상 국가 전체적인 사회문화적 환경을 동질적인 것으로 상정하지 말고, 이주자들의 적응에 영향을 주는 사회문화적 환경이 지역 및 도시 차원에서 차별적임을 더욱 심각하게 인식할 필요가 있다. 그리고 이주자 적응의 문제를 지역과 도시적 차원에서 보다 면밀히 살펴보고, 이를 바탕으로 여러 지역 및 도시들 간에 나타나는 이주자 적응의 차이를 비교 연구하는 노력이 이루어져야 할 것이다.

:: 참고 문헌

고민경, 2009, "초국가적 장소의 형성 : 이태원을 중심으로 바라본 서울의 세계화", 서울대학교 지리교육과 석사학위 논문.
구자순, 2007, "결혼이주여성의 적응에 관한 근거이론연구", 부산대학교 대학원 사회복지학과 박사학위 논문.
김영란, 2008, "한국사회에서 이주노동자의 사회문화적 적응에 관한 연구", 담론 201 11(2), pp.103-138.
김오남, 2006, "이주여성의 부부갈등 결정요인 연구", 가톨릭대학교 대학원 사회복지학과 박사학위 논문.
김현주·전광희·이혜경, 1997, "국내 거류 외국인의 한국 사회 적응과정에 관한 연구",

한국언론학보 40, pp.105-139.

박배균, 2009, "초국가적 이주와 정착을 바라보는 공간적 관점에 대한 연구 : 장소, 영역, 네트워크, 스케일의 4가지 공간적 차원을 중심으로", 한국지역지리학회지 15(5), pp.616-634.

임석회, 2009, "결혼이주여성의 지역사회 적응 요인에 관한 연구", 한국경제지리학회지 12(4), pp.364-387.

최병두, 2009, "한국 이주노동자의 일터와 일상생활의 공간적 특성", 한국경제지리학회지 12(4), pp.319-343.

Jessop, B., Brenner, N. & Jones, M., 2008, "Theorizing Socio-Spatial Relations", *Environment and Planning D : Society and Space* 26(3), pp.389-401.

Sayer, A., 1992, *Method in Social Science*, London : Routledge.

Sayer, A., 1985, "The Difference that Space Makes", in D. Gregory and J. Urry (eds.), *Social Relations and Spatial Structures*, London : MacMillan, pp.49-66.

Smith, M. P, 2001, *Transnational Urbanism : Locating Globalization*, London : Blackwell Publishers.

Zhou, Y., 1998, "How Do Places Matter? A Comparative Study of Chinese Ethnic Economies in Los Angeles and New York City", *Urban Geography* 19(6), pp.531-553.

한국경제지리학회지 제13권 1호(2010년 3월) pp.89-110에 게재된 글임.

제10장

외국인 유학생의 이주 과정과 주요 배경 요인

안 영 진

1. 서론

1) 연구 목적

2000년 이후 국내 고등교육 기관에서 수학하고 있는 외국인 유학생 수가 크게 늘고 있다. 2008년 4월 1일 현재 국내 각급 대학에 유학 중인 외국인 유학생 수는 63,952명에 이른다(교육과학기술부, 2008). 이 수치는 2000년 6,160명에 불과하였던 국내 외국인 유학생 수와 비교해 볼 때, 8년이라는 짧은 시간 동안 10배 이상 급증한 것이다. 이처럼 외국인 유학생 수가 급격히 늘어난 것은 1997년부터 정부가 외국인의 정원 외 입학을 대학 자율에 맡기고, 2000년대에 들어 고등교육의 국제 경쟁력을 강화하고 국제 수지를 개선하기 위해 '외국인 유학생 유치 확대 종합방안'(2001)과 이를 확대·보완한 '스터디 코리아(Study Korea) 프로젝트'(2004)를 수립·시행하면서 유학생 유치에 전력해 왔기 때문이다. 이와 함께 국내의 많은 대학들도 대학 재정을 확충하고 대학 학생 자원 부족 문제를 해결하기 위해 유학생 유치에 경주해 왔다. 특히 정부의 '스터디 코리아 프로젝트'가 당초 목표한 2010년까지의 외국인 유학생 5만 명 유치가 2007년에 조기 달성되면서, 지난 2008년 8월에는 '스터디 코리아 프로젝트 발전방안'[1]을 통해 2012년까지 국내 체류 유학생을 연간 10만 명까지 확대한다는 새로운 방침을 발표한 바 있어 앞으로도 국내 외국인 유학생 수는 계속 늘어날 전망

---

[1] 이 정책의 목적은 "21세기 지식 기반 사회의 세계 중심 국가로 확고히 자리매김을 위한 초석을 마련하고, 고등교육의 질적 수준 향상을 통해 한국 교육의 국제 경쟁력을 제고하며, 유학생 유치를 통한 국제 수지 개선에 기여하기 위하여 '보내는 유학'에서 '받아들이는 유학'으로 정책을 전환하고자 함"에 두고 있다.

이다.

　이러한 국내 외국인 유학생의 증가는 오랫동안 유학생의 세계적 송출국의 하나로서 '오명 아닌 오명'을 들어온 우리의 고등교육 체계에 적지 않은 변화를 가져오고 있다(안영진·최병두, 2008). 우선 대학의 교정과 강의실에서 외국 유학생들과 조우하는 일은 이제 전혀 낯설지 않게 되었다. 그리고 각 대학들도 국제화의 명목 아래 유학생들을 위한 외국어 강좌 확대나 국제적 졸업 인증제의 도입 등 다양한 변화를 모색하고 있다. 하지만 유학생 유치를 둘러싼 대학들 간의 치열한 경쟁과 유학생의 단기 급증에 따른 부작용도 만만치 않다. 특히 수학 능력을 불문하고 입학을 허용하거나 입국한 유학생들이 본래 목적과 달리 중도 이탈하여 취업에 나서는 등 유학생의 입학과 관리 문제가 꾸준히 제기되고 있다. 더욱이 이러한 상황에서 최근의 유학생 증가는 실속 없는 '인재 유치'라는 비판까지 나오고 있다. 청년 실업이 확대되는 국내 경제 여건하에서 유학을 마친 외국인 학생들을 얼마나 활용할 수 있을 것인지에 대한 의구심도 높아지고 있다.

　이처럼 2000년대에 들어 우리 사회에서 그동안 외국인 문제와 관련하여 큰 관심을 끌어온 이주 노동자나 결혼 이주자와는 또 다른 유형의 유입 인구로서 외국인 유학생이 급증하면서 이 문제도 학술적으로 주목받고 있다. 유학생에 관한 기존 연구들은 주로 유학생의 유치 확대를 위한 정책 방안을 강구하거나(박태호 외, 2001; 노종희 외, 2002; 이명재 외, 2006; 최정순 외, 2007), 국내 외국인 유학생의 현황을 파악하거나 실태 분석을 행하고(안영진·최병두, 2008; 이태식 외, 2009), 또한 이들 유학생의 국내 적응에 초점이 맞추어져 왔다. 특히 국내 유학생 연구의 대부분을 차지하는 적응 문제는 학생들이 유학 생활에서 직면하는 다양한 어려움(언어, 교육 체계 및 학습 양식에의 부적응 등)과 타문화 체험 과정에서의 갈등 그리고 성공적 유학 생활을 위한 요건들(경제적 기반, 주거, 지역사회 적응 등)을 강조하고 있다

(안선민 외, 2006; 이익수 외, 2006; 권양이, 2008).■2 따라서 오늘날 세계적으로 유학생 유치를 둘러싼 각국의 경쟁이 치열해지고 국제 이동이 크게 확대되는 상황에서 국내 외국인 유학생들의 이주 패턴과 의사결정 과정 그리고 이주 배경에 관해서는 아직까지 충분한 연구가 이루어지지 않고 있다.

실제로 정부와 각 대학들이 유학생의 유치에는 적극적이었지만, 정작 이들의 국내 유학의 배경과 목적, 유학이라는 이주 과정을 따른 구체적인 의사결정 등에 관해서는 거의 관심을 기울이지 않았다. 외국 유학은 오랫동안 몸담아 온 모국을 떠나 모든 점에서 전혀 생소한 외국에서 학업을 하는 것으로, 이주에는 출발지 국가에서의 유학을 위한 준비와 이주 결정, 목적지 국가로 입국과 함께 새로운 사회 문화 및 교육 환경에의 적응과 정착, 그리고 학업 후 출발지 국가로의 재이주(귀환) 또는 유학 국가에의 잔류라는 일련의 과정이 결부되어 있다. 유학이라는 이주 결정과 이동 행위의 모든 과정에는 또한 매우 복잡한 배경 요인과 동기가 존재한다. 이뿐만 아니라 최근의 유학생 증가는 빠르게 진행되고 있는 세계화와 국제적 교류 협력의 확대라는 거시적 환경 변화와 결코 무관하지 않다(Kwiek, 2001; OECD, 2004; IOM, 2008). 그러므로 국내 외국인 유학생의 특성을 이해하기 위해서는 유학생의 이주 흐름과 유형을 유학생 이주의 일련의 단계와 연계시켜 분석할 필요가 있다. 더욱이 유학생의 국내 적응과 관리, 한 걸음 더 나아가 외국인 유학생 정책에 대한 비판과 부정적 인식을 극복하기 위해서도 더욱 깊이 있는 연구가 요청된다.

이러한 맥락에서 이 연구는 국내 외국인 유학생의 이주 과정과 그 결정

■2 외국인 유학생의 적응에 관한 연구는 거의 대부분 석사 학위 논문 차원에서 이루어지고 있으며, 박사 학위 논문으로 행해지는 것은 소수에 지나지 않는다. 이 밖에 각 대학 차원에서 외국인 학생 지도 차원으로 이루어진 실태 차원의 조사가 많이 있다(박은경, 2008; 쯔네야마 토모요, 2009).

요인을 분석하고자 한다. 구체적으로는 국내 외국인 유학생들의 이주 과정을 유학 전(입국 전 준비), 유학 중(입국 후 정착), 유학 후(귀국 또는 국내 체류)라는 세 단계로 나누어보고, 각 단계에 따른 유학의 배경과 의사 결정 그리고 그에 영향을 미치는 주요 요인들을 파악해 보고자 한다.

2) 연구 방법 및 자료

이 연구는 국내 외국인 유학생들의 이주 과정과 주된 배경 요인을 파악하고 분석하기 위해 국내 각 대학에서 수학하고 있는 외국인 유학생들을 대상으로 설문 조사를 실시하였다. 이에 이 연구는 서울과 경기, 대구와 경북, 광주와 전남 등 3개 지역을 조사 대상 지역으로 삼아 각 지역에 속한 4년제 대학을 위주로 약 400부의 구조화된 설문지를 통해 면담 및 자기기입

표 1. 설문 조사 지역 및 응답자 특성

구분		응답자		구분		응답자	
		표본수(명)	비율(%)			표본수(명)	비율(%)
조사 지역	서울	55	15.4	입국 연도	2005년	33	9.2
	경기	49	13.7		2004년 이전	17	4.7
	대구	55	15.4		무응답	20	5.6
	경북	79	22.1	교육 과정	어학 연수	137	38.3
	광주	62	17.3		학사 과정	132	36.9
	전남	58	16.2		석사 과정	56	15.6
국적	중국	209	58.4		박사 과정	20	5.6
	일본	31	8.7		무응답	13	3.6
	인도	23	6.4	연령	21세 이하	34	9.5
	필리핀	16	4.5		22~24세	172	48.0
	미국	9	2.5		25~26세	54	15.1
	기타	70	19.6		27~29세	69	19.3
입국 연도	2008년 이후	157	43.9		30세 이상	25	7.0
	2007년	89	24.9		무응답	4	1.1
	2006년	42	11.7	합계		358	100.0

방식으로 자료 조사를 행하였다. 2008년 10월에서 2009년 1월에 걸쳐 수행된 400부의 설문 조사에서 유효 설문지 358부를 이 연구의 분석 자료로 활용하였다.

당초 설문지는 국내 외국인 유학생의 이주는 물론이고 적응에 관한 항목까지 포함한 것이었다. 하지만 이 연구에서는 이들 설문 내용 중 유학생의 국적, 성별, 연령, 결혼 여부, 종교, 입국 연도, 교육 과정, 한국어 구사 능력, 거주 지역 등 일반 사항과 함께 이주 전의 삶의 여건, 이주의 거시적 배경, 이주의 미시적 동기, 이주 매개 기관 등의 이주 배경과 의사 결정 과정에 관한 부분의 조사 결과를 분석에 사용하였다. 이 연구의 분석에 활용된 외국인 유학생에 대한 설문 조사의 개요 및 응답자의 특성을 정리하여 제시하면 〈표 1〉과 같다.

2. 이론적 고찰

1) 국제 이주 이론 검토

지난 수십 년 동안 세계적으로 유학생의 이동은 크게 늘어났고, 오늘날 국제 이주의 한 형태로 자리 잡아가고 있다(안영진, 2008). 그럼에도 불구하고 유학생에 대한 학술적 관심은 제한적이었으며, 이에 대한 실증적 분석도 많지 않은 실정이다. 유학생의 국제적인 이주 규모나 패턴 등은 UNESCO나 OECD의 조사 통계와 보고서를 통해 부분적으로 알려져 왔으나(UNESCO, 1998; OECD, 2007), 조사 대상국의 제한 및 조사 범위와 방법의 난점 등으로 유학생의 정확한 총수는 물론이고 유학생의 국제적 이주과정과 배경, 특성 등은 여전히 많이 알려져 있지 않다. 이런 의미에서도 여타 국제 이주 현상에 비해 유학생의 이동을 이론적 측면에서 깊이 있게 논의한 연구는 찾아보기 힘들다.

물론 최근 들어 활발히 이루어지고 있는 국제 이주에 관한 다양한 이론적 조명(석현호, 2003; 김용찬, 2006; 전형권, 2008; 박배균, 2009; Pries, 2008)은 유학생의 이주 과정과 이동 패턴을 설명하는 데 전혀 무의미한 것은 아니다. 기존의 국제 이주 이론은 노동력의 국가 간 이동에 설명의 초점을 맞추고 있다는 점에서 유학생의 이주를 설명하는 데에는 분명 한계를 지니고 있다. 그러나 유학생의 이주도 국제 이주의 한 유형이자 인구 이동의 보편적 특성을 공유하고 있다는 측면에서 기존의 국제 이주에 관한 이론과 분석틀은 유학생 이주의 동인과 과정을 이해하는 데 원용될 수 있다. 다만 이와 동시에 그동안 밝혀진 유학생 이주의 특수성을 충분히 고려하여 재구성할 필요가 있다. 기존의 국제 이주에 적용된 이론과 모델들은 국제 이주의 발생과 지속(또는 영속) 그리고 적응(또는 정착) 과정에 관해 일련의 설명을 시도하고 있다. 이 연구의 관심사는 유학생 이주의 과정과 배경에 있지만, 이주의 발생과 지속 및 적응 간에는 상호 관련성이 성립하므로 후자에 관해서도 간략히 논의하고자 한다.

먼저 국제 이주 이론에서는 이주의 발생을 한편으로 '신고전경제학의 거시 및 미시 이론'과 '신이주경제학', 또 한편으로 '노동시장분절론'과 '세계체제론'으로 접근하고 있다. 신고전경제학은 노동력 수급의 지역차로 인구 이동이 발생한다는 점을 전제로 하고 있다. 따라서 신고전경제학의 거시이론은 국제적 인구 이동이 자본은 부족하고 노동력은 풍부한 국가에서 자본은 풍부하나 노동력은 부족한 국가로 발생한다고 주장한다(석현호, 2003, 17). 아울러 신고전경제학의 미시이론은 '인적 자본론'으로 대표되며, 이는 이주를 인적 자본 투자 현상으로 파악하고 사람들이 교육, 경험, 훈련, 언어 능력 등 자신의 인적 자본을 투자하여 고용이 가능한 지역,

비용과 이익의 계산에 의해 순익을 최대로 얻을 수 있는 지역으로 이주한다고 가정한다. 이러한 신고전경제학의 접근은 이주의 결정이 개인적 행위자에 의해 이루어진다는 가정에 근거하고 있으나, 현실의 국제 이주는 개인보다는 가구(또는 가족)나 공동체 등 보다 큰 단위의 행위자에 의해 행해지는 경우도 적지 않으며(김용찬, 2006, 85), 특히 가구의 기대 소득을 극대화할 뿐만 아니라 자국 내 시장에서의 위험 요소를 극소화하고 불안정을 이완하기 위해서도 이주한다. 바로 이런 관점에 초점을 맞추어 이주를 설명하는 것이 신이주경제학이다. 이상의 신고전경제학은 국제 이주가 국가 간의 임금 격차로 발생하므로 이주가 진행되면 임금 격차가 점차 감소하고 결국 국가 간 이주도 멈추게 된다는 균형이론에 바탕을 두고 있는 반면, 신이주경제학은 국가 간의 임금 격차가 나지 않더라도 이주가 가구들이 소득 원천을 다원화하기 위한 방편에서 발생할 수 있다고 지적한다(석현호, 2003, 18). 하지만 이들 이론은 행위자에 초점을 맞춘 이론으로 국제 이주를 개개인의 합리적 의사 결정, 즉 선택의 결과로 파악하고 있기 때문에(김용찬, 2006, 86), 개인과 가족의 의사 결정 범위를 넘어서서 국제 이주에 영향을 미치는 각종 요인들, 즉 경제 구조와 출발지 국가와 목적지 국가 간의 역사적 특수성과 문화적 경로 그리고 국가의 정책이나 역할 등을 간과하고 있다(전형권, 2008, 268).

앞의 합리적 선택 이론과 달리 이주의 주된 요인으로 경제구조적 조건을 고려하는 이론들은 다름 아닌 세계체제론과 노동시장분절론이다. 세계체제론은 자본주의 경제의 주변국 시장 침투가 국제 이주를 야기하는 근본 원인이라고 한다. 즉 세계 경제에서 중심부 국가의 자본가들은 보다 많은 이윤을 찾아 주변부 국가로 침투하고 주변부 저발전 사회의 불균등이 심화되면서 국제적 노동 이동이 자본과 상품의 흐름과 정반대로 일어난다는 것이다. 이러한 이동 흐름은 다른 국가들보다는 과거의 식민지와 그 모국 간에 한층 활발히 일어나는 경향이 있는데, 이는 이들 국가 간에는 언어, 정치, 교통통신 등의 연결이 일찍이 형성되어 있고 시장 및 문화 관계가 확립되어 있기 때문이라고 한다(석현호, 2003, 20). 반면에 노동시장분절론은 이주 대상국의 경제 구조, 즉 노동 시장 구조에 주목하여 이주의 원인을 설명하고 있다. 즉 국제적 노동 이동은 단순히 후진국의 저임금이나 높은 실업률에 의해 진행되는 것이 아니라 이주 노동력이 필요한 선진국 경제의 구조적 요인에 의해 형성되고 유지된다는 것이다. 노동시장분절론은 자본주의 시장에 자본집약적인 1차 노동 시장과 노동집약적인 2차 노동 시장 간에 분절이 존재한다는 점을 주목하고, 선진국 경제 구조 내의 저임금, 불안정한 환경과 유동성 전망의 부재 등은 본국 노동력을 부차적 부문보다 자본집약적인 주요 부문으로 집중하게 하고, 이러한 조건에서 부차적 부문의 노동력은 이주 노동력에 의해 충원된다고 설명한다(김용찬, 2006, 85; 박배균, 2009, 619). 이상과 같이 구조에 초점을 맞춘 이론들은 국제 이주를 초래하는 구조적 요인들을 설명하는 데에는 유용하지만, 국제 이주자들의 이주 동기를 일반화시켜 행위자의 선택을 구조 차원으로 환원시켜 설명함으로써 이주 과정을 간과하는 오류를 범하고 있을 뿐만 아니라(전형권, 2008, 271), 주로 대규모 이주 또는 노동력 이주를 분석의 중심에 놓음으로써 최근 들어 증가하는 개인이나 소규모 집단의 국제 이주를 포함한 국제 이주의 복잡성을 설명하는 데에는 한계를 보이고 있다(김용찬, 2006, 90).

한편으로 국제 이주 이론은 국제 이주의 발생 원인 또는 조건들은 일정한 이주 흐름이 확립되면서 형성되는 후속 이주의 사회적 조건들과 상이할수 있다고 보고, 이른바 이주의 지속 혹은 영속화 문제도 논의하고 있다. 현재 영속화 이론으로서는 '사회자본론'과 '누적원인론'이 대표적으로 제시되고 있다. 사회자본론은 어느 두 국가 간의 이주자들이 일정 수준을 넘어서면 이주 연결망, 즉 이주자, 선이주자 그리고 이출지와 이입지의 비이주자를 연결하는 친족, 친구, 동향인 등의 대인관계가 형성되고 이러한 이주 연결망이 확립되면 그것은 이주의 비용과 위험을 감소시키고 순이익을 증대시켜줌으로써 이들 간의 이주 가능성을 높여준다는 것이다(석현호, 2003, 23). 이처럼 국가 간 이주 연결망의 형성은 이들 국가 간의 이주를 영속화시키는 메커니즘으로 작용하는데, 이 사회적 연결망은 사람들이 국제 이주에 대한 접근 통로로 확보하기 위한 사회 자본의 형태를 취한다(전형권, 2008, 273). 그리고 누적원인론은 이주가 일단 발생하면 사회 제도(조직체)나 사회적 연결망을 통하지 않더라도 이주에 의해 변화된 사회적 맥락이 이주의 원인이 되어 차후의 추가적인 이주가 이루어지는 등 이주가 영속화되는 경향을 설명한다.

이상의 동화론과 함께 오늘날 국제 이주 이론은 이주의 결과론, 즉 이주후의 적응 혹은 정착에 관한 이론도 구성하고 있다. 이와 관한 이론으로서는 경제학적 접근이 강조되는 인적 자본론과 노동시장분절론, 사회학적 접근인 이민사회학과 경제사회학이 거론된다(석현호, 2003, 26). 경제학적 접근의 인적 자본론은 인적 자본론을 이주 노동자의 적응에 원용한 것으로, 이주자의 적응이 이주 전에 축적한 인적 자본이 아니라 이주 후에 획득한 인적 자본에 의해 결정된다는 동화 효과를 강조하는 주장과 이에 대한 반론이 존재한다. 노동시장분절론은 이주자의 적응 문제를 이중노동시장론, 분할노동시장론, 인종집단특수시장론 등의 입장에서 조명하는 것이다(안영진 외, 2002). 아울러 사회학적 접근은 이주자들의 적응 연구를 위한 개념으로 중심부-주변부 관계의 영향, 편입 양태, 중개인 집단, 인종 군락, 비공식 경제 등을 설명하고 있다.

앞에서 국제 이주를 설명하기 위해 구성된 다양한 이론들을 살펴보았다. 이주는 과정적 현상이기 때문에 여기서 다소 장황하게 그 발생과 지속과 관련된 요인뿐만 아니라 적응과 정착에 영향을 미치는 요인까지 포괄적으로 살펴보았다. 하지만 이들 이론은 기본적으로 이주의 특정 국면이나 단계를 설명하며, 이주 과정 또한 개인과 가족 요인뿐만 아니라 사회 집단과 국가적·국제적 조건에 의해서도 영향을 받기 때문에 어느 한 차원에서 설명될 수 없다는 점에서 부분 이론에 지나지 않는다. 따라서 최근 국제 이주의 인과 과정을 다차원적으로 설명하기 위해 몇몇 논자들은 통합 이론을 제안하고 있다. 이 이론들은 복잡한 국제 이주 현상을 종합적으로 이해하고 분석하기 위해서는 이주의 거시 구조와 미시 구조를 함께 고려해야 한다는 관점에서 대규모 구조적 요인과 미시적 사회 연결망의 결합을 추구하는 다차원적 구조론을 제시하거나(Castles and Miller, 2009), 매년 상대적으로 수많은 이주자들을 교환하는 국가들 간의 체계화된 이주 흐름을 주목하면서 어느 두 국가가 정치·경제·사회·인구학적 환경을 배경 요인으로 노동력을 송출하고 수용하는 관계를 맺음으로써 하나의 이주 체계를 형성하고 있다는 사실을 강조하는 이주체계론을 설명하고 있다(김용찬, 2006, 92; 전형권, 2008, 275).

2) 유학생의 이주 과정과 배경 요인 논의

국제 이주 이론은 다양한 관점과 폭넓은 차원에서 국제 이주의 발생 원인과 과정을 설명하며, 이런 의미에서 유학생의 이주 과정과 배경에 대한 논구에 단초를 제공한다. 유학생은 달갑지 않은 국제 난민이나 불법 또는 합법 이주자 등과는 달리 수용 국가에 경제적 부담이나 인도주의적 도전 또는 문화적 위협으로 인식되지 않으며, 오늘날 많은 국가들은 오히려 유학생 유치에 발 벗고 나서고 있다(Teichler, 2007). 아울러 유학은 체류 목적에서 비취업인 교육이나 훈련을 전제로 하고 체류 기간과 관련해서도 관광 목적의 일시적 체류보다는 길지만 노동과 결혼 목적의 장기 또는 영구적 체류보다는 짧은 중·단기적 특성이 뚜렷하며, 대개 귀환 이동을 전제로 한다. 따라서 유학생의 이주는 기존의 국제 이주 이론에 입각하여 전적으로 설명하기 어려우며, 다만 이들 이론을 부분적으로 원용하되 보완이 필요하다.

오늘날 국제 이주의 한 유형으로서 유학생의 이주는 확대되고 있다. 이러한 유학생 수의 증가는 세계화의 구조적 변동과 밀접하게 관련되어 있다. 그렇지만 유학생의 국제적 이동 흐름에서 알 수 있듯이(안영진, 2008; IOM, 2008) 유학생의 송출국과 유입국 간에는 독특한 공간적 흐름이 형성되어 있으며, 개별 국가 차원의 유학생 교류의 다양한 제도적 장치들은 유학생의 이동에 여전히 중요하게 작용한다. 이와 동시에 유학이라는 이주 행위는 많은 경우 개인의 선택과 의사 결정에 바탕을 두고 있다. 따라서 이처럼 복잡한 조건과 다양한 규모 속에서 이루어지는 유학생의 이주는 국제 이주 이론이 시사하듯이 다차원적 접근이 요구된다. 즉 유학생 이주의 전 과정을 구조적 요소와 함께 행위적 요소에 의거하여 분석(석현호, 2003, 38)할 수 있어야 할 뿐만 아니라 이주 과정에 영향을 미치는 거시적·미시적 규모의 힘과 과정들 간의 상호작용을 파악할 수 있는 다규모적(multi-scalar) 해석이 필요하다.

현재 유학생의 국제적 이주는 거시적 차원에서 세계화와 정보화 그리고 문화 교류의 확대를 주요 배경으로 하고 있으며, 이런 의미에서 세계 체제적 조건과 연결되어 있다고 여겨진다. 유학생의 이주는 과거와 마찬가지로 이념적으로 대학 고유의 지적 보편주의나 세계주의에 기반하고 있으며(江淵一公, 1990; Hahn, 2004; Isserstedt and Schnitzer, 2005; 黑田一雄, 2007), 최근에는 이의 연장선상에 있는 국제 교류 정신에 따라 행해지는 경우가 많다. 그렇지만 세계체제론이 설명하듯이 최근 유학생의 이주 역시 유학 후 취업이나 인재 유치와 한층 긴밀히 연관되고 있다는 측면에서 자본주의의 재편 과정에서 나타나는 인구 이동의 한 유형으로도 파악될 수 있다(김 남희 외, 2005). 이런 맥락에서 유학생의 국제적 이주 흐름을 세계체제론에 입각하여 중심부-반주변부-주변부 국가들 간의 경제적 관계와 그 변화의 차원에서 접근한 연구(Chen and Barnett, 2000)와 오늘날 관찰되는 세계적 인 유학생 흐름의 배경과 동인을 세계화, 특히 경제세계화에 따른 숙련된 고급 기술 인력의 유치나 이주 확대의 관점에서 조명한 것은 이와 관련하 여 적지 않은 설명력을 제공한다(OECD, 2004).

이상과 같은 거시구조적 차원의 배경 요인은 유학생의 이주 결정에 직접 적이라기보다는 간접적으로 작용할 개연성을 높이며, 따라서 유학생의 이 주 현상을 포괄적으로 설명하는 데에는 문제점이 있다. 이에 따라 그동안 유학생 이주에 관한 연구들(Altbach and Knight, 2007; Naidoo, 2007; Lee, 2008)과 국제이주체계론(김용찬, 2006, 92-94 참조) 등이 제시하듯이, 유학 생 이주에 중요한 요소로서 국가적 차원의 요인과 조건을 고려할 필요가 있다. 유학생 이주는 국가 간 인구 이동의 형태를 띠며, 이런 의미에서 우 선 유학생 송출국과 유입국 간의 다양한 매개 요소를 검토해야 할 것이다. 신고전경제학의 국제 이주 이론이 암묵적으로 기반하고 있는 기원지의 배 출 요인(push factors)과 목적지의 흡인 요인(pull factors)의 비교 평가로 발 생하는 인구 이동 현상에 대한 접근 방법은 유학생 이주에도 원용될 수 있 다. 물론 유학생의 국제적 이주 패턴에 관한 연구들은 국가가 속한 아대륙 단위의 문화권 특성과 지리적 근접성, 국가 간의 정치 및 각종 경제 관계 등이 중요한 변수로 작용한다는 점을 시사하는 만큼(UNESCO, 1998; OECD, 2007; IOM, 2008) 국가 간의 역사 · 문화적 요소도 간과해서는 안 될 것이다. 또한 최근 유학생의 유치에 세계의 많은 국가들이 지대한 관심 을 쏟고 있으며, 고등교육을 서비스 산업의 하나로 육성하여 수익을 창출 하려는 목적에 따라(OECD, 2004) 그 경쟁도 치열해지고 있다. 국가 차원에서의 각종 정책과 제도적 장치 등이 특정 국가로의 유학생 이주에 미치는 영향은 결코 배제될 수 없다.

　유학은 다른 인구 이동 현상과 유사하게 거시적 구조에 의해 유인될 수 있으나, 그것은 동시에 자발적으로 일어나는 행위 현상이기 때문에 행위의 상황 조건을 충분히 설명하지 않고서는 온전히 설명할 수 없다. 다시 말해 유학은 개인적 행위이고, 이 행위는 거시구조적 요인에 의해서만 전적으로 결정되지 않는다(석현호, 2003, 39). 현실적으로 각종 이주는 동일한 구조적 조건 아래에서도 개인에 따른 차이가 적지 않은데, 이는 개별 행위자의 상황에 대한 동기와 가치 지향, 한 걸음 더 나아가 개개인이 지각하는 주관적이고 심리적인 행태 환경을 바탕으로 하여 이동에 대한 의사 결정과 함께 대안적 이동 목적지를 다각적으로 탐색하고 선택하기 때문이다. 이처럼 유학생의 이주에 작용하는 미시적 차원의 개인 수준의 요인들을 파악하기 위해서는 개인의 내적 동기뿐만 아니라(HEFCE, 2004 참조),■3 개인의 외적 동기, 즉 이주 연결망과 유학에 대한 정보 환경(Pimpa, 2003) 등도 함께 살펴볼 필요가 있다.

■3　유학생의 이주 흐름은 최근 관찰되기 시작한 '청년층의 이동 문화'의 관점에서 파악되기도 한다. 유학이 전통적인 경제적 이동 동기, 곧 일자리를 찾거나 더 높은 소득을 얻고자 하는 목적보다 젊은 날에 경험을 쌓는다는 목적에 한층 더 좌우된다는 것이다. 다소 추상적이긴 하나 젊고 포스트모던적 개인들의 'do-it-yourself'의 관념과 밀접히 연결되어 있다고 한다(Murphy-Lejeune, 2002; HEFCE, 2004, 49).

3. 국내 외국인 유학생의 이주 과정과 배경 요인

1) 유학 이전 단계

(1) 유학의 거시적 배경과 유학생의 사회경제적 환경

유학은 상당한 비용과 시간이 필요하며, 향후 개인의 삶에 중요한 전기를 마련할 수 있다는 점에서 한 사람의 인생 설계와 깊은 관련을 맺고 있다. 한 사람의 인생 설계와 투자에는 개인적 차원이 직접적인 영향을 미칠 것이지만, 개인을 둘러싼 시대적 상황과 구조적 환경에 대한 인식과 결코 무관하지 않다. 다시 말해 유학생들은 다른 이주 현상과 마찬가지로 세계적 여건과 국가 간의 맥락, 즉 구조적 배경하에서 개인이 처한 상황을 고려해 이주를 결정하는 과정을 반드시 수반한다. 이에 따라 먼저 국내 유학생의 이주 배경을 거시적 차원에서 검토할 필요가 있다.

설문 조사에 응한 유학생들이 과연 시대적 상황을 어떻게 인식하고 있는지에 대해 살펴보았다. 최근의 세계 상황과 관련하여 5점 척도의 평균값으로 조사한 결과를 보면, 국내 유학생들은 '세계적으로 교통 및 정보통신 기술이 크게 발전하였다'(N=353)와 '국가 간 상품과 자본의 이동이 크게 증가하였다'(N=353)에 대해 4.03점을, '국가 간의 경제적 발전 수준에는 큰 차이가 있다'(N=352)에 대해 3.82점을, '최근 국제적 이주가 일반화되고 있다'(N=353)에 대해 3.75점으로 평가하였다. 이렇듯 최근의 국제적 이주에 관한 인식이 다른 항목들에 비해 낮지만, '매우 그렇다'와 '그렇다'가 각각 19.6%(70명)와 39.9%(143명)로 60%에 가까운 응답을 보여주고 있다. 따라서 국내 외국인 유학생들은 최근의 세계 동향과 변화를 비교적 정확히 의식하고 있으며, 이러한 인식이 유학이라는 의사 결정에 적지 않은 영향을 미쳤을 것으로 생각된다.

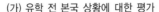

(가) 유학 전 본국 상황에 대한 평가

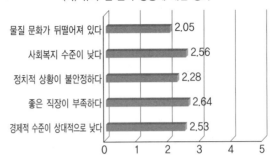

물질 문화가 뒤떨어져 있다 2.05
사회복지 수준이 낮다 2.56
정치적 상황이 불안정하다 2.28
좋은 직장이 부족하다 2.64
경제적 수준이 상대적으로 낮다 2.53

(나) 유학 전 한국에 대한 이미지

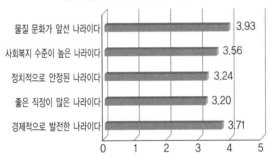

물질 문화가 앞선 나라이다 3.93
사회복지 수준이 높은 나라이다 3.56
정치적으로 안정된 나라이다 3.24
좋은 직장이 많은 나라이다 3.20
경제적으로 발전한 나라이다 3.71

그림 1. 유학생들의 출신국과 한국에 대한 평가

이러한 유학생들의 세계적 환경 변화에 대한 인식을 바탕으로 유학의 결정 배경을 거시구조적 모델과 관련시켜 좀 더 구체적으로 살펴보았다. 거시구조적 모델은 인구 이동과 관련된 국가들(송출국과 유입국)의 국제 관계를 파악함으로써 그 원인과 양상을 분석한다. 즉 국가들의 정치·경제·사회·문화·발전 정도 등을 분석함으로써 그 나라들 간의 인구 이동에 미치는 영향을 살펴보는 것이다(김남희 외, 2005, 359). 개인의 유학 결정에 출신국과 유입국 요소가 직접적인 영향을 미치는 요인은 아니지만, 무의식적으로 작용할 개연성이 있다. 이에 국내 유학생들이 한국을 선택하는 배경 요인을 거시적 차원에서 개괄적으로 이해하기 위해 이들의 출신 국가와 아

표 2. 유학생의 유학 전의 사회경제적 배경

구분		표본수(명)	비율(%)	구분		표본수(명)	비율(%)
유학 전 유학생의 거주 지역	대도시	121	33.8	유학생 가정 주 소득원의 직업	교육개발직	38	10.6
	중도시	154	43.0		공무원	49	13.7
	소도시	54	15.1		기타/무응답	38	10.6
	농어촌	27	7.5		계	358	100.0
	무응답	2	0.6	유학생 부모님의 교육 수준	무학	3	0.8
	계	358	100.0		초등학교	8	2.2
유학생 가정 주 소득원의 직업	농어업	20	5.6		중학교	18	5.0
	단순 생산직	22	6.1		고등학교	134	37.4
	단순 사무직	31	8.7		대학교	163	45.5
	전문직	29	8.1		대학원	29	8.1
	판매유통직	23	6.4		무응답	3	0.8
	경영서비스직	108	30.2		계	358	100.0

울러 유학 대상국인 한국의 정치 · 경제 · 사회 · 문화적 제반 측면에 대한 평가와 이미지를 조사해 보았다. 설문 조사 유학생들은 역시 5점 척도의 평균값으로 살펴본 출신국의 제반 상황에 대해서는 부정적인 이미지가 높거나 낮게 평가하는 반면, 한국과 관련해서는 전반적으로 긍정적인 평가가 높은 뚜렷한 대조 양상을 보여주고 있다(〈그림 1〉).

이처럼 유학 대상국인 한국의 상황에 대한 전반적인 높은 평가와 양호한 이미지는 우연이 아니다. 비록 설문 조사 대상자들의 유학 전 한국의 인지도 혹은 인지 수준은 아주 높다고는 할 수 없지만(보통 알았음 42.5%, 조금 알았음 30.4%, 많이 알았음 19.0%, 전혀 몰랐음 5.3%, 아주 많이 알았음 2.0%, 무응답 0.8%의 순임), 한국에 대해서는 주로 영화 · 음악 · 드라마 등 문화 매체(33.5%), 언론과 인터넷 등 대중 매체(26.5%), 학교 교육(18.2%), 한국 제품과 기업(8.7%), 친지나 주변 사람들(5.3%), 유학 전 한국 방문 경험(2.8%), 기타(1.1%) 등을 통하여 인지한 것으로 파악되었다.

또한 국내 외국인 유학생의 특성과 이주 배경을 좀 더 체계적으로 이해하고 설명하기 위해서는 유학생의 이주 전 생활 환경과 여건을 파악하는 것이 중요하다. 유학은 개인이 인적 자본(교육, 경험, 훈련, 언어 능력 등)에 투자하는 이주 형태를 띠며, 따라서 원칙적으로 개인 행위자들의 의사 결정에 크게 좌우되지만, 최근의 국제 이주 이론이 지적하듯이 개인 차원을 넘어 가구 또는 가족이나 공동체 등 더 큰 단위의 행위자로부터 영향을 받는 경우도 적지 않다. 이를 위해 이 연구는 설문 조사 유학생들을 포함한 가족들의 사회경제적 상황과 공동체의 생활 여건을 비교적 자세히 조사하였다(〈표 2〉). 우선 설문 응답자들은 유학 전 주로 중도시(인구 5만~100만 명)에 가장 많이 거주하였고, 다음으로 대도시(인구 100만 명 이상), 소도시(인구 2만 명 미만), 농어촌의 순으로 나타났다. 따라서 국내 유학생은 농어촌 지역보다는 도시 지역 출신들이 절대다수를 차지하며, 도시 중에서도 중소 도시 출신이 높은 비중을 차지하는 것으로 밝혀졌다.

유학생들의 경제적 수준을 파악하기 위해 유학생 가정의 주 소득원의 직업을 살펴보았다. 가정의 주 소득원이 아버지(76.5%), 어머니(12.6%), 본인(5.3%), 형제·자매(3.1%), 기타 및 무응답(2.6%)의 순으로 나타난 가운데, 주 소득원의 직업은 주로 경영서비스직이 30.2%로 가장 높았으며, 공무원과 교육·연구 개발직 등도 비교적 높은 것으로 조사되었다. 실제 조사 대상 유학생들의 본국 가정의 경제적 수준이 어떠한가에 대한 질문에서 주관적인 평가이긴 하지만 보통이 40.8%(146명)로 가장 높은 비중을 보여주며, 풍족함과 아주 풍족함이 각각 27.9%(100명)와 27.1%(97명)임에 비해, 다소 빈곤함이 2.5%(9명) 그리고 아주 빈곤함이 0.6%(2명)로 매우 낮았다. 전반적으로 유학생들의 경제적 여건은 세대주의 직업적 측면이나 경제 수준에 대한 평가에서 본국에서 일정 수준 이상의 경제적 기반을 갖추고 있는 것으로 파악되었다.

개인의 경제적 여건은 교육 수준과 반드시 일치하지 않지만, 일반적으로

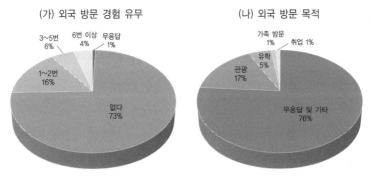

(가) 외국 방문 경험 유무

3~5번 6%
6번 이상 4%
무응답 1%
1~2번 16%
없다 73%

(나) 외국 방문 목적

가족 방문 1%
취업 1%
유학 5%
관광 17%
무응답 및 기타 76%

그림 2. 유학 전 외국 방문 경험 및 방문 목적

높은 상관관계를 보인다. 이 조사 대상 외국인 유학생 부모의 교육 수준을 살펴보면, 대학교 졸업이 45.5%로 가장 높은 비중을 차지하고, 고등학교 졸업이 37.4%, 대학원 졸업이 8.1%를 차지하고 있다. 이 밖의 교육 수준은 중학교 졸업, 초등학교 졸업, 무학의 순으로 나타나고 있다. 전반적으로 국내 외국인 유학생 부모의 교육 수준은 상당히 높은 편이며, 이러한 높은 교육 수준이 자녀들의 유학 결정에 일정 정도 영향을 미쳤을 것으로 사료된다.

설문 조사 유학생들의 유학이라는 이주 결정의 여건을 좀 더 깊이 있게 살펴보기 위해 유학 전 거주 지역의 대학 진학률과 함께 한국 유학 이전의 해외 체류 경험과 가족 중 해외에 체류하고 있는 사람들이 있는지, 체류하고 있다면 어떤 목적으로 체류하고 있는지를 조사하였다. 조사 유학생들의 유학 전 거주 지역의 대학 진학률도 비교적 높은 편으로 나타났다. 출신 지역의 대학 진학률이 40~60%에 이른다는 응답이 35.2%(126명)로 가장 높았고, 다음으로 60~80%가 33.0%(118명), 80~100%가 18.2%(65%)로 전체의 86.4%를 차지하고 있다. 또한 나머지의 경우인 20~40%가 6.7%(24명), 20% 이하가 4.2%(15명), 무응답이 2.8%(10명)의 순이었다. ■4 일반적으로 본격적으로 외국 유학을 가기 전 다른 국가로의 방문 경험은 유학 결정에 적잖은 영향을 미칠 수 있다. 이는 무엇보다도 외국 생활에 대한 막연한 두려움이나 생소함을 떨쳐버리는 동시에 본국 생활에 대한 성찰과 아울러 외국으로의 이주 결정을 비교적 손쉽게 내릴 수 있는 계기로 작용할 수 있기 때문이다(King and Ruiz-Gelices, 2003; Brooks and Waters, 2009 참조). 이 조사 대상자 중 유학을 위해 한국에 입국하기 전 외국을 방문한 경험이 있는 경우는 전체의 약 25%로 그다지 높지 않은 것으로 파악되었다. 그리고 외국 방문의 목적은 관광(여행), 유학, 가족(친지) 방문, 취업, 기타의 순이었다. 또한 조사 유학생 가족 중 해외에 체류하고 있는 사람이 존재하는지를 살펴보았다. 해외에 체류하는 가족이 없는 경우가 77.1%(276명)로 절대다수를 차지하지만, 체류 가족이 있는 경우에는 남자 형제(7.0%), 여자 형제(5.6%), 아버지(1.6%), 어머니(0.6%)의 순으로 나타났으며, 기타(6.4%)와 무응답(1.7%)도 있다. 가족 중 해외에 체류하는 사람들의 목적을 살펴보면 유학(36명, 10.1%), 취업(16명, 4.5%), 이민(14명, 3.4%), 국제결혼(5명, 1.4%), 기타(4명, 1.1%)의 순으로 밝혀졌다.

(2) 유학의 개인적 결정 요인과 과정

유학이라는 이주 현상은 다양한 거시적 배경이 작용할 수 있으며, 출발지의 밀어내는 요인과 목적지의 당기는 요인이 상호작용한 결과로 볼 수 있다. 그러나 구체적인 유학의 의사 결정에는 개인적 차원의 미시적 동기

■4   비슷한 맥락에서 아울러 유학에 대한 출신국 사회의 인식도 유학을 장려하거나 촉진하는 데 중요한 배경 요인으로 작용할 수 있다. '유학 전 본국에서 유학에 대한 지역 주민들의 인식에 대한 생각이 어떠하였는가?'에 대한 설문 조사 결과를 살펴보면, 흥미롭게도 긍정적이었거나 매우 긍정적이었다는 응답이 64.5%, 보통이었다는 응답이 31.0%이었으며, 부정적이었거나 매우 부정적이었다는 응답은 4.2%에 지나지 않는다.

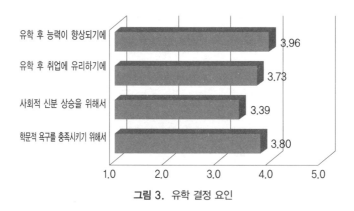

그림 3. 유학 결정 요인

가 보다 결정적인 영향을 미칠 수 있다. 물론 여기서 유학생이라는 이주 행위자의 미시적 차원을 강조한다고 해서, 이들의 결정이 반드시 신고전경제학적 접근이 지적하듯이 전적으로 합리적으로만 이루어진다고 말하는 것은 아니다. 개별 유학생은 오히려 개인의 내적 동기와 개인의 외적 계기(즉 유학에 대한 정보와 이주 연결망 등)를 바탕으로 하여 대안적 유학 대상국의 탐색 과정을 거쳐 최종적인 의사 결정을 내리는 경우가 일반적이다.

우선 설문 조사 대상자들이 유학 결정 때 고려한 사항과 관련하여 유학생들이 개인적으로 어떤 목적으로 유학을 결정하게 되었으며, 갖가지 유학 목적 중 가장 큰 영향을 미친 요인이 무엇인지를 알아보기 위해 5점 척도로 구분하여 분석을 시도해 보았다. 분석 결과 가장 높은 값을 나타낸 것은 '유학 후 능력 향상'으로 3.96점이었다. 다음으로 '학문적 욕구의 충족' (3.80점), '유학 이후 취업에 유리'(3.73점), '사회적 신분 상승의 기대'(3.39점)의 순이었다(〈그림 3〉).

이처럼 외국 유학 결정은 본국의 대학에 진학하거나 학업을 할 것인지 아니면 외국 대학으로 유학할 것인지에 대한 나름대로의 선택적 판단 아래 이루어진 것으로 볼 수 있다. 따라서 유학을 결정할 때 본국 및 한국의 교

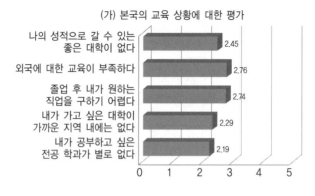

(가) 본국의 교육 상황에 대한 평가

- 나의 성적으로 갈 수 있는 좋은 대학이 없다 — 2.45
- 외국에 대한 교육이 부족하다 — 2.76
- 졸업 후 내가 원하는 직업을 구하기 어렵다 — 2.74
- 내가 가고 싶은 대학이 가까운 지역 내에는 없다 — 2.29
- 내가 공부하고 싶은 전공 학과가 별로 없다 — 2.19

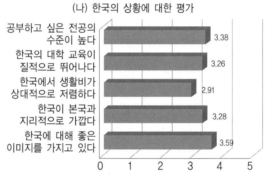

(나) 한국의 상황에 대한 평가

- 공부하고 싶은 전공의 수준이 높다 — 3.38
- 한국의 대학 교육이 질적으로 뛰어나다 — 3.26
- 한국에서 생활비가 상대적으로 저렴하다 — 2.91
- 한국이 본국과 지리적으로 가깝다 — 3.28
- 한국에 대해 좋은 이미지를 가지고 있다 — 3.59

그림 4. 본국과 한국의 교육 상황에 대한 평가

육 및 여타 상황이 얼마나 영향을 미쳤는지를 함께 조사하였다. 이 점을 자세히 파악하기 위해 설문 응답자들의 출신국의 교육 여건과 한국의 상황에 대한 평가가 어떠하였는지를 역시 5점 척도로 분석하여 요소별로 비교해 보았다(〈그림 4〉). 설문 조사의 응답 결과를 보면, 외국에 대한 견문이 부족하고 또한 유학을 하지 않으면 장차 직장을 얻기 힘들 것이라는 인식과 함께 출신국의 교육 여건에 대한 불만이나 본국 대학에 진학하기에는 능력이 부족하다는 점을 감안하여 유학을 결정한 현실적인 이유들이 제시되고 있다. 이에 반해 유학 목적지로서 한국의 대학 교육 상황과 기타 여건에 대해서는 양호하게 평가한 것으로 나타났다. 따라서 한국으로의 유학 결정은 이러한 출발지와 목적지의 경사 혹은 여건의 차이를 배경으로 하여 유학 이후 개인적 자질과 능력 향상, 취업에의 이점, 사회적 신분 상승, 학문적 욕구의 충족 등의 동기를 복합적으로 고려하여 행한 사실을 알 수 있다.

이상과 같이 국내 외국인 유학생들은 사회적 수요와 개인적 목적에 부합하여 유학을 결정하였을지라도 구체적으로 어디로 유학할 것인지에 관해서는 다소 복잡한 탐색 과정을 거친 것으로 분석된다. 즉 유학 대상국으로서 한국의 결정은 제한된 조건 아래에서가 아니라 한국과 더불어 다른 대상국들을 폭넓게 탐색하는 과정을 거쳐 최종적으로 내려졌음을 알 수 있다. 조사 유학생들이 한국 외에도 다른 나라를 유학 대상국으로 생각한 경우는 약 57%(207명)에 달하며, 구체적인 대상 국가들로는 일본, 미국, 영국, 캐나다, 오스트레일리아 등을 많이 거론하였다. 아울러 유학 대상국을 고려할 때에도 대상국의 이미지(59명, 16.5%)와 개인적 관심사(52명, 14.5%), 개별 대학들에 대한 인지 여부(27명, 7.5%) 등을 크게 참작한 것으로 나타났다. 그럼에도 불구하고 최종적으로 한국을 유학 대상국으로 결정한 데에는 한국에 대한 긍정적 이미지와 본국과의 인접성, 저렴한 생활비 등의 이익과 효용이 중요하게 작용한 것으로 파악되었다.

다음으로 유학에 따른 시행착오를 가능한 줄이고 성공적으로 이끌기 위해서는 다양한 정보와 준비 기간이 요구되며, 특히 개인적 차원에서 유학에 필요한 모든 준비를 하기 어려울 경우에는 매개 기관도 중요한 역할을 할 수 있다. 이 연구의 설문 조사 응답자인 국내 유학생들은 한국 유학을 위한 정보를 주로 학교와 연구소, 가족이나 친척, TV 및 신문 광고 등 대중 매체 그리고 유학 중개업체 등을 통해 획득한 것으로 밝혀졌다. 유학 정보의 획득과 함께 한국 유학, 특히 한국어 습득이나 한국 문화에 대한 이해를 위해 최소 수개월에서 수년간의 준비 과정을 거친 것으로 알려졌다. 유학 준비를 1년 이상의 기간 동안 행한 경우가 44.4%로 가장 높았고, 다음으로

6개월 미만의 비교적 짧은 준비 기간을 가진 경우도 높게 조사되었다. 유학 비용의 마련과 관련해서는 가족 및 친인척의 도움과 함께 개인적으로 경비를 마련하는 경우가 가장 많아서 자비 유학생의 비중이 높은 것으로 조사되었다. 최근 유학생 유치 확대 정책을 펼치고 있는 한국 정부나 각 대학의 장학금에 의존하는 유학생의 비중도 낮지 않다. 마지막으로 유학생의 이주 과정에서의 매개 기관을 파악하기 위해 유학 경로를 조사한 결과, 유학생들의 주요 경로는 본국 대학의 연계를 통한 유학이 28.5%로 가장 높았고, 다음으로 유학원을 통한 소개가 21.8%로 전체 유학 경로의 절반을 차지하는 것으로 나타났다(〈표 3〉).

2) 유학 단계에서의 대학의 선정 요인

이상에서 언급한 유학 과정을 거쳐 입국한 국내 외국인 유학생들은 다양한 이유에서 현재 재학 중인 대학을 선택하는 것으로 알려지고 있다. 이 설문 조사에서 재학 대학을 선택한 주된 이유가 무엇인가 하는 질문에 대해 응답자들은 전체적으로 특정되지 않은 기타 요인(30.4%)을 가장 많이 거론하였으나, 이 밖에 양질의 교육(14.0%), 우수한 교육 시설(10.9%), 대학의 명성 혹은 지명도(10.3%), 친구의 재학(9.2%) 등을 중요하게 고려한 것으로 밝혀졌다. 이렇듯 현재 다니고 있는 대학을 선택한 시기를 정확히 적시하기는 어렵지만, 어쨌든 대학 선택에서 유학생들은 개별 대학에 대한 적지 않은 정보를 갖고 있는 것으로 보이며, 특히 친구의 재학이라는 이주 네트워크도 일정한 역할을 하는 것으로 생각된다.

물론 국내 유학생들이 현재 재학 중인 대학을 선택한 이유는 설문 조사 지역과 유학생의 국적과 입국 연도, 교육 과정에 따라 다소 차이가 있는 것으로 조사되었다(〈그림 5〉). 먼저 조사 지역별로 대학 선택의 이유가 다른

표 3. 한국 유학 결정을 위한 정보 획득과 준비 과정

구분		표본수(명)	비율(%)
유학 정보원	TV 및 신문 광고	48	13.4
	가족 및 친척	52	14.5
	한국으로 이주한 사람	25	7.0
	유학 중개업체	46	12.8
	사회 및 종교 단체	9	2.5
	정부 홍보물	19	5.3
	학교와 연구소	110	30.7
	기업체	5	1.4
	기타/무응답	44	12.3
	계	358	100.0
유학 매개 기관	본국 유학원(어학원) 소개	78	21.8
	본국 대학과의 연계	102	28.5
	본국 고등학교의 소개	12	3.4
	본국 정부 기관 소개	15	4.2
	한국 유학원(어학원) 소개	15	4.2
	한국 정부 기관 초청	19	5.3
	한국에 있는 친구 소개	34	9.5
	유학박람회	11	3.1
	본국/한국 기업과의 연계	2	0.6
	기타/무응답	70	19.5
	계	358	100.0
유학 준비 기간	1개월 미만	40	11.2
	1~3개월	69	19.3
	3~6개월	57	15.9
	6개월~1년 미만	28	7.8
	1년 이상	159	44.4
	무응답	5	1.4
	계	358	100.0
유학 경비 부담자	본인 직접 마련	55	15.4
	가족 및 친인척의 도움	218	60.9
	본국 정부나 대학 장학금	9	2.5
	본국 민간 기관 지원	5	1.4
	한국 정부나 대학 장학금	53	14.8
	한국 민간 기관 지원	2	0.6
	기타	16	4.5
	계	358	100.0

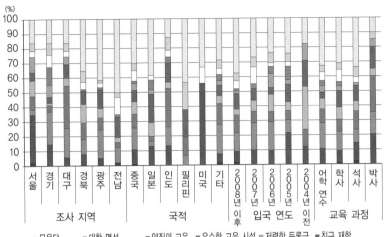

(%)

■ 무응답　■ 대학 명성　■ 양질의 교육　■ 우수한 교육 시설　■ 저렴한 등록금　■ 친구 재학
■ 대도시 입지　■ 아르바이트 기회　□ 기숙사 제공　■ 졸업 후 취업 전망　□ 기타

그림 5. 유학생의 현재 재학 중인 대학의 선택 이유

데, 서울의 경우에는 대학의 명성을 가장 중요한 선택 이유로 응답하였으며, 경기는 양질의 교육을, 대구는 우수한 교육 시설을 언급하였다. 나머지 지역의 경우에는 기타 요인을 가장 빈번히 응답한 가운데, 경북은 저렴한 등록금을, 광주는 양질의 교육을, 전남은 친구의 재학을 다음 순위의 이유로 거론하였다. 또한 국적에 따른 대학 선택의 이유에서도 상당한 차별성이 존재하는데, 국적 역시 미국과 인도를 제외하고 기타 요인을 다수로 거론한 가운데 중국 국적 유학생들은 양질의 교육을, 일본 국적 유학생들은 친구의 재학을, 인도 국적 유학생들은 우수한 교육 시설을 특히 강조하는 것으로 나타났다. 필리핀 국적 유학생들은 재학 중인 대학의 선택 이유로 친구의 재학을, 미국 국적 유학생들은 단언 대학의 명성을, 기타 국적의 유학생들은 양질의 교육을 주요 선택 이유로 꼽았다.

　그리고 유학생들의 입국 연도에 따른 재학 대학의 주된 선택 이유를 살펴보면, 2004년 이전에 입국한 유학생들은 저렴한 등록금과 친구의 재학을 선택의 주요 기준으로 삼은 것으로 밝혀졌다. 2005년 입국자들의 경우는 기타 요인을 많이 거론하고 있지만, 이와 비슷한 수준으로 대학의 명성을 그 이유로 언급하였다. 이와 달리 2006년 이후의 입국자들은 주로 양질의 교육을 대학 선택의 주된 요인으로 들고 있다. 이와 아울러 교육 과정에 따른 대학 선택의 이유와 관련해서는 석사 및 박사의 대학원 과정에 재학 중인 유학생들은 공히 재학 대학의 선택 이유로 대학의 명성과 우수한 교육 시설을 들고, 학사 과정은 양질의 교육과 친구의 재학을, 어학 연수 중인 유학생들은 양질의 교육을 선택 이유로 많이 지적하였다.

3) 유학 이후 향후 진로 및 이동 패턴

유학생 이주와 관련하여 학술적으로나 실제적으로 큰 주목을 끌고 있는 주제 중 하나는 유학생들이 과연 유학 국가에서 학업을 마친 후 어떤 이동 패턴을 보일 것인가 하는 점이다(Alberts and Hazen, 2005; Hazen and Alberts, 2006). 이는 국가 정책적 관심사이기도 하다. 유학이 흔히 말하는 '두뇌유출'로 끝날 것인지, 아니면 유학 후 모국으로 귀국하여 국가 및 사회 발전에 기여할 수 있을 것인지 하는 문제는 이 논제와 밀접히 연관되어 있다(Baláž and Williams, 2004).

이 연구는 조사 대상자들의 유학 후 진로와 함께 유학 후 한국 체류 때 어떤 이동 행태를 보일 것인가를 파악하고자 하였다. 우선 설문 조사에 응한 유학생들의 유학 후 진로는 다소 복잡한 것으로 나타났다. 기대한 바처럼 유학 후 본국으로 귀환한 뒤 취업을 희망한 학생들이 45.6%(164명)로 가장 높았고, 뒤이어 상당한 격차를 두고서 한국 내 취업이 14.0%(50명), 제3국 취업 및 제3국 진학이 각각 같은 8.9%(32명), 귀국 후 진학이 8.1%(29명), 한국 내 진학이 7.0%(25명) 등으로 조사되었다. 하지만 유학생

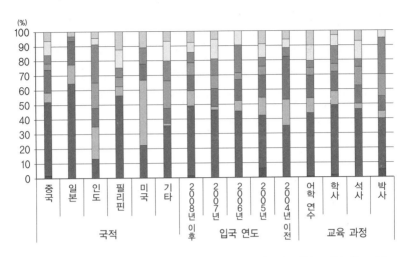

그림 6. 유학생의 유학 후 향후 진로

■무응답 ■귀국 후 취업 □귀국 후 진학 ■한국 내 취업 □한국 내 진학 ■제3국 취업 □제3국 진학 □기타

들의 유학 후 진로는 국적, 입국 연도, 교육 과정에 따라 차이가 있다(〈그림 6〉). 국적의 경우 중국·일본·필리핀은 귀국 후 취업을, 인도는 귀국 후 진학과 제3국 취업을, 미국은 귀국 후 진학을, 그리고 기타는 역시 또한 귀국 후 취업을 선호하는 것으로 밝혀졌다. 다음으로 입국 연도에 따른 진로를 살펴보면, 2004년 이전에 입국한 유학생들은 주로 귀국 후 취업과 아울러 한국 내 취업을 중요하게 계획하고 있는 반면, 2005년 이후에 입국한 유학생들은 대체로 본국으로의 귀환 후 취업을 주로 구상하는 것으로 파악되었다. 마지막으로 교육 과정에 따른 진로 전망을 고찰해 보면, 어학 연수나 학사 및 석사 과정생은 과반수에 이르는 높은 비중으로 귀국 후 취업을 희망한 반면, 박사 과정생은 귀국 후 취업과 함께 제3국 취업을 강력히 희망하고 있는 것으로 밝혀졌다.

다른 한편으로 국내 유학생들이 전반적으로 유학 후 국내 체류보다는 귀국을 우선시하고 있지만, 약 27%에 해당하는 유학생들은 한국 내 취업 또

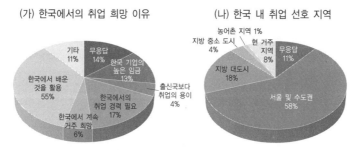

그림 7. 유학생들의 향후 한국 내 취업 이유와 취업 선호 지역

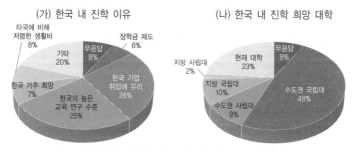

그림 8. 유학생들의 향후 한국 내 진학 이유와 진학 선호 대학

는 진학을 계획하고 있으므로 이들의 구체적인 취업 이유와 취업 선호 지역을 우선 살펴보았다(〈그림 7〉). 한국 내 취업의 사유로는 한국에서 배운 것을 활용하려는 것과 귀국 후 한국에서의 취업 경력이 필요하다는 이유를 많이 거론하였다. 그리고 향후 취업 희망 지역으로는 역시 서울 및 수도권을 압도적으로 높은 비중으로 선호하는 것으로 파악되었다. 이와 더불어 유학 후 한국에서 계속 학업을 하고자 하는 학생들의 진학 이유와 진학 희망 지역을 살펴본 결과(〈그림 8〉), 한국 내 진학 이유로는 한국의 높은 교육 연구 수준과 학업 후 한국 기업에 취업하는 데 유리하다는 점, 다른 선진국들에 비해 저렴한 생활비(학비 포함) 등을 주된 이유로 꼽았다. 그리고 장차 진학 시 선호하는 대학으로는 수도권 국립대학이 48.0%로 압도적으로 높

은 비중을 보였으며, 다음으로 현재 재학 중인 대학에서 계속 학업을 하겠다는 것(23.5%)도 높은 비중을 나타내었다.

4. 결론

최근 들어 국내 외국인 유학생들의 유입이 폭증하고 있다. 2008년 4월 현재 국내 고등교육 기관에 재학 중인 외국인 유학생 수는 지난 2000년과 비교하여 10배를 상회하는 높은 비율로 늘어난 64,000여 명에 육박하는 것으로 조사되었다. 하지만 그동안 국내 외국인 이주와 관련하여 큰 관심을 끌어온 이주 노동자나 결혼 이주자와 달리 외국인 유학생에 대한 심층적인 연구는 많지 않았다. 유학생 이주도 일반적으로 한 국가로 유입되는 외국인들과 마찬가지로 그 유입 성격과 이주 패턴 그리고 적응 및 정착 과정 등에서 공통점을 갖고 있으나, 다른 한편으로 체류 목적이나 기간, 향후 본국으로의 귀환 여부 등에서 상이한 특성을 지닐 수 있다.

이 연구는 국내 외국인 유학생에 관한 연구가 여전히 부족한 가운데, 무엇보다도 국내 외국인 유학생의 이주 과정과 주요 배경 요인을 집중적으로 검토해 보고자 하였다. 특히 이 연구에서는 외국인 유학생들의 이주 과정을 유학 전, 유학 중, 유학 후라는 3단계를 중심으로 각 단계의 이주 성격과 결정 요인을 살펴보고자 하였다. 이 연구를 위한 분석 자료는 2008년 10월부터 2009년 1월에 걸쳐 외국인 유학생들을 대상으로 수행한 설문 조사를 바탕으로 하였다.

외국인 유학생의 이주 과정과 주요 배경 요인에 관한 이 연구의 결과를 간략히 정리하여 살펴보면 다음과 같다.

첫째, 국내 외국인 유학생들의 이주 전의 삶의 여건을 살펴보면, 유학생들은 본국에서 가정 경제의 수준이 일반적으로 높고 세대주의 직업도 주로 경영서비스직 등으로 나타났으며, 부모의 교육 수준 역시 고졸 이상으로 높은 편이었다. 또한 출신 지역도 중도시 이상이 많고 거주 지역의 대학 진학률도 상당히 높은 것으로 파악되었다. 특히 한국 유학 전에 다른 국가를 여행 등의 목적으로 방문하거나 체류한 경험이 있는 경우가 20% 내외로 파악되었다. 유학은 또한 상당한 비용과 시간이 소요되고 향후 개인의 삶에 중요한 전기를 마련할 수 있다는 점에서 폭넓은 인생 설계와 결부되어 있으며, 이런 의미에서 유학은 시대적 상황과도 맞물려 있다. 이에 따라 유학생들의 세계 상황에 대한 인식 정도에 관련한 질문에서 국제적 이주, 국가 간 자본과 상품 이동, 교통통신의 발달, 국가 간 경제적 발전 수준의 차이 등에 대해 비교적 높게 인식하고 있었다. 아울러 유학생들의 출신국의 제반 상황에 관련해서는 경제 수준과 취업 기회, 정치 상황, 복지 수준, 물질 문화 등을 낮게 평가하고 있는 반면, 이들의 유학 대상국인 한국에 대해서는 긍정적으로 평가하고 있는 뚜렷한 대조 양상이 보인다.

둘째, 국내 외국인 유학생의 미시적인 유학 동기에서는 특히 본국의 대학 교육에 대한 저조한 평가와 동시에 한국의 대학 교육 수준이 높고 교육 시설이 양호한 것으로 인식하고 있음이 조사되었다. 이러한 출발지와 목적지의 교육 여건과 환경 등의 차이 혹은 경사에 대한 인식을 배경으로 유학의 결정은 유학 이후 개인적 자질과 능력 향상, 취업에의 이점, 사회적 신분 상승, 학문적 욕구의 충족 등을 복합적으로 고려하여 행하는 것으로 파악되었다. 그런데 한국으로의 유학 결정이 유학 대상국으로서 한국은 물론이고 여타 국가들을 폭넓게 탐색하는 과정을 거쳐 이루어졌음을 알 수 있었다. 유학 대상국을 선택하는 데에 개인적 관심사가 큰 영향을 미치는 가운데, 한국에 대한 긍정적 이미지와 본국과의 지리적 인접성, 저렴한 학비

(생활비) 등을 복합적으로 고려한 것으로 조사되었다. 유학의 실질적인 추진 과정에서는 학교나 연구소를 통해 한국 유학에 필요한 정보를 얻고, 주로 유학 경로 또는 매개체로 유학원을 많이 활용하는 것으로 조사되었다. 유학을 위한 준비 기간으로는 1년 이상이 가장 높았고, 유학 비용은 가족과 친인척의 도움이 높은 비중을 차지하였다.

셋째, 국내 입국 전후로 유학생들이 현재 재학 중인 대학을 선택할 때 다양한 요인들을 고려하고 있지만, 대학에 대한 명성과 양질의 교육, 우수한 교육 시설, 본국 친구의 재학 여부, 저렴한 등록금 등을 많이 고려하는 것으로 밝혀졌다.

끝으로 한국 유학 후 향후 진로와 관련해서는 복잡다단한 양상이 나타났다. 외국인 유학생의 졸업 후 진로 계획에서는 본국으로의 귀국 후 취업이 가장 높은 비중으로 조사되었으며, 뒤이어 한국 내 취업과 한국 내 진학 등을 빈번히 거론하였다. 한국 내 취업을 원하는 경우에 그 이유로는 한국에서 배운 것을 최대한 활용하려는 목적을 주로 내세우고, 또한 장차 취업 시 선호하는 지역으로는 수도권이 높은 비율을 나타내었다. 한국에서 계속하여 학업을 하거나 대학원에 진학하려는 이유로는 한국 기업에의 취업 용이성을 가장 빈번히 들고, 한국에서 대학 또는 대학원에 진학할 경우 선호하는 대학으로는 수도권 국립대학이 가장 높은 비율을, 이어 현재 본인이 재학 중인 대학이 다음으로 높은 비율을 보였다.

이상의 분석 결과를 통해 알 수 있듯이, 국내 외국인 유학생의 유학 전후 및 그 이주 과정에서 다양한 요인들이 작용하고 있다. 즉 유학생들이 유학을 거시구조적이고 국가적 차원의 외적 상황과 배경을 고려하면서, 이와 동시에 이주의 각 단계마다 개인의 직업적 · 주관적 동기와 요인에 입각하여 결정하고 있다는 것이다.

:: 참고 문헌

교육과학기술부, 2008, 2008년도 국내 외국인 유학생 통계, 서울.

권양이, 2008, "외국인 유학생의 국내 대학 초기적응에 관한 질적 탐색", 한국교육학연구 14(1), pp.301-333.

김남희 외, 2005, "국내 고급인적자원의 국내 유치 실태에 관한 연구 : 입국과 체류생활을 중심으로", 교육행정학연구 23(1), pp.357-374.

김용찬, 2006, "국제이주분석과 이주체계접근법의 적용에 관한 연구", 국제지역연구 10(3), pp.81-106.

노종희 외, 2002, 외국인 유학생 유치 확대를 위한 국가별 지역별 대학 마케팅 전략, 교육 인적자원부.

박배균, 2009, "초국가적 이주와 정착을 바라보는 공간적 관점에 대한 연구", 한국지역지 리학회지 15(5), pp.616-634.

박은경, 2008, "외국인 유학생의 국제이주와 지역사회 적응에 관한 연구 : 대구경북지역 대학을 중심으로", 대구대학교 대학원 석사학위 논문.

박웅수 외, 2004, 전문대학에서의 외국인 유학생 유치 확대를 위한 실천적 방안 연구, 한 국전문대학교육협의회.

박태호 외, 2001, 대학의 국제화 지원 및 외국인 유학생 유치 확대 방안 연구, 교육인적자 원부.

석현호, 2003, "국제이주이론의 검토", 석현호 외, 외국인 노동자의 일터와 삶, 서울 : 지 식마당 pp.15-48.

안선민 외, 2006, "외국인 유학생의 주거계획을 위한 연구", 한국생활환경학회지 13(1), pp.31-44.

안영진, 2008, "세계의 유학생 동향과 국제적 이동 특성", 지리학연구 42(2), pp.223-236.

안영진 · 최병두, 2008, "우리나라 외국인 유학생의 이주 현황과 특성 : 이론적 논의와 실 태 분석", 한국경제지리학회지 11(3), pp.476-491.

안영진 외, 2002, 노동시장의 지리학, 서울 : 한울(Fassmann, et al., 1997, Arbeitsmarkt- geographie, Stuttgart : Teubner).

이명재 외, 2006, 외국인 유학생 유치 확대를 위한 취업연계 장학프로그램 개발, 교육인 적자원부.

이익수 외, 2006, "중국유학생의 한국생활 적응에 관한 연구", 산업경영연구 29(5), pp.437-454.

이태식 외, 2009, "대학의 국제화 촉진을 위한 외국인 유학실태 분석 및 지원방향 도출 :

공과대학 대학원생을 중심으로", 공학교육연구 12(1), pp.42-56.

전형권, 2008, "국제이주에 대한 이론적 재검토 : 디아스포라 현상의 통합모형 접근", 한국동북아논총 49, pp.259-284.

쯔네야마 토모요, 2009, "일상생활 공간과 다국적 유학생들의 정체성 갈등", 전남대학교 대학원 석사학위 논문.

최정순 외, 2007, 해외인적자원 유치 확대 및 활용을 위한 유학생 지원 전담기구 설립방안 연구, 교육인적자원부.

江淵一公, 1990, "留學生受入れの政策と理念に關する一考察－主要國における政策動向の比較分析から", 廣島大學 大學教育研究センタ 大學論集 第20集, pp.33-68.

黑田一雄, 2007, "東アジア共同體形成と國際教育交流", 西川 潤・平野健一郎(編), 國際移動と社會變容, 東京 : 岩波書店, pp.227-247.

Alberts, H. C. and Hazen H. D., 2005, "'There are Always Two Voices …' : International Students' Intensions to Stay in the United States or Return to Their Home Countries", *International Migration* 43(3), pp.131-152.

Altbach, P. G. and Knight, J., 2007, "The Internationalization of Higher Education : Motivations and Realities", *Journal of Studies in International Education* 11(3/4), pp.290-305.

Baláž, V. and Williams, A. M., 2004, "'Been There, Done That' : International Student Migration and Human Capital Transfers from the UK to Slovakia", *Population, Space and Place* 10, pp.217-237.

Brooks, R., and Waters, J., 2009, "International higher education and the mobility of UK students", *Journal of Research in International Education* 8(2), pp.191-209.

Budke, A., 2003, *Wahrnehmungs- und Handlungsmuster im Kulturkontakt : Studien über Austauschstudenten in wechselnden Kontexten*, Osnabrücker Studien zur Geographie 25, V & R Unipress GmbH.

Castles, S. and Miller, M. J., 2009, *The Age of Migration : International Population Movements in the Modern World* (4th Ed.), The Guilford Press, pp.20-49.

Chen, T.-M. and Barnett, G. A., 2000, "Research on International Student Flows from a Macro Perspective : A Network Analysis of 1985, 1989 and 1995", *Higher Education* 39, pp.435-453.

Hahn, K., 2004, *Die Internationalisierung der deutschen Hochschulen : Kontext, Kernprozesse, Konzpte und Strategien*, Wiesbaden : VS Verlag für Sozialwissenschaften.

Hazen H. D. and Alberts, H. C., 2006, "Visitors or Immigrants? International Students in the United States", *Population, Space and Place* 12, pp.201-216.

HEFCE(Higher Education Funding Council for England), 2004, *International Student Mobility* (=Issue Paper 2004/30), Bristol.

IOM(International Organization for Migration), 2008, *World Migration 2008*, pp.105-125.

Isserstedt, W. and Schnitzer, K., 2005, *Internationalisierung des Studiums : Ausländische Studierende in Deutschland, Deutsche Studierende im Ausland*, Bundesministerium für Bildung und Forschung, Bonn/Berlin.

King, R. and Ruiz-Gelices, E., 2003, "International Student Migration and the European 'Year Abroad' : Effects on European Identity and Subsequent Migration Behaviour", *International Journal of Population Geography* 9, pp.229-252.

Kwiek, M., 2001, "Globalisation and Higher Education", *Higher Education in Europe* 26, pp.27-38.

Lee, J. J., 2008, "Beyond Borders : International Student Pathways to the United States", *Journal of Studies in International Education* 12(3), pp.308-327.

Murphy-Lejeune, E., 2002, *Student Mobility and Narrative in Europe : The New Strangers*, London : Routledge.

Naidoo, V., 2007, "Research on the flow of international students to UK universities : Determinants and implications", *Journal of Research in International Education* 6(3), pp.287-307.

OECD, 2004, "Internationalisation of Higher Education", OECD *Policy Brief* 2004/8, Paris.

OECD, 2007, *Education at a Glance 2007*, Paris.

Pimpa, N., 2003, "The Influences of Peers and Student Recruitment Agencies on Thai Students' Choices of International Education", *Journal of Studies in International Education* 7(2), pp.178-192.

Pries, L., 2008, "Internationale Migration", *Geographische Rundschau* 60(6), pp.4-10.

Teichler, U.(Hrsg.), 2007, *Die Internationalisierung der Hochschulen : Neue Herausforderungen und Strategien*, Frankfurt: Campus.

UNESCO, 1998, *World Statistical Outlook on Higher Education : 1980-1995*, Paris.

한국경제지리학회지 제12권 4호(2009년 12월), pp.344-363에 게재된 글임.